Tipo Penal: Linguagem e Discurso

Tipo Penal: Linguagem e Discurso

2014

Édson Luís Baldan

TIPO PENAL: LINGUAGEM E DISCURSO

AUTOR: Édson Luís Baldan
DIAGRAMAÇÃO: Almedina
DESIGN DE CAPA: FBA
ISBN: 978-856-31-8280-7

Dados Internacionais de Catalogação na Publicação (CIP)
(Câmara Brasileira do Livro, SP, Brasil)

I. Baldan, Edson Luis
II. Tipo penal : linguagem e discurso / Edson Luis
III. Baldan. -- São Paulo : Almedina, 2014.
IV. ISBN 978-85-63182-80-7
V. 1. Direito penal 2. Linguagem jurídica
VI. I. Título.

14-11461 CDU-340.113.1

Índices para catálogo sistemático:
1. Linguagem jurídica : Direito 340.113.1

Este livro segue as regras do novo Acordo Ortográfico da Língua Portuguesa (1990).

Novembro, 2014

EDITORA: Almedina Brasil
Rua José Maria Lisboa, 860, Conj.131 e 132 | Jardim Paulista | 01423-001 São Paulo | Brasil
editora@almedina.com.br
www.almedina.com.br

Este trabalho, a espelhar as limitações de seu autor,
vai, como prova de respeitosa admiração e veraz gratidão,
dedicado ao meu Mestre Dirceu de Mello.

PREFÁCIO

Foi com imensa satisfação que recebi o convite de prefaciar a obra de Édson Luís Baldan, que foi a tese de conclusão de seu Doutorado na Pontifícia Universidade Católica de São Paulo.

Trata-se de obra diferenciada e que traz uma importante contribuição para a análise do tipo penal, na permanente superação da tipicidade formal para a tipicidade substancial.

Além da farta e consistente bibliografia o trabalho apresenta uma visão ontológica e deontológica da norma penal no universo jurídico, sem desprezar o seu caráter fragmentário, mas integrando-a no universo de avaliação do justo e do injusto.

Fiquei feliz ao lê-lo porque, na visão e perspectiva que lhe são próprias e inéditas, o cerne do trabalho segue na mesma direção do que venho sustentando reiteradamente, que é a da ideia de que o crime não é uma entidade isolada, mas o resultado de um conjunto de elementos, nos quais incluo, também, a imputação e, até, com o perdão dos ortodoxos, a punibilidade.

A obra demonstra, com precisão absoluta, que a descrição formal da conduta punível não pode ser entendida isoladamente, superando, portanto, a tendência que ainda se apresenta, aqui e ali, nas obras de Direito Penal, tendência essa decorrente da compreensão incompleta ou imprópria do *tatbestand*, que influenciou todos os seguidores da Escola Clássica no Brasil, até a segunda metade do século XX.

A nova compreensão, não há dúvida, é o desaguar de contribuições advindas de várias fontes e estudo de vários aspectos, como a inclusão da necessidade da justa causa para a ação penal, não bastando a simples descrição de fato típico (no sentido formal) para a denúncia, como sustentou

JOSÉ FREDERICO MARQUES, como a "descoberta", no Brasil da imputação objetiva, com seus critérios positivos (geração ou incremento do risco não permitido, entre outros, e negativos (consentimento do ofendido e autocolocação da vítima em risco, também entre outros), a aceitação da insignificância como excludente do tipo e outros estudos.

O trabalho do Dr. ÉDSON LUÍS BALDAN pode parecer complexo, mas não é. Tem, inclusive, implicações práticas porque alerta o aplicador da lei para a sua compreensão internormativa, especialmente na solução dos casos mais difíceis.

É altamente expressiva e orientadora a conclusão: *A intertipicidade penal representa o produto da concorrência, convergência, justaposição e conflito de normatividade entre vários ordenamentos positivos, hipertextualmente relacionados entre si, no mesmo espaço político incidentes, os quais, configurando, intertextualmente, um sistema global, limitado pelo contexto, reproduzem o sentido do discurso positivo do injusto, donde se extrai o tipo penal na sua integralidade existencial normativa.* E: *Pelo intertipo penal busca-se a expressão de uma "norma penal real", cuja elaboração reclama a recomposição à unidade de todas as disposições normativas que convergem para qualificar juridicamente uma dada situação fática.*

Cumprimento, pois o Doutor Édson Luís Baldan por esta preciosa contribuição ao estudo do Direito Penal

Vicente Greco Filho
Professor Titular da Faculdade de Direito
da Universidade de São Paulo - USP

APRESENTAÇÃO

"A consciência jurídica do mundo assemelha-se a uma árvore ciclópica e milenária, de cujos galhos nodosos rebentam os densos ramos e, deles, a floração dos direitos. Quando em vez, as flores legais emurchecem sob o implacável calor do tempo e a ventania evolucionista e revolucionária, oriunda das carências sociais, agita as ramagens e as faz rolar para o solo poroso, onde são transformadas em adubo e absorvidas pelas raízes poderosas e insaciáveis."

JAYME DE ALTAVILA ([1])

Temos interesse pelo Direito não só porque o usamos para nossos próprios propósitos, sejam eles egoístas ou nobres, mas porque o Direito é a nossa instituição social mais estruturada e reveladora."

RONALDO DWORKIN ([2])

"O papel do jurista como homem político jurídico é atuar, na medida do possível, como um técnico racional; neste papel ele não é nem conservador, nem progressista. Como outros técnicos, simplesmente coloca seu conhecimento e habilidade à disposição de outros, em seu caso aqueles que seguram as rédeas do poder político".

ALF ROSS ([3])

"Quando deixamos nosso gabinete de estudos e nos envolvemos com os afazeres da vida corrente, suas conclusões parecem se apagar, como os fantasmas noturnos à chegada da manhã"

DAVID HUME ([4])

[1] ALTAVILLA, Jayme de. *Origem dos Direitos dos Povos*. São Paulo: Melhoramentos, 1964, p. 7

[2] DWORKIN, Ronald. *O Império do Direito*. São Paulo: Martins Fontes, 2003, p. 7

[3] ROSS, Alf. *Direito e Justiça*. Bauru, SP: Edipro: Edipro, 2000, p. 430

[4] HUME, David. *Tratado da Natureza Humana*... São Paulo: UNESP/IOE, 2001

"No pensamento, o que permanece é o caminho. E os caminhos do pensamento guardam consigo o mistério de podermos caminhá-los para frente e para trás, trazem até o mistério de o caminho para trás nos levar para frente".

MARTIN HEIDEGGER ([5])

No primeiro lustro do século XX, ao mesmo tempo em que o penalista Ernst von Beling construía sua teoria do tipo penal, o lingüista Ferdinand Saussure semeava suas idéias em conferências na Universidade de Genebra, nas quais basearia a obra que o notabilizaria: "Cours de Linguistique Generale". A primitiva concepção do tipo penal, coetaneamente elaborada por Beling, atravessou indiferente esse curso científico do estudo da linguagem e persiste, ainda hoje, com suas feições clássicas, com largo emprego na aplicação do Direito Penal. Esse anacronismo somente seria admissível se correta a assertiva de que Direito e Linguagem pudessem seguir dissociados ou, então, de que a teoria belinguiana apresentasse formulação acabada e perfeita que a tornasse perene. Pretendemos demonstrar que não estão exatas nem uma nem outra dessas suposições. Beling e Sausurre, algum dia, hão de se encontrar para um debate transformador.

Passada mais de centena de anos, num estágio em que a civilização se agrupa em blocos (os quais há muito deixaram de tratar de interesses e temas puramente econômicos), em um tempo em que os tribunais (em especial os superiores) atipicamente tomam parte ativa na produção do direito positivo (inclusive daquelas normas permissivas penais), num especial momento em que o povo promove intenso uso da liberdade de expressão dos seus pensamentos e valores (seja no ativismo tradicional, quer no chamado virtual) constata-se o descompasso e o descompromisso da clássica dogmática com esse inédito e desafiador panorama. Para muitos, ainda permanece o tipo penal (condensado na lei escrita nacional) como mágico catalisador e exclusivo veiculador da ética da comunidade. Somente o legislador sabe (i.e., pode) decifrar os vigentes códigos de valores da comunidade e vertê-los unilateralmente em normas de conduta (entendidas como acabadas e absolutas) as quais o aplicador pode (i.e., sabe) invocar na análise do fato humano que lhe incumbe juridicamente caracterizar.

Todavia, como continuar proclamando a exclusividade da lei ordinária federal como fonte formal do Direito Penal, se os tratados internacionais

[5] HEIDEGGER, Martin. *A Caminho da Linguagem. Petrópolis, RJ: Vozes; Bragança Paulista, SP:Universitária São Francisco, 2003. p. 81*

que tutelam os direitos fundamentais ingressam em nível de supremacia constitucional em nosso ordenamento? Como ignorar tais diplomas no momento da (des)tipificação de uma conduta com contornos penais aparentes? Como ignorar a vigência de verdadeiro estatuto repressivo "paralelo" – o "Estatuto de Roma" – em nosso país? Por que o fechar-se a essa hipertextualidade da normativa que rege nosso viver?

Por que os ouvidos moucos dos aplicadores da norma penal aos anseios e apelos da comunidade cuja voz (tradutora do pulsar axiológico) é cada vez mais audível e inteligível, seja pelas amplas mobilizações populares que incomodam governantes, quer pela sua recente admissão no espaço de mídia universal e democrática em que se converteram as redes sociais virtuais? Ora, se todo o poder emana do povo, por que não é possível a admissão de seu exercício direto na (des)criminalização de condutas?

Como seguir lecionando que uma lei somente pode ser revogada por outra lei, quando, recentemente, em nosso país, a norma incriminadora do abortamento cedeu diante da construção jurisprudencial da permissão à interrupção da gravidez do anencéfalo? Faz algum sentido a manutenção, ainda, da cisão abissal entre os sistemas romano-germânico ("civil law") e o anglo-saxão ("common law") ?

Não seria possível a aceitação de verdadeiros processos de interacção comunicativa, onde os agentes interactantes (legislador, tribunal, acusador, defensor, povo) fizessem uso da linguagem normativa (até mesmo em sentidos opostos de criminalização e descriminalização) em posições isonômicas? Por outro lado, como se arredar o perigo de uma derivação majoritária desse discurso à barbárie, pela singela obediência à democrática "vontade da maioria"? Quais as balizas tópicas das quais não pode esse discurso normativo se distanciar?

Pela complexidade e multiplicidade das questões envolvidas, a proposta de construção teórica, originalmente desenvolvida em tese de doutoramento, busca ser vencida em quatro etapas interdependentes – às quais correspondem os capítulos do escrito – de tal maneira que a ideia desenvolvida na parte precedente constitua pressuposto lógico das elaborações da subseqüente ou, pelo menos, delas um aclaramento necessário.

Parte-se de uma análise crítica da Teoria dos Elementos Negativos do Tipo Penal – TENT (*"Die Lehre von den negativen Tatbestandsmerkmalen"*), aqui designada apenas por Teoria dos Elementos Negativos, visando a demonstrar sua perenidade e, mais que isso, seu ajuste possível numa era de profundas transformações na maneira de analisar e aplicar o Direito, propiciadas, em especial, pela idéia do neoconstitucionalismo como paradigma normativo e, ao mesmo tempo, dos direitos fundamentais do indivíduo, como padrão axiológico.

Principiamos com uma descrição do que entendemos por universo positivo do Direito, intentando demonstrar, com isso, a multidensionalidade da forma legal que ingressa como elemento (positivo ou negativo) do tipo penal no instante da aferição da licitude-ilicitude de uma conduta humana. Questionar o clássico axioma de que a lei é a fonte única do Direito Penal é tarefa que propomos mediante a discussão do conceito de fontes e pelo reconhecimento da força normativa dos costumes, da jurisprudência e dos princípios.

Num segundo instante, lançamo-nos à tentativa de explicitar a norma penal como síntese discursiva resultante de um processo comunicativo amplo, onde contam não só os aspectos sintáticos e semânticos das normas (como linguagem que necessariamente são) mas, igualmente, sua feição pragmática, já que há a negação do legislador como emissor exclusivo dos enunciados proibitivos das condutas penalmente relevantes, eis que outros co-enunciadores são convocados para co-determinar e sobredeterminar o conteúdo de comando da norma (em harmonia lógica no sistema jurídico global).

Na especificação da proposta, focalizamos a teoria dos elementos negativos do tipo penal (naquela feição mais acabada em Edmundo Mezger encontrável), todavia com a permanente preocupação de não apenas reproduzir seus conceitos fundantes, mas, avançando além destes, carrear posições doutrinárias, favoráveis e contrárias, para uma declarada defesa dessa concepção teórica.

Por derradeiro, é perseguida uma condensação dos elementos criticamente desenvolvidos nas etapas antecedentes, os quais serão manejados e inovadoramente ampliados, com o fim deliberado de lastrear uma construção teorética inédita, consistente na idéia de "intertipicidade penal", cujos contornos, ali desenhados, pendem à descrição do tipo penal como âmbito normativo distentido em que ingressam vetores deônticos – de permissão, vedação e obrigação de conduta – oriundos de múltiplos ordenamentos que possam, validamente, no mesmo espaço político incidir e interfluir.

A amplitude da missão proposta, com âncoras fincadas na Teoria Geral do Direito, no Direito Constitucional, no Direito Internacional, na Lógica, na Lingüística, na Semiótica, na Filosofia do Direito e, naturalmente, no Direito Penal, impede, pela extensão, e não recomenda, pela linearidade do escopo, uma demorada imersão em qualquer desses referentes científicos, além daquela estritamente necessária à argumentação e à demonstração das premissas teóricas ora edificadas.

O propósito de dotar o pensamento mezgeriano de alicerces lógicos e conferir-lhe um (re)dimensionamento global não revela desejo de demonstrar sua superação; ao revés significa querer provar sua perfeita adequação aos imperativos da modernidade e, assim, prestigiá-lo como perene teoria científica.

Com esse percurso teórico, chega-se a uma proposta de modelo teórico-conceitual que, sem refutar a tipicidade penal, propõe sua redimensão; sem negar o positivismo, sugere uma discussão do conceito de fontes e de normas penais; sem olvidar da soberania do Estado, defende a supremacia dos direitos do indivíduo frente a ela; sem desmerecer a cultura local, adverte para a universalização das práticas humanas. É, enfim, uma busca de compreensão ontológica do crime e, simultaneamente, (deonto)lógica das normas que o exprimem.

CAPÍTULO I
CONTRATIPO: UNIVERSO POSITIVO DOS ELEMENTOS NEGATIVOS DO INJUSTO PENAL

1. Muldimensionalidade da forma legal: uma fixação paradigmática de "direito vigente"

Obedecendo intuitivamente à advertência de VILLEY ([6]) – para quem uma abordagem ontológica do Direito Penal deve preceder sua análise lógica – objetivo deste capítulo será a análise das normas positivas que servem de parâmetro ao injusto penal, em obediência ao princípio da legalidade (sobretudo na descrição legal das figuras típicas), bem como, em universo mais abrangente, de todas as normas positivas que se prestam como elementos negativos para conformação do ***contratipo penal.*** Como não nos apartamos do direito positivo, possível resumir esse trabalho inicial como

[6] Segundo ele, "para que os lógicos entrem num acordo sobre o conteúdo da lógica do direito, precisariam em primeiro lugar se entender sobre o sentido da palavra 'direito'. Esta designa um estado de coisas tal como deveria ser, em virtude de normas ideais? O direito seria o 'conjunto das leis' e suas conseqüências? Ou designa um fato, o comportamento dos juízes e daqueles que se submetem à justiça? Eis um problema prévio à construção de um método ou da lógica do direito que a lógica não resolverá". (cf. VILLEY, Michel. *Filosofia do Direito:Definições e Fins do Direito:Os Meios do Direito*. São Paulo: Martins Fontes, 2003, p. 237)

sendo a (tentativa de) descrição do "*direito vigente*" ([7]), que é, afinal, onde o injusto tem sua gênese, existência e fim.

Por imperativo de clareza sistemática, principiemos por onde deveríamos finalizar: com a definição de "*direito vigente*" – doravante o fio conceitual de nossas elaborações – cunhada por ALF ROSS, expoente do realismo escandinavo (na sua vertente comportamentista):

> *"'Direito vigente' significa o conjunto abstrato de idéias normativas que serve como um esquema interpretativo para os fenômenos do direito em ação, o que por sua vez significa que essas normas são efetivamente acatadas e que o são porque são experimentadas e sentidas como socialmente obrigatórias." (g.n.)* ([8])

Mister ressaltar, todavia, que deixamos de agregar a essa definição a anotação em rodapé onde o autor faz corresponder o seguinte complemento: "*ou seja, pelo juiz e outras autoridades da justiça que aplicam o direito*". A razão dessa omissão é porque, nesse ponto, divergimos do pensamento literal de ROSS, já que, ao tratarmos, adiante, do direito consuetudinário, sublinhamos o pertencimento deste ao sistema de Direito positivo, mesmo em país de tradição jurídica estatutária, como é o caso do Brasil. Portanto, a efetividade das normas, para nós, não é mensurada unicamente pela reiteração de sua aplicação judicial (como pretende o realismo comportamentista de ROSS [9]) mas sim pelo sentimento social de sua obrigatoriedade, ainda que ocorrentes pontuais transgressões (qual sugerido pelo *realismo psicológico* aqui esposado).

[7] Eis que não atendem ao espírito desta pesquisa as clássicas definições, segundo as quais o direito positivo seria "um sistema de normas jurídicas que, em determinado momento histórico, enforma e regula efectivamente a vida de um povo", como isso identificando-se o direito positivo como "constituído pelas normas que são efectivamene impostas, que se fazem efectivamente valer". (cf. VECCHIO, Giorgio del. *Lições de Filosofia do Direito*. Tradução de António José Brandão. Coimbra: Armênio Amado, 1979, p.404)

[8] ROSS, Alf. *Direito e Justiça*. Bauru, SP: Edipro: Edipro, 2000, p. 41.

[9] Note-se, todavia, que, para ele, a validade da norma implica uma análise comportamental (behaviorista) e uma análise dos sentimentos de compulsão dos indivíduos em relação à norma. Com esta composição, Ross pretende ter chegado à síntese entre o realismo puramente behaviorista e o realismo psicológico. (cf. MICHELON JÚNIOR, Cláudio Fortunato. *Aceitação e Objetividade*...São Paulo: RT, 2004, p. 81).

Há de ser ponderado, para bem da verdade, que ROSS não chegava, também nesse ponto, a uma posição intransigente e, por outro caminho, reconhecia a relevância da eficácia social da norma como elemento influente na composição do "direito vigente" (tanto que reconhecia as tênues fronteiras que do Direito separam a Sociologia Jurídica).

Concluindo, com a adaptação do pensamento de ALF ROSS, tem-se que o injusto penal há de ser extraído não de uma difusa moral ou tampouco de postulados exclusivamente dogmáticos, mas sim do complexo de normas jurídicas em vigência no instante do cometimento do ato humano reputado crime. Como conseqüência, tem-se que:

> *"um sistema de normas será vigente se for capaz de servir como um esquema interpretativo de um conjunto correspondente de ações sociais, de tal maneira que se torne possível para nós compreender esse conjunto de ações como um todo coerente de significado e motivação e, dentro de certos limites, predizê-las. Esta capacidade do sistema se baseia no fato das [sic] normas serem efetivamente acatadas porque são sentidas como socialmente obrigatórias".* ([10])

Sobressaem, pois, como qualidades essenciais de um sistema de normas vigentes: coerência sistemática de significado, eficácia social, empregabilidade em esquemas interpretativos.

Inegável que essa opção conceitual implica, em certa maneira, numa filiação próxima àquilo que LOURIVAL VILANOVA designou como rebelião contra a petrificação do direito escrito (não ajustado à mobilidade social). Via ele o perigo na busca de um direito plástico, cuja ductibilidade permite a acomodação às sinuosidades do fluxo social:

> *"Um direito social brotando do pluralismo inquieto das fontes do direito – a despolitização ou desestatização das fontes de produção de normas – , o direito feito de conceitos dóceis, elásticos, que permitam preencher o eventual vazio normativo, ou ampliar analogicamente – até em matéria penal ou tributária – os preceitos, um direito sem tipos rígidos, ou acolhendo prodigamente o atípico."*([11])

[10] ROSS, Alf. *Direito e Justiça*. Bauru, SP: Edipro: Edipro, 2000, p. 59

[11] VILANOVA, Lourival. *Escritos Jurídicos e Filosóficos, vol. I*. São Paulo: Axis Mundi/Ibet, 2003, p. 364

De qualquer forma, tratamos, aqui, a ilicitude penal como *fenômeno*. Cremos que o *número* criminal é de dificílima apreensão e, se de fato apreensível, tem seu endereço próximo à seara do que já se designou como *direito natural*. De qualquer forma, discorrer sobre a essência da culpa criminal implica, sempre mais, um distanciar-se crítico das aparições positivas do Direito Penal.

As edificações normativas do Direito Penal existem e visíveis são a qualquer observador, ainda que forasteiro. Que, ademais, existe vida por entre tais construções, também é verificável. Isso é fenomênico. Já indagar o porquê de tais construções ali e assim erigidas é tarefa muito mais penosa. Esse caminho rumo à ontologia, conquanto por vezes iluminado fugazmente pela teleologia, é que poderia, remotamente, conduzir ao número.

Também entende FIGUEIREDO DIAS que o conceito material de crime vai previamente dado ao legislador, como padrão crítico do conteúdo de proibição do direito vigente e daquele em elaboração, por isso que "a pergunta por um conceito material de crime só tem sentido se um tal conceito se situar acima ou atrás – mas, em todo o caso, sempre fora – do direito penal legislado e visa a determinação dos critérios materiais de todo o comportamento criminoso". ([12]) Aliás, o próprio vocábulo "delito" não foi criado ou definido pelo legislador e, não sendo uma palavra técnica, foi tomado da linguagem popular (pois seu sentido é acessível a qualquer pessoa, mesmo que desconheça as leis). ([13])

Já ALIMENA falava de um fenômeno observável em qualquer civilização, mesmo nas remotas, consistente numa "zona comum a todas as sociedades e a todos os tempos, de modo que representando a todas as legislações por outros tantos círculos sejam estes excêntricos uns aos outros, de modo que há fatos considerados sempre, e em todas as partes, como delitos". ([14])

Houve incontáveis arremetidas doutrinárias no sentido de se desnudar a essência do delito, todas redundando estéreis porque, como bem faz notar CALÓN, "achando-se a noção de delito em íntima conexão com a

[12] FIGUEIREDO DIAS, Jorge. *Temas Básicos da Doutrina Penal*. Coimbra: Coimbra (Editora), 2001, p. 35

[13] GOMEZ, Eusébio. *Tratado de Derecho Penal*. Buenos Aires: Compañia Argentina de Editores, 1939, p. 376

[14] ALIMENA, Bernardino. *Principios de Derecho Penal, vol. I*, Tradução de Eugenio Cuello Calón. Madrid: Victoriano Suárez, 1915, p. 282

vida social e jurídica de cada povo e cada século, aquela noção há de seguir forçosamente as mudanças destes". ([15])

Se persistíssemos nessa tarefa, possivelmente descubriríamos que:

> *"Nossas leis são reflexos de nossa moral e sentimentos, mormente os religiosos. Extraindo o patria potestas do discurso punitivo, aproximam-se da codificação anterior da moral presente nas leis espirituais, imateriais, condensadas, via de regra, numa teologia ou costumes. Não há assim, como dissociar, num plano eivado de subjetividades – mesmo no positivado estricto seno – lei , violência e Culpa. Não há como desunir-se, no plano objetivo, numa derivação direta, Culpa e política criminal."* ([16])

2. Jusnaturalismo: sobrevida ao *jus certum et universale* ?

> *"La 'natura' è o uma fanfara squillante, con cui un progetto rivoluzionario va all'assalto contro un ordinamento invecchiato di vita, oppure il segnale serale, che richiama al campo i combattenti dispersi, per far loro affrontare in comune i pericoli della notte (come l'odierno appello al diritto naturale)."*
> *HANS WELZEL*([17])

> *"Interrogarmo-nos sobre natureza de uma ordem jurídica é invocar a noção de direito natural, isto é, de um critério longe do direito positivo e que projecta uma racionalidade superior nos ordenamentos laboriosamente construídos pela mão do homem, de que nenhum satisfaz plenamente, seja qual for o ideal de justiça."*
> *FRANÇOIS RIGAUX* ([18])

> *"Não existe razão alguma pela qual os sistemas legais, que precisam todos empregar concepções desse gênero, devam subentender, pelo uso delas, mais do que a referência a certas normas vigentes na comunidade, sem referência ao mais remoto conceito de uma lei mais alta, superior à lei humana e vinculatória para toda a humanidade."*
> *LLOYD DENNIS* ([19])

[15] CALÓN, Eugenio Cuello. *Derecho Penal, Tomo I, Parte General.* Barcelona: Bosch, 1929, p. 301

[16] PIRES, Wagner Ginotti. *Culpa, Direito e Sociedade.* Curitiba: Juruá, 2005, p. 303

[17] WELZEL, Hans. *Diritto Naturale e Giustizia Materiale.* Milano: Giufrè, 1965, p. 368

[18] RIGAUX, François. *A Lei dos Juízes.* Lisboa: Instituto Piaget, 1997, p. 98

[19] LLOYD, Dennis. *A Idéia de Lei.* São Paulo: Martins Fontes, 2000. 106

"O intérprete do Direito positivo cumprirá mal a sua tarefa, se por mero preconceito considerar simples invenção legislativa tudo aquilo que, substancialmente, se funda na razão natural."
GIORGIO DEL VECCHIO ([20])

No antigo Egito era crime causar dados aos crocodilos, ali então considerados sagrados ([21]). Entre determinados povos antigos, o parricídio era um dever que o costume impunha ao filho, diante do pai enfermo ([22]) . Na Melanésia sacrificavam-se os filhos nascidos depois de outro ou de outros ([23]). Até o século XIX acenderam-se fogueiras na Europa para queimar as "bruxas" ([24]). A tortura foi adotada por largos séculos como válido meio de prova no processo penal ou como sanção penal ([25]). Em Roma no sistema da *Lex Iulia* estupro e adultério igualavam-se em gravidade e recebiam idêntica pena ([26]). Na Grécia, não era passível de censura ou condenação o pai que, julgando inconveniente criar o filho, abandonasse o bebê recém-nascido à fome ou às feras ([27]). No início do século passado, na então socialista União Soviética, os atentados contra o patrimônio alheio eram sancionados de forma extremamente indulgente ([28]). Haverá, pois, algum proveito em regressar à secular dissensão dogmática acerca da suposta existência de "delitos naturais" (*iuris naturalis*) a par daqueles meramente chamados "delitos artificiais" (*iuris civilis*) ([29])? Cremos que sim.

[20] VECCHIO, Giorgio del. *Lições de Filosofia do Direito*. Tradução de António José Brandão. Coimbra: Armênio Amado, 1979, p. 582

[21] MONTERO, Pedro Dorado. *Bases para un Nuevo Derecho Penal*. Bueno Aires: Depalma, 1973, p. 25

[22] GARCIA, Basileu. *Instituições de Direito Penal, vol. I, tomo I*. São Paulo: Max Limonad, 1973, p.193

[23] CORTÉS, César Silió y. *La Crisis del Derecho Penal. Madrid*: Fuentes y Capdeville, 1891, p. 79-80

[24] ASÚA, Luis Jiménez de. *La Ley y el Delito, Principios de Derecho Penal*. Buenos Aires: Sudamericana, 1967, p. 202

[25] Veja-se o suplício do parricida Damién relatado por MICHEL FOUCAULT in *Vigiar e Punir, Nascimento da Prisão*. Petrópolis, RJ: Vozes, 2001, *passim*

[26] COGLIOLO, Pietro. *Completo Trattato Teórico e Pratico di Diritto Penal Secondo Il Códice Único del Regno d'Italia*. Vol I. Milano: Leonardo Vallardi, 1888, p. 29

[27] SMITH, Adam. *Teoria dos Sentimentos Morais...* São Paulo: Martins Fontes, 2002, p. 259

[28] MAURACH, Reinhart. *Derecho Penal. Parte General*. Buenos Aires: Astrea, 1994, p. 336

[29] A distinção básica, criticada por DORADO MONTERO, é que os "delitos de direito positivo" seriam indiferentes por sua própria natureza, não afetados assim por uma imoralidade intrínseca, os quais, sem embargo, são proibidos e punidos por questões de conveniência

Doutrinadores clássicos, como CARMIGNANI, acreditavam que as leis relativas à *segurança* dos cidadãos fossem imutáveis, pois o direito de defesa, considerado quer individual ou socialmente, derivaria do "imutável direito natural", enquanto que as leis relativas à *prosperidade* eram variáveis e dependiam do progresso da civilização humana. ([30])

CARRARA foi explícito em escrever que estava bem longe de admitir que apenas da lei humana dependesse o ser ou não delito uma ação, eis que "definindo o delito como a violação da lei promulgada, pressupusemos que essa lei tenha sido ditada de modo conforme à suprema lei do direito natural". ([31]) Com isso o Mestre de Pisa aspirava a fixar os contornos perpétuos do ilícito penal, entendido este como "ente jurídico" e, não, como conduta humana ou proibição legal ([32]) , já que pressuposto, com HOBBES, que "a lei civil não pode fazer com que seja jure aquilo que é contra a lei divina, ou de natureza".([33])

GARÓFALO, ao identificar o crime como ação contrária aos sentimentos altruístas de piedade e probidade, parecia buscar uma aproximação do sentido moral médio da comunidade, pois a violação desse sentido corresponderia ao "delito natural". ([34]) ROMAGNOSI, embora acreditasse que os critérios de justiça e verdade repousassem no código, daí ser ilegítima e perigosa a interpretação das leis pelos jurisconsultos, reconhecia que, diante de uma lei bárbara ou absurda, deveriam ser buscados princípios do direito universal. ([35])

No mesmo passo, BATTAGLINI também reconhecia que o direito natural inspirava o legislador, carreando-lhe valioso material que, por exem-

política, mas de modo algum porque os imperativos de justiça os reprove ou reclame seu castigo (cf. MONTERO, Pedro Dorado. *Bases para un Nuevo Derecho Penal.* Bueno Aires: Depalma, 1973, p. 19)

[30] CARMIGNANI, Giovanni, *Elementi di Diritto Criminale.* Milano: Carlos Brigola, 1882, p. 46

[31] CARRARA, Francesco. *Programa do Curso de Direito Criminal, Parte Geral, Volume I.* Campinas, SP: LZN, 2002, p. 60

[32] BALESTRA, Carlos Fontán. *Tratado de Derecho Penal. Tomo I, Parte General.* Buenos Aires: Abeledo-Perrot, 1966, p. 308

[33] HOBBES, Thomas. *Os Elementos da Lei Natural e Política, Tratado da Natureza Humana e Tratado do Corpo Político.* Tradução Fernando Dias Andrade. São Paulo: Ícone, 2002, p. 213

[34] GOMEZ, Eusébio. *Tratado de Derecho Penal.* Buenos Aires: Compañia Argentina de Editores, 1939, p. 377

[35] ROMAGNOSI, Gian Domenico. *Genesi del Diritto Penale (edição fac-similar de 1833).* Milano: Ipsoa, 2003, p. 200

plo, contribuíra para o Direito Constitucional moderno, para os primeiros acordos internacionais e para o aperfeiçoamento do Direito Penal. Além dessa importância na fase de elaboração legislativa, também prestar-se-ia o direito natural, segundo o mesmo autor, como fonte na justiça penal, pois a simples existência de uma lei positiva não poderia impedir o uso da razão natural pelo juiz, dotado, acima de quaisquer outros, daquela virtude da justiça que constitui a essência natural do Direito. ([36])

É certo, já dizia DORADO MONTERO, que nenhum crime pode ser dito de direito natural, "no sentido de que seu conteúdo forme uma imoralidade absoluta, comum a todos os homens, independentes das circunstâncias históricas". ([37]) Também ALIMENA afirmava que seria interessante, belo e difícil, mas talvez supérfluo, determinar como se formaram, nesse tecido incerto genericamente denominado "proibido", os núcleos do que designamos por imoralidade. ([38])

O artigo que abria o projeto preliminar do Código Civil francês – simbolismo do movimento liberalista-positivador, na vanguarda da codificação mundial que doravante se instauraria – curvava-se ao direito natural ao estatuir que "existe um direito universal e imutável, fonte de todas as leis positivas: não é outro senão a razão natural, visto esta governar todos os homens". ([39])

É pacífico que o Direito natural primitivo, como derivado puro da teologia não apresentaria, de fato, sobrevida na contemporaneidade da secularização ([40]) . Todavia "bastará cortar a lei natural de suas raízes teológicas,

[36] BATTAGLINI, Giulio. *Principii di Diritto Penale in Rapporto alla Nuova Legislazione, Questioni Preliminari.* Milano: Instituto Editoriale Scientifico, 1929, p. 206-7

[37] MONTERO, Pedro Dorado. *Bases para un Nuevo Derecho Penal.* Bueno Aires: Depalma, 1973, p. 27

[38] ALIMENA, Bernardino. *Princípios de Derecho Penal, vol. I,* Tradução de Eugenio Cuello Calón. Madrid: Victoriano Suárez, 1915, p. 281

[39] BOBBIO, Norberto. *O Positivismo Jurídico, Lições de Filosofia do Direito.* São Paulo: Ícone, 1995, p. 55

[40] Conforme historia CANOTILHO: "as concepções cristãs medievais, especialmente o direito natural tomista, ao distinguir entre *lex divina, lex naturae* e *lex positiva,* abririam o caminho para a necessidade de submeter o direito positivo às normas jurídicas naturais, fundadas na própria natureza dos homens. Mas como era a consciência humana que possibilitava ao homem aquilatar da congruência do direito positivo com o direito divino, colocava-se sempre o problema do conhecimento das leis justas e das leis entidades que, para além da consciência individual, sujeita a erros, captavam a conformidade da lex positiva com a lex divina. Ora, foi a secularização do direito natural pela teoria dos valores objetivos da escolástica espanhola

colocar o legislador divino mais ou menos entre parênteses. Os princípios do direito natural serão procurados, sem que ninguém se dê ao trabalho de aprofundar as buscas, naquele fundo da Natureza humana em que serão depositados os princípios inatos. Aqui começa-se a substituir a religião de Deus pela religião do Homem". ([41]) É o direito natural como evidência da razão prática. ([42])

No século XX as doutrinas do direito natural serão reintroduzidas como fontes secundárias, concorrentes com o direito positivo, fomentando o surgimento de uma teoria dualista das fontes do direito, por permitir ao jurista uma "flutuação": guiar-se ora pelas regras legisladas, ora pelos postulados jusnaturais. ([43]). O extraordinário impacto do direito natural moderno atingiu o pensamento jurídico e a maneira de se fazer o Direito, passando a doutrina do século XIX e boa parte do século XX a depender do estilo e do método do jusnaturalismo ([44]). Não faltam defensores contemporâneos do culto ao direito natural ([45]), certamente porque admitir o jusnatural implica negar lhe seja essencial a coerção e, também, reconhecer

(Francisco de Vitória, Vazquez e Suarez) que, substituindo a vontade divina pela 'natureza ou razão das coisas', deu origem a uma concepção secular do direito natural, posteriormente desenvolvida por Grotius, Pufendorf e Locke. Aqui são os preceitos da 'rectae rationis' (noção explicitada logo no séc. XIV por Guilherme de Ockam) que, desvinculados do peso metafísico e nominalístico, conduzirão à idéia de direitos naturais do indivíduo e à concepção dos direitos humanos universais." (cf. CANOTILHO, José Joaquim Gomes, *Direito Constitucional.* Coimbra, Portugal: Almedina, 2003, p. 382)

41 VILLEY, Michel. *Filosofia do Direito:Definições e Fins do Direito:Os Meios do Direito.* São Paulo: Martins Fontes, 2003, p. 307

42 Como defendido por Luís de Molina (1535-1600). Vide a respeito: LOPES, José Reinaldo Lima. *As Palavras e a Lei: Direito, Ordem e Justiça na História do Pensamento Jurídico Moderno. São Paulo*: Edesp, 2004, p. 102

43 VILLEY, Michel. *Filosofia do Direito:Definições e Fins do Direito:Os Meios do Direito.* São Paulo: Martins Fontes, 2003, p. 310

44 LOPES, José Reinaldo Lima. *As Palavras e a Lei: Direito, Ordem e Justiça na História do Pensamento Jurídico Moderno. São Paulo*: Edesp, 2004, p. 50-1

45 Para VILLEY, devemos reconhecer ao direito outras fontes, fontes objetivas, acessíveis a todos. Considera ele vantajoso restabelecer a antiga noção jurídica do 'direito natural', geralmente incompreendida, falsificada pelos moralistas. Frisa que o imenso mérito do antigo 'direito natural clássico' foi o de determinar o papel que cabe, na arte jurídica, à observação das realidades sociais naturais." (VILLEY, Michel. Filosofia do Direito:Definições e Fins do Direito:Os Meios do Direito. São Paulo: Martins Fontes, 2003, p. 205)

regras jurídicas anteriores ou marginais ao Estado é formar entre os anti-coercitivistas. ([46])

O sentido de validade da norma torna-se dependente de um consenso discursivo eis que, esclarece GÜNTHER, "a pretensão de validade de correção normativa diz respeito à capacidade geral de concordância das razões que podem ser alegadas para a justificação da norma". ([47]) Por isso exigir-se que o dever de justiça seja inerente à estrutura material da norma, de molde a conferir-lhe sua conotação de jurídica". ([48])

Entende PALOMBELLA que o direito positivo pode ser justo e transformar-se no fiador do pluralismo de valores:

> *"Se o conflito entre juspositivismo e jusnaturalismo pode ser sintetizado (e simplificado) na oposição entre o valor do direito como autoridade e o valor do direito como verdade, entre o direito como positivo e o direito como natureza, enfim, o direito como lei e o direito como justiça, a tese dominante é, no fundo, que o Estado constitucional deve estabelecer as condições necessárias para superar esse antigo contraste."* ([49])

Defende-se que, inclusive, a legitimidade da norma constitucional encontra seu fundamento no Direito Natural e não em meras disposições formalistas: "entenda-se o Direito natural como o verdadeiro repositório da justiça, medida para a mensuração da dignidade da pessoa humana, princípio maior no constitucionalismo atual" ([50]). Não é diferente no modelo pátrio, onde cidadania e dignidade da pessoa humana destacam-se entre os fundamentos do Estado Democrático de Direito, cujo princípio, segundo PIOVESAN, encontra-se com o dos direitos fundamentais, demonstrando

[46] MACHADO, Edgar de Godói da Mata. *Direito e Coerção.* São Paulo: UNIMARCO, 1999, p. 217

[47] GÜNTHER, Klaus. *Teoria da Argumentação no Direito e na Moral: Justificação e Aplicação.* São Paulo: Landy, 2004, p. 76

[48] PEDROSO, Antonio Carlos de Campos. *Normas Jurídicas Individualizadas, Teoria e Aplicação.* São Paulo: Saraiva, 1993, p. 47

[49] PALOMBELLA, Gianluigi. *Filosofia do Direito.* São Paulo: Martins Fontes: 2005, p. 349

[50] SALES, Gabrielle Becerra. *Teoria da Norma Constitucional.* Barueri, SP: Manole, 2004, p. 210-1

que estes constituem elemento básico para realização do princípio democrático, por exercerem uma função democratizadora. ([51])

BOBBIO, referindo-se à desconfiança dos velhos jusnaturalistas pela inexistência de um consenso escrito, escreveu que hoje tal expressão documental existe ([52]), de fato, na história obscura das nações, desde sua aprovação por 48 Estados, em 10 de dezembro de 1948, na Assembléia Geral das Nações Unidas: "a partir de então, foi acolhido como inspiração e orientação no processo de crescimento de toda a comunidade internacional no sentido de uma comunidade não só de Estados, mas de indivíduos livres e iguais." ([53]) Entende WELZEL que "desde um princípio, o Direito natural havia vivido da tensão entre idéia e realidade, e, por isso, ao converter-se em realidade, cegou a fonte da que, até então, havia extraído sua força". ([54])

[51] PIOVESAN, Flávia. *Proteção Judicial Contra Omissões Legislativas. Ação Direta de Inconstitucionalidade por Omissão e Mandando de Injunção.* São Paulo: RT, 2003, p. 41

[52] Conforme explanação de MAIA, como a Carta das Nações Unidas não continha nenhuma definição do que fossem os direitos humanos, coube à própria ONU aprovar uma declaração que explicitasse seu significado: a Declaração Universal dos Direitos Humanos, em 10 de Dezembro de 1948. Tal documento é da mais absoluta relevância, posto que estabeleceu de modo definitivo o processo de internacionalização dos direitos humanos, além de articular os direitos civis e políticos com os direitos econômicos, sociais e culturais. Como tal declaração não era um tratado, portanto despido de força vinculante, tornou-se necessária a adoção de atos internacionais com força normativa, de modo a gerar obrigações para os Estados-partes. .Assim, em 22 de novembro de 1969 assina-se em San José da Costa Rica a Convenção Americana sobre Direitos Humanos ('Pacto de San José') a em vigor desde 18 de julho de 1978. Recentemente, a essa Convenção foi acrescentado o Protocolo Facultativo n. 1, de dezembro de 1988, que trata de direitos econômicos e sociais de modo mais específico e em maior detalhe. A primeira 'condenação' do Brasil perante a Comissão Interamericana, por atos de tortura ocorridos no período da ditadura militar, foi no cão do sindicalista Olavo Hansen". (em 1970). Em 2002, pela primeira vez, a Corte Interamericana de Direitos Humanos proferiu decisão, embora cautelar, contra o Brasil, em razão dos episódios sistemáticos de morte de presos nas dependências da Penitenciária Urso Branco, em Rondônia (cf. MAIA, Luciano Mariz. *O Brasil Antes e Depois do Pacto de San José.* Boletim Científico da Escola Superior do Ministério Público da União. Brasília, v. 1, n. 4, p. 81-97, jul./set. 2002.)

[53] BOBBIO, Norberto. *A Era dos Direitos.* Rio de Janeiro: Campus, 1992, p. 27-8

[54] WELZEL, Hans. *Introducción a la Filosofía del Derecho, Derecho Natural y Justicia Material.* Tradução de Felipe González Vicen. Buenos Aires, Ar: B de F, 2005, p. 219

2.1. Criptotipo: o jusnatural como contexto de descoberta

Indaga VILLEY se o Direito tem por visada a Justiça ou, mais, que dela seja a aplicação. Responde ele negativamente, pois, quaisquer das frases, pelo constante uso, tornaram-se fórmulas vazias, sem qualquer sentido, embotadas, sem substância, um mero hábito de linguagem enfim. Para o neopositivismo, tais expressões significam absolutamente nada: "o termo justiça não remete a nenhum dado verificável, sendo portanto uma 'palavra vazia', que se deve proscrever. Pois a justiça escapa das redes da ciência moderna."([55])

Fala-se aqui na concepção de justiça, idealizada por RAWLS para uma sociedade democrática, "como um sistema de cooperação justa entre cidadãos livres e iguais, que aceitam de boa vontade, como politicamente autônomos, os princípios publicamente reconhecidos de justiça que determinam os termos justos dessa cooperação". ([56])

Como dantes mencionado, a teoria jusnaturalista prega a idéia de justiça como fonte de validade do direito (princípio racional *a priori*). Por conseguinte, a força obrigatória absoluta do direito legislado depende de ser ele a realização (ou tentativa de realização) da idéia do direito. ([57]) Para BACHOF, se uma norma constitucional fere outra norma de mesmo status, positivadora de direito supralegal, afigurar-se-á como contrária ao direito natural e, portanto, carecerá de legitimidade no sentido da obrigatoriedade jurídica. ([58]) Assevera MUSACCHIO, que a norma penal deve ser sinônimo de justiça, não sendo mais de se admitir que seja a lei penal unicamente comando. Também é comando, mas para ser complementar à democracia deve incorporar e exprimir *valores de justiça*. ([59])

No Direito Penal, em especial, cremos que o direito natural possa apresentar-se como modelo oculto, sob a configuração de ***criptotipos***. Estes – os criptotipos – na definição tomada de LICCI ([60]), são percebidos como

[55] VILLEY, Michel. *Filosofia do Direito:Definições e Fins do Direito:Os Meios do Direito*. São Paulo: Martins Fontes, 2003, p. 52

[56] RAWLS, John. *O Direito dos Povos*. São Paulo: Martins Fontes, 2001, p. 41

[57] ROSS, Alf. *Direito e Justiça*. Bauru, SP: Edipro: Edipro, 2000, p. 134

[58] BACHOF, Otto. *Normas Constitucionais Inconstitucionais*. Coimbra: Almedina, 1994, p. 62-3

[59] MUSACCHIO, Vincenzo. *Norma Penale e Democrazia...* Milano: LED, 2004, p. 26

[60] LICCI, Giorgio. *Modelli nel Diritto Penale: Filogenesi del Linguaggio Penalistico*. Torino: Giappichelli, 2006, p. 238

obviedades e, por isso, pressupostos e transmitidos em via implícita, sem submissão ao crivo de controles críticos. Escapam ao controle crítico porque repousam nas ***estruturas profundas*** da linguagem.

Foi CHOMSKY quem elaborou uma distinção importantíssima entre "estrutura superficial" e "estrutura profunda" da gramática. Segundo ele a significação de uma frase (estrutura profunda) nem sempre é revelada pela expressão real tomada como tal (estrutura superficial). Portanto, a significação oculta-se na estrutura profunda, ao passo que a cadeia sonora é gerada pela estrutura superficial. ([61])

Dizendo de outro modo: "a estrutura superficial é representada pelas sentenças que efetivamente pronunciamos e escrevemos. A estrutura profunda subjacente a isto é um conjunto de estruturas centrais simples e regras para projetá-las de forma a gerar a estrutura de superfície." ([62]) Não por outro motivo a superficialidade do discurso secreta inúmeros fenômenos, já que a frieza da lei pressupõe certos *resíduos semióticos* – consubstanciados em disputas sociais de todos os tipos que se digladiam até sua sagração no texto normativo – os quais somente podem ser detectados a partir da análise de profundidade do discurso.([63])

Seguindo esse raciocício os ***criptotipos*** ([64]) vão substanciar regras que existem e são relevantes, mas que não são formuladas pelos operadores (os quais, mesmo querendo, não poderiam formulá-las, dada sua prática não plenamente consciente). São proposições "desconhecidas", conviventes ao lado das disposições explícitas e verbalizadas, eventualmente nestas convertidas.

E como, efetivamente, atuam os ***criptotipos*** em relação ao ***tipo*** e ao ***contratipo***? Podem postar-se em posição de recíproca coerência ou então de recíproca oposição a eles, atuando assim como ***fonte indireta***, isto é, como ***fonte de interpretação*** do Direito Penal.

Os ***criptotipos*** – como elementos não verbalizados, ocultos, inconscientes – representam a cultura e a mentalidade do aplicador, sua prefigu-

[61] NIVETTE, Joseph. *Princípios de Gramática Gerativa*. São Paulo: Pioneira, 1975, p. 83

[62] HACKING, Ian. *Por que a Linguagem Interessa à Filosofia?* Tradução Maria Elisa Marchini Sayeg. São Paulo: UNESP, 1999, p. 94

[63] BITTAR, Eduardo C.B.; ALMEIDA, Guilherme Assis de. *Curso de Filosofia do Direito*. São Paulo: Atlas, 2002, p. 482

[64] LICCI, Giorgio. *Modelli nel Diritto Penale: Filogenesi del Linguaggio Penalistico*. Torino: Giappichelli, 2006, p. 237

ração da realidade, sua pré-compreensão das regras, valores e orientação transmitidos sem verbalização. ([65]) Como direito natural que são, originam, também, um "dever ser", o qual rompe a validez ou obrigatoriedade moral do direito positivo conflitante ([66]). Uma tal decisão deve ser suficientemente suspensiva ou destrutiva da lei para reinventá-la, rejustificá-la, em cada caso novamente.([67])

Entendemos que uma reflexão paragonada parece revelar uma possível correlação entre o ***criptotipo*** e o ***contexto de descoberta*** (em oposição ao ***contexto de justificação***) presente na teoria argumentativa.

Essa distinção entre as perspectivas de análise das argumentações é posta em relevo, como de suma importância, por ATIENZA. Segundo ele o ***contexto de descoberta*** é atividade que consiste em descobrir ou enunciar uma teoria. Sua análise não cabe à Lógica e sim ao sociólogo ou historiador da ciência. Já no ***contexto de justificação*** tem-se um procedimento consistente em justificar ou validar a teoria, comportando, assim, uma análise lógica porque submetido às regras do método científico. Sintetizando com as palavras do mesmo autor: "uma coisa é o procedimento mediante o qual se estabelece uma determinada premissa ou conclusão, e outra coisa é o procedimento que consiste em justificar essa premissa ou conclusão". ([68])

Como distingue FIGUEROA ([69]), no *contexto de descoberta* é que aparecem as motivações psicológicas condicionadoras do conhecimento cien-

[65] LICCI, Giorgio. *Modelli nel Diritto Penale: Filogenesi del Linguaggio Penalistico*. Torino: Giappichelli, 2006, p. 337

[66] TRAVERSO, Juan Damian. *La Razón del Deber Jurídico*. Madrid: Dykinson, 2003, p. 96

[67] DERRIDA, Jacques. *Fuerza de Ley, el Fundamento Místico de la Autoridad*. Madrid: Techos, 2002, p.53

[68] ATIENZA, Manuel. *As Razões do Direito. Teorias da Argumentação Jurídica*...São Paulo: Landy, 2003, p. 20-21. Recorrendo à exemplificação do mesmo autor: se considerarmos o argumento que conclui afirmando ser "necessário alimentar a força os presos", a distinção pode ser traçada entre as causas psicológicas, o contexto social, as circunstâncias ideológicas etc que levaram o juiz a emitir essa resolução, e, de outro lado, as razões dadas pelo órgão em questão para mostrar que sua decisão é correta ou aceitável (que está justificada). Assim dizer que o juiz tomou essa decisão devido às suas fortes crenças religiosas significa enunciar uma razão explicativa; dizer que a decisão do juiz se baseou numa interpretação de determinado dispositivo legal significa enunciar uma razão justificadora. De um modo geral, os órgãos administrativos e jurisdicionais não precisam explicar suas decisões; o que devem fazer é justificá-las. (cf. op.cit. p. 20)

[69] FIGUEROA, Alfonso García. *Princípios y Positivismo Jurídico*...Madrid: Centro de Estudios Políticos e Constitucionales, 1998, p. 117

tífico que possibilita uma argumentação jurídica: são causas ou motivos explicativos. No *contexto de justificação*, ao contrário, encontramos apenas as razões justificadoras, prescindindo-se do processo mental que conduziu à decisão. ALEXY também empregou essa distinção no caso da necessária ponderação entre princípios colidentes, afirmando que com isso é possível avaliar se uma ponderação é racional ao analisar se o enunciado de preferência a que conduz comporta uma fundamentação racional. ([70])

Lembra ROSS que a linguagem é o veículo de transmissão de significado do Direito, sendo que tal "significado atribuído aos termos jurídicos é condicionado de mil maneiras por tácitas pressuposições sob formas de credos e preconceitos, aspirações, padrões e valorações, que existem na tradição cultural que circunda igualmente o legislador e o juiz." ([71])

O ***criptotipo*** pode, por isso, assumir a função de ***contratipo*** frente ao ***tipo penal***, tornando a conduta lícita. Não podem mais vingar posições doutrinárias clássicas que não concebiam a possibilidade de não-aplicação de um mandamento penal positivo que, defasado axiologicamente, viesse a afrontar os ideais de justiça da comunidade. Nesses casos, segundo CALÓN, o antijurídico continuaria sendo a infração da norma positiva, não obstante reputada injusta, e o juiz, apesar de tudo, estaria obrigado a julgar conforme a ela. ([72])

O julgador, escreveu BITTENCOURT, não foge ao impulso de impregnar de um pouco de si a apreciação das proposições jurídicas e fáticas: "a arte de julgar procura inspirar as abstrações das tendências pessoais, conduzindo ao rumo da compreensão, que é o ponto de partida da justiça". ([73])

Tomando emprestados a CANOTILHO elementos conceituais próprios do Direito Constitucional, afirma-se que as normas legais penais, necessariamente carentes de uma colmatação valorativa, devem ser planificada-

[70] ALEXY, Robert. *Teoria de los Derechos Fundamentales*. Madrid: Centro de Estudios Políticos y Constitucionales, 2001, p. 158

[71] ROSS, Alf. *Direito e Justiça*. Bauru, SP: Edipro, 2000, p. 126

[72] CALÓN, Eugenio Cuello. *Derecho Penal, Tomo I, Parte General*. Barcelona: Bosch, 1935, p. 302

[73] BITTENCOURT, Edgard de Moura. *O Juiz*. Campinas, SP: Millenium, 2002, p. 164. Extrai-se do escrito de GUIBOURG que, diante do direito positivo, o juiz representa uma sutil versão do "cavalo de Tróia": de aparência às vezes inerte e imponente, goza da confiança do sistema jurídico, que lhe confere o poder necessário para defender-lo e aplicá-lo; mas o magistrado não é uma máquina em mãos do legislador: sob sua toga há um ser humano, com sua inteligência, seus valores, seus interesses e seus erros" (cf. GUIBOURG, Ricardo A. *Derecho, Sistema y Realidad*. Buenos Aires: Astrea, 1986, p. 45)

mente indeterminadas de modo a possibilitar aos órgãos responsáveis pela sua concretização o espaço de liberdade decisória à adequação da norma perante uma realidade multiforme e cambiante. ([74])

Essa adequação, consoante magistério de LUMIA,

> *"não pode ser feita senão à luz de um juízo de valor (de conveniência, de oportunidade) que leve em conta os valores emergentes da sociedade, mas que também seja influenciado pelas* ***preferências individuais do intérprete****. Portanto, parece lícito concluir que, se todo processo interpretativo é sempre um fato técnico, porque requer o uso apropriado de técnicas hermenêuticas especiais, é também sempre um* ***fato ideológico*** *porque comporta uma escolha de valores".*(g.n.) ([75])

Cabível essa ponderação de LUMIA à nossa proposta lingüística aqui esposada – de que o tipo legal, expressão de linguagem que é, não emerge como evidência do injusto, mas sim como o espaço de descoberta deste, isto é, como domínio do discurso penal. De fato, a abertura do tipo ao discurso implica na possibilidade de ingresso da idelogia do aplicador.

Esses elementos ideológicos repousam na estrutura profunda da linguagem e sua descoberta é função da semiótica, nas palavras de BITTAR e ALMEIDA:

> *"A ideologia, enquanto tentativa de encoberta de uma realidade que se quer mascarar, para um desvelamento de significações sígnicas subjacentes à 'objetividade' do discurso, enquanto tomado em seu aspecto exterior, e como fato semiótico, funciona ela mesmo como um signo. Essa identidade surge do fato de que o signo é um algo (objetividade do discurso) que está para alguma coisa (ideologia do discurso). Uma abordagem semiótica do discurso jurídico, antes de negligenciar tal perspectiva, deve desvelar o acentuado papel desta*

[74] CANOTILHO, José Joaquim Gomes, *Constituição Dirigente e Vinculação do Legislador, Contributo para a Compreensão das Normas Constitucionais Programáticas.* Coimbra: Coimbra (Editora), 2001, p. 193

[75] LUMIA, Giuseppe. *Elementos de Teoria e Ideologia do Direito.* São Paulo: Martins Fontes, 2003, p. 82-3

na determinação dos lindes ideológicos-sígnicos ocultos no universo de discurso jurídico." ([76])

Naturalmente concebemos uma ideologia a partir da linguagem (e não sociologicamente), isto é, a ideologia não como visão do mundo, nem ocultamento da realidade, mas como mecanismo estruturante do processo de significação ([77]), ligada inextricavelmente à interpretação como fato fundamental de atualização de valores corporificados na linguagem social.

Para DWORKIN não há nada de deplorável na sensibilidade do Direito às fricções e tensões de suas fontes intelectuais pois isso representa um ganho de poder, eis que "juízes diferentes pertencem a tradições políticas diferentes e antagônicas, e a lâmina das interpretações de diferentes juízes será afiada por diferentes ideologias". ([78])

Aliás, cindir juridicidade e ideologia constitui, já, uma postura ideológica, como bem adverte BITTAR e ALMEIDA, os quais, adotando o termo sob perspectiva conceitual de "'*ato de escolha*'" e de intervenção do sujeito singular sobre estruturas discursivas e sobre práticas de sentido", emendam que "o discurso jurídico é ideológico porque pressupõe decisões, e também porque dessas decisões não se podem excluir fatores políticos, socioculturais, econômico, históricos". ([79])

2.2. O válido corresponde (necesssariamente) ao valoroso?

Não comungamos com o pensamento de GALDINO SIQUEIRA, para quem, ante uma discrepância entre a ilegalidade formal e a material, por "engano" do legislador, o juiz ficaria ligado pela lei, pois "corrigir o direito vigente está além dos limites de sua missão" ([80]). Igualmente discordamos de NÉLSON HUNGRIA, segundo o qual, "a excepcional licitude de um

[76] BITTAR, Eduardo C.B.; ALMEIDA, Guilherme Assis de. *Curso de Filosofia do Direito.* São Paulo: Atlas, 2002, p. 482-3

[77] ORLANDI, Eni Puccinelli. *Análise de Discurso, Princípios e Procedimentos.* Campinas: Pontes, 2005, p. 96

[78] DWORKIN, Ronald. *O Império do Direito.* São Paulo: Martins Fontes, 2003, p. 111

[79] BITTAR, Eduardo C.B.; ALMEIDA, Guilherme Assis de. *Curso de Filosofia do Direito.* São Paulo: Atlas, 2002, p. 481

[80] SIQUEIRA, Galdino. *Tratado de Direito Penal. Parte Geral. Tomo I.* Rio de Janeiro: José Konfino, 1950, p. 300

fato correspondente a um tipo de crime somente pode ser encontrada na órbita do direito positivo" ([81]). No momento de aplicação da lei penal deve o juiz orientar-se pelo imanente senso de justiça, tendo sempre como sinalizador a distinção entre o legal e o justo, pois, como adverte DWORKIN, o Direito é diferente da Justiça: "o Direito é uma questão de saber o que do suposto justo permite o uso da força pelo Estado, por estarem incluídos em decisões políticas do passado, ou nelas implícitos". ([82]) Isso, por si só, justificaria o não-abandono do tratamento científico do jusnaturalismo pela dogmática, já que o direito natural funciona como "critério que permite valorar o direito positivo e medir a sua intrínseca Justiça". ([83])

Embora ocorrentes na prática, as leis injustas costumam ser tomadas como questão teórica ou metafísica, da qual não se deve ocupar o aplicador ([84]). Há que se habituar a proclamar, e a ouvir que se proclame, que as leis injustas não são leis, pois o fim destas é, exatamente, a expressão do justo. Dessarte, "se a lei deixa de cumprir sua finalidade, de cumprir sua função, é evidente que ela 'não é' uma lei, como uma faca que não corta não é uma faca" ([85]), motivo por que a jurisprudência germânica é propensa a qualificar como "não-Direito" o direito injusto ([86]). De fato, a oposição entre a lei positiva e um mandato natural leva a contrariar o justo natural, assumindo aquela lei o caráter de violência, de norma injusta, "a qual não é direito do poder, mas prepotência do poder".([87])

[81] HUNGRIA, Nelson. *Comentários ao Código Penal. Vol. I.* Rio de Janeiro: Forense, 1949, p. 199. Ressalte-se que a expressão "direito positivo", ali empregada pelo mestre pátrio, vem em sinonímia à regra legal escrita, pois, complementava ele, "o que está acima do hortus clausus das leis é um 'nada jurídico' (idem, ibidem, p.201)

[82] DWORKIN, Ronald. *O Império do Direito.* São Paulo: Martins Fontes, 2003, p. 122

[83] VECCHIO, Giorgio del. *Lições de Filosofia do Direito.* Tradução de António José Brandão. Coimbra: Armênio Amado, 1979, p. 582

[84] AZEVEDO, Plauto Faraco de. *Crítica à Dogmática e Hermenêutica Jurídica.* Porto Alegre: SAFe, 1989, p. 37

[85] VILLEY, Michel. *Filosofia do Direito:Definições e Fins do Direito:Os Meios do Direito.* São Paulo: Martins Fontes, 2003, p. 449

[86] LICCI, Giorgio. *Modelli nel Diritto Penale: Filogenesi del Linguaggio Penalistico.* Torino: Giappichelli, 2006, p. 222

[87] HERVADA, Javier. *Introduccion Critica al Derecho Natural.* Pamplona: Universidad de Navarra (Editora), 1981, p. 173

A busca, portanto, deve ser pela comunhão possível entre Direito e Justiça, reafirmando o plano teleológico da lei ([88]): ***"lex iniusta non est lex, sed corruptio legis"*** ([89]). Por esse motivo é que ALEXY maneja um conceito não-positivista de Direito ao argumentar que a extrema injustiça faz com que as normas percam seu caráter jurídico ([90]). Uma justificativa racional para esse fenômeno vem dada por VASCONCELOS, para quem o Direito antecede à norma (que é sua expressão formal), devendo, por esse motivo, sobre ela prevalecer: "exige-se que a lei tenha Direito, a saber, que seja justa. Se deve ser justa é porque, evidentemente, pode ser injusta. A norma enuncia e veicula Direito". ([91])

O Direito, ao despir-se do justo – justo que, complementando-o e fundamentando-o, serve-lhe de legitimação – deixa de ser Direito porque expressa uma inadequação e uma inverdade de caráter jurídico-político ([92]). Daí porque, sob a ótica jusnaturalista, identifica-se o conceito de validade e o de valor, reduzindo o primeiro ao segundo: "para uma norma ser válida deve ser valorosa (justa); nem todo o direito existente é portanto direito válido, porque nem todo direito é justo". ([93])

Como o "justo" do homem livre é relativo e variável, "a lei deve consagrar o resultado da 'pesquisa', da investigação do justo, fruto da obra falível do homem livre, variável e contingente. Por isso, as regras escritas mos-

[88] "O bem-comum recebe uma expressão objetiva na lei *justa* e pode ser assim participado na forma da *justiça* seja como *virtude* nos indivíduos seja como *eunomia* ou partilha eqüitativa dos bens segundo a lei, na comunidade." (cf. LIMA VAZ, Henrique Cláudio de. Ética, Direito e Justiça, in MERLE, Jean-Christophe, *Direito e Legitimidade*, p. 138)

[89] Do belo escrito de Altavila colhe-se que, "desde que o homem sentiu a existência do direito, começou a converter em lei as necessidades sociais" e "sensação do justo e do eqüitativo se infiltrava pelas frinchas de seu espírito". (v. ALTAVILLA, Jayme de. *Origem dos Direitos dos Povos*. São Paulo: Melhoramentos, 1964, p. 10)

[90] ARIZA, Santiago Sastre. *Ciencia Jurídica Positiva y Neoconstitucionalismo*. Madrid: McGrawHill, 1999, p. 176

[91] VASCONCELOS, Arnaldo. *Teoria da Norma Jurídica*. Rio de Janeiro: Forense, 1978, p. 4

[92] SALES, Gabrielle Becerra. *Teoria da Norma Constitucional*. Barueri, SP: Manole, 2004, p. 207

[93] BOBBIO, Norberto. *O Positivismo Jurídico, Lições de Filosofia do Direito*. São Paulo: Ícone, 1995, p. 137. As posições contrárias, no geral, entendem que uma dada norma é válida pelo fato de pertencer a um dado sistema: "a validade, como decorrência da própria existência da norma, acaba por revelar-se como uma verdadeira presunção que queda em favor desta, até que mediante procedimento próprio os órgãos responsáveis pela decretação de tais ou quais vícios expulsem tal norma do sistema, momento em que não mais existirá". (CONRADO, Paulo César. *Introdução à Teoria Geral do Processo Civil*. São Paulo: Max Limonad, 2000, p. 43-4)

tram-se insuficientes no plano dos fatos e sua constante mutabilidade", haja vista que "as leis devem resumir o estado presente da ciência do justo". ([94])

Daí o acerto do conceito de justiça em HABERMAS, o qual adquire um caráter procedimental, gerando uma expectativa de legimitidade onde somente podem merecer reconhecimento as normas que sejam boas para todos na mesma medida. Esse procedimento deve possibilitar a inclusão de todos os potencialmente afetados, bem como a imparcialidade no sentido de se atender, na mesma medida, a todos os interesses implicados ([95]). Consoante as palavras do mesmo autor, "no nível pós-tradicional de justificação, só vale como legítimo o direito que conseguiu aceitação racional por parte de todos os membros do direito, numa formação discursiva da opinião e da vontade". ([96])

O período pós-guerra assistiu a um ensaiado retorno ao jusnaturalismo ([97]), certamente pelo desencanto com a lei positiva. Na Alemanha, tornou-se paradigmática uma decisão do *Bundesgerichtshof* que, em 1952, anulou o acórdão de um tribunal criminal, o qual absolvera membros da Gestapo, acusados da deportação de judeus. Para a condenação, referiu-se aquela Corte a um "núcleo duro do Direito", comum à consciência de todos os povos civilizados, isto é, *uma forma de direito natural* ([98]). Essa decisão entendeu que, embora ampla, não é, todavia, ilimitada a liberdade de um Estado para determinar o que é direito e o que é ilícito dentro de seu território,

[94] MAMAN, Jeannette Antonios. *Fenomenologia Existencial do Direito, Crítica do Pensamento Jurídico Brasileiro.* 2ª edição. São Paulo: Quartier Latin, 2003, p. 95-6

[95] HABERMAS, Jürgen. *Verdad y Justificación.* Madrid: Trotta, 2002, p. 292

[96] HABERMAS, Jürgen. *Direito e Democracia:Entre Facticidade e Validade. Vol. I.* Rio de Janeiro: Tempo Brasileiro, 1997, p. 172

[97] Conforme WILLIS, "no período de redemocratização, após 1945, ocorre o conhecido 'renascimento' do jusnaturalismo, menos por seus méritos intrínsecos, do que pela flagrante contradição da neutralidade axiológica do positivismo frente ao terrorismo estatal praticado no III Reich."(cf. GUERRA FILHO, Willis Santiago. *Teoria Processual da Constituição.* São Paulo: Celso Bastos, 2000, p. 110)

[98] Esse acórdão, de 29 de janeiro de 1952, refere-se mais explicitamente a um 'núcleo duro do direito', comum à 'consciência de todos os povos civilizados', o que parece incluir uma forma de direito natural, tal como o concebe o Bundesgerichtshof em 1952. O acórdão de um tribunal criminal, que tinha absolvido os acusados, com base em não terem eles pensado agir contrariamente à lei, é anulado. O mesmo acórdão deixa em aberto a questão controversa da validade do decreto de 28 de fevereiro de 1933: mesmo que tenha visado outros inimigos, além dos comunistas, não pode dar 'carta branca' à Gestapo para infringir o 'núcleo duro do direito'. (v. RIGAUX, François. *A Lei dos Juízes.* Lisboa: Instituto Piaget, 1997, p. 130)

diante desse "núcleo do direito", o qual abarcaria certos princípios básicos invioláveis da conduta humana, desenvolvidos através dos tempos a partir de idéias morais básicas, com validade para todos os povos e culturas, criadores de uma vinculação jurídica, mesmo contra disposições locais que autorizem ignorá-las. ([99])

WELZEL, o filósofo-penalista, já dizia que, na contraposição entre direito natural e positivo, exprime-se a convicção de que existe algo que, não obrigando apenas pela força prevalente, prescinde de um comando de ação determinado ([100]) . Essa vitalidade do jusnaturalismo é que conduz à crença num esforço para contrabalançar a frágil legitimidade do Direito se reduzido à mera legalidade. ([101]) Por isso a doutrina aponta uma confluência, no jurista atual, de duas tradições originadas no racionalismo: a positivista da codificação e a jusnaturalista orientada à legitimação de seu exercício. Nessa mentalidade contemporânea, o desenvolvimento do labor jurisdicional e dogmático assume pressupostos jusnaturalistas, pelos quais é legitimada a atividade positivista, inspirada nos valores próprios do formalismo codificador. ([102])

Não se pode conceber – já advertia BATTAGLINI – direito positivo e direito natural como duas legislações paralelas, com confrontos possíveis entre seus detalhes e particularidades. Deve-se, sim, admitir que o direito natural estabelece certos princípios gerais, conforme à natureza humana, sempre verdadeiros, os quais podem ser resumidos nas duas máximas fundamentais: dar a cada um o que é seu (positiva) e não fazer mal a ninguém (negativa). ([103])

Possível, em verdade, uma conciliação entre "positivistas" e "antipositivistas", já que os primeiros não negam uma demonstração racional de juízos

[99] MAURACH, Reinhart. *Derecho Penal. Parte General.* Buenos Aires: Astrea, 1994, p. 430

[100] WELZEL, Hans. *Diritto Naturale e Giustizia Materiale.* Milano: Giufrè, 1965, p. 361

[101] RIGAUX, François. *A Lei dos Juízes.* Lisboa: Instituto Piaget, 1997, p. 99

[102] FIGUEROA, Alfonso García. *Princípios y Positivismo Jurídico...*Madrid: Centro de Estudios Políticos e Constitucionales, 1998, p. 42

[103] BATTAGLINI, Giulio. *Principii di Diritto Penale in Rapporto alla Nuova Legislazione, Questioni Preliminari.* Milano: Instituto Editoriale Scientifico, 1929, p. 198-9. A justiça, como regra suprema da vida social, não deve ser entendida como simples exigência de dar a cada um o que é seu, num sentido meramente material, mas sim como o esforço próprio de cada um, a atividade pelo qual se satisfazme suas profundas tendências, dentro da coletividade que, regida por essa lei de justiça, faz a república dos homens livres. (cf. RIVERA Y PASTOR, F. *Lógica de la Libertad, Principios de la Doctrina del Derecho.* Madrid: Francisco Beltrán, 1918, p. 107)

de valor sobre as regras, ao passo que os últimos reconhecem a relevância de uma descrição valorativamente neutra dessas regras ([104]). Nesse contexto é que comporta intelecção o ensinamento de BOBBIO, para quem "os direitos do homem nascem como direitos naturais universais, desenvolvem-se como direitos positivos particulares, para finalmente encontrarem sua plena realização como direitos positivos universais"([105]). Aponta-se, assim, como já fizera BATTAGLINI, o direito natural como fonte do Direito no instante da formulação legislativa onde o legislador "atinge os ditames profundos da consciência moral, aos princípios de justiça anteriores e superiores às instituições humanas". ([106]). Por fim, a constitucionalização e internacionalização de certos princípios, ao mesmo tempo em que liberta o direito natural das suspeitas que o circundam, prestam-se a reconhecer suas funções de limite e impulso ao legislador ordinário. ([107])

Vivemos, por isso, numa época pós-positivista que deve rebelar-se contra o absolutismo do legislador e a autosuficiência da norma legal. O universo do direito passa a ser entendido num sentido ampliado. Pode-se renegar (se se quiser) o jusnaturalismo ou (se se preferir) esconjurar o positivismo, mas não se pode apartar da confluência essencial entre ambos, lembrada por VILLEY: tanto a moderna Escola do Direito Natural quanto as contemporâneas doutrinas contratualistas (positivismo legalista) se pretendem deduzidas dos originários axiomas racionais (as grandes máximas gerais de conduta moral da Razão pura). ([108])

No entanto, a implementação prática dessa inédita postura encontra, ainda, obstáculos. Os receios externados por KARL LARENZ são comuns à generalidade da doutrina:

> *"A aspiração a uma justiça do caso é assim um factor legítimo no processo de decisão judicial, conquanto não induza o juiz a manipular a lei de acordo com as suas convicções. Como estímulo permanente para um exame sempre*

[104] NINO, Carlos Santiago. *La Validez del Derecho*. Buenos Aires: Astrea, 1985, p. 172-3

[105] BOBBIO, Norberto. *A Era dos Direitos*. Rio de Janeiro: Campus, 1992, p. 30

[106] BATTAGLINI, Giulio. *Principii di Diritto Penale in Rapporto alla Nuova Legislazione, Questioni Preliminari*. Milano: Instituto Editoriale Scientifico, 1929, p. 201

[107] PALAZZO, Francesco. *Introduzione ai Princìpi del Diritto Penale*. Torino: Giappichieli, 1999, p. 13

[108] VILLEY, Michel. *Filosofia do Direito:Definições e Fins do Direito:Os Meios do Direito*. São Paulo: Martins Fontes, 2003, p. 249

renovado, é imprescindível; como tentação contínua do juiz para sortear o direito estatuído, para substituir as pautas legais pela sua idéia pessoal de justiça, é perigosa." ([109])

Também CARL SCHMITT mostrava-se preocupado com "juristas que se concebem como estabelecedores diretos de valores, em sua atividade, levando assim preferências subjetivas a transitarem em julgado, ao serem transpostas para as decisões judiciais". ([110])

Nossa filiação ao jusnaturalismo deve implicar, coerentemente, num distanciamento das *teorias jurídicas idealistas puramente formais*, sobretudo as de timbre kelseniano, porque dissociadas por inteiro da censura ética que o direito natural deve exercer sobre o direito positivo, ao professar que este poderia subsistir sem a necessária harmonia com postulados éticos. Sem abandonar o positivismo jurídico, acreditamos, mais proximamente a um *idealismo material*, que a idéia específica a ser manifestada no Direito é a de justiça. Esta nossa posição, vai assim justificada: "uma ordem eficaz (sustentada no mundo dos fatos) que não satisfaz essas exigências mínimas, derivadas da idéia de justiça, ou que não é sequer uma tentativa de realizar justiça, não é reconhecida como detentora do caráter do direito, sendo qualificada como mero regime de violência." ([111])

3. *Lei e mal estar*

"Acredito que a legislação e as legislaturas têm má fama na filosofia jurídica e política, uma fama suficientemente má para lançar dúvidas quanto a suas credenciais como fontes de direito respeitáveis".
JEREMY WALDRON ([112])

"O normativismo, *como* legalismo, *está historicamente superado; tematicamente é assunto cansado, gasto, que descabe combater com vitoriosa audácia."*
LOURIVAL VILANOVA ([113])

[109] LARENZ, Karl. *Metodologia da Ciência do Direito.* Lisboa: Calouste Gulbenkian, 1983, p. 421

[110] GUERRA FILHO, Willis Santiago. *Teoria Processual da Constituição.* São Paulo: Celso Bastos, 2000, p. 111

[111] ROSS, Alf. *Direito e Justiça.* Bauru, SP: Edipro: Edipro, 2000, p. 92

[112] WALDRON, Jeremy. *A Dignidade da Legislação.* São Paulo: Martins Fontes, 2003, p. 1

[113] VILANOVA, Lourival. *Causalidade e Relação no Direito.* São Paulo: RT, 2000, p. 17

Talvez nos seja hoje difícil fazer coro a MORANDIERE para proclamar que "a garantia da liberdade civil exige que os papéis preponderantes da repressão pertençam ao legislador". ([114]) Melhor seria enxergar a lei naquela feição dada por DWORKIN: "direitos legais são decisões políticas do passado, segundo a melhor interpretação que tal coisa significa". ([115])

Há uma percepção generalizada que o Parlamento ([116]) deixou de ser o ambiente digno para cuidar do regramento normativo da vida do cidadão. Essa constatação é que gera o "mal estar" a que se refere CANOTILHO:

> *"Os problemas de mal estar cívico e político afetam a credibilidade das 'tábuas da lei' mesmo no campo mais sedimentado dos direitos individuais fundamentais. Os fenômenos de corrupção, clientelismo trouxeram para a arena político-social a 'crise da representação' do 'Estado de partidos', da 'política' e dos políticos. O direito de voto, a liberdade partidária, o mandato livre, o direito de acesso a cargos políticos, a igualdade no tratamento tributário, pouco valem numa sociedade política varrida pelo tráfego de influências, o clientelismo e a corrupção."* ([117])

Por isso preocupa o ainda persistente culto aos dogmas da "Escola de Viena", para a qual o Estado chega a ser uma estrutura espiritual, um sistema de normas, não uma estrutura composta por um conjunto de homens ou, nas palavras do próprio KELSEN: "o Estado é um sistema normativo cujo conteúdo é constituído por fatos específicos da conduta humana formando um ordenamento normativo." ([118])

Escreveu DELMAS-MARTY que "fonte estatal por excelência, a lei em sua majestade se torna fonte quase única no final do século XVII, instituindo essa ordem jurídica a que nos acostumamos", acrescentando a

[114] MORANDIERE, León Julliot. *De la Règle Nulla Poena Sine Lege.* Paris: Recueil Sirey, 1910, p. 43

[115] DWORKIN, Ronald. *O Império do Direito.* São Paulo: Martins Fontes, 2003, p. 120

[116] Como ressalta Altavila, "com a caminhada dos séculos, os processos elaborativos e normativos se modificaram, até atingirem os recintos parlamentares, onde nem sempre chegam os ecos das necessidades sociais". (cf. ALTAVILLA, Jayme de. *Origem dos Direitos dos Povos.* São Paulo: Melhoramentos, 1964, p. 11)

[117] CANOTILHO, José Joaquim Gomes Canotilho. *Estudos Sobre Direitos Fundamentais.* Coimbra: Coimbra Editora, 2004, p. 121-122

[118] KELSEN, Hans. *O Estado como Integração: um Confronto de Princípios.* São Paulo: Martins Fontes, 2003, p. 34

autora que "o Estado e, na tradição romano-germânica, a lei são nossos pontos de referência históricos, aqui, no Ocidente, onde o direito, separando-se da moral e da religião, identificou-se ao Estado" ([119]), por isso afirmar-se que "a lei é o pensamento jurídico deliberado e consciente formulado por órgãos especiais, que *representam a vontade predominante numa sociedade*". (g.n.) ([120])

A sedução da lei escrita remonta ao Iluminismo: por seu caráter 'geral' a lei tem a aparência de prometer a todos um tratamento igual e, sendo escrita, permanente, torna as sentenças previsíveis. ([121]) Essa generalidade e certeza são os atributos que têm garantido a supremacia da lei como fonte do Direito.

Entendendo a lei como sendo "a forma necessária que assume o Direito na convivência social" escreveu FERNANDO PUGLIA ([122]) que esta "deve ser a manifestação da consciência jurídica popular e é sujeita à lei de evolução ao pares desta última", daí cunhando definição pela qual a lei penal seria "a declaração legitimamente feita pela soberania social das violações do direito merecedoras de pena".

Explicita o clássico penalista italiano a vinculação necessária que deve imperar entre direito penal objetivo e soberania popular (consubstanciada no processo de elaboração legislativa por representantes do povo, com ouvidos aos anseios deste). Todavia, seria utópico cultivar uma imagem de legislação digna qual a pretendida por WALDRON: "os representantes da comunidade unindo-se para estabelecer solene e explicitamente esquemas e medidas comuns, que se podem sustentar em nome de todos eles, e fazendo-o de uma maneira que reconheça abertamente e respeite (em vez de ocultar) as inevitáveis diferenças de opinião e princípio entre eles". ([123])

Muitos dos que decantam o mal compreendido princípio da legalidade penal equivocam-se porque, de partida, ignoram o objeto fulcral desse princípio: a lei. O intenso uso da palavra lei produziu uma névoa em seus limites

[119] DELMAS-MARTY, Mireille. *Por um Direito Comum*. São Paulo: Martins Fontes, 2004, p.4

[120] VECCHIO, Giorgio del. *Lições de Filosofia do Direito*. Tradução de António José Brandão. Coimbra: Armênio Amado, 1979, p. 409

[121] VILLEY, Michel. *Filosofia do Direito:Definições e Fins do Direito:Os Meios do Direito*. São Paulo: Martins Fontes, 2003, p. 382

[122] PUGLIA, Ferdinando. *Manuale Teorico-Pratico di Diritto Penale Secondo il Codice Vigente*. Nápoli: Cavo A. Tocco, 1895, p. 2

[123] WALDRON, Jeremy. *A Dignidade da Legislação*. São Paulo: Martins Fontes, 2003, p. 3

semânticos que, agora, somente pela Pragmática podem ser divisados. Para DWORKIN, a expressão "lei" apresenta dois sentidos distintos: pode designar tanto as *palavras impressas* (como votadas pelos parlamentares) quanto – o que é mais complexo –, o *direito criado* com a promulgação do diploma legal.([124])

MAMAN, com razão, apela à vivificação da lei pela via hermenêutica, para que ela não divente repetição do passado, ao não participar do sentido presente: "o que pode fazer a força da linguagem em sua expressão essencial – a escrita – para o direito pode representar sua debilidade. O que está escrito como que se afasta do que se diz e se vê – é preciso reconduzir o direito escrito ao *sentido da vida*". ([125])

Também BETTIOL, ao lembrar que o homem não é feito para a lei, mas a lei é que é feita para o homem, assim expressou-se: "o indivíduo não deve ser conduzido e envolvido por uma rede de conceitos que empobrecem e formalizam o seu organismo espiritual, mas deve ser colocado em situação de compreender e de viver, na realidade da sua vida concreta, o valor da lei moral e jurídica". ([126])

O *ordenamento efetivo* não se identifica com o legal. Isso corresponde à descoberta científica de que um sistema jurídico é a resultante de uma pluralidade de componentes operantes em níveis diversos ([127]), conduzindo à refutação daquelas concepções do Direito e da Ciência do Direito, lembradas por JAKOBS, "às quais não se pode incorporar determinações materiais como o humanismo", sendo Direito somente "aquilo que é ordenado por uma instância competente e é levado à prática em caso de necessidade ou violência". ([128])

A principal crítica que se deve fazer à concepção da lei (em sentido estrito) como fonte única da norma penal é que a anacrônica louvação à positivação, do Iluminismo herdada, apresenta-se, hoje, como processo nomotético-comunicacional superado, pois nele praticamente inexiste retroação vinculativa do emissor ao receptor, isto é, desprestigia-se o

[124] DWORKIN, Ronald. *O Império do Direito.* São Paulo: Martins Fontes, 2003, p. 21

[125] MAMAN, Jeannette Antonios. *Fenomenologia Existencial do Direito, Crítica do Pensamento Jurídico Brasileiro.* 2ª edição. São Paulo: Quartier Latin, 2003, p. 115

[126] BETTIOL, Giuseppe. *O Problema Penal.* Campinas,SP: LZN, 2003, p. 104

[127] LICCI, Giorgio. *Modelli nel Diritto Penale: Filogenesi del Linguaggio Penalistico.* Torino: Giappichelli, 2006, p. 336

[128] JAKOBS, Gunther. *Ciência do Direito e Ciência do Direito Penal.* Barueri, SP: Manole, 2003, p. 8-9

ângulo pragmático do Direito como linguagem, pela ausência de retroação do "receptor" em relação ao "emissor", gerando dessincronia interacional entre ambos. Dentre outras coisas, essa disfunção comunicacional cerra as possibilidades de inter-regulação do conteúdo imperativo da norma legal frente às normas jurisprudenciais e constumeiras. Como não compactuamos com um raciocínio legalista-positivista de cunho reducionista, entendemos, como adiante tratado, que a norma penal resulta de um discurso jurídico que transcende à estreiteza do discurso prescritivo.

Todavia, há de se reconhecer que, ainda, repousa no Poder Legislativo a tarefa precípua de criação das leis, vale dizer, de produção do direito positivo estatal. Daí que, de ordinário, como faz notar KELSEN, "o órgão legislativo se considera na realidade um livre criador do direito, e não um órgão de aplicação do direito, vinculado pela Constituição, quando teoricamente ele o é sim, embora numa medida restrita" ([129]). Também CANOTILHO enxerga a mesma limitação, haja vista inexistir âmbito ou liberdade de conformação do legislador ordinário relativamente às normas constitucionais, por não ser o direito constitucional dispositivo. ([130]) Intentemos a demonstração do porquê desse condicionamento.

4. Constituição como a barreira intransponível do legislador

> *"Não existe, a nosso ver, o 'fim da história' quanto à idéia do constitucionalismo. De uma coisa, porém, estamos certos: a maior parte das nervuras dogmáticas deste direito pertence a um mundo que já não é o nosso. Procuremos, por isso, o novo mundo."*
>
> ***CANOTILHO***([131])

[129] KELSEN, Hans. *Jurisdição Constitucional.* São Paulo: Martins Fontes, 2003, p.150. No mesmo sentido, ressalta PALOMBELLA que "a supremacia da legalidade, tipicamente continental, que, seguindo moldes positivistas, se tornara independente de conteúdos, reduz-se drasticamente, também graças à ascensão do direito constitucional, ao predomínio definitivamente concedido, no sistema das fontes, a Constituições cujas disposições de princípio, cujas declarações dos direitos subjetivos, civis, políticos, sociais são cada vez mais entendidas como normativas, imediatamente vinculantes e não necessariamente dependentes de alguma concretização legislativa" (cf. PALOMBELLA, Gianluigi. *Filosofia do Direito.* São Paulo: Martins Fontes: 2005, p. 342-3)

[130] CANOTILHO, José Joaquim Gomes, *Constituição Dirigente e Vinculação do Legislador, Contributo para a Compreensão das Normas Constitucionais Programáticas,* Coimbra, Coimbra (Editora), 2001, p. 63

[131] CANOTILHO, José Joaquim Gomes. *Brancosos e Interconstitucionalidade, Itinerários dos Discursos sobre a Historicidade Constitucional.* Coimbra: Almedina, 2006, p. 36

"A Constituição torna nossa moral política convencional relevante para a questão da validade. Qualquer lei que pareça comprometer essa moral levanta questões constitucionais, e se esse comprometimento for grave, as dúvidas constitucionais também serão graves."

RONALD DWORKIN [132]

FERRAJOLI fala em duas revoluções ocorridas na natureza do Direito e que implicaram em alterações internas do paradigma positivista clássico. A primeira revolução deu-se com a proclamação do princípio da mera legalidade (ou da legalidade formal) afirmando-se a onipotência do legislador. A segunda revolução, identificada no movimento do constitucionalismo, implicou na positivação dos direitos fundamentais que limitaram e vincularam substancialmente a legislação positiva, assomando-se, assim, do princípio da estrita legalidade (ou da legalidade substancial). Doravante, existirá uma submissão não apenas a vínculos formais, mas verdadeiramente substanciais impostos pelos princípios e direitos plasmados nas cartas constitucionais. [133]

A passagem de uma jurisprudência "de interesses" para uma "de valoração", segundo KARL LARENZ, "só cobra, porém, o seu pleno sentido quando conexionada na maior parte dos autores com o reconhecimento de valores ou critérios de valoração 'supralegais' ou 'pré-positivos' que subjazem às normas legais e para cuja interpretação e complementação é legítimo lançar mão, pelo menos sob determinadas condições". [134]

Modernamente, num conceito liberal de Estado, para desenvolvimento da democracia e dos direitos humanos, o Direito deve ser visto como essencial não apenas à auto-organização do Estado, mas sobretudo como instrumento básico e indispensável para a limitação do poder dos organismos estatais.[135]

Há, todavia, os que, ainda deslumbrados com o Iluminismo, olvidam que a realidade sucedânea demonstrou que a lei, incólume à segunda revolução de que fala FERRAJOLI, serviu, de solito, não à sujeição do soberano a limites positivados antes inexistentes, mas sim, com muito mais propriedade, prestou-se como eficaz instrumento para submissão absoluta dos

[132] DWORKIN, Ronald. *Levando os Direitos a Sério*. São Paulo: Martins Fontes, 2002, p. 318

[133] FERRAJOLI, Luigi, *Los Fundamentos de los Derechos Fundamentales*. Madrid: Trotta, 2005, p. 53

[134] LARENZ, Karl. *Metodologia da Ciência do Direito*. Lisboa: Calouste Gulbenkian, 1983, p. 143

[135] GARCIA, Manoel Calvo. *Teoría del Derecho*. Madrid: Tecnos, 2000, p. 63

súditos ao Estado (conquanto agora fosse a soberania impessoal). Como magistralmente sintetiza MARCELO NEVES, "no Estado Democrático de Direito a soberania do povo funda-se na soberania do Estado, enquanto a soberania do Estado, por seu turno, na soberania do povo". ([136])

Para NUVOLONE, as normas e princípios constitucionais é que constituem o parâmetro de legitimidade das leis penais ordinárias ([137]) . Também para CANOTILHO é a Constituição que deve "fornecer arrimos jurídico-dogmáticos a uma fundamentação dos limites materiais-constitucionais vinculativos do legislador", devendo das normas constitucionais ser extraídas as "determinantes positivas da actividade legislativa". ([138])

Segundo FERRAJOLI, é o desenvolvimento da idéia de rigidez e superioridade constitucionais, no decorrer do século XX, que faz desabar o postulado juspositivista (e, ao mesmo, "democrático") da onipotência do legislador e da soberania do parlamento, pois "com a subordinação do próprio poder legislativo de maioria à lei constitucional e aos direitos fundamentais nela estabelecidos, o modelo do estado de direito aperfeiçoa-se e completa-se no modelo do estado constitucional de direito, e a soberania interna como 'potestas absoluta' (poder absoluto), já não existindo nenhum poder absoluto, mas sendo todos os poderes subordinados ao direito, se dissolve definitivamente". ([139])

Se no dizer de CANOTILHO, "a força normativa da Constituição traduz-se na vinculação, como direito superior, de todos os órgãos e titulares dos poderes públicos" ([140]), tem-se, na esfera penal, que não apenas as agências judiciais e ministeriais, mas também as de segurança, detêm deveres na exata aplicação da norma penal, sempre vasculhando a seara constitucional onde, potencialmente, serão encontrados *elementos negativos* daquilo que, numa análise mais apressada, aparentaria um crime.

A teoria dos elementos negativos do tipo abre, portanto, o canal de normatividade negativa do tipo penal para aporte, diretamente, do texto

[136] NEVES, Marcelo. *Entre Têmis e Leviatã: uma Relação Difícil.* São Paulo: Martins Fontes, 2006, p. 166

[137] NUVOLONE, Pietro, *Il Sistema Del Diritto Penale*, p. 51

[138] CANOTILHO, José Joaquim Gomes. *Brancosos e Interconstitucionalidade, Itinerários dos Discursos sobre a Historicidade Constitucional.* Coimbra: Almedina, 2006, p.32

[139] FERRAJOLI, Luigi. *A Soberania no Mundo Moderno.* São Paulo: Martins Fontes, 2002, p. 33

[140] CANOTILHO, José Joaquim Gomes. *Brancosos e Interconstitucionalidade, Itinerários dos Discursos sobre a Historicidade Constitucional.* Coimbra: Almedina, 2006, p. 117

positivo maior, de fatos operativos jurídicos excludentes da ilicitude. Nesse sentido, "Constituição", sob o superado e estreito conceito meramente formal, pouco ou nenhum contributo científico pode carrear a reflexões teleologicamente normativas amplas. Há que se empreender o difícil delineamento de uma Constituição em sentido material para, aquém de suas linhas limitadoras, então, intentar a correta (e única admitida) intelecção do conteúdo da norma penal.

Por esse prisma, "a hierarquia normativa já implica, necessariamente, uma hierarquia axiológica. A estrutura normativa não pode ser puramente formal. Deve ser uma justa estrutura reveladora da ordem da convivência humana". ([141]) Não por outro motivo, ensaia-se hoje na doutrina alemã uma teoria das causas constitucionais de exclusão do tipo, do injusto e da punibilidade. ([142])

5. Tratados: rumo à "communitas orbis" ?

Se concebidos e legitimados originariamente como instrumentos de pacificação interna e de unificação nacional, não duvida FERRAJOLI de que os Estados, hoje, revelem-se não apenas como principais ameaças à paz externa, mas também como fontes de perigo para a paz interna, além de fatores permanentes de desagregação e conflito: "o Estado já é demasiado grande para as coisas pequenas e demasiado pequeno para as coisas grandes". ([143])

O tratado, como acordo concluído entre dois ou mais sujeitos de direito internacional, destina-se a produzir efeitos jurídicos e é regulado pelo direito internacional. Supõe um concurso de vontades entre as partes concordantes para criação de compromissos jurídicos com caráter de obrigatoriedade, implicando, portanto, submissão do Estado a essa normatividade. Considera-se a "Convenção de Viena", de 23 de maio de 1969, como verda-

[141] PEDROSO, Antonio Carlos de Campos. *Normas Jurídicas Individualizadas, Teoria e Aplicação.* São Paulo: Saraiva, 1993, p. 60

[142] Leia-se, a propósito, WOLTER, Jürgen: *"Las Causas Constitucionales de Exclusión del Tipo, del Injusto e de la Punibilidad como Cuestión Central de la Teoría del Delito en la Actualidad"* in LUZÓN PEÑA, Diego-Manuel *et all* . *Cuestiones Actuales de la Teoría del Delito.* Madrid: Mc Graw Hill, 1999, p. 2 e segs.

[143] FERRAJOLI, Luigi. A Soberania no Mundo Moderno, Nascimento e Crise do Estado Nacional. Tradução Carlo Coccioli, Márcio Lauria Filho. São Paulo: Martins Fontes, 2002, p. 50-51

deira codificação do direito consuetudinário existente, sendo designado como "tratado dos tratados". ([144]) Em seu artigo 26º essa Convenção estabelece a cláusula "pacta sunt servanda", ao proclamar que "todo o tratado em vigor vincula as partes e deve ser por elas executado de boa fé" ([145]) . Por "boa-fé" entende o mesmo diploma, em seu artigo 18º, o "abster-se dos atos que privem um tratado do seu objecto ou do seu fim".

A atual ordem jurídico-constitucional quanto às fontes de direito tem como elemento caracterizador, segundo CANOTILHO, a abertura à normação internacional: "o ordenamento estadual abre-se a fontes de direito supranacionais, alterando-se radicalmente o monopólio estadual de criação do direito". ([146])

No tocante à disciplina internacional dos direitos humanos, o sistema de incorporação dos tratados ao direito interno, no modelo brasileiro, é o da incorporação automática que, como reflexo da teoria monista ([147]) , considera a ratificação do tratado a condição suficiente para que seus preceitos sejam recepcionados automaticamente pelo ordenamento jurídico nacional e se tornem obrigatórios e vinculantes. O artigo 5º, § 2º, da CRFB já era expresso quanto à não-exclusão (i.é., pela inclusão) dos tratados internacionais em que o Brasil figurasse como parte. Malgrado nem sempre lida com o devido cuidado, é esta uma cláusula hipertextual de

[144] DINH, Nguyen Quoc; DAILLIER, Patrick; PELLET, Alain. *Direito Internacional Público.* Lisboa: Calouste Gulbenkian, 2003, p. 120-121

[145] Advirta-se com o internacionalista DINH que "a execução dos tratados incumbe a todos os órgãos do Estado, porque a obrigação de executar impõe-se ao Estado tomado no seu conjunto como sujeito de direito internacional. Já em 1839 o Conselho de Estado francês declarava: 'a execução do tratado está reservada não a um único órgão ou a uma única autoridade mas a todas as autoridades, legislativa, política e judiciária na ordem das suas competências". (cf. DINH, Nguyen Quoc; DAILLIER, Patrick; PELLET, Alain. Direito Internacional Público. 2a edição. Tradução de Vítor Marques Coelho. Lisboa: Calouste Gulbenkian, 2003, p. 233)

[146] CANOTILHO, José Joaquim Gomes. *Direito Constitucional.* Coimbra, Portugal: Almedina, 2003, p. 704

[147] É de se assinalar que "dentro da escola monista existem duas correntes, uma denominada monismo radical e a outra, monismo moderado. Os monistas radicais defendem a irrestrita sobreposição da norma internacional sobre a interna, e os monistas moderados defendem a sobreposição da norma internacional, desde que posterior à lei interna, ou a sobreposição desta última, desde que posterior à primeira. É a regra 'later in time' ('lex posterior derogat priori'), aplicada pela Suprema Corte dos Estados Unidos nos conflitos existentes entre norma interna e internacional." (cf. PINHEIRO, Carla. Direito Internacional e Direitos Fundamentais. São Paulo: Atlas, 2001, p. 106).

suma importância porque, assentada na lei fundamental, possibilita uma intertextualização do ordenamento local com o supranacional.

Entendemos que as normas internacionais garantidoras de direitos individuais têm auto-executividade e aplicabilidade direta ([148]), devendo elas ser manejadas pelos aplicadores para fundamentar a decisão num caso concreto. Essa categoria de normas internacionais vale como norma de decisão imediatamente, pois, vinda de patamar normativo superior, entra a compor o discurso ôntico (emprego como fundamento da decisão) e deôntico (formalização como conduta proibida, permitida ou obrigatória) do aplicador nacional.

Não mais se justifica a antiga controvérsia doutrinária – quanto à topografia com que os tratados ingressam em nosso edifício normativo – após o acréscimo do § 3º ao artigo 5º da CRFB, pela Emenda 45/2004, pelo qual se outorgou o status de emenda constitucional àqueles tratados intenacionais sobre direitos humanos aprovados pelo Parlamento nacional.

Reconhecendo a maneira não unívoca do enquadramento do tratado internacional na ordem jurídica, salientou KELSEN ser possível partir da idéia da superioridade do direito internacional relativamente às diferentes ordens nacionais – i. e. , o primado da ordem jurídica internacional – figurar o tratado como parte integrante de uma ordem jurídica superior a dos Estados contratantes, daí decorrendo que qualquer lei, inclusive a lei constitucional, que contradiga um tratado, será irregular, afrontando imediatamente o direito internacional e ferindo, mediatamente, o princípio 'pacta sunt servanda'. Concluindo: "uma lei contrária a um tratado é, por conseguinte – pelo menos indiretamente – inconstitucional", eis que a Constituição, ao autorizar certos órgãos a firmar tratados internacionais, faz destes "um modo de formação da vontade estatal". ([149])

A relevância hodierna da ordem jurídica supranacional avulta, em especial, na proteção aos direitos fundamentais do indivíduo, sendo o instrumento mais atual e relevante, do ponto de vista penal, o Estatuto do Tribunal Penal Internacional, recentemente incorporado ao ordenamento

[148] Para CANOTILHO, uma norma internacional é de *aplicabilidade direta* se vincula os aplicadores do Direito a um dever de aplicação dessa norma, sem criar garantia a um direito subjetivo aos particulares; já uma norma internacional *auto-executiva* permite aos particulares, com base nela, reivindicar uma determinada pretensão subjetiva. (Cf. CANOTILHO, José Joaquim Gomes. *Estudos sobre Direitos Fundamentais*. Coimbra: Coimbra (Editora), 2004, p. 153)

[149] KELSEN, Hans. *Jurisdição Constitucional*. São Paulo: Martins Fontes, 2003, p. 137-8 e 164-5

brasileiro. Os indivíduos, antes submissos em absoluto às leis de seu país, tornaram-se hoje sujeitos de direito internacional ([150]) e, nessa condição, a essa normativa podem recorrer para defesa de seus direitos subjetivos. Pela importância e afinidade com o tema central deste trabalho, esses assuntos serão objeto de tratamento separado.

Convém consignar a oportuna advertência de FIGUEIREDO DIAS ([151]) quanto aos reflexos que uma ordem jurídica transnacional possa produzir sobre a ontologia do injusto criminal. Segundo o mestre lusitano, já se pode falar de um "'ius puniendi' negativo das instâncias comunitárias, é dizer, da legitimidade para impor normas que se projectam no estreitamento ou recuo do direito penal estadual", haja vista a prevalência do direito comunitário sobre o nacional e o entendimento válido do princípio da unidade da ordem jurídica. Sintetizando com as palavras do próprio doutrinador: "o legislador nacional não poderá qualificar como penalmente ilícitas condutas exigidas ou autorizadas pelo direito comunitário." Esta idéia, porque norte deste trabalho, será retomada adiante.

Por fim, FERRAJOLI conclamando os juristas à construção de um sistema de garantias efetivas sobre a base do direito internacional, lembra que isto é algo "que não nasce numa prancheta, não se constrói em poucos anos, nem tampouco em algumas décadas". ([152])

6. Princípios: as dimensões substantivas de normatividade fundante

"Toda regra jurídica é sustentada e, presumivelmente, justificada por um conjunto de políticas as quais, supomos, ela faz avançar e por pr incípios, os quais, supomos, ela deve respeitar."

RONALD DWORKIN ([153])

[150] "É esse indivíduo ou 'pessoa', sem condições, sem estado, sem *status*, o sujeito do direito absoluto, origem dos direitos humanos ou direitos fundamentais". (cf. LOPES, José Reinaldo Lima. *As Palavras e a Lei: Direito, Ordem e Justiça na História do Pensamento Jurídico Moderno. São Paulo*: Edesp, 2004, p. 263). Para BOBBIO, "haverá paz estável, uma paz que não tenha a guerra como alternativa, somente quando existirem cidadãos não mais apenas deste ou daquele Estado, mas do mundo". (cf. BOBBIO, Norberto. *A Era dos Direitos*. Rio de Janeiro: Campus, 1992, p. 1).

[151] DIAS, Jorge de Figueiredo. *Direito Penal, Parte Geral, Tomo I, Questões Fundamentais, a Doutrina Geral do Crime*. Coimbra: Coimbra Editora, 2004, p. 13

[152] FERRAJOLI, Luigi. *A Soberania no Mundo Moderno, Nascimento e Crise do Estado Nacional*. São Paulo: Martins Fontes, 2002, p. 62/63

[153] DWORKIN, Ronald. *Levando os Direitos a Sério*. São Paulo: Martins Fontes, 2002, p. 333

O Direito Penal é uma ciência (*Rechtswissenschaft*) e, como toda ciência moderna, é constituído a partir de *princípios* ([154]), os quais não são tematizados por essa ciência mesma, o que significa dizer que ela não toma os princípios como objetos de estudo, mas sim "é condicionada por eles, devendo-lhes a própria consistência, a coerência e o rigor; aceita-os como dados cuja constituição está a cargo de uma outra disciplina". ([155])

Na definição de CONRADO os princípios denotam "diretrizes que iluminam a compreensão de setores normativos (mais ou menos abrangentes, segundo o caso), imprimindo-lhes caráter de unidade e servindo, em virtude dessa mesma unidade, de fator de agregação das normas integrantes dos apontados setores".([156])

Como ressalta WILLIS ([157]), o texto constitucional é a ambiência natural dos princípios, pondendo-se elencar, por inspiração do modelo germânico, como espécies de princípios (em ordem crescente de abstratividade): i) *princípios constitucionais especiais* (p. ex., a isonomia entre homens e mulheres, referida no artigo 5º , I); ii) *princípios constitucionais gerais* (v.g. o princípio da isonomia) e iii) *princípios constitucionais estruturantes* (deduzidos do Preâmbulo e do artigo primeiro da Constituição, o princípio do Estado de Direito, o princípio democrático, o princípio federativo).

[154] Como escreveu STUART MILL, "em toda ciência, portanto, que atingiu o estágio no qual se torna uma ciência das causas, será usual, bem como desejável, obter primeiro as generalizações superiores e então deduzir delas as mais especiais" (cf. MILL, John Stuart, *A Lógica das Ciências Morais*. São Paulo: Iluminuras, 1999. p. 70)

[155] VILLEY, Michel. *Filosofia do Direito:Definições e Fins do Direito:Os Meios do Direito*. São Paulo: Martins Fontes, 2003, p. 14

[156] CONRADO, Paulo César. *Introdução à Teoria Geral do Processo Civil*. São Paulo: Max Limonad, 2000, p. 51-2. O mesmo autor alude, ainda, aos "sobreprincípios" como "princípios que irradiam seus efeitos sobre outros princípios, iluminando a sua compreensão, e que por isso mesmo se colocam em posição hierárquica superior à dos que sofrem sua radiação" (cf. *idem, ibidem*, p. 55). Segundo GUASTINI, "os princípios podem ser encarados como normas sem disposições necessariamente co-respectivas. Trata-se de norma implícita ou não expressa, ou seja, "uma norma que não pode ser extraída mediante interpretação de alguma disposição específica ou combinação de disposições que podem ser encontradas nas fontes. Uma norma não expressa habitualmente é deduzida ou de uma outra norma expressa (por exemplo mediante analogia), ou do ordenamento jurídico no seu conjunto, ou de algum subconjunto de normas considerado unitariamente (o sistema do direito civil, o sistema do direito administrativo etc.)". (cf. GUASTINI, Ricardo. *Das Fontes às Normas*. São Paulo: Quartier Latin, 2005, p. 41)

[157] GUERRA FILHO, Willis Santiago. *Teoria Processual da Constituição*. São Paulo: Celso Bastos, 2000, 172

Podem, assim, os princípios vir explicitados em disposições normativas ou, ao contrário, permanecerem implícitos, neste caso devendo ser extraídos do ordenamento jurídico mediante reconhecimento e identificação pelos aplicadores competentes. ([158]) Os princípios, nascidos em sede da interpretação, como mecanismo para evitar a heterointegração do Direito, deste como fonte figurando, têm sido a principal ferramenta de ataque ao positivismo jurídico. ([159]) certamente porque constituem os princípios a "ponte de ligação entre a fenomenologia da disciplina jurídica e as orientações de valores, as tomadas de consciência social relativamente à realidade." ([160])

6.1. Princípios e regras: distinção e aplicação

WILLIS salienta a relevância atualmente dada à distinção entre as *normas* jurídicas formuladas como *regras* e aquelas que assumem a forma de *princípio*. As *regras* possuem a estrutura tradicional, com a tipificação de um fato à qual é acrescida uma qualificação prescritiva, amparada numa sanção (ou na caracterização de uma permissão). Os princípios, a seu turno, igualmente dotados de validade positiva, não se reportam a um fato específico, daí a dificuldade na identificação de sua ocorrência e na extração das conseqüências normativamente previstas. ([161])

Como define KARL LARENZ, "os 'princípios jurídicos' não são senão pautas gerais de valoração ou preferências valorativas em relação à idéia do Direito, que todavia não chegaram a condensar-se em regras jurídicas imediatamente aplicáveis, mas que permitem apresentar 'fundamentos justificativos' delas." ([162]) No mesmo sentido ensina DWORKIN que os princípios conflitam e interagem entre si, fornecendo razão para determinação solução, todavia sem a estipular. ([163])

[158] GARCIA, Manoel Calvo. *Teoría del Derecho*. Madrid: Tecnos, 2000, p. 115

[159] ARIZA, Santiago Sastre. *Ciencia Jurídica Positiva y Neoconstitucionalismo*. Madrid: McGrawHill, 1999, p. 145

[160] PALAZZO, Francesco. *Introduzione ai Princìpi del Diritto Penale*. Torino: Giappichieli, 1999, p. 4

[161] GUERRA FILHO, Willis Santiago. *Quadro Teórico Referencial para o Estudo dos Direitos Humanos e dos Direitos Fundamentais em Face do Direito Processual*. In Revista de Ciências Jurídicas e Sociais da Unipar. Vol. 5, núm. 2, jul/dez 2002. Toledo (PR): UNIPAR, 2002, p. 263

[162] LARENZ, Karl. *Metodologia da Ciência do Direito*. Lisboa: Calouste Gulbenkian, 1983, p. 269

[163] DWORKIN, Ronald. *Levando os Direitos a Sério*. São Paulo: Martins Fontes, 2002, p. 114

Para LOURIVAL VILANOVA o princípio contém a porção conceptual típica: "a norma-princípio evita sair do sistema, valorando-se de fora. Inserindo tipificação extra-sistêmica. E são os órgãos (operadores), baseados em normas de competência, ou os juristas, que, generlizando em órbita, alcançam as normas-princípios, às vezes cobertas na implicitude". ([164]) Naturalmente que, no Direito Penal, há-de ser sempre negativa a tipificação extra-sistêmica introduzida por certo princípio. Jamais positiva, diante do (também) princípio da legalidade estrita.

Também CELSO BASTOS faz a distinção entre *princípios* e *regras*:

> *"As regras seriam aquelas normas que se aproximam às do direito comum, isto é, têm os elementos necessários para investir alguém da qualidade de titular de um direito subjetivo. Outras, no entanto, pelo seu alto nível de abstração, pela indeterminação das circunstâncias em que devem ser aplicadas, têm o nome de princípios".* ([165])

Dada sua importância na literatura jurídico-filosófica mundial, convém trazer "ex integro" o pensamento de DWORKIN quanto à distinção entre princípios e regras:

> *"As regras são aplicáveis à maneira do tudo-ou-nada. Dados os fatos que uma regra estipula, então ou a regra é válida, e neste caso a resposta que ela fornece deve ser aceita, ou não é válida, e neste caso em nada contribui para a decisão.[...] Sem dúvida, uma regra pode ter exceções [...] Contudo, um enunciado correto da regra levaria em conta essa exceção; se não o fizesse seria incompleto.[...] Mas não é assim que funcionam os princípios.[...] Mesmo aqueles que mais se assemelham a regras não apresentam não apresentam conseqüências jurídicas que se seguem automaticamente quando as condições são dadas. [...] Os princípios possuem uma dimensão que as regras não têm – a dimensão do peso ou importância. Quando os princípios se intercruzam [...] aquele que vai resolver o conflito tem de levar em conta a força relativa de cada um. [...] Essa dimensão é uma parte integrante do conceito de um princípio, de modo que faz sentido perguntar que peso ele tem ou quão importante*

[164] VILANOVA, Lourival. *Causalidade e Relação no Direito.* São Paulo: RT, 2000, p. 303

[165] BASTOS, Celso Ribeiro. *Hermenêutica e Interpretação Constitucional.* São Paulo: Celso Bastos, 2002, p. 208

ele é. As regras não têm essa dimensão. Podemos dizer que a regras são funcionalmente importantes ou desimportantes.[...] Uma regra jurídica pode ser mais importante do que outra porque desempenha um papel maior ou mais importante na regulação do comportamento. [...] Às vezes, regras ou princípios podem desempenhar papéis bastante semelhantes e a diferença entre eles reduz-se quase a uma questão de forma." ([166])

É HABERMAS quem resume o pensamento de DWORKIN:

"Tanto as regras (normas), como os princípios, são mandamentos (proibições, permissões), cuja validade deontológica exprime o caráter de uma obrigação.[...] Só se pode solucionar um conflito entre regras, introduzindo uma cláusula de exceção ou declarando uma das regras conflitantes como inválida. Ora, no conflito enetre princípios, não se faz necessária uma decisão do tipo "tudo ou nada". É certo que um determinado princípio goza de primazia, porém não a ponto de anular a validade dos princípios que cedem o lugar." ([167])

Concordamos com JUAREZ FREITAS quanto a não se diferenciarem os ***princípios*** das ***regras*** propriamente por generalidade, mas sim pela qualidade argumentativa superior, de tal modo que:

"havendo colisão, deve ser realizada uma interpretação em conformidade com os princípios (dada a 'fundamentalidade' dos mesmos), sem que as regras, por supostamente apresentarem fundamentos definitivos, devam preponderar. A primazia da 'fundamentalidade' faz com que – seja na colisão de princípios, seja no conflito de regras – um princípio, não uma regra, venha a ser erigido como preponderante. Jamais haverá um conflito de regras que não se resolva à luz dos princípios, a despeito de este processo não se fazer translúcido para boa parte dos observadores". ([168])

Igualmente, para WILLIS, "na hipótese de choque entre regra e princípio, é curial que esse deva prevalecer, embora aí, na verdade, ele preva-

[166] DWORKIN, Ronald. *Levando os Direitos a Sério*. São Paulo: Martins Fontes: 2002, p. 39-44
[167] HABERMAS, Jürgen. *Direito e Democracia:Entre Facticidade e Validade. Vol. I.* Rio de Janeiro: Tempo Brasileiro, 1997, p. 258-9
[168] FREITAS, Juarez. *A Interpretação Sistemática do Direito*. São Paulo: Malheiros, 2004, p. 56

lece, em determinada situação concreta, sobre o princípio em que a regra se baseia". ([169]) Por tal motivo jamais pode o Estado, sob pretexto de reprimir fatos puníveis, criar normas penais ou outorgar causas de justificação à custa de uma infração da dignidade humana. ([170])

Por fim, conveniente atentar para a distinção que a doutrina faz entre princípios e valores. Os princípios, encarnando conceitos deontólogicos, teriam conteúdo político, figurando como guia de comportamento humano (norma). Já os valores, mais gerais, seriam dotados de extrato ético, consubstanciariam conceitos axiológicos, carentes de eficácia própria, porém com superioridade frente aos princípios. Os valores representam, afinal, a máxima expressão do processo de substancialização ou rematerialização da ordem constitucional, impondo limites à (outrora ilimitada) soberania do legislador. ([171])

Especificamente quanto aos "direitos do homem" – ou "direitos humanos" como se notabilizou entre nós – "nascidos sob a forma de declarações de princípios, portanto submetidos à boa vontade dos Estados, os direitos do homem se transformaram, depois do choque da Segunda Guerra Mundial ([172]), em verdadeiros princípios de direito sobre os quais se fundam, eventualmente, a censura de uma lei ou a condenação de um Estado". ([173])

Fala-se, aqui, naqueles "princípios materiais (princípio democrático, princípio do Estado de Direito) como princípios normativamente aglutinadores e informadores das regras e formas constitucionalmente plasma-

[169] GUERRA FILHO, Willis Santiago. *Introdução ao Direito Processual Constitucional*. Porto Alegre: Síntese, 1999, p. 30

[170] WOLTER, Jürgen. *Derechos Humanos y Protección de Biens Jurídicos en un Sistema Europeo del Derecho Penal*. In SÁNCHEZ, J. M. Silva; SCHÜNEMANN, B.; FIGUEIREDO DIAS, J. de (coords.). *Fundamentos de un Sistema Europeo del Derecho Penal*. Barcelona: Bosch, 1995, p. 40

[171] FIGUEROA, Alfonso García. *Principios y Positivismo Jurídico*...Madrid: Centro de Estudios Políticos e Constitucionales, 1998, p. 207-216

[172] Como agrega RIGAUX, "seja alemã ou estrangeira, a jurisprudência posterior ao fim da Segunda Guerra Mundial acrescenta um duplo parâmetro interno – coação e adesão – um parâmetro externo, a que poderíamos chamar reconhecimento. O facto de os 'povos civilizados' (*Kulturvölker*) partilharem uma idéia comum de democracia e de justiça e de se terem esforçada por a realizarem, nos instrumentos internacionais de protecção dos direitos do homem, proporciona hoje um critério aceitável de 'legitimidade' de uma ordem jurídica estatal, no sentido de seu reconhecimento por parte de outras ordens jurídicas". (cf. RIGAUX, François. *A Lei dos Juízes*. Lisboa: Instituto Piaget, 1997, p. 138)

[173] DELMAS-MARTY, Mireille. *Por um Direito Comum*. São Paulo: Martins Fontes, 2004, p. X

das" ([174]) , os quais podem acarretar a inconstitucionalidade das leis que a eles eventualmente se opuserem, haja vista que estas podem receber a eiva não só pela irregularidade procedimental em sua criação, mas também, como já advertia KELSEN, "em decorrência da contrariedade de seu conteúdo aos princípios ou diretivas formulados na Constituição, quando excede os limites estabelecidos por esta". ([175])

Daí que, no século XX, a partir da idéia de rigidez das normas constitucionais como superiores, "o que é reconhecível como lei com base em suas formas de produção, se é suficiente para determinar sua existência ou seu vigor, não o é mais para garantir sua validade, a qual também requer a coerência com os princípios constitucionais". ([176])

Os princípios, na lição de CELSO BASTOS, malgrado sua abstração e "flacidez", conferem vida, estrutura e unidade ao texto constitucional, ao determinar-lhe as diretrizes fundamentais. Os princípios irradiam-se pelas demais regras constitucionais, influenciando na sua interpretação, determinando seu conteúdo, preenchendo-as de acordo com valores encampados (harmonizando-as sem excluí-las), podendo mesmo tornar inconstitucionais leis ordinárias com eles conflitantes. ([177])

Com base nos conceitos antecedentes é possível a intelecção do processo de resolução de conflitos entre os princípios, que, como dito, se dá pela ponderação e não pela exclusão. Como leciona MENDES, "no processo de ponderação não se atribui primazia absoluta a um ou a outro princípio ou direito. Ao revés, esforça-se o Tribunal para assegurar a aplicação das normas conflitantes, ainda que, no caso concreto, uma delas sofra atenuação." ([178]) ALEXY ensina que a ponderação deve processar-se em três fases: "Na primeira fase deve ser determinada a intensidade da intervenção. Na segunda fase se trata, então, da importância das razões que justificam a intervenção. Somente na terceira fase sucede, então, a ponderação

[174] CANOTILHO, José Joaquim Gomes, *Constituição Dirigente e Vinculação do Legislador, Contributo para a Compreensão das Normas Constitucionais Programáticas.* Coimbra: Coimbra (Editora), 2001, p. 145

[175] KELSEN, Hans. *Jurisdição Constitucional.* São Paulo: Martins Fontes, 2003, p.132

[176] FERRAJOLI, Luigi. *A Soberania no Mundo Moderno.* São Paulo: Martins Fontes, 2002, p. 32

[177] BASTOS, Celso Ribeiro. *Hermenêutica e Interpretação Constitucional.* São Paulo: Celso Bastos, 2002, p. 208-217

[178] MENDES, Gilmar Ferreira. *Direitos Fundamentais e Controle de Constitucionalidade, Estudos de Direito Constitucional.* São Paulo: Saraiva, 1994, p. 88

no sentido estrito e próprio". ([179]) Por isso tal autor define os princípios como "mandatos de otimização", assim denominados porque podem ser cumpridos em diferentes graus, estando a medida devida de seu cumprimento condicionada às possibilidades reais e jurídicas. ([180]) A recomendação de DWORKIN é que, no tratamento dos problemas de princípios, seja adotado o enfoque da integridade, isto é, que o ordenamento seja tratado como produto de um ser coerente e íntegra moralmente. ([181])

6.2. Princípios em espécie

6.2.1 Igualdade ou da nulidade?

Para ÁVILA, a aplicação da igualdade depende de um *critério diferenciador* e de um *fim* a ser alcançado, disso decorrendo que "fins diversos levam à utilização de critérios distintos, pela singela razão de que alguns critérios são adequados à realização de determinados fins; outros não". ([182])

Escreveu QUEIROZ que "o direito penal, em especial, sob a ilusória aparência de igualdade, é, por excelência, um instrumento de afirmação e reprodução de desigualdades sociais reais, pois a ficção da igualdade rui ante a desigualdade material" ([183]). Tal pensamento guarda harmonia com o ideário de DWORKIN, pois também ele adverte que "a igualdade de consideração é a virtude soberana da comunidade política – sem ela o governo é só uma tirania – e quando a riqueza de uma nação está distribuída muito desigualmente, como sucede hoje em dia com a riqueza inclusive das nações mais prósperas, cabe suspeitar de sua igualdade de consideração". ([184])

[179] ALEXY, Robert. *Direitos Fundamentais no Estado Constitucional Democrático*...Revista de Direito Administrativo. Rio de Janeiro, 217: 55-66, jul./set.1999

[180] ALEXY, Robert. *Teoria de los Derechos Fundamentales*. Madrid: Centro de Estudios Políticos y Constitucionales, 2001, p. 86

[181] CALSAMIGLIA, Albert. *Racionalidad y Eficiencia del Derecho*. México (DF): Fontamara, 1993, p. 88

[182] ÁVILA, Humberto. *Teoria dos Princípios, da Definição à Aplicação dos Princípios Jurídicos*. São Paulo: Malheiros, 2005, p. 102

[183] QUEIROZ, Paulo de Souza. *Do Caráter Subsidiário do Direito Penal. Lineamento para um Direito Penal Mínimo*. Belo Horizonte: Del Rey, 2002, p. 27

[184] DWORKIN, Ronald. *Virtud Soberana, la Teoria y la Práctica de la Igualdad*. Barcelona: Paidós--Ibérica, 2003, p. 11

Traz-nos MAMAN que "é a nulidade que nos iguala. A igualdade entre nós deriva de nossa comum nulidade. E porque somos igualmente nulos, temos, todos, direito a tudo. A igualdade abre-nos, a todos e a cada qual, infinitas possibilidades" ([185]). Essa isonomia, entretanto, a vemos naquela acepção trazida por MARCELO NEVES, em que o dito princípio da igualdade "não aponta para a igualdade conteudística de direitos e poder dos indivíduos e grupos. O princípio refere-se, antes, à integração ou acesso igualitário aos procedimentos jurídicos do Estado Democrático de Direito" ([186]) e, ao que aqui nos interessa, na possibilidade de inclusão à enunciação do sentido das proibições penais pela via discursiva, como adiante retomaremos.

6.2.2. Razoabilidade

No apreender o significado de um termo ou de uma proposição no contexto de uma cadeia de regulação requer-se a existência de "considerações de razoabilidade, uma vez que as constatações empíricas ou as refutações não são – ou só o são em escassa medida – possíveis". ([187])

Por isso "a razoabilidade é utilizada como diretriz que exige relação das normas gerais com as individualidades do caso concreto, quer mostrando sob qual perspectiva a norma deve ser aplicada, quer indicando em quais hipóteses o caso individual, em virtude de suas especificidades, deixa de ser enquadrar na norma geral."([188]) Sob esse prisma, não seria *razoável* ([189]) a privação de liberdade do autor do (primeiro) furto de coisa de ínfima expressão econômica, questão mais afeta ao juízo cível reparatório que ao criminal punitivo. Assim dito, não poderia o Estado conceder, tampouco o lesado pretender, que a morosidade na satisfação civil – relativa ao pre-

[185] MAMAN, Jeannette Antonios. *Fenomenologia Existencial do Direito, Crítica do Pensamento Jurídico Brasileiro.* 2ª edição. São Paulo: Quartier Latin, 2003, p. 118

[186] NEVES, Marcelo. *Entre Têmis e Leviatã: uma Relação Difícil.* São Paulo: Martins Fontes, 2006, p. 167

[187] LARENZ, Karl. *Metodologia da Ciência do Direito.* Lisboa: Calouste Gulbenkian, 1983, p. 141

[188] ÁVILA, Humberto. *Teoria dos Princípios, da Definição à Aplicação dos Princípios Jurídicos.* São Paulo: Malheiros, 2005, p. 103

[189] Como escreve PERELMAN, "quando se submete o conjunto de uma conduta ao crivo da razão, e não somente seus aspectos instrumentais e puramente técnicos, cumpre recorrer ao conceito de justiça, a justiça que é a virtude característica do homem razoável" (cf. PERELMAN, Chaim. *Ética e Direito.* São Paulo: Martins Fontes, 1999, p. 156)

juízo patrimonial ocorrido – pudesse cobrar como preço a privação de liberdade a título de vingança compensatória.

6.2.3. Proporcionalidade

Ao estabelecer a norma na realidade do ser, dizia KELSEN, o homem "com o ato realizante da fixação da norma, tem por fim a conduta correspondente à norma, i.e., na realidade deseja causar que o ato de fixação da norma seja o meio para este fim". ([190]) Ao se falar, portanto, em proporcionalidade, trata-se de empregar expressões próprias do Direito: não aplicar um preço excessivo para obter benefício inferior, isto é, deve-se perseguir o máximo de liberdade através de penas que não resultem desproporcionadas à gravidade da conduta. ([191])

Essa importância do princípio da proporcionalidade é, igualmente, ressaltada em WILLIS que o denomina "princípio dos princípios" porque "determina uma 'solução de compromisso', na qual se respeita mais, em determinada situação, um dos princípios em conflito, procurando desrespeitar o mínimo aos(s) outro(s), e jamais lhe(s) faltando minimamente com o respeito, isto é, ferindo-lhe seu 'núcleo essencial'". ([192]) Na percuciente lição do mesmo autor, tal princípio – construtivo e fundamental, implícito e pressuposto na reunião entre Estado de Direito e Democracia – é a garantia co-existência dos demais princípios divergentes, sendo cabível, por isso, afirmar que entre estes e a proporcionalidade existe uma relação de mútua implicação, "já que os princípios fornecem os valores para serem sopesados, e em isso ele não podem ser aplicados". ([193])

No que toca à implicitude desse princípio, também para SILVA a busca por uma fundamentação jurídico-positiva será infrutífera, porque "a exigibilidade da regra da proprocionalidade para a solução de colisões entre

[190] KELSEN, Hans. *Teoria Geral das Normas.* Porto Alegre: SAFe,, 1986, p. 120

[191] MATEU, Juan Carlos Carbonell. *Derecho Penal, Concepto y Princípios Constitucionales.* Valencia: Tirant Lo Blanch, 1999, p. 210

[192] GUERRA FILHO, Willis Santiago. *Quadro Teórico Referencial para o Estudo dos Direitos Humanos e dos Direitos Fundamentais em Face do Direito Processual.* In Revista de Ciências Jurídicas e Sociais da Unipar. Vol. 5, núm. 2, jul/dez 2002. Toledo (PR): UNIPAR, 2002, p. 270. Também: GUERRA FILHO, Willis Santiago. *Introdução ao Direito Processual Constitucional.* Porto Alegre: Síntese, 1999, p. 53

[193] GUERRA FILHO, Willis Santiago. *Teoria Processual da Constituição.* São Paulo: Celso Bastos, 2000, p. 195-6

direitos fundamentais não decorre deste ou daquele dispositivo constitucional, mas da própria estrutura dos direitos fundamentais".

Afinal, como afirma JUAREZ FREITAS, "interpretar é bem hierarquizar, estabelecendo o menor sacrifício possível em face das exigências de proporcionalidade, que não estatui só adequação meio-fim, mas proíbe que um valor ou princípio se imponha às expensas da supressão de outro." ([194])

Por isso, relaciona FIGUEIREDO DIAS a dignidade do Direito Penal com a imprescindibilidade da imposição da pena criminal:

> *"Assim como a idéia da dignidade penal é elo que liga e oferece consistência e sentido aos pressupostos de punibilidade do facto, o conceito de carência de pena é um dos operadores mais relevantes ao nível da doutrina e conseqüência jurídica, ligado como está às idéias da necessidade, da subsidiariedade e da proporcionalidade em sentido estrito, ou se quisermos, numa palavra, ao princípio da proporcionalidade em sentido amplo."* ([195])

Dito princípio pode ter, inclusive, um caráter criminalizante de condutas, qual verificável no progressivo estreitamento dogmático e jurisprudencial que, à luz da máxima da proporcionalidade, não acolhe como legítima qualquer repulsa a uma agressão perpetrada para salvar bem de ínfimo valor. Como explica ROXIN, "autodefesa e proteção da ordem jurídica encontram a sua limitação conjunta somente no princípio da proporcionalidade, que, atravessando a ordem jurídica como um todo, faz com que se negue a legítima defesa quando houver total desproporção entre os bens jurídicos em conflito". ([196])

Ressalta a doutrina a subdivisão do princípio da proporcionalidade em três sub-princípios: *adequação*, *necessidade* e *proporcionalidade em sentido estrito*, sendo que, nessa ordem, a análise dos princípios deve se processar: "a análise da adequaçao precede a da necessidade, que, por sua vez, precede a da proporcionalidade em sentido estrito." ([197])

[194] FREITAS, Juarez. *A Interpretação Sistemática do Direito*. São Paulo: Malheiros, 2004, p. 177

[195] FIGUEIREDO DIAS, Jorge de. *Sobre o Estado Actual da Doutrina do Crime*...Revista Brasileira de Ciências Criminais. São Paulo, ano 1, jan-mar/1993, p. 34

[196] ROXIN, Claus. *Política Criminal e Sistema Jurídico Penal*. Rio de Janeiro: Renovar, 2000, p. 54

[197] SILVA, Luís Virgílio Afonso da. *O Proporcional e o Razoável*. São Paulo: RT/Fasc. Civ., ano 91, v. 798, abr. 2002, p. 34

O fio condutor de nosso escrito revela uma adesão integral ao pensamento de DWORKIN quanto a ser função precípua do Direito guiar e restringir o poder estatal:

> *"O Direito insiste em que a força não deve ser usada ou refreada, não importa quão útil seria isso para os fins em vista, quaisquer que sejam as vantagens ou a nobreza de tais fins, a menos que permitida ou exigida pelos direitos e responsabilidades individuais que decorrem de decisões políticas anteriores, relativas aos momentos em que justifica o uso da força pública".* ([198])

O ato estatal limitador de um direito fundamental somente pode ser considerado necessário se a realização do objetivo pretendido não puder ser promovido através de outro meio que, em menor medida, limite o direito fundamental atingido. ([199]) Nem todos assimilam integralmente a força direta desse princípio, temendo-se negativa afetação da prevenção geral e intromissão inadmissível do Juiz em matéria de política criminal se pudesse ele deixar de aplicar a pena criminal quando a considerasse, concretamente, inecessária. ([200])

A discussão, no entanto, não é nova. Já CARMIGNANI afirmava que os pecados e vícios, malgrado em si moralmente torpes, enquanto não subvertessem a segurança pública não deveriam ser politicamente imputáveis, pois os males que derivariam dessa imputação (criminal) superariam em muito o bem que as leis poderiam proporcionar. ([201])

[198] DWORKIN, Ronald. *O Império do Direito.* São Paulo: Martins Fontes, 2003, p. 116

[199] SILVA, Luís Virgílio Afonso da. *O Proporcional e o Razoável.* São Paulo: RT/Fasc. Civ., ano 91, v. 798, abr. 2002, p. 38. Nesse sentido, também, ÁVILA: "o exame da necessidade envolve a verificação da existência de meios que sejam alternativos àquele inicialmente escolhido pelo Poder Legislativo ou Poder Executivo, e que possam promover igualmente o fim sem restringir, nas mesma intensidade os direitos fundamentais afetados."ÁVILA, Humberto. *Teoria dos Princípios, da Definição à Aplicação dos Princípios Jurídicos.* São Paulo: Malheiros, 2005, p. 122

[200] MATEU, Juan Carlos Carbonell. *Derecho Penal, Concepto y Princípios Constitucionales.* Valencia: Tirant Lo Blanch, 1999, p. 209-210

[201] CARMIGNANI, Giovanni, *Elementi di Diritto Criminale.* Milano: Carlos Brigola, 1882, p. 46

6.3. Princípios gerais de Direito: verdades últimas do Homem

Num famoso caso judicial, analisado por DWORKIN ([202]), em que a Justiça do Estado de New York discutia a legalidade no recebimento dos bens pelo neto que ao avô testador matara, prevaleceram os pontos de vista do Juiz Earl que, negando o direito ao assassino do progenitor, afirmava não se poder, na interpretação das leis, desprezar o contexto histórico, devendo ser considerados os antecedentes do que chamou de *princípios gerais de direito,* isto é, os juízes, ao interpretarem uma lei, devem ajustá-la ao máximo aos princípios de justiça pressupostos em outras partes do direito. Seus argumentos consistiam em admitir que os legisladores possuem uma intenção de respeito aos princípios de justiça e, também, que uma lei integra um sistema compreensivo mais amplo e, por isso, deve ser interpretada de molde a se garantir a harmonia desse sistema (o Direito como um todo). Isso reforça a percepção daqueles que vêem os princípios gerais de direito como signos dotados de máxima generalidade, isto é, "interpretantes lógicos capazes de gerar outros interpretantes lógicos ao longo da cadeia de positação normativa". ([203])

DELMAS-MARTY propõe seja ligada aos *princípios gerais de direito* a noção de *objetivos de valor constitucional* , com a "função de evitar atribuir um caráter absoluto aos princípios de valor constitucional, do mesmo modo que, no direito comunitário, os objetivos de interesse geral visados pela comunidade podem justificar que sejam dados alguns limites aos direitos fundamentais". ([204])

Entende FERRAJOLI que as condições substanciais de validade das leis – antes assentadas em dogmas jusnaturais e, posteriormente, num princípio positivista formal – agora penetram nos sistemas sob forma de princípios positivos de justiça estipulados em normas supraordenadas à legislação". ([205])

[202] Caso Riggs vs. Palmer, 115, Nova York, 506, 22, 1889, cf. DWORKIN, Ronald. *O Império do Direito.* São Paulo: Martins Fontes, 2003, p. 20-25

[203] ARAÚJO, Clarice von Oertzen. *Semiótica do Direito.* São Paulo: Quartier Latin, 2005, p. 101

[204] DELMAS-MARTY, Mireille. *A Imprecisão do Direito, do Código Penal aos Direitos Humanos.* Barueri, SP: Manole, 2005, p. 295

[205] FERRAJOLI, Luigi, *Los Fundamentos de los Derechos Fundamentales.* Madrid: Trotta, 2005, p. 53

Embora não reconhecendo um caráter de suprapositividade aos princípios gerais de direito, CELSO BASTOS ([206]) concorda que eles são pressupostos da vida jurídica, espraiam-se por todo o ordenamento, constituem o fundamento mais firme da eficácia das leis e, embora disso prescindam, podem receber formulação positiva, sem prejudicar sua natureza ou entorpecer sua tríplice função: fundamentar a ordem jurídica, orientar o trabalho interpretativo e constituir verdadeira fonte quando insuficientes a lei e o costume. São os princípios gerais de direito, segundo a frase do próprio autor, enfim "a expressão, no campo jurídico, das verdades últimas do Homem sobre si mesmo".

Esses princípios gerais são descobertos, mas jamais inventados, pelo Juiz: "é a comunidade dos juristas que com sua aprovação reconhece, ou com suas críticas recusa, a legitimidade do princípio distinguido pelo juiz". ([207]) O princípio assim alcançado não é, portanto, invenção do aplicador, mas sim descoberta do direito que, num estado latente, preexistia no sistema positivo. ([208])

Identificam-se os seguintes princípios que, com larga abrangência, são informadores de todo o ordenamento positivo: justiça, igualdade, liberdade e dignidade da pessoa humana ([209]). Assim vista a essência dos princípios, parece ter razão ROTHENBURG quando diz que "os princípios constitucionais outros não são que os 'velhos conhecidos' princípios gerais de Direito (de um determinado Direito, historicamente situado), agora dignamente formulados através das normas supostamente mais altas do ordenamento jurídico". ([210])

Para EDMUNDO OLIVEIRA, os princípios gerais de direito (ao lado dos costumes e da analogia), seguindo-se a orientação do artigo 4º da Lei de Introdução ao Código Civil, desempenham importante papel no instante de análise da exclusão da antijuridicidade de uma conduta:

[206] BASTOS, Celso Ribeiro. *Hermenêutica e Interpretação Constitucional*. São Paulo: Celso Bastos, 2002, p. 218-221

[207] DELMAS-MARTY, Mireille. *Por um Direito Comum*. São Paulo: Martins Fontes, 2004, p. 81

[208] FERRARA, Francesco. *Como Aplicar e Interpretar as Leis*. Belo Horizonte: Líder, 2005, p. 62

[209] BASTOS, Celso Ribeiro. *Hermenêutica e Interpretação Constitucional*. São Paulo: Celso Bastos, 2002, p. 224

[210] ROTHENBURG, Walter Claudius. *Princípios Constitucionais*. Porto Alegre, SAFe, 2003, p. 15

"Se o juiz, então, diante de situação excepcional, absolve o agente com base na analogia, no costume ou no princípio geral de direito, em que se fundamenta a exclusão da ilicitude por uma causa supralegal, está aplicando o processo de integração da lei, ao concluir que o ato praticado pelo agente foi lícito e, assim sendo, não deve ser qualificado como delito". ([211])

Não há, nisso, qualquer ofensa ao princípio da legalidade, pois, como bem reforça CEREZO MIR, aquele afeta unicamente a criação de figuras delitivas e o estabelecimento de penas, sendo perfeitamente lícita a apreciação de uma causa de justificação supralegal com base na analogia ou nos princípios gerais de direito ([212]). Concluindo, com KARL LARENZ, "uma regra jurídica pode estar expressada numa lei, pode resultar do denominado Direito consuetudinário ou de conseqüências implícitas do Direito vigente, ou de concretizações dos princípios jurídicos". ([213])

7. Normas jurisdicionais: *iuris dictio* corretor da *contra dictio*

"Legislar e julgar. Produzir leis e produzir sentenças. Produzir o Direito e...produzir o Direito?" ([214])

"Não ! a função do intérprete não é 'aplicar' as ordens do Estado; mas, apoiando-se nos textos, encontrar a solução justa."([215])

Parece hoje generalizado – por motivos sobejamente conhecidos – o sentimento popular de que o Parlamento converteu-se em fórum indigno das questões mais relevantes que interessam à sociedade. Escreveu WAL-

[211] OLIVEIRA, Edmundo. *Comentários ao Código Penal. Parte Geral.* Rio de Janeiro: Forense, 1998, p. 191

[212] CEREZO MIR, Jose. *Curso de Derecho Penal Español. Parte General*...Madrid: Tecnos, 1994, p. 446. Não empregados aqui a expressão "causa supralegal" pois esta conduz ao reducionismo que criticamos ao longo do trabalho, por identificar o direito exclusivamente com a lei. O que a doutrina inclui entre tais causas acha-se aqui diluído entre costumes e princípios gerais de direito. No tocante à analogia entendemos não constituir ela o objeto continente do lícito/ilícito e, sim, o método de apreensão desse objeto.

[213] LARENZ, Karl. *Metodologia da Ciência do Direito.* Lisboa: Calouste Gulbenkian, 1983, p. 297

[214] BERNAL, Antonio Martinez. *El Juez y la Ley (Discurso Leido en la Solemne Apertura del Curso Academico de 1950-51).* Murcia: Universidad de Murcia, 1950, p.16

[215] VILLEY, Michel. *Filosofia do Direito:Definições e Fins do Direito:Os Meios do Direito.* São Paulo: Martins Fontes, 2003, p. 450

DRON (sem anuir) que "o pensamento parece ser que os tribunais, com suas perucas e cerimônias, seus volumes encadernados em couro e seu relativo isolamento ante a política partidária, sejam um local mais adequado para solucionar questões desse caráter". ([216])

Por outro lado, os tribunais constituem as instâncias sociais que, imediatamente, com o Direito identificamos ou a ele associamos. À diferença das instâncias produtoras das normas, onde predomina um caráter político, nos tribunais os aspectos jurídicos , se não exclusivos, são preponderantes. ([217])

CARMIGNANI já fazia uma importantíssima distinção, infelizmente olvidada na doutrina contemporânea: "a imputabilidade política depende do juízo do legislador; mas a imputação civil depende do juízo de quem é encarregado da aplicação das leis". ([218])

Não há que se falar em distúrbio ao clássico equilíbrio entre os Poderes republicanos, porque, mesmo para KELSEN ([219]), a expressão "divisão de poderes" (não separação) deve supor "a idéia da repartição do poder entre diferentes órgãos, não tanto para isolá-los reciprocamente quanto para permitir um controle recíproco de uns sobre os outros", objetivando, com isso, não apenas impedir a concentração de excessivo poder num só órgão mas, também, garantir a regularidade de funcionamento dos diferentes órgãos. ([220])

[216] WALDRON, Jeremy. *A Dignidade da Legislação.* São Paulo: Martins Fontes, 2003, p. 5

[217] TAMAYO Y SALMORAN, Rolando. *El Derecho y La Ciencia del Derecho.* México: Universidad Autónoma de México, 1986, p. 60

[218] CARMIGNANI, Giovanni, *Elementi di Diritto Criminale.* Milano: Carlos Brigola, 1882, p. 43. Como bem pontua RIGAUX, "entre o legislador e o juiz estabelece-se uma relação dinâmica que não é de sentido único. Dizemos isto sob reserva da simplificação abusiva de duas entidades que não toleram, nem uma nem outra, ser reduzidas a uma coisa inerte." (cf. RIGAUX, François. *A Lei dos Juízes.* Lisboa: Instituto Piaget, 1997, p. 287-8)

[219] Por isso afirma WILLIS que "a atividade judicial não se reduz a mera aplicação de direito preexistente, sendo, na verdade, criativa, produtora de direito, como se evidencia mesmo na tão atacada doutrina kelseniana, onde a sentença aparece como norma jurídica, diversa daquelas gerais e abstratas em que costuma se basear, e o ato de interpretação e aplicação do direito pelo juiz como integrante da política do direito, ao importar na opção por algum dos valores objetivamente consagrados nas normas positivas". (cf. GUERRA FILHO, Willis Santiago. Teoria Processual da Constituição. São Paulo: Celso Bastos: Instituto Brasileiro de Direito Constitucional, 2000, p. 90)

[220] KELSEN, Hans. *Jurisdição Constitucional.* São Paulo: Martins Fontes, 2003, p. 152. Do mesmo autor colhemos a enérgica lição: "Crêem ainda alguns na idéia de que o Juiz, en-

Ora, se a função primeira do Poder Legislativo é ditar a lei, ao poder jurisdicional do Estado incumbe tarefa tangencial que é a de dizer o direito (*iuris dictio*), ou seja, similitude de expressões que chega à entranha da unidade profunda de todo ato soberano e que não pode ser negada: "o legislador e o juiz ditam o Direito, assinalam ao homem o caminho reto para seu passo pela sociedade". ([221])

O argumento contrário mais forte é de que o Poder Judiciário, embora Poder, carece de legitimação popular por os seus membros não ascenderem aos respectivos cargos pelo sufrágio e sim por concurso de suficiência técnico-intelectual (também moral e cultural, agregaríamos).

Esse argumento oculta uma falácia. A representatividade popular, nesse caso, não deve ser aferida pela forma de se ascender ao poder e sim pela maneira de intrinsecamente exercê-lo. Não é seguro dizer, em sã consciência, que os legisladores, ao proporem, defenderem, contestarem, aprovarem ou rejeitarem um projeto de lei estejam com os ouvidos postos na realidade social, isto é, atuem de molde a ecoar os anseios de seus eleitores ou dos grupos que dizem representar. De outra banda, pode-se afirmar que – malgrado não submetido aos testes de popularidade das urnas, e indiferente às rotulações político-partidárias, no exercício da *"juris dictio"* que lhe incumbe – busca sempre o Magistrado, em seu quotidiano decidir, por vezes suprindo a deficiência legislativa, avizinhar-se do senso de eqüidade construído pelo cidadão, com quem compartilha o seu mundo e a quem pode auscultar com maior proximidade e vocação do que o legislador. É o Judiciário, dentre os Poderes, aquele dotado de máxima permeabilidade a valores e sensibilidade a mutações sociais ([222]), pois o fenômeno jurídico

quanto instrumento – e não sujeito – do poder apenas faz aplicar o ordenamento criado pelo legislador. Tal concepção, contudo, é falsa, porque pressupõe que o exercício do poder esteja encerrado dentro do processo legislativo. Não se vê, ou não se quer ver, que ele tem sua continuação ou até, talvez, seu real início na jurisdição, não menos que no outro ramo do executivo, a administração. Se enxergarmos 'o político' na resolução de conflitos de interesses, na 'decisão' – para usarmos a terminologia de Schmitt – encontramos em toda sentença judiciária, em maior ou menor grau, um elemento decisório, um elemento de exercício do poder".(idem, ibidem, p. 251)

221 BERNAL, Antonio Martinez. *El Juez y la Ley (Discurso Leido en la Solemne Apertura del Curso Academico de 1950-51)*. Murcia: Universidad de Murcia, 1950, p. 16

222 Como dizia CALAMANDREI, "não basta que os magistrados conheçam com perfeição as leis tais como são escritas; seria necessário que conhecessem igualmente a sociedade em que essas leis devem viver". (cf. CALAMANDREI, Piero. *Eles, os Juízes, Vistos por um Advogado.*

que por ele singra é carregado, necessariamente, de axiologia e historicidade. O bom Juiz não é a "boca da lei" e sim o porta-voz dos anseios sociais plasmados no Direito que maneja, daí seu esteio popular legitimante.

Por derradeiro, quem cinge aos caminhos da moralidade o Poder Executivo e reconduz à trilha da constitucionalidade o Legislativo, senão o Poder Judiciário, através de cujo labor verte o bom Direito que a sociedade atemporalmente pretende cultivado? Nesses casos, ao impor correções à conduta pública de mandatários populares, atua o Poder Judiciário contra o povo ou, ao revés, age como supremo representante e soberano instrumento democrático de preservação da vontade popular republicana?

Constata ZAFFARONI um cruel paradoxo a que se chega por conta do descaso da teoria política e constitucional do poder judiciário: embora a ciência jurídica latino-americana aprofunde temas complexos em níveis comparáveis aos dos países centrais, desentende-se ela quanto à estrutura funcional do poder que tem por função, exatamente, a aplicação de tais conhecimentos. ([223])

Embora reconhecendo a importância prática dos precedentes judiciais, BATTAGLINI afirmava que a jurisprudência não assume a feição de fonte do direito porque o campo de liberdade do magistrado estende-se até onde lhe é permitido desenvolver o conteúdo legislativo existente. E não mais ([224]). Todavia, como faz lembrar HASSEMER, "as chances de vincular o juiz à lei (e de controlar se ele se deixa vincular), dependem da lei mesma. Normas genéricas e imperfeitas podem esperar bem menos uma vinculação do juiz do que aquelas que dizem de modo pleno e preciso o que elas querem" ([225]). De qualquer forma não se pode contestar que "jamais seria possível edificar um ordenamento jurídico eficaz se não existisse no seio

São Paulo: Martins Fontes, 2000, p. 183). Também para DWORKIN "os juízes refletem sobre o direito no âmbito da sociedade, e não fora dela; o meio intelectual de modo geral, assim como a linguagem comum que reflete e protege esse meio, exerce restrições práticas sobre a idiossincrasia e restrições conceituais sobre a imaginação" (cf. DWORKIN, Ronald. *O Império do Direito*. São Paulo: Martins Fontes, 2003, p. 110).

223 ZAFFARONI, Eugénio Raúl. *Dimension Política de un Poder Judicial Democrático*. São Paulo. Revista Brasileira de Ciências Criminais, ano 1, n. 4, out-dez/1993, p. 20

224 BATTAGLINI, Giulio. *Principii di Diritto Penale in Rapporto alla Nuova Legislazione, Questioni Preliminari*. Milano: Instituto Editoriale Scientifico, 1929, p. 209

225 HASSEMER, Winfried. *Introdução aos Fundamentos do Direito Penal*. Porto Alegre: SAFe, 2005, p. 242

da magistratura um sentimento vivo e desinteressado de respeito e obediência pela ideologia jurídica em vigor". ([226])

Como bem concluiu o Tribunal de Estrasburgo "num campo coberto pelo direito escrito, a lei é o texto em vigor tal como as jurisdições competentes a interpretaram". ([227]) Isso demonstra uma independência do direito relativamente aos textos legislativos, a quem o juiz faz mais do que simplesmente obedecer, pois ao aplicá-los deve interpretar e corrigir a massa de textos ([228]), servindo-se não apenas destas, mas também recorrendo, na busca do justo, à jurisprudência, à doutrina e aos costumes – mesmo quando esses possam ir contra a lei ([229]). Limite, nessa tarefa de concretização jurisprudencial, é outro texto: o da Constituição escrita, texto este compreendido com todo o seu espaço de significação. ([230])

Embora não admitindo ser o poder judiciário uma fonte principal (ou de qualificação) do direito, aduz BOBBIO que isso não exclui "que o juiz seja em qualquer caso uma fonte subordinada, mais precisamente uma fonte 'delegada'. Isto acontece quando ele pronuncia um juízo de eqüidade ([231]), a saber, um juízo que não aplica normas jurídicas positivas (legislativas e, podemos até acrescentar, consuetudinárias) preexistente". No Juízo de eqüidade, o juiz decide 'segundo consciência' ou 'com base no

[226] ROSS, Alf. *Direito e Justiça*. Bauru, SP: Edipro: Edipro, 2000, p. 79

[227] DELMAS-MARTY, Mireille. *Por um Direito Comum*. São Paulo: Martins Fontes, 2004, p. 77

[228] VILLEY, Michel. *Filosofia do Direito:Definições e Fins do Direito:Os Meios do Direito*. São Paulo: Martins Fontes, 2003, p. 223

[229] MAMAN, Jeannette Antonios. *Fenomenologia Existencial do Direito, Crítica do Pensamento Jurídico Brasileiro*. 2ª edição. São Paulo: Quartier Latin, 2003, p. 96. Naturalmente não se advoga o alheamento total do Magistrado ao ordenamento positivo como, para citar, pregavam as teorias interpretativas do direito justo ou livre, mais ou menos nos seguintes termos: "não se preocupe com os textos; despreze qualquer interpretação, construção, ficção ou analogia; inspire-se, de preferência, nos dados sociológicos e siga o determinismo dos fenômenos, atenha-se à observação e à experiência, tome como guias os ditames imediatos do seu sentimento, do seu tato profissional, da sua consciência jurídica". (cf. MAXIMILIANO, Carlos. *Hermenêutica e Aplicação do Direito*. Rio de Janeiro: Freitas Bastos, 1957, p. 100)

[230] BILHALVA, Jacqueline Michles. *A Aplicabilidade e a Concretização das Normas Constitucionais*. Porto Alegre: Livraria do Advogado, 2005, p. 123

[231] Em RADBRUCH lemos que a eqüidade é a justiça de caso particular, implicando na definição do Direito como realidade que tem o sentido de se achar a serviço da Justiça. (cf. RADBRUCH, Gustav. *Filosofia do Direito*. Coimbra: Armênio Amado, 1979, p. 90). Para NAVARRETE, a eqüidade não é um recurso para "corrigir" leis imperfeitas, mas sim a maneira correta de interpretar todas as leis, absolutamente todas. (cf. NAVARRETE, José F. Lorca. *Temas de Teoria y Filosofia del Derecho*. Madrid: Pirámide, 1993, p., p. 655).

próprio sentimento da justiça'. Poder-se-ia dizer também que ele decide aplicando normas de direito natural, se concebermos este último como um conjunto de regras preexistentes" ([232]). Assim, embora as fontes históricas devam ser completas e bastantes à resolução de qualquer disputa, os princípios de eqüidade podem ser, para ROSS, fontes de direito positivo. ([233]) Isso desmantela o mito da rigidez formal do Direito e valoriza o papel criativo dos juízes ([234]), ao mesmo tempo em que amplia as responsabilidades destes.([235])

Segundo CANOTILHO, o combate ao positivismo pela via da radicalização hermenêutica (na linha heideggeriana-gadameriana) conduziu a uma inversão metodológica no seio da metódica constitucional, pois o intérprete, o problema e os *topoi* ([236]) substituem-se à norma, sendo que a atividade produtiva da jurisprudência chega a se postar num mesmo patamar da atividade criadora própria da legiferação, passando a interpretação a ser mais veículo de liberdade judicial do que instrumento de aplicação jurídico-normativo. ([237])

[232] BOBBIO, Norberto. *O Positivismo Jurídico, Lições de Filosofia do Direito.* São Paulo: Ícone, 1995, p. 172

[233] ROSS, Alf. *Hacia Una Ciencia Realista del Derecho, Critica del Dualismo en el Derecho.* Buenos Aires: Abeledo-Perrot, 1961, p. 140. Em sentido contrário, ASCENSÃO escreveu que não é de se aplaudir a consideração da eqüidade como fonte do Direito pois "se fontes do direito são os modos de formação e revelação de regras jurídicas, a eqüidade, como critério formal de decisão, está inteiramente fora desta noção. Não só através dela não se criam regras como a própria solução do caso não se faz através da mediação de uma regra, suposta embora, elaborada pelo intérprete de modo a abranger a categoria em que o caso em análise se enquadra". (v. ASCENSÃO, José de Oliveira. *O Direito, Introdução e Teoria Geral, Uma Perspectiva Luso-Brasileira.* Lisboa: Calouste Gulbenkian, 1984, p. 192)

[234] PALOMBELLA, Gianluigi. *Filosofia do Direito.* São Paulo: Martins Fontes, 2005, p.343

[235] Nesse sentido o destaque de CAPPELETTI ao fato de que o aguçamento ao tema da responsabilidade do magistrado seja feito à luz (e mesmo como conseqüência) do fenômeno do aumento da criatividade judiciária (cf. CAPPELETTI, Mauro. *Juízes Irresponsáveis?.* Porto Alegre. SAFe, 1989, p. 3

[236] Segundo FALBO, "os conflitos dirigem e orientam o uso dos ***topoi*** na produção de soluções possíveis, assumindo os *topoi* o papel de verdadeiras premissas no enfrentamento dos problemas dos quais eles mesmos partem." (cf. FALBO, Ricardo Nery. *Cidadania e Violência no Judiciário Brasileiro: Uma Análise da Liberdade Individual.* Porto Alegre: SAFe, 2002, p.77)

[237] CANOTILHO, José Joaquim Gomes, *Constituição Dirigente e Vinculação do Legislador, Contributo para a Compreensão das Normas Constitucionais Programáticas,* Coimbra, Coimbra (Editora), 2001, p. 60

7.1. *Statute law* versus *commom law*

Também não se pode mais defender uma distinção de contornos absolutos entre os dois grandes sistemas jurídicos: os de tradição romano-germânica, ou seja, de lei escrita e os de figurino anglo-saxão, isto é, de formação judiciária. Segundo pronunciamento do Tribunal Europeu está incorreto pretender aprofundar esse contraste porque "a lei escrita (statute law) também reveste, é claro, importância nos primeiros (os países de commom law); vice-versa, a jurisprudência tradicionalmente desempenha um papel considerável nos segundos, de tal maneira que neles ramos inteiros de direito positivo resultam, em larga medida, das decisões da cortes e dos tribunais". ([238])

JUAREZ FREITAS, ao entender que interpretar é sistematizar, considera a jurisprudência fonte material relevante do Direito Positivo, pois "seja no sistema romanístico-continental, sejam na commom-law, o aplicador é que positiva por último o Direito, culminando, em instância última, a delimitação do enunciado e do conteúdo dos princípios, das regras e dos valores" ([239]). Como se sabe, o direito inglês apresenta-se, exatamente, como conjunto de regras materiais e processuais que as Cortes consolidaram ao longo da aplicação para solução dos litígios.([240])

É fato que as Cortes dos países da "commom law" sempre foram hostis ao avanço do direito escrito sobre o direito consuetudinário, havendo ali uma regra básica de interpretação a assentar que "estatutos que derrogam a 'commom law' devem ser detidamente examinados" ([241]), de maneira que a lei tumulte o mínimo possível o estado anterior ao direito positivo. ([242])

[238] DELMAS-MARTY, Meirelle. *Por um Direito Comum*. São Paulo: Martins Fontes, 2004, p. 155, citando o Acórdão *Kruslin* contra a França, CEDH, 24-04-1990 e o Acórdão *Sunday Tymes* contra o Reino Unido, CEDH, 26-04-1979. Sobre as diferenças fundamentais entre os dois sistemas e uma emergente tendência evolutiva de convergência, leia-se CAPPELETTI, Mauro. *Juízes Legisladores?*. Porto Alegre: SAFe, 1993, p. 111 e segs.

[239] FREITAS, Juarez. *A Interpretação Sistemática do Direito*. São Paulo: Malheiros, 2004, p. 177

[240] DAVID, René. *O Direito Inglês*. São Paulo: Martins Fontes, 2000, p. 3

[241] FLETCHER, George P. *Basic Concepts of Criminal Law*. New York/Oxford: Oxford (Editora), 1998, p. 208: "statutes in derogation of the commom law should be strictly construed" (tradução livre do autor)

[242] SÉROUSSI, Roland. *Introdução ao Direito Inglês e Norte-Americano*. São Paulo: Landy, 2001, p. 35

Se é penoso a nós, de tradição estatutária, entender como os juízes do sistema da "commom law" conseguem encarar uma série de julgados como sendo regras jurídicas, da mesma maneira a eles pareceria difícil compreender como nós podemos exercer a justiça por meio das leis nos incontáveis e díspares casos que nem sempre se acomodam nos exatos limites do texto legal ([243]). Mas ali também, como bem observa LOURIVAL VILANOVA, "o juiz não julga sem fundar-se em norma mais geral que a norma individual da sentença" ([244]). Embora vigorante o princípio de que "*Judge make law*" (o Juiz cria o Direito), dele não se deduz uma faculdade ilimitada do juiz para criar um novo Direito Penal, pois o magistrado está fortemente submetido à "Commom Law", aos estatutos, aos costumes e aos precedentes. ([245])

8. Norma consuetudinária: "todo o poder emana do povo"

"Os costumes populares não são nem absolutos nem fundamentais, mas sim manifestações de uma fonte ainda mais profunda." ([246])
ALF ROSS

"Quando os usos e costumes coincidem com os princípios naturais do certo e do errado, aumentam a delicadeza de nossos sentimentos, e intensificam nosso horror a tudo que se aproxime do mal."
ADAM SMITH ([247])

"O rei com seus atos ou com outros modos não pode mudar parte alguma da lei consuetudinária ou do direito estatal ou dos costumes do reino."
SIR EDWARD COKE ([248])

Escreveu BELING que os tipos legais compunham um catálogo de proibições, qual um livro de imagens, ao qual somente o legislador poderia

243 TUNG, André. *La Interpretración de las Leyes em los Estados Unidos.* In Cuadernos de Derecho Angloamericano, n 2, jan/jun/1954. Barcelona: Instituto de Direito Comparado, 1954, p. 75.

244 VILANOVA, Lourival. *Escritos Jurídicos e Filosóficos, vol. I.* São Paulo: Axis Mundi/Ibet, 2003, p. 364

245 MEZGER, Edmund. Derecho Penal. *Livro de Estudio. Tomo I. Parte General.* Buenos Aires: El Foro, s/d, p. 65

246 ROSS, Alf. *Direito e Justiça.* Bauru, SP: Edipro: Edipro, 2000, p. 125

247 SMITH, Adam. *Teoria dos Sentimentos Morais...* São Paulo: Martins Fontes, 2002, p. 247

248 BOBBIO, Norberto. *O Positivismo Jurídico, Lições de Filosofia do Direito.* São Paulo: Ícone, 1995, p. 169

acrescentar novas folhas, alterar os desenhos ou retirar estampas ([249]) . O grande mestre escreveu sob o duradouro deslumbramento do legalismo iluminista, todavia ainda antes da triste prova a que a lei foi submetida pela segunda conflagração global.

A legislação penal é, hoje, um livro escrito e ilustrado por múltiplos redatores, cada qual com importância e limitação distintas na complexa tarefa de sua democrática composição. Pendemos, por isso, mais à alegoria de DWORKIN, que toma o Direito como um "romance em cadeia" em que "um grupo de romancistas escreve um romance em série; cada romancista da cadeia interpreta os capítulos que recebeu para escrever um novo capítulo, que é então acrescentado ao que recebe o romancista seguinte, e assim por diante". ([250])

Na sociedade ideal de RAWLS, os cidadãos devem pensar em si mesmos como se fossem executivos e legisladores. Assim, "quando firme e difundida, a disposição dos cidadãos de verem a si mesmos como executivos e legisladores ideais e de repudiar funcionários governamentais e candidatos a cargo público que violem a razão pública de povos livres e iguais é parte da base política e social da paz e da compreensão entre os povos" ([251]). Por isso que, com ASCENSÃO, vemos o costume como fonte privilegiada do Direito, modo por excelência de revelação do direito, já que exprime, diretamente, sem mediação de nenhum oráculo, a ordem normativa da sociedade, tendo a regra costumeira, em razão disso, sua eficácia automaticamente assegurada. Ao contrário das demais normas – em que existe a possível tensão entre os dois momentos essenciais do ser e do dever-ser – o fato consuetudinário jamais é repelido pela ordem social. ([252])

[249] BELING, Ernst von. *Esquema de Derecho Penal. La Doctrina del Delito-Tipo*. Buenos Aires: El Foro, 2002, p. 280

[250] DWORKIN, Ronald. *O Império do Direito*. São Paulo: Martins Fontes, 2003, p. 275-6. O mesmo exemplo em DWORKIN, Ronald. *Uma Questão de Princípio*. São Paulo: Martins Fontes, 2001, p. 235-6

[251] RAWLS, John. *O Direito dos Povos*. São Paulo: Martins Fontes, 2001. p. 73

[252] ASCENSÃO, José de Oliveira. *O Direito, Introdução e Teoria Geral, Uma Perspectiva Luso--Brasileira*. Lisboa: Calouste Gulbenkian, 1984, p. 192. Como escreve MARCELO NEVES, ao Estado Democrático de Direito, a soberania do povo mostra-se imprescindível: enquanto a soberania sistêmica é construída e percebida numa perspectiva interna de autolegitimação do Estado, a soberania do povo é observada constói-se e é observada do ponto de vista externo da heterolegitimação. (v. NEVES, Marcelo. *Entre Têmis e Leviatã: uma Relação Difícil*. São Paulo: Martins Fontes, 2006, p. 163)

O Direito é um fato empírico e, por conseguinte, a experiência é sua fonte de conhecimento: uma validez que se revela a si mesma na realidade através de atos empíricos. Se assim é, fonte do direito corresponde a uma forma que é fonte da validez jurídica do correspondente conteúdo ou, ainda, fontes são os fatores atuantes que exercem, consuetudinariamente, sua influência sobre as decisões judiciais. ([253])

Para DELMAS-MARTI sentimos hoje a necessidade de um direito comum, "acessível a todos, que não seria imposto de cima como verdade revelada, pertencente apenas aos intérpretes oficiais, mas consagrado de baixo como verdade compartilhada, portanto relativa e evolutiva". ([254]) Para tanto, impõe-se ao jurista "reconhecer e velar pelos interesses populares, apreendendo as novas formas de inter-relacionamento humano que brotam no seio do povo, buscando traduzir-se em instituições jurídicas". ([255])

Como premissa, com KINDHÄUSER ([256]), cremos possível compatibilizar a cooperação discursiva do indivíduo na criação da norma penal com os seus direitos subjetivos de liberdade. Tem-se alguém atuando, simultaneamente, como autor e como destinatário da norma. A autonomia pública conjuga-se à autonomia privada, cada qual como parte da autonomia comunicativa na compreensão comunicativa da coordenação de ações. Os possível afetados por uma pretensão de validez da norma passam a deter capacidade e legitimidade para tomar parte na formação de num consenso dominante, num processo aberto de formação de opinião.

Uma prática social argumentativa conduz, inexoravelmente, à idéia de integridade pregada por DWORKIN, a qual implica em personificar a comunidade "como uma personificação atuante, pois pressupõe que a comunidade pode adotar, expressar e ser fiel ou infiel a princípios próprios, diferentes daqueles de quaisquer de seus dirigentes ou cidadãos enquanto indivíduos". ([257]) Mas, quais princípios próprios? É o próprio DWORKIN

[253] ROSS, Alf. *Hacia Una Ciencia Realista del Derecho, Critica del Dualismo en el Derecho.* Buenos Aires: Abeledo-Perrot, 1961, p. 142-150

[254] DELMAS-MARTY, Mireille. *Por um Direito Comum.* São Paulo: Martins Fontes, 2004, p. IX

[255] AZEVEDO, Plauto Faraco de. *Crítica à Dogmática e Hermenêutica Jurídica.* Porto Alegre: SAFe, 1989, p. 62

[256] KINDHÄUSER, Urs. *In* LUZÓN PEÑA, Diego-Manuel *et all (orgs)* . *Cuestiones Actuales de la Teoría del Delito.* Madrid: Mc Graw Hill, 1999, p. 206

[257] DWORKIN, Ronald. *O Império do Direito.* São Paulo: Martins Fontes, 2003, p. 208. Advirta--se, com ZANETTI, que "o pensamento normativo não pode subtrair-se à necessidade de argumentar; este aspecto do pensamento normativo não é um opcional, não é sua maturação,

quem responde que a integridade "pressupõe que a comunidade como um todo pode se engajar nos princípios de eqüidade, justiça ou devido processo legal adjetivo de algum modo semelhante àquele em que certas pessoas podem engajar-se em convicções, ideais ou projetos". ([258]) Em síntese, para afirmar a realidade objetiva do Direito, DWORKIN considerou-o sob inédita perspectiva: do ponto de vida da prática social.([259])

A argumentação não é um encadeamento de proposições, mas um processo de comunicação onde deve imperar uma distribuição simétrica das oportunidades para escolha e execução dos atos de fala. ([260])Há que se afastar a idéia de um palco onde existe único personagem (o Estado), enquanto seus "súditos parecem um coro distante e invisível" ([261]) . Isso, pensamos, não pode ser alcançado se perpetuada a sacralização da lei escrita como fonte única das normas penais, de resto refratária à axiologia e à positividade supranacional.

Nossa defesa do direito consuetudinário como fonte do direito corresponde, ideologicamente, à filiação a um realismo jurídico ([262]) avesso a uma sacralização mitológica do princípio da legalidade (e do formalismo conceitual) característica de um positivismo normativista imoderado. O Direito não é aquele coisificado em leis, mas sim uma realidade fática. Deve contar, como norma, o Direito vivido e aplicado na comunidade. Do ponto de vista lingüístico, não se atém aqui à distinção saussureana entre língua e fala, senão que se privilegia o âmbito pragmático da linguagem, com a importância que modernamente lhe foi, devidamente, conferida.

não é o seu vértice. Os princípios implícitos na linguagem argumentativa representam a garantia da exposição à crítica racional de todas normas, humanas e divinas". (cf. ZANETTI, Gianfrancesco. *Introduzione al Pensiero Normativo. Reggio*: Diabasis, 2004, p. 26)

[258] DWORKIN, Ronald. *O Império do Direito.* São Paulo: Martins Fontes, 2003, p. 204

[259] GOYARD-FABRE, Simone. *Os Fundamentos da Ordem Jurídica.* São Paulo: Martins Fontes, 2002, p. 212

[260] ATIENZA, Manuel. *As Razões do Direito. Teorias da Argumentação Jurídica*...São Paulo: Landy, 2003, p. 161-3

[261] CAMMARATA, Angelo Ermanno. *Sulla Cosidetta Coattività delle Norme Giuridiche, **in*** Revista Archivio Penal, volume IX, Parte I, 1953, Remo Pannain, p. 5

[262] Os realistas apartam-se dos positivistas quando defendem uma concepção fática da realidade jurídica, quando identificam outras fontes do direito e, em geral, quando apresentam uma proposta antiformalista como estratégia de aproximação à consideração dos fenômenos de criação e aplicação do Direito. (cf. GARCIA, Manoel Calvo. *Teoría del Derecho.* Madrid: Tecnos, 2000, p. 35-6)

Não hesita ROXIN em afirmar que a criação ou eliminação de causas de justificação é dinâmico processo que não ocorre unicamente pela via de modificações na lei positiva, mas igualmente por criação do direito costumeiro e jurisprudencial.([263]) Ressalvando a inadmissibilidade do costume como gênese de normas incriminadoras, asseverou QUEIROZ FILHO que:

> *"Realmente, não parece possível fechar, totalmente, as fronteiras do direito penal para os usos e costumes consagrados na comunidade em que vige. Há princípios comuns que circulam no organismo da ciência do direito e levam a mesma seiva a todos os seus ramos. A regra da anterioridade da lei não isola o direito penal dentro dos seus estatutos."* ([264])

8.1. O costume que revoga a norma penal

Exige KELSEN, coerentemente com sua teoria pura do Direito, que o elemento subjetivo do costume – i.e., o 'dever-ser' de se conduzir de determinado modo – só pode "ser pensado como norma jurídica objetivamente válida se este fato assim qualificado é inserido na Constituição como fato produtor de normas jurídicas". ([265])

Validade, nessa acepção, parece restringir-se à permissão (competência) para estabelecer a regra legal. Se autoridade legislativa, referenciada a normas superiores, era competente para editar a lei, considerar-se-á esta válida e integrante do sistema. Assim, "para estabelecer a existência de uma norma de qualquer escalão em um sistema, tem que se percorrer a inteira hierarquia das normas permissivas superiores, conferindo validade às normas de escalão inferior". ([266])

Tem-se, assim, a norma estabelecida por superiores políticos a inferiores políticos. Superioridade, aqui, entendida como poder, isto é, "possibi-

[263] ROXIN, Claus. *Política Criminal e Sistema Jurídico Penal.* Rio de Janeiro: Renovar, 2000, p. 51-2

[264] QUEIROZ FILHO, Antônio de. *Lições de Direito Pena l.* São Paulo: RT, 1966, p. 89

[265] KELSEN, Hans. *Teoria Pura do Direito.* São Paulo: Martins Fontes, 1999, p. 251

[266] WRIGHT, Georg Henrik von. *An Essay in Deontic Logic and the General Theory of Action.* Amsterdan: North-Holland, 1972, p. 95: "in order to establish the existence of a norm of any order in a system, have to run through the entire hierarchy of superior permissive norms, giving validity to the norms of lower order."(tradução livre do autor)

lidade de forçar a que outros façam algo em virtude do medo ao castigo que se aplicaria se recusassem". ([267])

Mas quem é o superior político? Quem é o soberano? Detém o povo, *poder*? BALOSSINI, citado por BOBBIO, chega a afirmar que "os usuários (isto é, os membros da sociedade), os quais com a repetição de seu comportamento dão origem à norma consuetudinária são verdadeiros órgãos do Estado e que seus atos são análogos aos atos dos membros do Parlamento que votam uma lei". ([268])

Trata-se, como se percebe, de rediscutir o problema das fontes do Direito Penal, pois da legitimidade destas depende o reconhecimento de uma norma (seja qual for sua espécie) como existente. Todavia, antes de se buscar um conceito de "fonte", há que se advertir que a atividade nomotética (ou criativa de normas) não se confunde ou limita com a atividade de produção legislativa (esta dizendo respeito a apenas uma das múltiplas fontes do direito positivo). Por isso afirmamos que o legislador cria a lei penal, mas não a norma penal (eis que esta somente adquire este status, de *norma penal*, em completude sintática, semântica e lógica, após os processos de co-determinação e sobredeterminação de sentido pela comunidade discursiva à qual é dirigida para aplicação e observância: doutrina, jurisprudência, costumes). Confundir norma e lei é o primeiro passo para deixar de se compreender as funções e as feições das fontes no Direito. Não se pode acalentar a ilusão de que o Direito caiba todo na lei ([269]); por mais que essa concepção simplifique a tarefa do aplicador.

[267] Essa idéia de JOHN AUSTIN é analisada em TAMAYO Y SALMORAN, Rolando. *El Derecho y La Ciencia del Derecho*. México: Universidad Autónoma de México, 1986, p. 42. A coercibilidade, como característica da ordem jurídica, é negada por ASCENSÃO como sendo essencial ao Direito, daí não ser necessário que o costume seja imposto pelos órgãos publicos ou judicialmente aplicado (cf. ASCENSÃO, José de Oliveira. *O Direito, Introdução e Teoria Geral, Uma Perspectiva Luso-Brasileira*. Lisboa: Calouste Gulbenkian, 1984, p. 196)

[268] BALOSSINI, C.E., *Costumes, Usos, Práticas, Regras do Costume*, Milão, Giuffrè, 1958, ***apud*** BOBBIO, Norberto. *O Positivismo Jurídico, Lições de Filosofia do Direito*. São Paulo: Ícone, 1995, p. 165

[269] Já dizia Altavila que "por falta de vibração, a lei se oxida, emperra e se gasta a sua finalidade, a exemplo dessas maquinarias que se decompõem lentamente, sob a lepra espessa da ferrugem, nos oitões das fábricas e das usinas. Outras maquinarias mais rendosas lhes tomaram o lugar e elas se tornaram esquecidas e ignoradas". (ALTAVILLA, Jayme de. *Origem dos Direitos dos Povos*. São Paulo: Melhoramentos, 1964, p. 8)

Retomando, considerando que o conceito idealista puro kelseniano de *fontes* não nos convence ou satisfaz, intentemos uma aproximação ao realismo de ALF ROSS ([270]), onde sabemos que ***fonte*** representa o conjunto de fatores ou elementos que exercem influência sobre o juiz na formulação da regra em que ele funda sua decisão, incluindo, além daquelas fontes que conferem ao juiz uma norma jurídica já elaborada, também aquelas outras fontes que lhe oferecem nada mais do que idéias e inspiração para ele mesmo (o juiz) formular a regra de que necessita. Estas últimas fontes devem ser pesquisadas pela Ciência do Direito através do estudo minucioso da maneira como, de fato, procedem os tribunais de um país, visando a descobrir em que espécie de normas estes baseiam suas decisões.

Disso decorre, ainda com ALF ROSS, que "o direito positivo é a soma e substância das normas que se originaram em um processo histórico que por virtude de certas características externas e observáveis qualificam a norma como direito válido". ([271]) Simplificando-se por esta via, pode-se tomar o Direito sob o ângulo exclusivo da comunicação, adotando-se a idéia da norma penal como manifestação discursiva, chegando a um conceito de "fonte" como sendo, simplesmente, "o ***local de geração da mensagem***" ([272]).

Não se duvida que qualquer conceito de fonte do Direito deve ser antecedido d'aquele trazido por DEL VECCHIO, que apontava a natureza humana como dele a fonte "in genere", da qual se deduziam os princípios imutáveis da justiça ou do direito natural. Como ele mesmo explicava "o espírito que reluz na consciência individual, tornando-a capaz de compreender a personalidade alheia, graças à própria". ([273])

Portanto, a validade de uma norma não assenta exclusivamente na sua inscrição no mundo do direito positivo e, tampouco, nos fins por ela visados. Tem mais estreitamente a ver com a repercussão social que a aplicação concreta do preceito possa, na comunidade, produzir: "uma norma é válida se as conseqüências e os efeitos colaterais de sua observância puderem ser

[270] ROSS, Alf. *Direito e Justiça*. Bauru, SP: Edipro: Edipro, 2000, p. 103

[271] ROSS, Alf. *Hacia Una Ciencia Realista del Derecho, Critica del Dualismo en el Derecho*. Buenos Aires: Abeledo-Perrot, 1961, p. 140

[272] PUGLIESI, Márcio. *Por uma Teoria do Direito. Aspectos Micro-sistêmicos*. São Paulo: RCS, 2005, p. 210

[273] VECCHIO, Giorgio del. *Lições de Filosofia do Direito*. Tradução de António José Brandão. Coimbra: Armênio Amado, 1979, p. 403

aceitos por todos, sob as mesmas circunstâncias, conforme os interesses de cada um individualmente."([274])

Ressalta QUEIROZ FILHO a importância da excludente do ***exercício regular de direito***, ao permitir a articulação do direito penal com os demais ramos do direito e harmonizando o ordenamento: "além disso, porém, se o 'exercício regular de um direito' constitui causa de exclusão da antijuridicidade do fato incriminado, abrem-se aos usos e costumes caminhos de ingresso no campo do direito penal". ([275])

Embora não admitindo os usos e costumes como fonte de produção ou de invalidação normativa, ANDREI ZENKNER admite "o direito consuetudinário *contra legem*, não no sentido de que este revogaria ou invalidaria a lei penal, mas sim como fator de supressão da tutela penal sobre bens ou interesses por ela protegidos". ([276]) MAURACH também entendia que a perda de valor de um bem, antes considerado merecedor da tutela penal, constitui-se na principal razão para a derrogação das normas penais pelo direito consuetudinário e que, na valoração das causas de justificação, o direito consuetudinário assume basicamente a mesma estatura que o escrito. ([277])

Sobretudo lógica a escrita de JOÃO MESTIERI, para quem, embora insustentável exagero permitir-se que o costume defina fatos típicos criminais, há de se reconhecer que se "o costume tem larga aplicação na parte especial do código penal, na definição e adequação das figuras do delito; com maior intensidade, pode-se admitir o costume como força atuante para neutralizar o *imperium* do Estado naqueles casos em que beneficia o réu, derrogando, atenuando ou abrandando os tipos penais". ([278])

Idêntico o posicionamento de REALE JÚNIOR, para quem "o modelo consuetudinário tem cabença no Direito Penal como fonte, na medida em que atua no preenchimento do conteúdo de elementos normativos ou como justificante de conduta, que em razão da mudança dos costumes deixa de

[274] GÜNTHER, Klaus. *Teoria da Argumentação no Direito e na Moral: Justificação e Aplicação.* São Paulo: Landy, 2004, p. 67

[275] QUEIROZ FILHO, Antônio de. *Lições de Direito Penal.* São Paulo: RT, 1966, p. 90

[276] SCHMIDT, Andrei Zenkner. *O Princípio da Legalidade Penal no Estado Democrático de Direito.* Porto Alegre: Livraria do Advogado, 2001, p. 204

[277] MAURACH, Reinhart. *Derecho Penal. Parte General.* Buenos Aires: Astrea, 1994, p. 336 e 429

[278] MESTIERI, João. *Teoria Elementar do Direito Criminal.* Rio de Janeiro: Edição do Autor, 1990, p. 92

ser ofensiva ao valor originariamente tutelado". ([279]) Também MEZGER inadmitia que os costumes, ao lado da analogia, pudesse fundamentar uma pena, todavia reconhecia o direito consuetudinário para limitação ou exclusão da pena ([280]).

Essas posições trazem a compreensão acerca da força possível do costume diante da inflexibilidade do princípio da legalidade ou, como dizia BETTIOL, do contraste entre forma e conteúdo no campo da experiência jurídica ([281]). No entanto, são recorrentes na doutrina – mesmo majoritárias – opiniões segundo as quais não se pode contrapor o costume à letra da lei, já que aquele não tem previsão como fonte normativa. Para tais posições, se existentes tipos legais que a evolução social tornou inadequados, devem ser aplicados como qualquer outra norma penal até sua revogação pelo legislador, pois uma postura contrária significaria vulneração do princípio da igualdade, eis que alguns delinqüentes seriam punidos e outros não ([282]) . A doutrina nacional não se aparta dessa opinião. ANÍBAL BRUNO dizia que "se a opinião geral deixou de reputar crimonoso determinado fato, a disposição persistente pode cair em desuso, embora não se extinga e continue latente, podendo ser utilizada em qualquer tempo". ([283])

Embora mais cômodo, naturalmente não podemos compactuar com tais entendimentos, pois preferimos uma filiação a HASSEMER, na seguinte formulação: "por proibição do Direito consuetudinário se compreende a exigência de que o Juiz, em sua interpretação, não pode abandonar o quadro traçado pela lei em prejuízo do acusado; se ele o abandona, então frustra a *lex scripta* por meio de um Direito não escrito e assim viola o princípio da legalidade." ([284])

[279] REALE JÚNIOR, Miguel. *Instituições de Direito Penal. Parte Geral. Vol. I.* Rio de Janeiro: Forense, 2002, p. 84

[280] MEZGER, Edmund. Derecho Penal. *Livro de Estudio. Tomo I. Parte General.* Buenos Aires: El Foro, s/d, p. 65

[281] BETTIOL, Giuseppe. *Scritti Giuridici, Tomo II.* Padova: Cedam, 1966, p. 901

[282] LOZANO, Carlos Blanco. *Derecho Penal, Parte General.* Madrid: Laley, 2003, p. 814

[283] BRUNO, Aníbal. *Direito Penal, Parte Geral, Tomo I.* Rio de Janeiro: Forense, 1967, p. 294

[284] HASSEMER, Winfried. *Introdução aos Fundamentos do Direito Penal.* Porto Alegrre: SAFe, 2005, p. 352. Igualmente, para BOBBIO pode existir um ordenamento parcialmente paritário, onde algumas das fontes do Direito possuem o mesmo valor, coexistindo a lei e o costume. Amplia-se, aqui, a liberdade de escolha do aplicador no momento de individualizar a norma para extração da "regula decidendi", já que "existindo várias normas contrastantes entre si que regulam a mesma matéria e que derivam de fontes paritárias diversas, o juiz poderia 'escolher

Entendimentos mais moderados – embora sem aceitar a criação ou revogação da lei pelos costumes – admitem que o direito consuetudinário pode servir para o processo de interpretação e, diante de um conflito deste com o direito positivo, como pondera NUCCI, "o correto seria manter-se o tipo penal vigendo, até que outra lei o revogue, podendo-se, no entanto, utilizar-se os atuais costumes para auxiliar na interpretação dos elementos do tipo". ([285])

KELSEN admitia a *desuetudo.* Para ele, uma norma "perderia a sua validade se fosse certo que ela não seria obedecida devido a resistência dos sujeitos subordinandos à norma, e se não cumprida também não é aplicada pelos órgãos competentes". ([286]) Não há que se considerar válida uma norma que permaneça longamente inobservada e inaplicada, isto é, que seja atingida pela *desuetudo.* Assim se manifestava o jusfilósofo:

> *"A desuetudo é como que um* **costume negativo** *cuja função essencial consiste em anular a validade de uma norma existente. Se o costume é em geral um fato gerador de Direito, então também o Direito estatuído (legislado) pode ser derrogado através do costume. Se a eficácia, no sentido acima exposto, é condição da validade não só da ordem jurídica como um todo mas também das normas jurídicas em singular, então a função criadora de Direito*

indiferentemente uma ou outra", guiando-se pelo critério cronológico, segundo o qual, por exemplo, "se a norma consuetudinária vem a existir depois da norma legislativa, aplicar-se-á a consuetudinária e em caso contrário será aplicada a legislativa". (cf. BOBBIO, Norberto. *O Positivismo Jurídico, Lições de Filosofia do Direito.* São Paulo: Ícone, 1995, p. 163).

[285] NUCCI, Guilherme de Souza. *Manual de Direito Penal.* São Paulo: RT, 2006, p. 78

[286] KELSEN, Hans. *Teoria Geral das Normas.* Porto Alegre: SAFe, 1986, p. 178. Como anota PUGLIESI, se a eficácia identifica-se com a capacidade de a norma produzuir efeitos no plano do ser, efasta-se daquele do dever-ser e, se como condição pretende-se que seja exclusivamente uma exigência lógica, nem por isso deixa de recorrer a Teoria Pura a uma 'impura' instância da, por assim dizer, realidade. (cf. PUGLIESI, Márcio. *Por uma Teoria do Direito. Aspectos Micro-sistêmicos.* São Paulo: RCS, 2005, p. 18). Também para MACHADO, "um direito não é eficaz por si mesmo mas tão só pela obrigação à qual corresponde; a realização efetiva de um direito provém não daquele que o possui, mas dos outros homens que se reconhecem obrigados a alguma coisa para com ele. A obrigação é eficaz, desde que reconhecida. Uma obrigação que por ninguém fosse reconhecida nada perderia da plenitude de seu ser. Não é grande coisa, porém, o direito que ninguém reconhece". (cf. MACHADO, Edgar de Godói da Mata. *Direito e Coerção.* São Paulo: UNIMARCO, 1999, p. 218)

> *do costume não pode ser excluída pela legislação, pelo menos na medida em que se considere a função negativa da* ***desuetudo.****" (g.n.)* ([287])

Nesse ponto filiamo-nos a KELSEN para refutar ALF ROSS, pois para este último, na determinação da eficácia das normas jurídicas, somente eram decisivos os fenômenos jurídicos tomados no sentido mais estrito: a aplicação do direito pelos tribunais. Para o autor (nesse ponto) contestado:

> *"Não faz diferença se as pessoas acatam a proibição ou com freqüência a ignoram. Esta indiferença se traduz no aparente paradoxo segundo o qual quanto mais é uma regra acatada na vida jurídica extrajudicial, mais difícil é verificar se essa regra detém vigência, já que os tribunais têm uma oportunidade muito menor de manifestar sua reação."* ([288])

Exemplifiquemos em defesa de nossa posição. No Brasil, mesmo antes da "abolitio criminis", há muito não era o delito de adultério conhecido pelos tribunais, o que, de maneira alguma, como poderia insinuar o pensamento de ROSS, autoriza a concluir por uma fidelidade matrimonial amplamente cultivada que, correspondendo à obediência à norma, teria acarretado a quase inexistência de ações penais. Na verdade, como se sabe, havia uma transgressão significante da norma, sendo que a ínfima persecução e rara punição devem ser creditadas, antes, à inércia dos cônjuges ofendidos (que deixavam de desencadear a persecução policial e judicial). Não é diferente com outras figuras penais: uma leitura do catálogo de contravenções penais brasileiro é como um *passeio ao cemitério do dever-ser*, pois não se encontra vida normativa entre aqueles dispositivos, há muito despidos de eficácia social pela desuetudo. Não constituem mais normas penais vigentes.

Há que se reconhecer, todavia, a existência de normas jurídicas que, malgrado não aplicadas pelos tribunais, permanecem válidas e vigentes porque socialmente julgadas valiosas e, também por isso, excepcionalmente violadas. Resultaria minguada uma pesquisa na jurisprudência brasileira, por exemplo, sobre o crime de genocídio ou quanto aos delitos

[287] KELSEN, Hans. *Teoria Pura do Direito.* São Paulo: Martins Fontes, 1999, p. 237-8
[288] ROSS, Alf. *Direito e Justiça.* Bauru, SP: Edipro: Edipro, 2000, p. 60

ligados a materiais radioativos. Nem por isso se ousaria afirmar que tais normas carecem de eficácia. ([289])

Por outro lado, evidentemente tem força nomotética (negativa) a conduta omissiva reiterada (há décadas) e uniforme (em todo o território nacional) das autoridades policiais que, por exemplo, não reprimem a exploração de motéis (os quais, como sabido, em nosso país prestam-se quase que exclusivamente como local para encontro de fins libidinosos entre pessoas maiores). A Polícia Judiciária não reprime, o Ministério Público não denuncia e o Juiz não condena, mas o dispositivo legal permanece intocado no Código Penal (espelho axiológico d'outros tempos). Trata-se, na verdade, de "ilusão normativa": não se tem ali uma norma penal, senão mero tipo legal sem qualquer ressonância jurídica possível (prestando-se unicamente a induzir em erro o incauto aplicador ou a confundir o bisonho leitor). A normatividade penal, outrora naquela roupa vestida, há muito feneceu. Seu valor, meramente histórico, poderá servir à doutrina jurídica ou sociológica, como indício ao estudo da mutação da sociedade. Jamais poderá animar a atuação do Estado-Penal. Neste exemplo, a inação das autoridades apenas ressoou a negação social de desvalor a essa conduta.

LOURIVAL VILANOVA explica esse fenômeno:

> *"O direito é um sistema com um quantum de estabilização e um quantum de mudança. Essa, a sua eficácia sociológica. Eficácia extra-sistêmica. Estabilizador e alterador da realidade social: são funções que requerem relações intersistêmicas. A juridicização e a desjuridicização de fatos exprimem o input/output de um sistema autonômico, que tem, na sua gramática (sintaxe) interna, o mecanismo regulador do equilíbrio. Sempre a desfazer-se e a recompor-se."* ([290])

[289] Exatamente por essa indistinção, TÉRCIO SAMPAIO critica a obscuridade do caráter sintático de validade em KELSEN, revelando-se este, ademais, incapaz de esclarecer termos relevantes para a ciência jurídica, como a diferença entre *desuetudo* e *costume negativo*, isto é, entre omissões que ocorrem diante de fatos que constituem condição para a aplicação da norma e omissões que ocorrem, porque aqueles fatos não sucedem (leia-se: FERRAZ JÚNIOR, Tércio Sampaio. *Teoria da Norma Jurídica : Ensaio de Pragmática da Comunicação Normativa*. Rio de Janeiro: Forense, 2000, p. 98).

[290] VILANOVA, Lourival. *Causalidade e Relação no Direito*. São Paulo: RT, 2000, p. 321. Em dois casos emblemáticos, a Corte Européia dos Direitos do Homem, para justificar a descriminalização da prática homossexual entre pessoas maiores, pende, claramente, para uma análise evolutiva dos costumes nas sociedades analisadas como revogadores da norma legal

A contrário da *teoria realista comportamentista do Direito*, cremos ser a desuetudo social mais importante que a inatividade dos "tribunais", embora ambos sejam elementos essenciais para a averiguação da eficácia da norma penal ([291]). A não-repressão de condutas reputadas pela sociedade como desvaliosas apenas demonstraria um Estado arbitrariamente omisso e que, assim, deixa de tutelar certos bens jurídicos de seus cidadãos. De outra banda, o simples não-acatamento do comando proibitivo de uma norma, em larga escala social, poderia estar indicando somente uma comunidade transgressora de suas normas vigentes. Nem um nem outro elemento, isoladamente, pode informar suficientemente sobre a desuetudo: o direito é aplicado porque vigente e, não, vigente porque aplicado.

Na verdade, o comumente observado é que a ampla não-aceitação de uma determinada norma pela consciência jurídica popular é que motiva a não-aplicação desta pelos "*tribunais*". Ainda com ALF ROSS há de se ressaltar que

> *"O termo **'tribunais'** deve ser **aqui** entendido como um termo de sentido amplo para designar as **autoridades encarregadas da prevenção e punição dos crimes: polícia, Ministério Público e tribunais**. Se a polícia regularmente se omitir quanto à investigação de certas transgressões, ou se os agentes do Ministério Público regularmente se omitirem quanto a formular uma denúncia ou acusação, o direito penal perderá seu caráter de direito vigente, não obstante sua aplicação ocorra muito intermitentemente nos tribunais". **(g.n.)*** ([292])

incriminadora: "A reviravolta de jurisprudência se fundamenta de fato no caráter evolutivo do contexto social: "Compreende-se melhor hoje o comportamento homossexual do que na época de adoção dessas leis (as leis que incriminam penalmente a homossexualidade), e mostra-se portanto mais tolerância para com ele: na grande maioria dos Estados-membros do Conselho da Europa, deixou-se de acreditar que as práticas do gênero examinado aqui reclamam por si sós uma repressão penal; a legislação interna passou nesse ponto por uma nítida evolução que o Tribunal não pode desconsiderar". (cf. DELMAS-MARTY, Meirelle. *Por um Direito Comum*. São Paulo: Martins Fontes, 2004, p.174, citando os Acórdãos Dudgeon contra o Reino Unido e Norris contra a Irlanda).

[291] Em sentido contrário, confira-se BETTIOL, para quem a indolência e a incúria não podem justificar que uma norma penal tenha caído em desuso (v. BETTIOL, Giuseppe. *Scritti Giuridici, Tomo II*. Padova: Cedam, 1966, p. 83)

[292] ROSS, Alf. *Direito e Justiça*. Bauru, SP: Edipro: Edipro, 2000, p. 60.. Também em ATIENZA, a aplicação de normas para solução de casos, como campo de argumentação jurídica, substancia tarefa levada a cabo por juízes (em sentido estrito), por órgãos administrativos

Fala-se, então, em ***circunstâncias subjetivas*** que tornam algumas normas jurídicas ineficazes, as quais têm a ver com a não-aceitação da norma pelos sujeitos destinatários, o rechaço de sua obrigatoriedade, seguida da renúncia à sua aplicação coletiva pelas autoridades jurídicas competentes. ([293]) Lembra VASCONCELOS que "o fato de a norma estar disponível, isto é, ter vigência, não implica a sua realização prática. Essa se funda em razão de justiça, que é causa de seu acatamento, medida de sua eficácia". ([294])

Muitos, como KARL LARENZ, entendem que os costumes podem converter-se em direito, desde que acolhidos pelos tribunais, haja vista que, originados da prática, a regra jurídica neles manifesta careceria, em primeiro lugar, de formulação lingüística:

> *"Não se trata aqui da interpretação de um texto dado de antemão; trata-se, ao invés, em primeiro lugar, de formular linguisticamente a norma indicada pela conduta. A formulação lingüística tem como missão expressar e, com isso, tornar comunicável, o que de sentido jurídico é tacitamente inerente ao comportamento social em causa, aquilo que afirma, interpretado como comportamento referido ao Direito."* ([295])

De forma idêntica, para AUSTIN, o costume somente se converteria em direito positivo quando adotado como tal pelos tribunais e quando as decisões judiciais nele baseadas fossem executadas pelo Estado. Antes disso, os costumes não seriam mais que regras de "moral positiva". ([296]) Em contraposição, a doutrina mecanicista tradicional do direito consuetudinário entende que o costume, preenchidos os requisitos do costume jurídico, constitui direito por si só, tal qual a lei. ([297])

Entendemos que a decisão judicial absolutória que, em seus fundamentos, acolhe, para afastar a imputação penal, uma prática social permissiva reiterada e uniforme, não é criadora de norma, pois esta, em sua pureza

(no sentido mais amplo da expressão) ou mesmo por simples particulares.(cf. ATIENZA, Manuel. *As Razões do Direito. Teorias da Argumentação Jurídica*...São Paulo: Landy, 2003, p. 18)

[293] GARCIA, Manoel Calvo. *Teoría del Derecho*. Madrid: Tecnos, 2000, p. 94

[294] VASCONCELOS, Arnaldo. *Teoria da Norma Jurídica*. Rio de Janeiro: Forense, 1978, p. 4

[295] LARENZ, Karl. *Metodologia da Ciência do Direito*. Lisboa: Calouste Gulbenkian, 1983, p. 430

[296] TAMAYO Y SALMORAN, Rolando. *El Derecho y La Ciencia del Derecho*. México: Universidad Autónoma de México, 1986, p. 48

[297] ROSS, Alf. *Direito e Justiça*. Bauru, SP: Edipro: Edipro, 2000, p. 129

consuetudinária, preexistia juridicamente à sentença judicial. O aplicador tão só veste de positividade a norma costumeira que, então, transmuda-se em norma jurisdicional (respeitando-se e preservando-se, todavia, a substância ontológica normativa originária).

Igualmente, o legislador que atenta aos costumes jurídicos de seu povo e em texto legal converte certa prescrição consuetudinária permissiva de conduta humana, "cria lei" mas "não cria norma". Há, na verdade, uma continuidade normativa, pois a primitiva permissão remanesce intocada e, apenas, desveste o costume para trajar-se de lei. Nesses casos, a autoridade legisferante apenas reconhece uma norma antecedentemente criada pelo costume. Na expressão de GUIBOURG, o custume existe por direito próprio e com independência de qualquer autoridade.([298])

Converge a essa postulação o magistério de TÉRCIO SAMPAIO:

> *"A impositividade das normas consuetudinárias, que têm por fonte o costume, é dotada de validade e eficácia, como as normas legais. Sua condição de validade, isto é, o título que as faz normas integrantes do sistema, repousa, porém, num elemento diferente daquele que conhecemos para as normas legais. Não se trata de procedimentos regulados por normas de competência, mas a própria opinio necessitatis, o processo de institucionalização que as consagra como normas obrigatórias".* ([299])

Tal fenômeno merece, também, precisa explicação em LOURIVAL VILANOVA, segundo o qual, "o sistema jurídico é aberto aos suportes fácticos, que nele ingressam, muitas vezes, já normativamente configurados sobre os quais retrooperam as regras sintáticas do próprio sistema, que os recolhem como dados-da-experiência, e os reformam ou transformam: é assim como o direito do costume se faz direito dos códigos". ([300])

[298] GUIBOURG, Ricardo A. *Derecho, Sistema y Realidad.* Buenos Aires: Astrea, 1986, p. 36

[299] FERRAZ JÚNIOR, Tércio Sampaio. *Introdução ao Estudo do Direito. Técnica, Decisão, Dominação.* São Paulo: Atlas, p. 242

[300] VILANOVA, Lourival. *Causalidade e Relação no Direito.* São Paulo: RT, 2000, p. 315. Para KELSEN, "com isto apenas se exprime a teoria sufragada pela escola histórica alemã de que o Direito não é produzido, nem pela legislação, nem pelo costume, mas apenas pelo espírito do povo, de que, tanto através de um processo como do outro, apenas se pode constatar a existência de um Direito já anteriormente vigente." (cf. KELSEN, Hans. *Teoria Pura do Direito.* São Paulo: Martins Fontes, 1999, p. 252-3)

Impende registrar que, no estudo da efetividade das normas, o problema dogmático, em grande parte, tem residido em os teóricos do Direito geralmente ocuparem-se de encontrar respostas teóricas frente aos problemas de validade das normas jurídicas, preferindo deixar que a crítica da eficácia, ou sobre o grau de efetividade daquelas, seja realizada pelos cultores das disciplinas afins, como a Sociologia do Direito e a Criminologia. ([301])

Mas como explicar que a Polícia e o Ministério Público, diante do princípio da oficialidade, deixam de reprimir condutas legalmente típicas? Como podem esses órgãos estatais constituir-se em caixa de ressonância do sentimento popular de valor ou desvalor de certa norma? À primeira indagação há de ser respondida de maneira simples porque constitui-se na razão deste trabalho: omitem-se esses órgãos, legitimamente, porque deparam-se com uma conduta que, *legalmente típica*, deve ser tratada como *penalmente atípica* eis que colidente com um *contratipo*, o qual, em campo deôntico assimétrico situado, expressa a permissão da mesma conduta (com fundamento em uma norma consuetudinária).

A segunda pergunta merece solução mais complexa que não pode ser vencida senão com recursos semióticos, como pretendemos ora demonstrar.

8.2. Expressões populares como linguagem normativa

Argumentar-se-á, pois, que não pode o direito consuetudinário contar no instante de aferição da tipicidade penal, por tratar-se de ação e não de elemento textual ([302]). Enganoso argumento. A tarefa interpretativa extrapassa os limites dos textos e se processa mesmo "sine scripto", isto é, na ausência de qualquer escrito, haja vista que "não se interpretam apenas escritos: mas as entranhas dos animais, os vôos dos pássaros, e para os juristas, os hábitos, os 'bons costumes' do povo, o direito natural". ([303])

[301] GARCIA, Manoel Calvo. *Teoría del Derecho.* Madrid: Tecnos, 2000, p. 94

[302] HASSEMER, a propósito, escreve que "o recurso a fundamentos consuetudinários do Direito, no Direito Penal, seria como colocar a mão em uma "black box", em uma caixa mágica, a qual ninguém, exceto o mágico, sabe exatamente o que ela contém". (v. HASSEMER, Winfried. *Introdução aos Fundamentos do Direito Penal.* Porto Alegre: SAFe, 2005, p. 358)

[303] VILLEY, Michel. *Filosofia do Direito:Definições e Fins do Direito:Os Meios do Direito.* São Paulo: Martins Fontes, 2003, p. 449. Reconhecemos que a aceitação da força normativa dos costumes passa, primeiro, pelo desenvolvimento da Metodêutica que, qual por PIERCE idealizada,

Embora o predomínio das práticas jurídico-textuais – por sintetizar com maior propriedade e clareza um número maior de informações – mister asseverar que "a linguagem jurídica manifesta-se, seja valendo-se dos elementos de uma linguagem verbal, seja valendo-se dos elementos de linguagens não verbais". ([304])

Com TAMAYO Y SALMORÁN, entendemos que "interpretar consiste em dotar de significado, mediante uma linguagem significativa, certas coisas, signos, fórmulas ou acontecimentos (objeto significado)", assim avultando a importância do intérprete como espécie de "mediador" porque "comunica aos demais (geralmente em linguagem comum) o significado que se atribui a certas coisas, signos ou acontecimentos". ([305])

Se a linguagem significa um princípio dedicado à comunicação de conteúdos espirituais relativos aos objetos tratados (no nosso caso as normas de conduta humana), não pode existir evento ou coisa que não tenha, de alguma forma, participação na linguagem, já que está na natureza de todas elas comunicar seu conteúdo espiritual. ([306])

Igualmente para RIGAUX, a interpretação não se restringe aos textos legislativos, pois "os usos, os costumes, os actos jurídicos privados, os comportamentos individuais, incluindo aqueles que não se revestem de uma forma oral (gestos, silêncios, acções e inacções, omissões) estão abertos à interpretação judiciária.". ([307]) Trata-se de aplicar uma idéia básica da hermenêutica às ciências sociais, afirmando que "toda realidade humana, e conseqüentemente também toda realidade social, é um texto enquanto se apresenta como algo que temos que *ler* e interpretar para chegar a compreender (ou entender)". ([308])

incumbe-se de investigar acerca da vida dos signos, ou seja, trata "das condições formais da força dos símbolos, ou seu poder de apelar a uma mente, isto é, de sua referência em geral aos interpretantes". PIERCE, Charles Sanders, *The Collected Papers*, p. 1.559, ***apud*** SANTAELLA, Lucia. *O Método Anticartesiano de C. S. Pierce*. São Paulo: UNESP (Editora), 2004, p. 197

[304] BITTAR, Eduardo C.B.; ALMEIDA, Guilherme Assis de. *Curso de Filosofia do Direito*. São Paulo: Atlas, 2002, p. 472-3

[305] TAMAYO Y SALMORAN, Rolando. *El Derecho y La Ciencia del Derecho*. México: Universidad Autónoma de México, 1986, p. 151

[306] BENJAMIN, Walter. *Para uma Crítica de la Violencia y Otros Ensayos, Iluminaciones IV*. Madrid: Taurus Humanidades, 1997, p. 59

[307] RIGAUX, François. *A Lei dos Juízes*. Lisboa: Instituto Piaget, 1997, p. 274

[308] ROBLES, Gregorio. *O Direito como Texto:Quatro Estudos de Teoria Comunicacional do Direito*. Barueri (SP): Manole, 2005, p. 49

Basta, portanto, saltar de noções lingüísticas para noções semióticas ([309]). Ir da limitação do texto escrito para qualquer forma de enunciação de idéias ([310]). Fala-se aqui numa estrutural geral de significação que subjaz a manifestações comunicativas humanas verbais ou não-verbais.

Seja pela semiologia (via dos signos), quer pela hermenêutica (via da compreensão), admite-se o texto não apenas como escrito físico, mas sim como qualquer realidade passível de interpretação. E interpretação é "explicação do sentido lingüístico e condições de compreensão do pensamento, portanto ato de organização e de realização intelectual humana"([311]). Isso dilarga os horizontes na ampla compreensão do fenômeno Direito como sistema de linguagem ([312]) e, por conseqüência, das normas penais como

[309] Lembra JAKOBSON que "em relação à linguagem, todos os outros sistemas de símbolos são acessórios ou derivados" (cf. JAKOBSON, Roman. *Lingüística e Comunicação.* São Paulo: Cultrix, sd, p. 18). E de SANTAELLA colhe-se que "se a análise do discurso ou outras teorias da linguagem verbal apresentam um grande potencial para subsidiar pesquisas qualitativas que têm por objeto documentos ou dados verbais, quando se trata de mensagens não-verbais não há ciência mais bem equipada do que a semiótica para dar suporte à pesquisa qualitativa". (v. SANTAELLA, Lucia. O Método Anticartesiano de C. S. Pierce. São Paulo: UNESP (Editora), 2004, p. 13). O termo Semiologia foi proposto por Ferdinad de Saussurre, o qual "havia previsto que a lingüística um dia não seria mais que um departamento de uma ciência, muito mais geral, dos signos, que ele chamava precisamente de Semiologia". (cf. BARTHES, Roland. *A Aventura Semiológica.* São Paulo: Martins Fontes, 2001, p. 205). Por fim, digna de registro a ponderação de ECO, para quem "contemplar a cultura em sua globalidade 'sub especie semiotica' não quer ainda dizer que a cultura toda seja apenas comunicação e significação, mas que a cultura, em sua complexidade, pode ser entendida melhor se for abordada de um ponto de vista semiótico". (cf. ECO, Umberto. *Tratado Geral de Semiótica.* São Paulo: Perspectiva, 2005, p. 21)

[310] Acertada, nesse sentido, a advertência de DIPP, pois "se num conceito muito restrito, conceituássemos a linguagem um sistem de signos verbais – expressão verbal do pensamento – seria cogitável um direito sem linguagem. Bastaria pensar nos costumes, ainda que não se pudesse de todo evitar sua referência potencial a signos verbais com a reduçaão textualizante que deles pudesse extrair a norma implícita". (cf. DIPP, Ricardo. *Direito Penal: Linguagem e Crise.* Campinas/SP: Millenium, 2001, p.15)

[311] PISANTY, Valentina; PELLEREY, Roberto, *Semiotica e Interpretazione...*p. 61

[312] Linguagem aqui entendida como "sistema de sinais voluntariamente empregados a fim de exprimir o pensamento". (FONTANA, Dino F. *História da Filosofia Psicologia e Lógica.* São Paulo: Saraiva, 1969, p. 356). Todo ato de linguagem fundamenta-se num sistema de representação lingüística, que é a *língua*, e também sistematiza os recursos lingüísticos representativos para a manifestação psíquica e o apelo numa estruturação estética, que é o *estilo.* (cf. CAMARA JR., J. Mattoso. *Princípios de Lingüística Geral.* Rio de Janeiro: Acadêmica, 1970, p. 28)

fractais prescritivos que se entrelaçam, harmonizam e aperfeiçoam em superior mensagem deôntica global.

Pela Semiótica concebe-se "uma teoria para a análise do conteúdo humano que se manifesta em dimensão transfrasal, independentemente da configuração textual escolhida para a sua organização e difusão. Esse conteúdo como literatura, filme, pintura, música ou até como linguagem coloquial; tudo isso é passível de descrição semiótica." ([313])

Também DWORKIN, vendo a interpretação, por sua natureza, como o relato de um propósito, escreveu que ela

> *"propõe uma forma de ver o que é interpretado – uma prática social ou uma tradição, tanto quanto um texto ou uma pintura – como se este fosse o produto de uma decisão de perseguir um conjunto de temas, visões ou objetivos, uma direção em vez de outra. Essa estruturação é necessária a uma interpretação mesmo* ***quando o material a ser interpretado é uma prática social, mesmo quando não existe nenhum autor real cuja mente possa ser investigada****".*(g.n.) ([314])

Uma passeata reivindicatória ou uma omissão reiterada e uniforme de cumprimento de uma regra legal (defasada axiologicamente), por exemplo, devem ser vistas não como fatos sociais brutos e sim como atos performativos de caráter institucional. Os protestos populares e as "vistas grossas" das autoridades públicas na aplicação da norma devem ser – pelo jurista (também pelo sociólogo, antropólogo, criminológo etc) – estudados não como simples balbúrdia multitudinária ou relapsia funcional, mas, corretamente, compreendidos como linguagem performativa que constitui fatos jurídicos, expressando uma intencionalidade coletiva com objetivos e repercussões nas instituições.

Dissertando sobre a estrutura do universo social, isto é, como a mente cria uma realidade social objetiva, assim concluiu SEARLE:

[313] TATIT, Luiz. ***In*** FIORIN, José Luiz (org.). *Introdução à Lingüística: I. Objetos Teóricos*. São Paulo: Contexto, 2005, p. 189. A Semiótica é uma forma de saber interdisciplinar sobre o Direito "porque possui como matriz as teorias oriundas dos estudos da comunicação (ciência da relação de comunicação), semiologia (ciência dos signos) e semiótica (ciência do sentido), transplantadas para a dimensão do que é jurídico". (cf. BITTAR, Eduardo C.B.; ALMEIDA, Guilherme Assis de. *Curso de Filosofia do Direito*. São Paulo: Atlas, 2002, p. 422)

[314] DWORKIN, Ronald. *O Império do Direito*. São Paulo: Martins Fontes, 2003, p. 71

> *"Seria um mal-entendido supor que existem classes de fatos brutos e institucionais separadas, isoladas. Pelo contrário, temos interpenetrações complexas de fatos brutos e institucionais. De fato, a finalidade típica da estrutura institucional é criar e controlar fatos brutos. A realidade institucional é uma questão de poderes negativos e positivos – incluindo direitos, títulos, honra e autoridade, bem como obrigações, deveres, desonra e penalidades.* ([315])

Num Estado democrático de Direito não se pode mais anuir que Direito seja exclusivamente aquele criado em irrefletidas discussões do Parlamento. Também não apenas o vertido em sentenças apressadas, nos gabinetes judiciais. Tampouco unicamente aquele derramado de uma pena imersa no preciosismo academicista. O Direito encontra sua mais perfeita expressão quando vivido e sentido pelo povo, destinatário final da norma (para quem e por quem ela existe e sobrevive; ou fenece).

Vejamos. O costume jurídico tem uma gênese fática, consistente na reiteração uniforme de uma determinada conduta humana com a consciência geral de sua obrigatoriedade. Dois elementos, assim, nos costumes jurídicos identificáveis: "uma prática uniforme e constante e a 'opinio iuris ac necessitatis', ou seja, a convicção de que aquele comportamento é juridicamente obrigatório".([316]). Não se pode deslembrar, todavia, que "a repetição de atos produz a regularidade da ação, que é incorporada ao

[315] SEARLE, John R. *Mente, Linguagem e Sociedade, Filosofia no Mundo Real.* Rio de Janeiro: Rocco, 2000, p. 122

[316] LUMIA, Giuseppe. *Elementos de Teoria e Ideologia do Direito.* São Paulo: Martins Fontes, 2003, p. 72. Como escreveu DEL VECCHIO, "para surgir um constume jurídico é preciso que a repetição seja valorizada pela persuasão de o comportamento em questão ser obrigatório, de modo que outros o possam exigir, e portanto, não dependa do mero arbítrio subjetivo". (cf. VECCHIO, Giorgio del. *Lições de Filosofia do Direito.* Tradução de António José Brandão. Coimbra: Armênio Amado, 1979, p. 405). "Retiremos as palavras do costume: o que resta dele? Um comportamento carente de significado, porque o que configura o costume não é o comportamento habitual de uma comunidade, mas o significado obrigatório de tal comportamento, e o significado só é possível mediante sua vinculação às palavras". (cf. ROBLES, Gregório, *O Direito como Texto, Quatro Estudos de Teoria Comunicacional do Direito,* p. 48). Considerava VON WRIGHT os costumes como sendo hábitos sociais: padrões de conduta para os membros da comunidade, por esta adquirido ao longo de sua história , sendo mais impostos do que adquiridos individualmene. (cf. WRIGHT, Georg Henrik von. *Norma y Accion. Una Investigación Lógica.* Madrid: Tecnos, 1970, p. 27).

texto como regra, isto é, como elemento verbalizado" ([317]) propiciando, assim, que o costume deixe de consubstanciar mera expressão fática para, verdadeiramente, converter-se em texto jurídico, mediante processo de verbalização dos comportamentos repetidos, porque por juridicamente obrigatórios tomados.

Não se tem concebido, no entanto, como os anseios populares, decorrentes ou não de costumes "*contra legem*", possam contar no instante não de produção, mas sim de aplicação da norma penal. Pode o aplicador auscultar, por exemplo, as reinvidicações pela derrogação de determinada norma penal feitas pela sociedade mobilizada (campanhas na mídia, passeatas, filmes, exposições artísticas etc) ? ([318]) Opinamos que sim.

É incontestável que determinado evento de conotações jurídico-penais, em especial quando explorado pela via midiática, pode influir na atuação legislativa e, assim, alterar o quadro normativo existente. Esse casuísmo tem presidido, em larga medida, as reformas penais brasileiras dos últimos tempos. A crítica feita a esse estilo de atuação do legislador prende-se, todavia, ao açodamento com que esses anseios, refletidos nos meios de comunicação social, são captados e, imediatamente, em textos de lei condensados.

Exemplifiquemos. No Brasil, remonta a décadas as posições favoráveis à descriminalização dos jogos de azar (não só pela não-repressão oficial,

[317] ROBLES, Gregório, *O Direito como Texto, Quatro Estudos de Teoria Comunicacional do Direito*, p. 37

[318] Esses casos envolvem certa complexidade de compreensão quanto ao processo mental de captação do significado por conta da peculiaridade do significante: "Se no pensamento tudo significa e é significante, o mundo propriamente humano, enquanto perpassado pelo pensamento – se não o for não será humano – é um mundo simbólico, um mundo de significado de sentido por ele dado. Esse é o mundo da cultura: buscar o significado desse mundo é tarefa da interpretação. As coisas diretamente captadas nos sentidos passam por um processo de interpretação: primeiro num sentido impróprio, ou seja, os órgãos captadores da impressão 'interpretam', por suas reações, os estímulos emitidos pela coisa (o fenômeno). Em segundo lugar, e num sentido ainda impróprio, a mente ou o cérebro interpreta o estímulo, um fenômeno eminentemente psicológico e biológico. Em terceiro lugar, e esta é a que nos referimos como interpretação em sentido próprio, a coisa é pensada, ou seja, as impressões sensíveis são captadas no pensamento, conceituadas. É na região do conceito que se dá a questão hermenêutica, pois é aí que os sinais são postos como representando algo que não são, de modo consciente". (cf. SALGADO, Joaquim Carlos. *Princípios Hermenêuticos dos Direitos Fundamentais*, in MERLE, Jean-Christophe, MOREIRA, Luiz (orgs.). *Direito e Legitimidade*. São Paulo: Landy, 2003, p. 198)

mas em especial porque deles é o Estado, de longe, o principal explorador). Reúna-se tudo o que já disseram os diversos segmentos sociais sobre o tema e chegar-se-á a um plano lingüístico de conteúdo (descriminalizante) ainda carente de um plano de expressão normativo que possa legitimar, por via da positivação negativa, a proposta de revogação. Nada impede que o aplicador reconheça um elemento negativo – dos tipos penais correspondentes às contravenções de jogo de azar – e efetue, a partir desses estímulos (visuais, sonoros etc), a transliteração sígnica (de fatos para textos escritos), proclamando, com base nesse elemento negativo provindo da norma consuetudinária, a atipicidade de tais condutas.

É a fenomenologia peirceana – que fornecendo as bases para uma semiótica anti-racionalista, antiverbalista e radicalmente original – permite-nos pensar como signos (ou mesmo "quase-signos") tudo o que dá corpo ao pensamento, às emoções, reações, compondo as externalizações que são traduções mais ou menos fiéis de signos internos para signos externos. ([319])

Por isso, qualquer manifestação humana, ainda que não verbalizada ([320]), pode ser analisada semioticamente como expressiva de um código jurídico-cultural dominante. Assim, a proliferação – oficialmente tolerada e socialmente defendida – de certos jogos de azar ("bingos", máquinas caça-níqueis, "jogo do bicho" etc) pode, tomada como signo, estar a indicar uma inconveniente e indesejada intervenção do Direito Penal, a

[319] Há signos de terceiridade, isto é, signos genuínos, mas há também quase-signos, isto é, signos de secundidade e de primeiridade. Vem daí por que Peirce levou a noção de signo tão longe, que ele mesmo não precisa ter a natureza plena de uma linguagem (palavras, desenhos, diagramas, fotos etc.), mas pode ser uma mera ação ou reação (por exemplo, correr para pegar um ônibus ou abrir uma janela etc.). O signo pode ainda ser uma mera emoção ou qualquer sentimento ainda mais indefinido do que uma emoção, por exemplo, a qualidade vaga de sentir ternura, desejo, raiva etc. Tal potencialidade é, defato, o resultado da ligação muito íntima da semiótica com a fenomenologia. É desta que advém a possibilidade de se considerar os signos e interpretações de primeira categoria (meros sentimentos e emoções), de segunda categoria (discursos e pensamentos abstratos), que tornam muito próximos o sentir, o reagir, o experimentar e o pensar. São essas misturas que estão muito justamente fundamentadas nas diferentes classes de signos estudadas por Perice (cf. SANTAELLA, Lucia. *Semiótica Aplicada*. São Paulo: Pioneira Thomson Learning, 2005, p. 10/11)

[320] Não se nega que o sistema semiótico mais importante, a base de todo o restante, seja a linguagem, como fundamento da cultura. Em relação à linguagem, todos os outros sistemas de símbolos são acessórios ou derivados, daí concluir-se que o instrumento principal da comunicação informativa é a linguagem. (cf. JAKOBSON, Roman. *Lingüística e Comunicação*. São Paulo: Cultrix, 2006, p. 18)

ser reconhecida pelo "intérprete" no instante de (não-)aplicação da lei criminal num caso concreto, reconhecendo-se a atipicidade em face de um elemento (normativo) negativo do tipo penal.

Mantemos, portanto, também aqui, nossa visão do Direito como processo comunicacional e, com HABERMAS, hemos de compreender que a validade da norma "consiste em sua potencialidade para ser reconhecida, a qual tem que demonstrar-se discursivamente; uma norma válida merece reconhecimento porque, e na medida em que, seja aceita – vale dizer, reconhecida como válida –, também sob condições de justificação (aproximadamente) ideais". ([321])

Conclusivamente, com arrimo na teoria kelseniana afirma-se que pode, pela *desuetudo*, perder o "dever-ser" sua validade diante de ineficácia na realidade natural, isto é, na ordem do "ser". Se é verdade que o "dever-ser" é posto como fato do mundo do "ser"([322]), não há que se objetar que esse mesmo "dever-ser" possa ser retirado por fato do mesmo mundo do "ser".

O paradigma da democracia constitucional, para FERRAJOLI, "não é outro que a sujeição do direito ao direito gerada pela dissociação entre vigência e validade, entre mera validade e estrita legalidade, entre forma e substância, entre legitimação formal e legitimação substancial". ([323]) Fundamental é reconhecer que o sujeito no qual e pelo qual o direito positivo tem sua existência é o povo, em cuja consciência vive o Direito, independentemente do livre arbítrio individual, "assim como os usos da vida social, sobretudo a língua, onde se encontra a mesma emanação do espírito popular". ([324])

[321] HABERMAS, Jürgen. *Verdad y Justificación*. Madrid: Trotta, 2002, p. 53. Analisa PALOMBELLA que, "no plano sociológico, essa convicção decorre do fato de Habermas não reduzir a realidade a um agregado de sistemas, do fato de postular como existente o 'mundo vital' em que tais processos comunicativos são ativos e a racionalidade e a possibilidade de consenso são realizáveis; o mundo vital, em que se encontram os nexos primários de interação entre sujeitos, portanto os conteúdos materiais das formas de vida, em termos de convicções morais, de práticas lingüísticas e todo tipo de produção simbólica dotada de significado, não passa de um conjunto cultural no qual têm origem nossos modelos interpretativos". (cf. PALOMBELLA, Gianluigi. *Filosofia do Direito*. São Paulo: Martins Fontes: 2005, p. 359)

[322] "Se há um *iter* procedimental, isso importa dizer que há suportes fácticos – os atos-de-legislar – que devem revestir a forma procedimental: o processo (seja ele meramente procedimental, seja, ainda, o processual – judicial) é uma série ordenada de atos jurídicos tipificados." (cf. VILANOVA, Lourival. *Causalidade e Relação no Direito*. São Paulo: RT, 2000, p. 311).

[323] FERRAJOLI, *Los Fundamentos de los Derechos Fundamentales*. Madrid: Trotta, 2005, p. 37

[324] PUGLIATTI, Salvatore. *Grammatica e Diritto*. Milano: Giuffrè, 1978, p. 8

8.3. O costume que cria a norma penal

Se, confortados pela Ciência do Direito, defendemos incondicionalmente a força normativa dos costumes como elemento descriminalizante, cabe uma última indagação sobre o tema: existe a possibilidade da criação de crimes ou negação de não-crimes pela via do direito consuetudinário?

Colocada com o devido cuidado, a resposta deve ser positiva. No Brasil pode o direito costumeiro ensejar a criação de crimes e a agravação de conseqüências jurídicas do delito.

Recorrendo à ilustração de um caso concreto, lembra MIGUEL REALE JÚNIOR ([325]), a repercussão que a pressão do movimento feminista e dos meios de comunicação tiveram, há duas décadas, sobre a definição dos limites da legítima defesa no julgamento do réu Doca Street, acusado da morte da namorada Ângela Dinis. Primeiro absolvido, foi depois o homicida condenado, porque a pressão social indicou a nocividade do recurso à violência para solução das desavenças afetivas, um inegável resquício da sociedade patriarcal (onde a morte da mulher infiel justificava-se para preservação da honra[326] do marido traído). As novas exigências axiológicas, nesse caso espelhadas, passaram a impedir o reconhecimento da excludente de "legítima defesa da honra marital", harmonizadas que vieram com a importância da mulher e sua autonomia na sociedade contemporânea. Nesse caso, o costume estreitou os limites da permissão penal e, por conseguinte, alargou o âmbito da criminalização.

Isso prova o que KINDHÄUSER ([327]), em postura inovadora, dissera: toda norma é falível e deve-se, sempre, buscar falseá-la, tentando o encontro de hipóteses em que ela não atenda aos interesses dos seus possíveis afetados. Quanto mais infrutífera resultar essa tentativa, mais há de se presumir que a norma, assim posta à prova, é dotada de consenso geral. A institucionalização desse processo de compreensão discursiva da norma cabe,

[325] REALE JÚNIOR, Miguel. *Instituições de Direito Penal.* Rio de Janeiro: Forense, 2002, p. 80

[326] Digno de registro que tal entendimento somente vem afirmar um postulado jusnaturalista em SAMUEL PUFENDORF encontrável, pois entendia ele que um bem de valor igual à vida poderia ser a integridade corporal ou a incolumidade sexual, mas jamais a honra. Leia-se, a propósito: WELZEL, Hans. *La Dottrina Giusnaturalistica di Samuel Pufendorf*...Torino: Giappichelli, 1993, p. 124-5

[327] KINDHÄUSER, Urs. *In* LUZÓN PEÑA, Diego-Manuel *et all (orgs)* . *Cuestiones Actuales de la Teoría del Delito.* Madrid: Mc Graw Hill, 1999, p. 207-8

segundo ele, à oposição parlamentar, mas incumbe, também, à Ciência do Direito e aos meios de comunicação (cuja importância acima defendemos).

A liberdade de expressão, garantindo o ingresso do cidadão na comunidade discursiva do Direito, deve ser tratada como ***direito fundamental*** e, com tal importância, teoricamente manuseada. Como pontua ALEXY:

> *"Direitos fundamentais são democráticos por isso, porque eles, com a garantia dos direitos de liberdade e igualdade, asseguram o desenvolvimento e existência de pessoas que, em geral, são capazes de manter o processo democrático na vida e porque eles, com a garantia da liberdade de opinião, imprensa, radiodifusão, reunião e associação, assim como com o direito eleitoral e com as outras liberdades políticas asseguram as condições funcionais do processo democrático".* ([328])

Respondemos afirmativamente também à segunda questão, pois o direito costumeiro é fonte da norma incriminadora, ainda que num campo bastante delimitado. Os selvagens, embora destituídos de seus territórios e violentados em seus costumes, preservam, ainda, sua cultura milenar, inclusive a que se poderia designar como *cultura jurídica* (se não se incorre no mesmo erro dos colonizadores que, mediante atribuição dos qualificativos "pagão" e "selvagem", não reconheciam uma verdadeira cultura em favor dos autóctones).

Toda sociedade, ainda que de rudimentar organização possui valores a preservar. Por isso cabe ao jurista, ao delinear o conceito de eficácia, colocar-se no plano da axiologia positiva, pois ao compreender o sentido e o alcance do referido conceito, está vinculado aos valores jurídicos constituídos pelas valorações reais vigentes numa sociedade em certo estágio evolutivo. ([329]) Como traz à memória BENARDINO GONZAGA, "algo equivalente também faz o selvagem, admitindo que determinadas maneiras de proceder representam ofensas a um tabu, ou aos *mores* do grupo, e que, portanto, justificam um castigo". ([330]) Para ALF ROSS, "sob a forma de mito, religião, poesia, filosofia e arte vive um espírito que expressa uma

[328] ALEXY, Robert. *Direitos Fundamentais no Estado Constitucional Democrático...*Revista de Direito Administrativo. Rio de Janeiro, 217: 55-66, jul./set.1999, p. 65

[329] DINIZ, Maria Helena. *Norma Constitucional e seus Efeitos*. São Paulo: Saraiva, 2003, p. 19

[330] GONZAGA, João Bernardino. *O Direito Penal Indígena*. São Paulo: Max Limonad, s/d, p. 81

filosofia de vida, que é uma íntima combinação de valorações e uma cosmogonia teórica, incluindo uma teoria social mais ou menos primitiva". ([331])

Segundo estudos antropológicos, entre os povos selvagens impera verdadeira reverência pela tradição e pelo costume, com uma obediência servil, involuntária e espontânea, devida a uma inércia mental associada ao temor da opinião pública ou do castigo sobrenatural. Essa submissão automática também é motivada por um penetrante sentimento ou instinto de grupo ([332]). Muitos "tabus", portanto, não têm índole apenas mística, mas encontram sua fonte geradora na sabedoria intuitiva acumulada durante gerações, em que a experiência foi sentindo o caráter prejudicial ou vantajoso de certas atitudes, aos poucos transformadas em regras, negativas ou impositivas, de conduta, assim, paulatinamente, entrando e passando a integrar os mores do grupo, compondo a sua filosofia social.([333]) Naturalmente que outro coeficiente dessa força de obrigatoriedade achada no costume primitivo vem dado pela autoridade dos chefes (reforçada pelas crenças e superstições nos chefes defuntos). ([334])

O Estatuto do Índio permite aos grupos tribais, de acordo com as instituições próprias, a aplicação de sanções penais contra seus membros. Os limites à punição coincidem com aqueles impostos ao legislador penal ordinário: vedam-se, igualmente, as penas de morte e de caráter cruel ou infamante. Logicamente, a autorização à inflição de pena traz implícita a faculdade de criação de "normas" cuja violação possa orientar e justificar a punição, nada impedindo que essas regras costumeiras, transmitidas verbalmente, possam merecer, pela tribo, um registro escrito.

Elevando um grau acima o nível de nossas elaborações, para confrontar, diante do ordenamento positivo nacional, a conduta do membro tribal responsável pela aplicação da pena, há de se reconhecer, em favor deste, um *elemento negativo do tipo,* situado exatamente no dispositivo estatutário reportado ([335]). Não cometerá, v.g., o crime de injúria, vias de fato ou

[331] ROSS, Alf. *Direito e Justiça.* Bauru, SP: Edipro: Edipro, 2000, p. 125

[332] MALINOWSKI, Bronislaw. *Crime e Costume na Sociedade Selvagem.* Brasília: UnB (Editora), 2003, p. 15

[333] GONZAGA, João Bernardino. *O Direito Penal Indígena.* São Paulo: Max Limonad, s/d, p. 81

[334] VECCHIO, Giorgio del. *Lições de Filosofia do Direito.* Tradução de António José Brandão. Coimbra: Armênio Amado, 1979, p. 406

[335] Lei 6.001, de 19-12-1973. Dispõe sobre o Estatuto do Índio. [...] Art. 57. *Será tolerada a aplicação, pelos grupos tribais, de acordo com as instituições próprias, de sanções penais ou disciplinares*

cárcere privado, o indígena que, em harmonia com o direito costumeiro de sua tribo, determinar ou executar a punição de natureza penal contra seu igual. Está ele amparado pelo exercício regular de um direito (de instrumentalizar uma norma penal costumeira). Importante ressaltar que a legimitidade desse direito decorre, ainda, expressa e diretamente, do texto da Constituição da República, a qual, em seu artigo 231, reconhece aos índios, além do patrimônio, também sua organização social, costumes, línguas, crenças e tradições.

Essa previsão legal espelha uma opção política multicultural pluralista, ao reconhecer diferenças culturais em nosso espaço territorial e conferir às minorias indígenas certa liberdade de autogoverno, à margem da cultura majoritária (dos colonizadores herdada).

Um Estado de Direito multicultural, segundo CALVO GARCÍA, deve assentar-se sobre bases que conciliem o interculturalismo e o pluralismo limitado, isto é, deve conjugar não-limitações significativas às minorias, equilibrando-as com algumas limitações derivadas da proteção de um conteúdo mínimo de valores entre todos partilhado.([336]) Daí a vedação legal, em tema penal, de sanções cruéis entre os autóctones.

9. O metatipo doutrinal como estabilizador de ruídos da norma penal

Reina relativa harmonia na Ciência do Direito ao se afirmar que o discurso das normas positivas constitui a *linguagem-objeto* e, a seu turno, as elaborações doutrinárias representam a *metalinguagem* que daquela trata, sistematizando-a, isto é, permitindo a transformação do ordenamento em sistema. No Direito Penal, pela via dogmática, torna-se possível a construção do ***metatipo*** referenciado ao ***tipo***. Por isso a norma posta pelo legislador nem sempre preserva o sentido primeiro por ele pretendido, sendo admissível que, a menudo, venha a ostentar um conteúdo diverso, pelo labor doutrinal conferido. Malgrado a torrente dogmática e jurisprudencial de sentido adverso, cremos possível a defesa de que também ***a doutrina é normativa.***

Fiquemos, primeiro, com ALF ROSS, para quem a Ciência do Direito é "normativa", antes de tudo, pelo simples fato de se ocupar das normas.

contra os seus membros, desde que não revistam caráter cruel ou infamante, proibida em qualquer caso a pena de morte.

[336] GARCIA, Manoel Calvo. *Teoría del Derecho.* Madrid: Tecnos, 2000, p. 73

Naturalmente não se contesta que as proposições cognoscitivas não consistem de normas (diretivas), pois *descrevem*, mas não *expressam*, as normas: "o caráter normativo da Ciência do Direito significa, portanto, que se trata de uma doutrina *que diz respeito a normas* e não uma doutrina *composta de normas*. Não objetiva 'postular' ou expressar normas, mas sim **estabelecer o caráter de 'direito vigente' dessas normas**." (g.n.) ([337])

Como aclara KARL LARENZ, "se se qualificam de fontes do Direito todos aqueles factores que cooperam na criação e no desenvolvimento posterior do Direito, então a jurisprudência, mas também a ciência do Direito, são fontes de Direito". ([338]) Assim, por exemplo, enquanto nos países do sistema da "commom-law" o componente jurisprudencial tem proeminência, o mesmo não ocorre, por exemplo, na Alemanha, onde a autoridade do Juiz sofre um contra-balanceamento pelo prestígio da doutrina, ambos nutrindo profundo respeito pela lei. ([339])

A dogmática ([340]) consitui-se num dos âmbitos em que se processa a argumentação jurídica, cumprindo a função de oferecer critérios para a aplicação do Direito, bem como a de ordenar e sistematizar um setor do ordenamento. ([341]) Importante, nesse ponto, destacar a diferença existente entre ***(ORD)*** e ***sistema (SIS)***: enquanto o ORD é material bruto, repleto de lacunas, contradições e omissões, o SIS é o mesmo direito gerado no ORD,

337 ROSS, Alf. *Direito e Justiça*. Bauru, SP: Edipro: Edipro, 2000, p. 43. Sobre a normatividade da Ciência Jurídica e o controle de suas conclusões, leia-se BARATTA, Alessandro. *Ricerche su Essere e Dover Essere nell' Esperienza Normativa e nella Scienza del Diritto*. Milano: Giuffrè, 1968, p. 77 e segs.

338 LARENZ, Karl. *Metodologia da Ciência do Direito*. Lisboa: Calouste Gulbenkian, 1983, p. 524

339 LICCI, Giorgio. *Modelli nel Diritto Penale: Filogenesi del Linguaggio Penalistico*. Torino: Giappichelli, 2006, p. 338

340 Consoante magistério de WELZEL, "a dogmática jurídica é a explicação sistemática dos princípios jurídicos que se encontram na base de uma ordem jurídica ou de algumas de suas partes". [...]"A dogmática isola os princípios implícitos em uma ordem jurídica, expõe os diversos preceitos jurídicos como componentes ou conseqüências desses princípios, e permite assim entender a ordem jurídica como uma estrutura de sentido de caráter concreto com uma determinada pretensão de verdade. O método da dogmática jurídica não é o da explicação causal, mas sim da compreensão do sentido, já que somente assim pode ser entendida uma estrutura de sentido como o é um sistema jurídico" (WELZEL, Hans. Introducción a la Filosofia del Derecho, Derecho Natural y Justicia Material. Tradução de Felipe González Vicen. Buenos Aires, AR: B de F, 2005, p. 249-250)

341 ATIENZA, Manuel. As Razões do Direito. Teorias da Argumentação Jurídica...São Paulo: Landy, 2003, p. 19

mas em sua plenitude ou perfeição expositiva ([342]). Portanto, no dizer preciso de VILANOVA, "é através das ciências dogmáticas particulares que se alcança a positividade do direito e o núcleo de generalidade como inerência comum diferenciada nas espécies" ([343]), eis que, segundo o mesmo mestre, a ciência jurídica, como setor não-ilhado, "está permeando a atividade dos advogados e dos juízes, como saberes teoréticos, projetando-se em saber instrumental visando conhecer para, no final, aplicar normas" ([344]). Função do metatipo é, em síntese, impedir que os ruídos perpassem do ORD para o SIS.

Afinal, como reconhece KARL LARENZ, sistematizar é metodologia e necessidade de trabalho para o aplicador da norma, pois "sem um tal sistema haveria de andar às cegas, sem ajuda, quem buscasse as normas jurídicas adequadas à situação de facto que lhe é dada. Só o sistema possibilita proceder metodicamente, num certo grau, na busca das proposições jurídico que hão-de ser trazidas à consideração." ([345])

Reconhecendo que a interpretação jurídica não é monopólio dos órgãos aplicadores do Direito, TAMAYO Y SALMORÁN assinalou que todo aquele que dotar de significado a linguagem jurídica – mediante cognição, descrição, valoração etc – realiza uma interpretação jurídica, v.g. os professores, juristas etc. ([346])

Ora, se a doutrina também ingressa na ampla rede discursiva responsável pela co-determinação do sentido da norma, não soaria correto afirmar, de plano, que não é ela, igualmente, uma "fonte" do Direito. Pende-se, no entanto, majoritariamente, pela tese oposta. ([347])

[342] ROBLES, Gregório. *O Direito como Texto, Quatro Estudos de Teoria Comunicacional do Direito*, p. 7

[343] VILANOVA, Lourival. *Causalidade e Relação no Direito*. São Paulo: RT, 2000, p. 313

[344] VILANOVA, Lourival. *As Estruturas Lógicas e o Sistema do Direito Positivo*. São Paulo: Max Limonad, 1997, p. 221-1

[345] LARENZ, Karl. *Metodologia da Ciência do Direito*. Lisboa: Calouste Gulbenkian, 1983, p. 338

[346] TAMAYO Y SALMORAN, Rolando. *El Derecho y La Ciencia del Derecho*. México: Universidad Autónoma de México, 1986, p. 159

[347] Dentre outros, LUMIA: "hoje a doutrina não constitui fonte de normatização: se juízes, administradores e operadores privados levam em conta as opiniões manifestadas pelos juristas, não é em razão da autoridade de que são providas, mas apenas pela força persuasiva dos argumentos adotados para sustentar ditas opiniões" (cf. LUMIA, Giuseppe, *Elementos de Teoria e Ideologia do Direito*. São Paulo: Martins Fontes, 2003, p. 74).

Entendida por alguns autores americanos como verdadeira "comunidade interpretativa" (*interpretive community*), segundo RIGAUX, a doutrina desempenha, no direito, uma função análoga à da opinião pública, na política, pois "da mesma maneira que a democracia não se deixa reduzir às práticas eleitorais, a aplicação da lei não coincide com um punhado de mecanismos institucionais".([348]) Ademais deve o legislador "inspirar-se nos ensinamentos doutrinários ou scientíficos (*sic*), antes de formular o direito penal". ([349])

Para BATTAGLINI, não constitui a doutrina uma fonte de Direito, porque as elaborações e os desenvolvimentos de conteúdo das leis, conquanto importantes, são obras de interpretação e não de criação do Direito. Não produz a doutrina, por conseguinte, uma norma penal; mas influi inegavelmente, em caso de deficiência do direito positivo, no campo da política criminal. ([350])

Também no sistema da *commom law*, "opiniões em textos de livros não têm força vinculativa. Isto significa que o juiz não está obrigado a aplicá-las da mesma maneira como deve seguir as diretivas contidas em uma lei ou o princípio inferido a partir de um caso julgado". ([351])

Poder-se-ia, numa síntese, afirmar que o imprescindível papel da doutrina é o de estabilização de ruídos no processo comunicacional normativo. Por ruído ([352]) entende-se, aqui, todas as interferências que, estranhas às fontes, acarretam déficit de informação e, por conseguinte, comprometimento negativo do conteúdo de sentido da norma. Essa função da doutrina, ainda que em nível de metalinguagem operante, assume especial relevância numa sociedade em que a autolegitimação da força estatal busca amparo

[348] RIGAUX, François. *A Lei dos Juízes*. Lisboa: Instituto Piaget, 1997, p. 293

[349] VIANNA, Paulo Domingues. *Direito Criminal, Segundo as Preleções Professadas pelo Dr. Lima Drummond na Faculdade Livre de Sciencias Jurídicas e Sociaes do Rio de Janeiro*. Rio de Janeiro: F. Briguiet, 1933, p. 53

[350] BATTAGLINI, Giulio. *Principii di Diritto Penale in Rapporto alla Nuova Legislazione, Questioni Preliminari*. Milano: Instituto Editoriale Scientifico, 1929, p. 208

[351] JONES, Philip Asterley; CARD, Richard. *Introduction to Criminal Law*. London: Butters Worths, 1976, p. 12: "statements in text books have no binding force. This means that the judge is not bound to apply them in the same way as he must follow the directions contained in a statute or the principle to be inferred from a decided case". (tradução livre do autor)

[352] Sobre os conceitos possíveis de "ruído" na teoria da comunicação, leia-se: PUGLIESI, Márcio. *Por uma Teoria do Direito. Aspectos Micro-sistêmicos*. São Paulo: RCS, 2005, p. 211 e segs

na comoção popular pela via midiática e política, invariavelmente com apelo à hipertrofia punitiva como (falacioso) meio de pacificação social.

Como culminante manifestação da dogmática penal avulta a *teoria do delito*, tendo como "objetivo teórico mais elevado a busca dos princípios básicos do Direito Penal positivo e suas articulações em um sistema unitário", isto é, "uma elaboração sistemática das características gerais que o Direito positivo permite atribuir ao delito, à vista da regulação que aquele efetua deste". ([353])

No passo de GREGÓRIO ROBLES, há se anuir que a linguagem do Direito é a linguagem dos juristas e não a dos agentes da decisão legislativa, haja vista que os primeiros não são meros descritores da realidade do Direito, mas construtores criativos dela. A linguagem do ordenamento, por sua deficiência necessária, carece de uma "reelaboração reflexiva que converta o material diverso numa ordem definitiva". ([354]) Como ressalta BATAGLINI, por obra da doutrina que se constrói o sistema de Direito Penal, permitindo ao aplicador "elevar-se acima das noções fragmentárias e lograr uma idéia orgânica da legislação repressiva". ([355])

É, portanto, tarefa dos juristas converter a linguagem imperfeita do *ordenamento* positivo na linguagem científica do *sistema* penal. Pretendemos demonstrar, adiante, a relevância dessa função, ao tratarmos da versão da linguagem prescritiva para a constativa, como condição de análise das condições de verdade das normas penais (visando a fastar as contradições possíveis do sistema).

[353] MIR PUIG, Santiago. *Derecho Penal, Parte General.* Barcelona: Reppertor, 2002, p. 139. A teoria geral do crime vem conceituada por FIORE como sendo "aquela parte da Ciência do Direito Penal que objetiva individuar e ordenar em forma sistemática os elementos que configuram, em via geral, a fisionomia dos fatos penalmente relevantes" (FIORE, Carlo. *Diritto Penale. Parte Generale.* Torino: Utet, 1993, p. 110)

[354] ROBLES, Gregório. *O Direito como Texto, Quatro Estudos de Teoria Comunicacional do Direito..* Barueri (SP): Manole, 2005, p.9

[355] BATTAGLINI, Giulio. *Principii di Diritto Penale in Rapporto alla Nuova Legislazione, Questioni Preliminari.* Milano: Instituto Editoriale Scientifico, 1929, p. 208

CAPÍTULO II
EXTRINSECAÇÃO SINTÁTICA, SEMÂNTICA, PRAGMÁTICA E LÓGICA DA NORMA PENAL: INJUSTO PENAL COMO DISCURSO DAS FONTES

"A linguagem do direito não pode predicar de seus objetos (normas, instituições, cultura e práticas jurídicas) a existência e as qualidades que se podem predicar de montanhas e rios."
(JOSÉ REINALDO DE LIMA LOPES) ([356])

"La realidad con la que confrontamos nuestras oraciones no es uma realidad 'desnuda', sino que ella misma está ya siempre impregnada lingüísticamente."
JÜRGEN HABERMAS

1. O injusto como linguagem ([357])

Não há Direito sem norma e não há norma sem linguagem; logo, Direito é linguagem. Direito Penal é, portanto, um fato de linguagem; é texto ([358]).

[356] LOPES, José Reinaldo Lima. *As Palavras e a Lei: Direito, Ordem e Justiça na História do Pensamento Jurídico Moderno. São Paulo*: Edesp, 2004, p. 28

[357] Na definição de CHAUÍ, "linguagem é um sistema de signos ou sinais usados para indicar coisas, para a comunicação entre pessoas e para a expressão de idéias, valores e sentimentos". (cf. CHAUÍ, Marilena. *Convite à Filosofia*. São Paulo: Ática, 1998, p. 137)

[358] Com GREGORIO ROBLES, "quando digo que o direito é texto, quero dizer que o direito aparece ou se manifesta como texto, sua essência é ser texto, e sua existência real é idêntica à existência real de um texto" (in *O Direito como Texto, Quatro Estudos de Teoria Comunicacional do Direito*, p. 21)

Premissa de nossa tese é a interpretação do Direito como um sistema de linguagem ([359]), perfilhando, com isso, o entendimento daqueles que, como PAULO DE BARROS, fixam "o pressuposto de que o direito positivo é uma camada lingüística, vazada em termos prescritivos, com um vetor dirigido ao comportamento social, nas relações de intersubjetividade". ([360])

Como pontua GREGÓRIO ROBLES, "o Direito é linguagem no sentido de que sua forma de expressão consubstancial é a linguagem verbalizada suscetível de ser escrita", daí concluir ele que "a lingüisticidade é sua forma natural de ser". ([361]) . Isso sustenta a assertiva de que "diferentemente de objetos cuja existência é empírica, material ou corpórea, normas não existem fora da linguagem". ([362])

Também o crime é linguaguem. Ou pelo menos a ela redutível. A conduta humana tipicamente penal pode ser expressão de vingança, cupidez, lascívia, preconceito, amor (ódio) ou simples ato de rebeldia às normas impostas. O que não se pode negar é que o ato em si pode ser ajustado à linguagem na forma de um enunciado, que é o que conta aos aplicadores da norma: "a situação de facto como enunciado só obtém a sua formulação definitiva quando se tomam em atenção as normas jurídicas em conformidade com as quais haja de ser apreciada; mas estas, por suas vez, serão escolhidas e, sempre que tal seja exigido, concretizadas, atendendo à situação de facto em apreço". ([363])

Mas o que é linguagem? Para HEIDEGGER, "a linguagem é o domínio do centro da existência histórica do povo que cria e conserva o mundo. Somente ali onde se temporaliza a temporalidade, somente ali acontece a

[359] Colhe-se de IÑIGUEZ que "...foi tomando corpo a convicção de que a lingüística moderna era o modelo que todas as outras ciências sociais e humanas deveriam tentar copiar, fosse através do estabelecimento de analogias entre seus próprios objetos de estudo e as estruturas lingüísticas, fosse aplicando os métodos da lingüística para investigar esses objetos..." (cf. IÑIGUEZ, Lupicinio. *Manual de Análise do Discurso em Ciências Sociais.* Petrópolis, RJ: Vozes, 2004, p. 35)

[360] *Curso de Direito Tributário*, p. 70

[361] ROBLES, Gregorio. *O Direito como Texto:Quatro Estudos de Teoria Comunicacional do Direito.* Barueri (SP): Manole, 2005, p. 2

[362] LOPES, José Reinaldo Lima. *As Palavras e a Lei: Direito, Ordem e Justiça na História do Pensamento Jurídico Moderno. São Paulo*: Edesp, 2004, p.29

[363] LARENZ, Karl. *Metodologia da Ciência do Direito.* Lisboa: Calouste Gulbenkian, 1983, p. 336

linguagem e vice-versa". ([364]) Dizia ele que "a linguagem fala unicamente e solitariamente consigo mesma [...] Somos, antes de tudo, na linguagem e pela linguagem. Um caminho para a linguagem é até mesmo impossível, uma vez que já estamos no lugar para o qual o caminho deveria nos conduzir". ([365])

Embora não admitindo a redução da filosofia toda a uma análise unicamente lingüística – "o erro da maior parte desses neopositivismos" – , VILLEY admitiu que "as linguagens das quais nos servimos e das quais somos prisioneiros (sistemas dos conceitos e dos termos mais gerais) constituem por si mesmas esboços de conhecimento universal; de estruturação do mundo; esforço de divisão do mundo em seus principais elementos". ([366])

A linguagem normativa penal assenta no tipo como sua (dela) unidade elementar estruturante de sentido elementar. O Direito é, por inteiro, dependente da linguagem e com a história desta a sua se confunde: "a origem e a diversidade das línguas não são menos misteriosas que o nascimento do direito. Sem dúvida que caminharam a par: era preciso forjar palavras para designar o que era proibido e definir as relações de autoridade." ([367])

Analisando-se o texto de uma norma penal – como adiante faremos – constatar-se-á, sem grandes dificuldades, que apresenta uma estrutura sintática: combinam-se morfemas em vocábulos, vocábulos em sintagmas e sintagmas em sentenças, segundo regras. Além disso, costuma-se apontar que, como qualquer mensagem, também a prescritiva de condutas (a norma) possui emitente e destinatários identificados ou, ao menos, identificáveis.

Neste capítulo, se não negamos tais máximas, ao menos as transcendemos. Assumimos que está ultrapassada a visão do direito positivo exclusivamente como lei emitida pelo poder político e vinculadora absoluta da aplicação judicial. Não é mais correto falar-se em emissor e receptor da

[364] HEIDEGGER, Martin. *Lógica. Lecciones de M. Heidegger (Semestre Verano 1934) en el Legado de Helene Weiss.* Madrid: Anthropos, 1991, p. 127

[365] HEIDEGGER, Martin. *A Caminho da Linguagem.*Bragança Paulista (SP): Universitária São Francisco, 2003, p. 191-2

[366] VILLEY, Michel. *Filosofia do Direito:Definições e Fins do Direito:Os Meios do Direito.* São Paulo: Martins Fontes, 2003, p. 32

[367] RIGAUX, François. *A Lei dos Juízes.* Lisboa: Instituto Piaget, 1997, p. 174

norma. Talvez enunciante e enunciatário do texto legal, mas todos co--enunciadores da norma.

No magistério de PAULO DE CARROS, para corretamente interpretar--se o discurso prescritivo do direito, recolhendo-se a significação adequada do produto legislado, três estádios (sintático, semântico e pragmático) devem ser percorridos:

> *"O plano sintático é formado pelo relacionamento que os símbolos lingüísticos mantêm entre si, sem qualquer alusão ao mundo exterior ao sistema. O semântico diz respeito às ligações dos símbolos com os objetos significados. Tratando-se de linguagem jurídica, é o modo de referência à realidade: qualificar fatos para alterar normativamente a conduta. E o pragmático é tecido pelas formas segundo os quais os utentes da linguagem a empregam na comunidade do discurso e na comunidade social para motivar comportamentos."* ([368])

2. Gramática do injusto: análise morfossintática do tipo penal

Como assentado, o Direito Penal deve ser entendido como um sistema comunicacional ([369]) onde as normas compõem o complexo de mensagens prescritivas de condutas humanas de índole criminal. Os limites do Direito Penal não transcendem (e jamais poderiam ultrapassar) os confins da linguagem. Como define ROBLES, afirmar que o direito é um conjunto de normas equivale a afirmar que é um "texto formado por um conjunto de elementos textuais que chamamos de normas." ([370]) Por isso está correto afirmar que estudar o Direito Penal é tarefa que não vai além de perscrutar a expressão lingüística de seus conteúdos normativos. Essa análise deve principiar com a análise da gramaticalidade do tipo penal.

[368] CARVALHO, Paulo de Barros. *Curso de Direito Tributário.* São Paulo: Saraiva, 1999, p. 70

[369] A teoria comunicacional concebe o direito como um texto elaborado ou sistema que se desdobra em unidades simples, que são as normas jurídicas. Estas não são dadas pelo legislador (ou, em geral, pelo gerador do texto bruto), mas são resultado de um trabalho de reconstrução hermenêutica (ROBLES, Gregório, *O Direito como Texto, Quatro Estudos de Teoria Comunicacional do Direito*, p.14).

[370] ROBLES, Gregório, *O Direito como Texto, Quatro Estudos de Teoria Comunicacional do Direito*, p.34

Para se avançar rumo à descoberta de significado das expressões jurídicas é necessário levar em conta a ordem das palavras e a maneira como elas vêm conectadas na frase. As questões relativas à conexão das palavras na estrutura frasal representam questões sintáticas de interpretação, nessa sede principiando os equívocos quanto à intelecção de sentido da norma. Vejamos.

Escreveu ALF ROSS que as normas de direito penal "nada dizem a respeito da proibição aos cidadãos que cometerem homicídio, limitando-se a indicar ao juiz qual será a sentença em tal caso" eis que "a instrução (diretiva) ao particular está implícita no fato de que ele sabe que reações pode esperar da parte dos tribunais em dadas condições". ([371])

Tem, de fato, afirmado a totalidade da doutrina penal, desde sempre, que, "primo oculi", a lei penal, por suas construções típicas, enuncia um comportamento permitido, v.g., "matar alguém", sendo o caráter proibitivo tangível apenas pela intelecção da norma subjacente, no exemplo dado, "é proibido matar alguém". Por esse raciocínio, o que mata transgride a norma "cumprindo" a letra da lei.

Dentre outros, assim se expressava MAURACH: o delinqüente "ao violar a norma, cumpre a lei penal (não a infringe), a qual, para o mesmo, não se apresenta como proibição, mas enquanto preceito que somente pertence ao direito escrito, dirigido ao Juiz e que faculta a este desencadear as conseqüências punitivas". ([372])

Registre-se que no século XIX, BINDING assinalava a necessidade de se reconhecer a existência de normas não formuladas na redação literal dos preceitos penais e, caso isto não se admitisse, ter-se-ia que transigir com a conclusão de que o "o delinqüente não infringe norma nenhuma e malgrado isso se lhe castiga". ([373])

Não se pode aquiescer a nenhum desses posicionamentos. Como o Direito se esgota em sua linguagem, tais entendimentos, sempre defectivos, somente são sustentáveis (ao menos no caso brasileiro) se ignorada a construção elíptica pela qual se opera a prescrição proibitiva penal.

Lançando mão do exemplo atrás mencionado por ROSS, analisemos o "caput" do artigo 121 do Código Penal Brasileiro, o qual se acha incrustado no Capítulo intitulado "Dos Crimes contra a Vida", este, a sua vez, inserto

[371] ROSS, Alf. *Direito e Justiça*. Bauru, SP: Edipro: Edipro, 2000, p. 57

[372] MAURACH, Reinhart. *Derecho Penal. Parte General*. Buenos Aires: Astrea, 1994, p. 342

[373] MIR PUIG, Santiago. *Derecho Penal, Parte General*. Barcelona: Reppertor, 2002, p. 69

numa categoria classificatória mais abrangente, que é o Título "Dos Crimes contra a Pessoa".

A função do artigo 121 (à semelhança da de seus subseqüentes) é a de cumprir a determinação trazida no primeiro dispositivo do Código: definir em lei os crimes. Portanto o homicídio é um crime definido em lei.

Recorrendo estritamente ao plano sintático que, adiante, nos propiciará um desembaraço lógico mais consistente, podemos, sem distância à literalidade do texto legal, extrair a seguinte proposição normativa, delimitada pelas chaves e englobando, nos colchetes e parênteses, seus elementos constituintes:

{Há crime [contra a pessoa (contra a vida)]: matar alguém}

Se, por definição, o crime (seja ele contra a pessoa ou o patrimônio ou qualquer outro bem jurídico) constitui a "mala prohibita" ([374]), i.é, uma

[374] Daí a Partida 7ª, em sua introdução, considerar delitos "os mal feitos que se fazem a prazer de uma parte e a dano e a desonra de outra", cf **ESCRICHE**, Joaquim. *Dicionario Razonado de Legislacion y Jurisprudencia. Tomo I.* Madrid: Imprenta del Colegio Nacional de Sordo-Mudos, 1838. No mesmo sentido os apontamentos etimológicos da palavra crime em **PESSINA**, Enrico. *Elementi di Diritto Penale.* Napoli: Riccardo Marghieri di Gius, 1882, p. 135: a voz *malefício* seria a mais adequada para exprimir aquele operar do mal, também empregando os jurisconsultos romanos os qualificativos de *flagitium, scelus, facinus, peccatum, crimen, delictum, fraus, noxa, injuria.* Mais detalhada a pesquisa encontrável em **MANCINI**, Pasquale Stanislao. *Enciclopeia Giuridica Italiana.* Milano: Società Editrice Libraria, 1900, p. 255-257, que acrescenta ainda os vocábulo *Peccato* como herança do foro eclesiástico. Todavia, foram os termos *crimen* e *delictum* os mais empregados, sendo o primeiro reservado para os crimes públicos e extraordinários, castigados no *publicum judicium* (*crimina publica*) ou na *extra ordinem judiciorum publicorum* (*crimina extraordinária*), ao passo que o segundo designava os fatos julgados simplesmente no juízo pretorial (*delicta privata*), cf. **MASCAREÑAS**, Carlos E. *Nueva Enciclopedia Jurídica.* Barcelona: Francisco Seix, 1954, p. 419-420. Também a definição de "delito natural" (***delicta mala in se*** em oposição ao ***delicta mala quia prohibita***) tem sido perseguido pela doutrina há tempos, sendo incontáveis as propostas conceituais apresentadas: dever exigível a dano da sociedade ou dos indivíduos (Rossi); violação do Direito fundando sobre a lei moral (Franck); negação do Direito (Pessina); ação contrária à lei moral e à justiça (Oudot); ato de uma pessoa livre e inteligente, prejudicial aos demais e injusto (Romagnosi); violação dos sentimentos de piedade e de probidade (Garófalo), cf. CALÓN, Eugenio Cuello. *Derecho Penal, Tomo I, Parte General.* Barcelona: Bosch, 1929, p. 221-2. Para **CARMIGNANI**, o delito "compreende toda infração das leis diretrizes da conduta humana" (CARMIGNANI, Giovanni, *Elementi di Diritto Criminale.* Milano: Carlos Brigola, 1882, p. 41). Em **LISZT**, "crime é o injusto contra o qual o Estado comina pena, e o injusto, quer ser trate de delito no Direito

vedação por via da lei penal, ou, se se preferir, o universo dos comportamentos humanos penalmente proibidos, pode-se — apenas substituindo-se a expressão "*há crime*" pela sua correlata semântica "é proibido" — alcançar uma leitura linear do tipo penal:

{É proibido matar alguém.}

Ressalte-se que essa operação foi estritamente textual, sem qualquer aporte de elementos jurídicos, a exigir, apenas, rigor gramatical na leitura do enunciado codificado. Observe-se que todas as partículas da expressão desdobrada são dadas na própria construção do texto do estatuto. Nada foi acrescido arbitrariamente pelo intérprete. Tal operação foi possível com a simples identificação de uma figura de sintaxe empregada pelo legislador na confecção dos tipos legais: a *elipse.* Esse processo estilístico consiste na omissão de um termo que o contexto ou a situação permitem facilmente suprir. Como recurso condensador da expressão, a elipse tem emprego preferencial nos enunciados que devam primar pela concisão ou rapidez

Civil, quer se trate do injusto criminal, isto é, do crime, é ação culposa e contrária ao Direito" (cf. LISZT, Franz von. *Tratado de Direito Penal Alemão. Tomo I*) . Campinas: Russel, 2003, p. 209) Também **IMPALLOMENI**: "O crime é um fato vetado pela lei com a ameaça de uma pena, para a segurança da ordem social constituída no Estado".(IMPALLOMENI, G.B. *Istituziioni di Diritto Penale. Torino*: Torinese, 1921, p. 68). *Crimen* (lat. 'cerno') = objeto do juízo; *Delictum* = crime de omissão, em oposição a *Maleficium* = crime comissivo (COGLIOLO, Pietro. *Completo Trattato Teórico e Pratico di Diritto Penal Secondo Il Códice Único del Regno d'Italia.* Vol I. Milano: Leonardo Vallardi, 1888, p. 22). Um conceito formal de crime, como contrariedade às leis, era jugaldo perfeito por **COSTA E SILVA** (v. COSTA E SILVA, Antonio José da. *Código Penal dos Estados Unidos do Brasil Commentado*: São Paulo: Nacional, 1930, p. 48) que era acompanhado expressamente por **BENTO DE FARIA** (v. FARIA, Antonio Bento de. *Código Penal Brasileiro Comentado.* Rio de Janeiro: Record, 1958, p. 115 e *Código Penal do Brasil.* Rio de Janeiro: Jacintho Ribeiro Bastos, 1929, p. 33). No Direito romano, historia **ALIMENA**, o delito se indicava com a palavra "crime" derivada de "cernere", como "cribum" indica o crime o que deve separar-se, enquanto "semen" indica o que deve semear-se, e em tal caso indicava o que deve separar-se mediante a ação judicial, isto é, o objeto do juízo, derivando do radical "Kar", afim a "creo" e a "cerimônia, nesse caso significando apenas o fato (cf. ALIMENA, Bernardino. *Princípios de Derecho Penal, vol. I,* Tradução de Eugenio Cuello Calón. Madrid: Victoriano Suárez, 1915, p. 303). Por fim, **CARRARA** asseverou que "delito, infração, ofensa, crime, malefício: são todos vocábulos empregados pelos cultores da ciência penal como sinônimos; mas nenhum satisfaz, a quem deseja encontrar na palavra a definição da coisa; todos são indiferentes para quem se contente com encontrar no vocábulo o signo da idéia (CARRARA, Francesco. *Programa do Curso de Direito Criminal, Parte Geral, Volume I.* Campinas, SP: LZN, 2002, p. 61).

([375]). Na verdade, o recurso empregado na escrita dos tipos incriminadores é uma forma específica de elipse: a *zeugma*, a qual "consiste em fazer participar de dois ou mais enunciados um termo expresso apenas em um deles" ([376]).

Não é verdade, portanto, que o tipo legal incriminador não expresse uma proibição e sim, apenas, uma diretiva ao aplicador da norma ou, pior, um permissivo – ainda que pela depreensão literal – de comportamento ao cidadão. A defesa de que o tipo penal revela, no plano literal, uma conduta humana permitida, somente pode ser haurida com desconsideração à totalidade e integralidade do texto normativo analisado, ocasionando desde logo uma exegese equivocada que produzirá reflexos, igualmente errôneos, no instante final da hermenêutica da norma jurídica.

Retomemos, ainda, essa análise sintática:

{ É crime [contra a pessoa (contra a vida)]: matar alguém }

Se defendermos o *crime* como *injusto*, torna-se possível a substituição da partícula "crime" por seu sinônimo jurídico "*injusto*", resultando, agora, também com a supressão dos parênteses e colchetes na seguinte expressão:

{ É injusto matar alguém }

Realizando nova alteração, mas com preservação das propriedades semânticas da frase, substituímos a expressão "é injusto" simplesmente pelo advérbio de modo "injustamente", o que nos conduziria à seguinte leitura do artigo 121 do Código Penal Brasileiro:

Homicídio = matar alguém, injustamente.

Todos os tipos penais possuem, necessariamente, o advérbio de modo "injustamente" elipsado, já que o típico somente apresenta-se com relevância perante o Direito Penal se recortado sobre o plano da ilicitude em geral. Não é correto, repita-se, que o tipo legal incriminador não expresse

[375] CUNHA, Celso. CINTRA, Luís F. Lindley. *Nova Gramática do Português Contemporâneo.* São Paulo: Novra Fronteira, 2001, p. 619-623

[376] idem, p. 624

uma proibição e sim, apenas, uma diretiva ao aplicador da norma ou, pior, um permissivo – mesmo literal – de comportamento ao cidadão.

Nalguns casos, a desconsideração dessa construção poderia conduzir a resultados absurdos. Figure-se o caso da Autoridade Policial que, tendo apreendido farto material pornográfico em poder de um "pedófilo", apresentasse as fotografias retratando crianças, em mídia contidas, para a equipe de expertos, os quais, para análise do material e segurança da prova pericial da infração, armazenassem uma cópia em seus computadores. Poder-se-ia dizer que esses funcionários públicos são autores das condutas típicas do artigo 241, e respectivo parágrafo 1º ([377]) do Estatudo da Criança e do Adolescente, mas não-antijurídicas? Naturalmente que não. Também esses dispositivos penais mencionados estão insertos na seção que aquele diploma reservou para "os crimes em espécie", dali sendo resgatável, ainda nos domínios exclusivos da sintaxe, igualmente o advérbio de modo "injustamente". Não há ato ilícito porque praticada a conduta no exercício do dever legal de apurar crimes (e assim manusear seu material de prova). Não há – di-lo o plano sintático da linguagem normativa – conduta penalmente típica. Não há rigor, portanto, em afirmar que essas condutas são típicas, conquanto não-antijurídicas (porque obrigatórias).

Previsível, assim, o resultado equivocado que advirá caso iniciado o complexo processo de extrinsecação de sentido da norma se partir o aplicador já de errada intelecção das conexões vocabulares e frasais do texto legal, isto é, fazendo mover o raciocínio normativo de uma inexata ou incompleta visão sintática do direito positivo.

Portanto, não importa a construção textual de que se vale o legislador, bastando apenas a natureza imperativa da disposição:

> *"O essencial é que a lei no seu conjunto seja apresentada em sentido imperativo: o texto vem publicado em uma forma que se é capaz de criar nos destinatários a sensação de estarem obrigados a ater-se aos modelos de com-*

[377] **Art. 241.** *Apresentar, produzir, vender, fornecer, divulgar ou publicar, por qualquer meio de comunicação, inclusive rede mundial de computadores ou Internet, fotografias ou imagens com pornografia ou cenas de sexo explícito envolvendo criança ou adolescente. Pena – reclusão de 2 (dois) a 6 (seis) anos, e multa.* § **1º** . *Incorre na mesma pena quem:* [...] **II** – *assegura os meios ou serviços para o armazenamento das fotografias, cenas ou imagens produzidas na forma do caput deste artigo;*

portamentos enunciados. O fato, portanto, de que tais modelos sejam expressos no indicativo ou no imperativo é somente uma questão de estilo." ([378])

A oração "matar alguém", por si só, na sua singularidade gramatical e semântica, produz significado incompleto. Como demonstrado, é correta, além de necessária, a integração contextual, desnudando as figuras elipsadas, resultando, com a inclusão da norma secundária, na seguinte proposição completa:

"É crime matar alguém, cuja pena varia de seis a vinte anos de reclusão".

Após essa explicitação de sentido – possível pela reversão da construção elíptica legislativa – pode-se analisar a oração nos seus componentes morfossintáticos. Reproduzimos, para tanto, o estudo completo feito por TÚLIO VIANNA ([379]):

a) oração principal com predicado nominal: "é crime". O verbo de ligação "ser" aparece na terceira pssoa do singular do presente do indicativo ("é"). A palavra "crime" é o predicativo do sujeito ("matar alguém").

b) oração subordinada subjetiva reduzida de infinitivo: "matar alguém". O verbo transitivo direto "matar" ([380]) é o núcleo do predicado verbal da oração subordinada substantiva subjetiva reduzida de infinitivo. O objeto direto do verbo transitivo "matar" vem representado

[378] OLIVECRONA, Karl. *La Struttura dell'Ordinamento Giuridico.* Bologna: Etas Kompass, 1972, p. 158: "L'essenziale è che la legge nel suo insieme sia presentata in senso imperativo: il testo viene pubblicato in una forma che si sa che è capace di creare nei destinatari la sensazione di essere obbligati ad attenersi ai modelli dii comportamenti enunciati. Il fatto, poi, che tali modelli siano espressi all'indicativo o all'imperativo é soltanto una questione di stile." (*tradução livre do autor*)

[379] VIANNA, Túlio Lima. *Da Estrutura Morfossintática dos Tipos Penais.* In Revista Prisma Jurídico, v. 2. São Paulo: UNINOVE, 2003, p. 125-9

[380] Como bem faz notar FREDERICO MARQUES "no verbo da descrição legal é que se consubstancia a conduta típica. Diz-se, por isso, que o 'núcleo' do tipo está no 'verbo'" (cf. MARQUES, José Frederico. Tratado de Direito Penal. Vol. II. Da Infração Penal. Campinas, SP: Millenium, 1997, p. 99)

pelo pronome indefinido "alguém". Como bem anotava ANÍBAL BRUNO, o verbo que exprime a ação constitui-se no núcleo, na porção mais significativa da estrutura do tipo. ([381])

c) oração subordinada adjetiva restritiva: "cuja pena varia de seis a vinte anos de reclusão". O sujeito da oração é a expressão "cuja pena", tendo como núcleo o substantivo "pena" que apresenta o pronome relativo "cuja" como adjunto adnominal. O verbo intransitivo "variar", na terceira pessoa do singular do presente do indicativo ("varia") é o núcleo do predicado, apresentando-se com o adjunto adverbial de limitação a expressão "de seis a vinte anos". Por fim, a expressão "de reclusão" é complemento nominal do adjunto adverbial de limitação. Essa subordinada restritiva pode, no entanto, vir ainda acrescida de uma coordenada aditiva ("e multa") ou de uma coordenada alternativa ("ou multa").

Como defendemos o tipo total de injusto, a redação do período elíptico é mais complexa, já que a leitura deveria processar-se, aproximadamente, da seguinte maneira: "é fato típico, se o agente não estiver agindo em estado de necessidade, legítima defesa, exercício regular de direito ou estrito cumprimento do dever legal". Necessária, portanto, a inclusão da oração subordinada adverbial condicional no período elíptico, comum aos tipos penais, como período composto de coordenadas sintéticas aditivas.

Se nos vinculássemos ao plano estritamente gramatical do tipo, poderíamos, corretamente, afirmar que a luta da teoria dos elementos negativos do tipo penal, desde sua longínqua formulação, tem sido pela justaposição do adjunto adverbial de modo "injustamente" a todo verbo nuclear típico. Como procuramos demonstrar, é a palavra "crime" que introduz, elipticamente, o advérbio "injustamente" na oração típica. Poderia ser, indiferentemente, uma oração subordinada modal reduzida de gerúndio: "violando uma vedação normativa".

Aquele que lê o Código Penal sabe que depara com um catálogo de proibições, ainda que não fosse possível (embora seja) a dedução sintática dessas vedações. Trata-se de estratégia de sinalização textual que relaciona informação explícita e conhecimentos pressupostos, conduzindo à

[381] BRUNO, Aníbal. *Direito Penal, Parte Geral, Tomo I.* Rio de Janeiro: Forense, 1967, p. 342

depreensão da significação pretendida pelo legislador. Existe um domínio estendido de referência em que "os produtores de textos pressupõem sempre determinados conhecimentos contextuais, situacionais ou enciclopédicos da parte do interlocutor, de modo que deixam implícitas informações que consideram redundantes, coordenando o princípio da economia com o princípio da explicitude". ([382]) Ofenderia o princípio da economia repetir, a cada dispositivo incriminador da parte especial, a locução "é crime". Admissível, pois, sem prejuízo à explicitude da descrição e compreensão do ilícito entre os interactantes, inserir a expressão "Dos Crimes" no proêmio da "Parte Especial" do estatuto, eis que tal locução, depois reprisada em todos os "Títulos" e repetida a cada "Capítulo", mostra-se vinculadora de sentido do texto que lhe sucede, sendo perfeitamente recuperável via inferenciação.

Assim, nem todos os conteúdos lingüísticos da lei acham-se nela explícitos (postos), existindo também aqueles implícitos, que são inferências (pressupostos). Na análise dos textos penais, trabalha-se, portanto, com a figura da pressuposição que, segundo FIORIN,

"é a informação que não é abertamente posta, isto é, que não constitui o verdadeiro objeto da mensagem mas que é desencadeada pela formulação do enunciado, no qual ela se encontra intrinsecamente inscrita, independentemente da situação de comunicação [...] A pressuposição aprisiona o leitor ou o ouvinte numa lógica criada pelo produtor do texto, porque, enquanto o posto é proposto como verdadeiro, o pressuposto é, de certa forma, imposto como verdadeiro. Ele é apresentado como algo evidente, indiscutível". ([383])

3. Multissemiose do injusto: hipertextualidade do tipo penal

O neologismo hipertexto ([384]) é, inegavelmente, filho do avanço da linguagem em meios virtuais de comunicação, mas já era recurso reconhecível

[382] KOCH, Ingedeore G. Villaça, *Desvendando os Segredos do Texto*, São Paulo, Cortez, 2005, p. 31

[383] FIORIN, José Luiz (org.). *Introdução à Lingüística: I. Objetos Teóricos*. São Paulo: Contexto, 2005, p. 182

[384] O termo designa uma escritura não-seqüencial e não-linear, que se ramifica e permite ao leitor virtual o acessamento praticamente ilimitado de outros textos, a partir de escolhas locais e sucessivas em tempo real. É também forma de estruturação textual que faz do leitor, simul-

em textos físicos construídos em plurilinearidade (dotados de referências, citações, notas de rodapé, remissões a outras páginas etc). A diferença com relação ao hipertexto eletrônico está apenas no suporte e na forma e rapidez de acessamento, tendo, em comum, a característica de que, em ambos, o sentido não é construído somente com base no texto central, mas pela combinação de recursos que fazem a interligação deste com outros textos (os quais complementam, explicam ou, de qualquer forma, enriquecem o texto central).

Não se pode negar que, por força do disposto no artigo 12 do Código Penal Brasileiro, seja também multilinearizada ou multiseqüencial a leitura dos tipos legais elencados na Parte Especial desse estatuto, funcionando o precitado dispositivo como hipertexto que relaciona os institutos da co-autoria, da tentativa, do arrependimento eficaz ou posterior, da desistência voluntária, do concurso formal ou material, da aplicação temporal e especial da lei penal, dentre tantos outros, às inúmeras descrições típicas contidas ao longo dos Títulos da Parte Especial.

Uma cláusula hipertextual de suma importância, a justificar o desenvolvimento teórico da Teoria dos Elementos Negativos, é aquela contida no artigo 5º, §2º da Constituição da República, pela qual os direitos e garantias nela previstos não excluem outros decorrentes do regime e dos princípios adotados, ou dos tratados em que o Brasil seja signatário. Esse dispositivo ao mesmo tempo em que garante máxima proteção aos direitos individuais também torna extremamente complexa ao aplicador a leitura intertextual dos diplomas continentes desses direitos, como adiante se demonstrará. Trata-se de uma ampla janela de normatividade deixada aberta pelo constituinte, pela qual nosso ordenamento interliga-se com outros textos positivos para, ao final, compor o sistema jurídico-penal. Essa válvula hipertextual, ao ser conjugada com uma outra, inserta no artigo 23, III, "in fine", do Código Penal — *não há crime quando o agente pratica o fato no exercício regular de direito* — expande consideravelmente o catálogo de permissões do cidadão e, pela Teoria dos Elementos Negativos, faz repelir

taneamente, um co-autor do texto, oferecendo-lhe a possibilidade de opção entre caminhos diversificados, de modo a permitir diferentes níveis de desenvolvimento e aprofundamento de um tema. No hipertexto, contudo, tais possibilidades se abrem a partir de elementos específicos nele presentes, que se encontram interconectados, embora não necessariamente correlacionados – os *hiperlinks*. (KOCH, Ingedore G. Villaça, *Desvendando os Segredos do Textos*, São Paulo: Cortez, 2005, p. 63).

o juízo de tipicidade penal sempre que a proibição "prima facie" do tipo legal confrontar com um autorizante de conduta intertextualizado. Desse tema nos ocuparemos no último capítulo, ao tratar da intertipicidade penal.

Um outro exemplo de hipertextualidade no Direito Penal são as denominadas ***normas penais em branco***. MEZGER distinguia três diferentes hipóteses de normas penais em branco: i) o complemento se encontra na mesma lei e isto é mera técnica legislativa; ii) o complemento acha-se noutra lei provinda de mesma instância legislativa; iii) o complemento está contido em lei emanada de instância legislativa diferente. Para o autor citado, somente as últimas constituem normas penais em branco em sentido estrito, todavia, em qualquer caso, fala-se em complemento sempre como parte integrante do tipo. ([385])

Para CEREZO MIR há que se negar o caráter de lei penal em branco à hipótese em que o complemento se localize no mesmo corpo legal, sendo, além, necessário que o complemento esteja sediado em instância legal inferior, pois somente assim resgata-se o conceito histórico e fundamento da lei penal em branco, não como mera técnica legislativa, como pretendia MEZGER, mas como "autorização" de uma instância legisferante superior a uma inferior. ([386])

Vamos além, divergindo de ambos os doutrinadores. Se o complemento da norma encontra-se em norma de hierarquia inferior: tem-se um hipertexto e, portanto, uma norma penal em branco. No caso de o complemento da norma penal achar-se em campo legal distinto, qualquer que seja seu nível, tratar-se-á de intertextualidade e/ou co-textualidade, portanto não há que se falar em norma penal em branco, senão na própria norma penal em sua integralidade textual.

Veja-se. O hipertexto possui cláusula remissiva expressa ao outro texto (caso da norma penal em branco). Na intertextualidade joga-se, mais, com a contextualidade (significações implícitas do sentido do texto não conectadas mediata ou remotamente com o texto da lei). No co-texto não há que se falar em hipertexto ou contexto pois refere-se simplesmente a uma maior distensão textual do enunciado.

Na verdade é impossível a leitura linear e insulada de qualquer tipo legal. Por isso não poder, jamais, o exegeta olvidar da relação semântica

[385] MEZGER, Edmundo. *Tratado de Derecho Penal. Tomo I.* Madrid: Revista de Derecho Privado, 1946, p. 381-2

[386] MIR PUIG, Santiago. *Derecho Penal, Parte General.* Barcelona: Reppertor, 2002, p. 73

contextual e hipertextual que subjaz ao segmento textual representado pela norma penal. Não se pode perder de vista que "o sentido só se completa a partir da consideração do elemento concreto no âmbito do texto conjunto" porque "a norma não tem sentido senão no sistema, do qual é unidade elementar. Sistema e norma são termos entrelaçados: quando se pensa em um, pensa-se necessariamente no outro". ([387]) Daí o acerto de KLAUS GÜNTHER em afirmar que "ainda que seja verdade que só se pode falar do cumprimento correto de uma norma quando existirem os fatos que esta pressupuser semanticamente, serão relevantes, entretanto, aqueles fatos que fazem parte da extensão semântica dessa norma única." ([388])

4. Semântica estrutural do injusto: uma abordagem semiótica do tipo penal

Exsurge do tópico anterior a relevância dos estudos sintáticos na correta depreensão de sentido do tipo penal. Para que avancemos rumo à semântica ([389]) é imprescindível fazermos – antes ou ao mesmo tempo – a sintaxe. Como ensina FIORIN, é na sintaxe da língua natural que se obtém a

[387] ROBLES, Gregório, *O Direito como Texto, Quatro Estudos de Teoria Comunicacional do Direito*, p.12 e 31

[388] GÜNTHER, Klaus. *Teoria da Argumentação no Direito e na Moral: Justificação e Aplicação*. São Paulo: Landy, 2004, p. 23

[389] Como assevera DWORKIN, durante muito tempo os filósofos do Direito apresentaram seus produtos como definições do Direito e, quando os filósofos da linguagem desenvolveram teorias mais sofisticadas do significado, tornaram-se aqueles mais cuidadosos em suas definições, passando a afirmar que estavam descrevendo o "uso" dos conceitos jurídicos, isto é, as circunstâncias nas quais as proposições jurídicas são consideradas como verdadeiras ou falsas por todos os juristas competentes (DWORKIN, Ronald. *O Império do Direito*. São Paulo: Martins Fontes, 2003, p. 40). Semanticamente a palavra crime é um "termo de massa", isto é, trata-se de um nome comum "não-contável" que indica uma substância ou uma coisa que não tem partes bem definidas ou cujas partes são materialmente homogêneas. Como termo de massa que é, o vocábulo crime apresenta as propriedades semânticas da coletividade e da divisibilidade. Agregando-se uma pluralidade de crimes, tem-se, substancialmente "crime" (daí dizer-se que a polícia "combate o crime"). Se, desse universo, resgato uma unidade em particular, por exemplo, o crime de estelionato, continua a existir "crime" na sua integridade essencial. Sobre os plurais e o termos de massa vide: BORGES NETO, José in MÜLLER, Ana Lúcia et all (orgs.) *Semântica Formal*. São Paulo: Contexto, 2003, p. 33-8. Por fim, "a Semântica é um dos caminhos que possibilitam à filosofia compreender como o ser humano elabora representações simbólicas do mundo, de que modo as organiza e estrutura, de acordo com princípios capazes de estabelecerem a aceitabilidade e a coerência dessas representações

descrição do sistema lingüístico, isto é, a estruturação do pólo lingüístico da relação semântica. Fica claro que a sintaxe tem certa autonomia e anterioridade lógica com relação à semântica: não se pode fazer semântica sem que se faça, antes ou simultaneamente, sintaxe. No entanto, a sintaxe descreve a organização do sistema lingüístico, sem levar em conta o mundo e/ou as relações entre a linguagem e o mundo. ([390])

Correto, portanto, afirmar com HASSEMER que "a sintática é somente o depósito de regras, a ordenação formal dos signos lingüísticos entre si. Nesse sentido a sintática está sempre contida e presente na semântica e na pragmática; pois pelas suas regras se compreende o significado, se atua lingüisticamente." ([391])

No entanto, a análise do discurso jurídico em sua gramaticalidade não exaure a tarefa do aplicador, já que se restringe aquela ao "propósito de averiguar a certeza verbal (prescritiva ou normativa) da expressão do Direito em suas formações frásicas".([392]) Por isso, ao dissertar sobre a correta maneira de se estudar os casos em Direito Penal, recomendava já BELING que se baseasse sobre o "conteúdo dos preceitos jurídicos". Com isso, queria ele dizer que a solução não se esgotava numa singela aplicação da letra das disposições legais, mas se impunham, ainda, as considerações tácitas "*subinteligenda*", tendendo-se a uma clara representação e a um ponto de vista referenciado ao conteúdo do preceito: a *uma* "questio juris" somente pode dar-se *uma* contestação abstrata e internamente conclusiva.([393])

simbólicas, objetivas e subjetivas, de dados da realidade". (cf. MARQUES, Maria Helena Duarte. *Iniciação à Semântica*. Rio de Janeiro: Jorge Zahar, 2003, p. 16).

390 BORGES NETO, José *in* MÜLLER, Ana Lúcia *et all* (orgs.) *Semântica Formal*. São Paulo: Contexto, 2003, p. 20

391 HASSEMER, Winfried. *Introdução aos Fundamentos do Direito Penal*. Porto Alegre: SAFe, 2005, p. 245

392 BITTAR, Eduardo C.B.; ALMEIDA, Guilherme Assis de. *Curso de Filosofia do Direito*. São Paulo: Atlas, 2002, p. 426

393 BELING, Ernst von. *Esquema de Derecho Penal. La Doctrina del Delito-Tipo*. Buenos Aires: El Foro, 2002, p. 243. Como bem faz notar NAVARRETE, "a linguagem não consiste numa série de palavras, mas sim numa série de sentidos expressos simbolicamente, de melhor ou pior modo, mediante vocábulos" (cf. NAVARRETE, José F. Lorca. *Temas de Teoria y Filosofia del Derecho*. Madrid: Pirámide, 1993, p. 655)

O caráter abstrato necessário das normas jurídicas conduz a possibilidades de indeterminação ([394]) e vagueza na formulação lingüística dos preceitos legais. Nesse sentido, pode-se afirmar que essa abstração redunda em conceitos abertos, isto é, "conceitos que não se referem a um fato, ação ou qualidade concreta, mas sim a um ***tipo*** de situação ou ações que possam produzir-se num futuro mais ou menos próximo ou a uma característica ou qualidade normativa genérica". ([395])

Para DWORKIN, a aplicação de uma lei vaga na condenação de alguém fere, de duas maneiras, a cláusula do devido processo legal, além dos ideais políticos e morais da sociedade:

> *"Em primeiro lugar, coloca um cidadão na posição nada equânime de ou agir por sua própria conta e risco ou aceitar uma restrição sobre sua vida, mais severa do que aquela que o Poder Legislativo poderia ter autorizado. [...] Em segundo lugar, a condenação confere ao promotor público e aos tribunais o poder de legislar na esfera do direito penal, optando por uma ou outra das interpretações possíveis, depois do fato ocorrido."* ([396])

A semioticidade é um imperativo que decorre do caráter heterônomo do direito ou de sua alteridade ([397]): sempre o agir sendo vinculado por determinações externas que ao agente chegam na forma de linguagem prescritiva de comportamento. A determinabilidade, como característica da norma jurídica, exige das entidades legiferantes elevado grau de preci-

[394] Segundo DWORKIN, "é uma idéia muito popular entre os juristas que a imprecisão da linguagem que usam garante que, inevitavelmente, não haverá nenhuma resposta correta para certas perguntas jurídicas. Mas a popularidade dessa idéia baseia-se na incapacidade de destinguir entre o fato e as conseqüências da imprecisão na linguagem jurídica consagrada". (Cf. DWORKIN, Ronald. *Uma Questão de Princípio.* São Paulo: Martins Fontes, 2001, p.188)

[395] GARCIA, Manoel Calvo. *Teoría del Derecho.* Madrid: Tecnos, 2000, p. 88

[396] DWORKIN, Ronald. *Levando os Direitos a Sério.* São Paulo: Martins Fontes, 2002, p. 339-340

[397] Como explica MAÍLLO, Alfonso Serrano. *Ensayo Sobre el Derecho Penal como Ciência, Acerca de su Construcción.* Madrid: Dykinson, 1999, p. 322: a alteridade significa que o Direito faz referência a situações que afetam não ao homem/ator em si mesmo, mas em relação aos demais. O *alter* do Direito é o outro concreto, frente ao *alius*, o outro genérico e diante do *eu*, podendo-se explicar pela afirmação de que não importa tanto que alguém mate como que alguém morra pela obra de outro.

são, daí dizer-se que "clareza e determinabilidade é um princípio hetero--vinculante dos fazedores de normas" ([398])

Malgrado o dissenso quanto ao conceito da Semântica e à precisa indicação de seu objeto ([399]), acordam os semanticistas que essa disciplina lingüística ocupa-se do estudo do significado em linguagem, isto é, analisa o sentido dos elementos formais da língua (morfemas, vocábulos, sentenças, textos etc). Partindo da análise semântica, pode a lógica explorar os mecanismos de avaliação e determinação das condições de verdade proposicional ([400]).

Na seara jurídica, a semântica trata das significações do Direito. Ocupa--se das denotações e conotações dos termos jurídicos. Como leciona LUMIA, "cada termo lingüístico (cada palavra) é provido de uma 'área de significância' (ou 'campo de referência') em que, ao redor de um 'núcleo' central, mais ou menos consolidado, estende-se uma 'zona de indeterminação' (ou 'de incerteza') mais ou menos vasta." ([401])

[398] CANOTILHO, José Joaquim Gomes. *Estudos sobre Direitos Fundamentais.* Coimbra: Coimbra (Editora), 2004, p. 149

[399] Sobretudo pela confusão de seus limites com os da pragmática, muito embora nos pareça claro que um elemento de contraste determinante – ao menos no domínio do Direito – resida no fato de uma zona semântica poder ser traçada já pelo legislador (v.g. no conceito legal de casa ou de funcionário público), ao passo que um espectro semântico somente os enunciatários (rectius: co-enunciadores) mediante o uso aplicativo da norma podem prover (com a contribuição do ***metatipo*** da doutrina, do ***criptotipo*** do aplicador e do ***paratipo*** da jurisprudência e dos costumes). Como pondera BORGES NETO, "geralmente, define-se a semântica como o 'estudo do significado'. Esta definição, na medida em que assume que o termo significado é unívoco e que o conceito associado é claro, cria mais problemas do que resolve. A definição, na realidade, deixa-nos com o espinhoso problema de dizer o que é o significado, antes de dizermos o que é a semântica, que o estuda". (cf. BORGES NETO, José *in* MÜLLER, Ana Lúcia *et all* (orgs.) *Semântica Formal.* São Paulo: Contexto, 2003, p. 9). NOAM CHOMSKY, em seus últimos trabalhos, tem insistido na inexistência de uma semântica, exatamente conforme esse raciocínio. Para ele, a semântica é desnecessária, já que tudo que uma semântica poderia dizer pode ser melhor dito pela sintaxe, combinada com uma pragmática." (v. BORGES NETO, José *in* MÜLLER, Ana Lúcia *et all* (orgs.) *Semântica Formal.* São Paulo: Contexto, 2003, p. 43, nota)

[400] MARQUES, Maria Helena Duarte. *Iniciação à Semântica.* Rio de Janeiro: Jorge Zahar, 2003, p. 16. Segundo magistério de WARAT, "uma expressão lingüística bem formulada sintaticamente, é semanticamente verdadeira se pode se empregada para subministrar uma informação verificável sobre o mundo, ou seja, se tem correspondência com os fatos, se sua situação significada é aceita como existente". (cf. WARAT, Luis Alberto. *O Direito e sua Linguagem.* Porto Alegre: SAFe, 1995, p. 40)

[401] LUMIA , Giuseppe. *Elementos de Teoria e Ideologia do Direito.* São Paulo: Martins Fontes, 2003, p. 79. Igualmente no campo constitucional, como bem reproduziu CANOTILHO, a discussão

Embora inexistam tipos totalmente infixos no Direito Penal, há de se reconhecer, com LOURIVAL VILANOVA que:

> *"O tipo, para diferenciar-se de outro tipo, tem um núcleo conotativo firme, com uma área de aplicação definida. Mas um conceito-tipo, tecnicamente convencionado, não deixa de contar com um contorno de notas vagas, indeterminadas, que perfaz um campo aberto à individuação. Não há conceitos isoladamente; há-os dentro de feixes conceptuais, cujas notas se misturam por relações formais e extraformais".* [402]

Por isso que "a semiologia exerce um importante papel na elaboração do discurso científico, por analisar o âmbito ideológico das informações, possibilitando efetuar uma leitura das significações normativas relacionadas entre si, com a realidade e com o valor e, ainda, com seu elaborador e destinatário" [403], já que "o destinatário da mensagem apenas lhe apreende o sentido na medida em que partilha com aquele que fala uma teia de significados." [404]

Não há como aplicar texto legal senão pela via de seu estudo semântico. Como ressalta KARL LARENZ, os textos jurídicos "estão redigidos em linguagem corrente, ou então numa linguagem especializada a eles apropriada, cujas expressões – com ressalva de números, nomes próprios e determinados termos técnicos – apresentam uma margem de variabili-

da vinculação do legislador ordinário à Constituição não pode continuar centrando-se sobre a questão de cláusulas gerais, conceitos indeterminados e discricionariedade olvidando-se "a racionalidade, rigor e transparência fornecidos pela filosofia analítica da linguagem quanto ao 'espaço de discricionariedade semântica'" (cf. CANOTILHO, José Joaquim Gomes, *Constituição Dirigente e Vinculação do Legislador, Contributo para a Compreensão das Normas Constitucionais Programáticas*, Coimbra, Coimbra (Editora), 2001, p.66).

[402] VILANOVA, Lourival. *Causalidade e Relação no Direito*. São Paulo: RT, 2000, p. 314

[403] DINIZ, Maria Helena. *Norma Constitucional e seus Efeitos*. São Paulo: Saraiva, 2003, p. 18. Para SANTAELLA, assiste-se, hoje, a uma verdadeira expansão semiosférica, isto é, a um avanço dos signos sobre a biosfera, como parte de um programa evolutivo da espécie humana, movida pela proliferação ininterrupta de signos e a conseqüente necessidade de com eles dialogar (num plano mais profundo que aquele originado da mera convivência e familiariedade). Essa exigência, fruto do processo expansivo das tecnologias da linguagem (desde o advento da fotografia até a contemporânea revolução digital) pode bem ser cumprida pela Semiótica. (cf. SANTAELLA, Lucia. *Semiótica Aplicada*. São Paulo: Pioneira Thomson Learning, 2005, p. XIV).

[404] RIGAUX, François. *A Lei dos Juízes*. Lisboa: Instituto Piaget, 1997, p. 277

dade de significação que torna possível inúmeros cambiantes de significação". ([405]).

BATTAGLINI já alertava para que o "Direito Penal tem uma personalidade sua e uma autonomia sua e pode também entender em um modo especial seu as palavras de uso comum ou então os conceitos tomados de outras disciplinas". ([406]) Por isso deve o jurista, advertia BELING, perguntar em que sentido o legislador entendeu o conceito que aparece no preceito jurídico como objeto regulado. Exemplificava ele que o significado de "estrada de ferro" ou "veneno", no sentido de um preceito, não pode ser contestado definitivamente pelo técnico ferroviário ou pelo químico, cabendo unicamente ao jurista examinar se o legislador tinha ou não presente, e em que medida, uma representação concordante ou distinta. ([407])

Lancemos mão de um exemplo. Para caracterização do roubo majorado admite-se que a "arma" portada pelo agente da subtração patrimonial seja qualquer artefato dotado de eficácia ofensiva. Equiparam-se, portanto, para fins desse artigo, tanto as armas próprias ou em sentido estrito [armas de fogo (revólveres, fuzis, pistolas etc) e armas brancas (punhais, espadas, espingardas de ar comprimido, "soco inglês" etc)] quanto as armas impróprias ou instrumentos ocasionais de crime (uma faca de cozinha, um cilindro metálico, uma pedra, um canivete etc). Verifica-se, pois, que o vocábulo "arma" é, para o Código Penal, dotado de um área semântica extremamente ampla, não coincidente, por exemplo, com a de sua ciência auxiliar que é a Criminalística.

Nesse diapasão seria cabível indagar, ainda, se a "arma" do artigo 157 ([408]) do Código Penal guarda correlação, sob ponto de vista semântico, com a "arma" de que fala o artigo 242 ([409]) do Estatuto da Criança e do Adoles-

[405] LARENZ, Karl. *Metodologia da Ciência do Direito*. Lisboa: Calouste Gulbenkian, 1983, p. 240

[406] BATTAGLINI, Giulio. *Principii di Diritto Penale in Rapporto alla Nuova Legislazione, Questioni Preliminari*. Milano: Instituto Editoriale Scientifico, 1929, p. 224

[407] BELING, Ernst von. *Esquema de Derecho Penal. La Doctrina del Delito-Tipo*. Buenos Aires: El Foro, 2002, p. 283. A ponderação de HJELMSLEV soa aqui apropriada: " a descrição semântica deve, pois, consistir antes de tudo numa aproximação da língua às demais instituições sociais e constituir o ponto de contato entre a lingüística e os demais ramos da antropologia social". (cf. HJELMSLEV, Louis. *Ensaios Lingüísticos*. São Paulo: Perspectiva, 1991, p. 124-5)

[408] **157 [...] § 2º .** *A pena aumenta-se de um terço até metade: **I** – se a violência é exercida com emprego de **arma**.*

[409] **Art. 242.** *Vender, fornecer ainda que gratuitamente ou entregar, de qualquer forma, a criança ou adolescente **arma**, munição ou explosivo:*

cente? Em caso afirmativo, o comerciante que vendesse, por exemplo, um *canivete* a um adolescente, incorreria nas sanções reclusivas (de 3 a 6 anos) desse dispositivo penal? Não e não. Nesse caso, ressalte-se, sequer a *tipicidade legal* se aperfeiçoa, eis que o sentido do vocábulo "arma" empregado no estatuto de menores não tem correspondência com o correlato objeto do Código Penal. Nisso avulta a relevância de uma das tarefas da dogmática penal que é, precisamente, delimitar o conteúdo semântico de palavras e expressões do *ordenamento*, acarretando a transformação deste em *sistema*.

Um segundo exemplo. Poder-se-ia, semanticamente, defender que "coisa", objeto material do crime de furto, não é qualquer bem removível pelo ladrão e dotado de potencial apreciação econômica (menos ainda unicamente afetiva). "Coisa", numa semântica principiológica-constitucional, seria apenas aquilo que, sustentando sua idoneidade para figurar como objeto jurídico-material de ilícito criminal, não cedesse diante dos princípios da dignidade da pessoa humana (impedindo a imposição da sanção penal ou mesmo de medidas cautelares), da moralidade – a relação custo-benefício da pena e das providências iniciais de persecução policial em muito execederiam o valor econômico do bem furtado, gerando uma flagrante desproporção entre o patrimônio público mobilizado para a persecução e o patrimônio individual representado pela ínfima lesão – ; por isto autoriza o desencadeamento das medidas próprias do Estado-Penal e, depois, a imposição da pena. Ainda com o mesmo exemplo, para demonstrar que o Direito Penal possui sua semântica própria, basta citar que "coisa" , para subtração, pode ser energia ou, até mesmo, um ser humano inanimado.

Releva-se o papel da semântica quando se constata que muitos equívocos são quotidianamente cometidos pelos aplicadores do Direito Penal, por força de uma apreensão errônea do sentido dos morfemas que, plasmados no tipo legal, constituem seu ambiente semântico, de leitura vinculada pelo hermeneuta. Demonstra-se, ainda, quantos problemas poderiam resultar resolvidos já ao plano primeiro da linguagem com a exclusão da tipicidade legal por via de ferramentas unicamente semânticas e, portanto, sem a necessidade (também impossibilidade) de recurso a elaborações dogmáticas que, embora aparentem harmonia na teoria do crime, não encontram cabimento na teoria geral da norma.

Pena – *reclusão, de 3 (três) a 6 (seis) anos.*

Demonstremos com algumas possibilidades de desenlace já ao plano semântico do tipo. Atentado violento ao pudor há de ser o violento e não a mera importunação ofensiva. Tortura há de ser o sofrimento intenso, e não um padecimento físico transitório e leve. A constrição de liberdade deve ser pelo tempo juridicamente relevante, necessário para ingresso no domínio semântico da norma penal do seqüestro; não privação fugaz do ir e vir. Vantagem econômica da corrupção exclui de seu campo referencial semântico os singelos presentes ofertados pelo administrado ao funcionário público por ocasião de festividades natalinas. A *prostituição* perfaz-se com o mero caráter comercial ou, além, exige-se a pluralidade de beneficiários dos favores sexuais? O que é "casa de prostituição"? *Motel* é o local vedado penalmente para encontros de finalidades libidinosas?

Nalguns poucos casos o próprio legislador, por via da interpretação autêntica, trata de gizar os limites semânticos da palavra ou expressão que emprega no tipo. Citam-se como exemplos dessas normas explicativas os conceitos de "casa" no crime de violação de domicílio e a definição de "funcionário público" no Título dos crimes contra a Administração Pública.

Reconhece também HIRSCH que, muitas vezes, idiomaticamente, não é possível redigir as normas penais incorporando suficientes elementos ao tipo penal, de maneira a garantir uma fixação precisa das proibições para todos os casos, acrescendo-se a esta dificuldade as mutações éticas e a variedade da vida social. ([410])

O direito positivo, como signo significante, intenta a representação do injusto penal, como objeto significado, sem que exista uma correlação necessária da expressão lingüística do tipo penal com o mundo físico, daí parecer correto afirmar que o crime, como significado, tem natureza ideacional, isto é, trata-se de uma idéia conceitual.

A adscrição de significado a certos fatos, coisas ou signos, no mundo do Direito, é uma função interpretativa, necessariamente ligada ao processo de aplicação das normas. Portanto a interpretação aparece como ato de significação, mediante o qual se determina o sentido dos materiais jurídicos (como parte da linguagem jurídica) que deve ser aplicado a fim de prosseguir o processo de criação do Direito. ([411])

410 HIRSCH, Hans Joachim. *Derecho Penal. Obras Completas. Tomo IV. La Doctrina de los Elementos Negativos del Tipo Penal*...Buenos Aires: Rubinzal-Culzoni, 2005, p. 356

411 TAMAYO Y SALMORAN, Rolando. *El Derecho y La Ciencia del Derecho*. México: Universidad Autónoma de México, 1986, p. 157

Como bem anota REALE JÚNIOR, "as normas incriminadoras são modelos cerrados mas podem estar sujeitos a novos significados desde que para limitar o seu âmbito e não para alargá-lo. As normas permissivas podem no momento da concreção terem alargados ou reduzidos o seu significado, conforme a pauta valorativa vigorante no meio social". ([412])

Extrai-se da lição de BORGES NETO que "entender o significado de uma expressão é estabelecer uma conexão entre a expressão e as entidades não-lingüísticas a que a expressão se aplica". ([413]) Disso decorre uma imagem da complexidade no estudo semiótico do injusto penal. Para analisar o texto continente da disposição típica há que se operar em sobrenível lingüístico, isto é, abandona-se a linguagem da lei e, em nível de metalinguagem, busca-se representar o objeto significado (que é o injusto). É nesse patamar de metalinguagem que se constrói a relação entre o lingüístico, ou seja, o texto legal (como expressão das línguas naturais) e o "não-lingüístico", isto é, o injusto penal (enquanto conceito mental). Dessa forma são produzidas representações semânticas que estabelecem as relações sistemáticas entre as expressões (lingüísticas) e as representações (mentais) dos conceitos. Reduz-se o "não-lingüístico" (crime) ao lingüístico (Direito) que pode, então, ser manipulado cientificamente.

Um exemplo extremo do emprego da semântica vem citado por PALAZZO: não acarretaria punição a morte de um homem em estado de coma, reduzido a uma vida vegetativa. Sustentar-se-ia a inexistência de ofensa ao bem jurídico 'vida' (esta pressupondo, além da atividade intelectual, também um componente de relacionamento social). Segundo esse autor, seria difícil, mas não impossível, ainda excluir da área do significado semântico do conceito de 'homem'. ([414])

Na verdade, um semanticismo radical poderia avançar até o limite mais elevado de um ordenamento para indagar do conceito da própria palavra "Direito". Nesse caso, tratar-se-ia de determinar se, em dadas circunstâncias de extrema injustiça e iniqüidade, subsistiria, ainda assim, um sistema que pudesse ser designado como "jurídico" – mesmo que essa hipotética

[412] REALE JÚNIOR, Miguel. *Instituições de Direito Penal. Parte Geral. Vol. I.* Rio de Janeiro: Forense, 2002, p. 81

[413] BORGES NETO, José *in* MÜLLER, Ana Lúcia *et all* (orgs.) *Semântica Formal.* São Paulo: Contexto, 2003, p. 10

[414] PALAZZO, Francesco. *Introduzione ai Princìpi del Diritto Penale.* Torino: Giappichieli, 1999, p. 178

organização política, com suas legislaturas e tribunais despóticos, deixassem de satisfazer certos padrões mínimos de justiça. Com essa perquirição semântica seria possível, então, formular resposta à questão de DWORKIN, se os nazistas ([415]) tinham, ou não, "Direito".([416])

5. Entre a intenção do legislador e a intensão da norma

Historia IÑIGUEZ que, dos meados da década de 60 até os da década seguinte, assistir-se-á a um fenômeno, gerado nas ciências sociais e na Filosofia, que implicou no "giro lingüístico", como estudo do sistema gramatical abstratamente considerado, ao "giro discursivo", como análise do uso da linguagem, texto, atos, discursos, interação e cognição. Desenvolve-se a psicologia social do discurso e, numa alternativa construtivista mais ou menos radical, convém-se que:

> *"a realidade para as pessoas é aquilo que as pessoas constroem como sendo real, e elas o fazem, na maior parte das vezes, através do texto e da conversação. E como não temos acesso direto a suas mentes, mas somente a seus discursos, é melhor que nos concentremos nesses discursos. E não apenas como meras 'expressões' de suas mentes, mas sim por si mesmos, isto é, como formas de interação social, com suas próprias variáveis, objetivos, interesses problemas e estratégias para fazer sentido."*([417])

Como nossa tese encerra uma proposta de natureza prevalentemente analítico-logicista da linguagem penal, é esta explorada como instrumento ativo da produção do fenômeno jurídico. Cumpre funções que extrapassam o mero representar do universo de proibições sancionadas com pena cri-

[415] Em caso negativo, conforme RIGAUX, "o direito do III Reich é um facto, perante a ordem jurídica internacional e o seu aparelho jurídico é o de uma organização criminosa, segundo o direito internacional." (RIGAUX, François. *A Lei dos Juízes*. Lisboa: Instituto Piaget, 1997, p. 135) Para ALF ROSS "que a ordem que prevalece numa quadrilha, por exemplo, seja denominada 'ordenamento jurídico' (direito da quadrilha) é um problema que, considerado cientificamente (quer dizer, a palavra 'direito' sendo liberada de sua carga emotivo-moral) não passa de uma questão arbitrária de definição". (ROSS, Alf. *Direito e Justiça*. Bauru, SP: Edipro: Edipro, 2000, p. 56)

[416] DWORKIN, Ronald. *O Império do Direito*. São Paulo: Martins Fontes, 2003, p. 126-7.

[417] IÑIGUEZ, Lupicinio. *Manual de Análise do Discurso em Ciências Sociais*. Petrópolis, RJ: Vozes, 2004, p. 11

minal para assumir propriedades criadoras quando sabido que sua enunciação altera a realidade.

Para UMBERTO ECO ([418]), entre a intenção do autor (*intentio auctoris*) e a intenção do intérprete (*intentio lectoris*) existe, em interação ou mesmo em contraposição, a intenção do texto (*intentio operis*). Como acentua CANOTILHO, o grande triunfo da hermenêutica foi o poder demonstrar que a lei pode ser mais inteligente que o legislador. Num sistema aberto, é possível a consideração de que a interpretação implica sempre processo adicional de conhecimento e que a aplicação do direito é sempre uma atividade produtiva e criadora. ([419]) Daí não poder prosperar a máxima de BECCARIA – largamente adotada também nos países da *commom law* ([420]) – segundo a qual numa lei clara não pode ser encontrada matéria para interpretação pelos tribunais. ([421]) Parece-nos, com isso, mais apropriado falar não em ***intenção***, mas sim em ***intensão*** do texto.

Se, "partir da reviravolta lingüístico-hermenêutica do pensar implica afirmar que a linguagem é a mediação irrecusável de todo sentido e validade" ([422]), perfeitamente adequada essa máxima à esfera do Direito Penal onde, sem grande desforço, é possível vislumbrar-se a positivação penal como um grande "texto" encartado no contexto de um sistema jurídico de proibições, obrigações e permissões – inclusive não-penais – que compõe a grande tábua universal de vinculação normativa das condutas humanas.

As escolas e teorias do crime seguiram indiferentes a esses câmbios científicos que influíram decisivamente na compreensão da linguagem,

418 Assim, um texto, depois de separado de seu autor (assim como da intenção do autor) e das circunstâncias concretas de sua criação (e, conseqüentemente, de seu referente intencionado), flutua (por assim dizer) no vácuo de um leque potencialmente infinito de interpretações possíveis. (cf. ECO, Humberto. *Interpretação e Superinterpretação*. São Paulo: Martins Fontes, 2005, p. 29/48). Noutra obra, sustenta ECO que "a iniciativa do autor consiste em fazer uma conjetura sobre a *intentio* operis, conjectura esta que deve ser aprovada pelo complexo do texto como um todo orgânico" (cf. ECO, Umberto. *Os Limites da Interpretação*. São Paulo: Perspectiva, 2004, p. 15)

419 CANOTILHO, José Joaquim Gomes, *Constituição Dirigente e Vinculação do Legislador, Contributo para a Compreensão das Normas Constitucionais Programáticas*, Coimbra, Coimbra (Editora), 2001, p. 62

420 TUNG, André. *La Interpretración de las Leyes em los Estados Unidos*. In Cuadernos de Derecho Angloamericano, n 2, jan/jun/1954. Barcelona: Instituto de Direito Comparado, 1954, p. 82

421 BECCARIA, Cesare. *De los Delitos y de las Penas*. Madrid: Alianza, 2002, p.37

422 COSTA, Regenaldo da. Ética do Discurso e Verdade em Apel. Belo Horizonte: Del Rey, 2002, p. xvii

ocasionando que o discurso jurídico-penal perdesse, progressivamente, sua consistência ao não angariar à abordagem do tipo penal os elementos dominantes sob a perspectiva da psicologia social crítica, onde assume papel preponderante a dimensão social em que é produzido e reproduzido o discurso.

Não por outro motivo, temos convicção, tornou-se o discurso penal impenetrável às contemporâneas criações teóricas que apenas ecoam sentidos anseios da política criminal ([423]) Ora, "não é possível conceber um Código Penal à margem das exigências político-criminais nem uma política criminal à margem das garantias individuais" ([424]). Os lídimos postulados contidos na teoria da adequação social, bem como nos princípios da insignificância penal e da intervenção mínima, dentre outros, não lograram abrigo sistemático na aplicação judicial porque, malgrado a cristalina e convergente orientação teleológica, deixaram de indicar os correlatos recursos dogmáticos instrumentais, indispensáveis à sua concretização, pelo aplicador, diante de uma realidade rigidamente codificada que um discurso penal hermético sustém impermeabilizada.

Reclamar para o tipo penal o rigor lingüístico olvidado é, em última análise, reivindicar para o Direito Penal seu foro de cientificidade, conectando-o inflexivelmente a princípios lógicos e semióticos, garantindo sua cômoda guarida na Teoria Geral do Direito e, por conseguinte, afastando-lhe o estigma de mera disciplina acadêmica constituída.

[423] Política criminal aqui entendida como conjunto de princípios e recomendações (para a reforma ou transformação da legislação criminal e dos órgãos encarregados de sua aplicação) surgido do incessante processo de mudança social, dos resultados que apresentem novas ou antigas propostas do direito penal, das revelações empíricas propiciadas pelo desempenho das instituições que integram o sistema penal, dos avanços e descobertas da Criminologia. (cf. BATISTA, Nilo. *Introdução Crítica ao Direito Penal Brasileiro*. Rio de Janeiro: Revan, 2001, p. 34), ou seja, a crítica das instituições vigentes e preparação de suas reformas, conforme os ideais jurídicos que se vão constituindo à medida que o ambiente histórico cultural sofre modificações. (in ONECA, José Antón. *Derecho Penal*. Madrid: Akal, 1986, p. 33)

[424] MATEU, Juan Carlos Carbonell. *Derecho Penal, Concepto y Princípios Constitucionales*. Valencia: Tirant Lo Blanch, 1999, p. 238

6. Pragmática do injusto: contexto situacional da norma

"Se vuoi comprendere una parola diciamo sempre:
'Devi conoscerne l'uso."
WITTGENSTEIN ([425])

"Mientras el análisis semântico se concentra en la imagen lingüística del mundo,
para el análisis pragmático el diálogo aparece en primer plano."
JÜRGEN HABERMAS ([426])

A negação ao estrito formalismo positivista, aqui ensaiada, deve vir acompanhada de propostas, minimamente, coerentes com as possibilidades jurídicas de um modelo estatutário, qual o brasileiro. Por isso, sem negar o princípio da legalidade, vislumbramos o fenômeno normativo como construção discursiva ampla, onde enunciadores e enunciatários postam-se interativamente, de tal maneira que a construção de sentido da norma de injusto não seja uma enunciação unilateral em direção a um receptor mudo.

O apego a uma concepção assim realista do Direito, isto é, sua visão como realidade fática, implica, coerentemente, em privilegiar o aspecto pragmático da linguagem, onde o direito jurisprudencial e o costumeiro alçam-se a um plano relevante – algo que nossa dogmática positivista insiste em refutar.

Nesse sentido, os ***juspositivistas*** podem ser comparados com os gramáticos empenhados em fixar idealmente as regras da linguagem; em contrapartida, os ***realistas*** afirmam posições teóricas que podem ser equiparadas às dos semiólogos, ao defenderem que a realidade da linguagem

[425] WITTGENSTEIN, Ludwig. *Lezioni sui Fondamenti della Matematica.* Torino: Bollati Boringhieri, 2002, 265

[426] HABERMAS, Jürgen. *Verdad y Justificación.* Madrid: Trotta, 2002, p. 67

se encontra, na verdade, nos atos de fala ([427]), isto é, na pragmática da linguagem ([428]).

Como adverte PAULO DE BARROS "a aplicação do direito é promovida por alguém que pertence ao contexto social por ele regulado e emprega os signos jurídicos de conformidade com pautas axiológicas comuns à sociedade" ([429]). A pré-compreensão de que o jurista necessita, portanto, depende também dos contextos sociais, das situações de interesse e das estruturas das relações de vida a que se referem as normas jurídicas.([430])

Do expoente do realismo jurídico escandinavo, ALF ROSS, colhemos que "a interpretação pragmática pode considerar não só os efeitos sociais previsíveis, como também a acuidade técnica da intrepretação e sua concordância com o sistema jurídico e as idéias culturais que servem de base a esse sistema". Há, portanto, uma multiplicidade de valorações integradas na análise pragmática, sendo o propósito da lei apenas uma dessas valorações possíveis. ([431])

Como faz notar WILLIS, essa "pulsão pragmática" não afeta unicamente a orientação atual da filosofia na análise lingüística, estendendo-se, ainda, às novas disciplinas formais para estudo da comunicação (semiótica, informática etc), atingindo o campo tradicional da lógica e, por fim, manifestando-se claramente no "renascimento" de disciplinas práticas como Retórica e Tópica, outrora tão importantes.([432])

[427] GARCIA, Manoel Calvo. *Teoría del Derecho*. Madrid: Tecnos, 2000, p. 35-6. No mesmo sentido WILLIS: "Utilizando o divulgado jargão semiótico, dir-se-ia que Kelsen cuidou predominantemente de questões relacionadas à sintaxe, deixando de lado aqueles atinentes à pragmática do discurso normativo. Não lhe passou despercebido, como importa salientar, a relação entre normas e valores, os quais, para ele, adquirem um sentido objetivo ao serem consagrados positivamente pelas primeiras". (cf. GUERRA FILHO, Willis Santiago. *Teoria Processual da Constituição*. São Paulo: Celso Bastos, 2000, p. 204)

[428] Colhe-se, em PERELMAN, que "o crescente papel atribuído ao juiz na elaboração de um direito concreto e eficaz torna cada vez mais ultrapassada a oposição entre o direito positivo e o direito natural, apresentando-se o direito efetivo, cada vez mais, como o resultado de uma síntese em que se mesclam, de modo variável, elementos emanantes da vontade do legislador, da construção dos juristas, e considerações pragmáticas, de natureza social e política, moral e econômica". (PERELMAN, Chaim. *Ética e Direito*. São Paulo: Martins Fontes, 1999, p. 392)

[429] CARVALHO, Paulo de Barros. *Curso de Direito Tributário*. São Paulo: Saraiva, 1999. p. 72

[430] LARENZ, Karl. *Metodologia da Ciência do Direito*. Lisboa: Calouste Gulbenkian, 1983, p. 246

[431] ROSS, Alf. *Direito e Justiça*. Bauru, SP: Edipro: Edipro, 2000, p. 176-7

[432] GUERRA FILHO, Willis Santiago. *Teoria Processual da Constituição*. São Paulo: Celso Bastos, 2000, p. 117-9

Colhe-se de PAULO DE BARROS CARVALHO que:

> *"quer na linguagem em geral, quer na jurídica em particular, as palavras ostentam uma significação de base e uma significação contextual. O conteúdo semântico dos vocábulos, tomando-os somente a significação de base, é insuficiente para a compreensão da mensagem, que requer empenho mais elaborado, muitas vezes trabalhoso, de vagar pela integridade textual à procura de uma acepção mais adequada ao pensamento que nele se exprime".* ([433])

Com IÑIGUEZ, defendemos que "o/a analista pode observar a interação e fazer interpretações justamente sobre aquilo que a linguagem está fazendo. Essas perspectivas significam abandonar duas imagens comuns, ou seja, a visão da linguagem como uma série estática de descrições e do/a analista como mero/a coletor/a de dados neutros" ([434]) Dever-se-ia verificar com a correção típica, no momento da aplicação, algo similar como o da ***regulação lingüística***, definida por BAGNO como "o fenômeno pelo qual os comportamentos lingüísticos de cada membro de um grupo ou de um infragrupo dado são moldados no respeito a uma certa maneira de fazer sob a influência de certas forças sociais que emanam do grupo ou de seus infragrupos" ([435]). Pensamos que tais ajustes, operados com remissão necessária a padrões axiológico-jurídicos universais, ocasionam a harmonização intestina do sistema de Direito global e o alcance de decisões justas (numa acepção, se se preferir, jusnaturalista).

Na aplicação de uma norma penal, portanto, descabe uma análise meramente textual (os signos entre si). Impende compreender as mensagens diretivas de condutas, ínsitas das normas penais, em seu caráter situacional emergente ([436]), isto é, como produto discursivo em que se destaca o papel dos destinatários – não mais como passivos endereçados, mas como

[433] CARVALHO, Paulo de Barros. *Curso de Direito Tributário*. São Paulo: Saraiva, 1999, p. 76

[434] IÑIGUEZ, Lupicinio. *Manual de Análise do Discurso em Ciências Sociais*. Petrópolis, RJ: Vozes, 2004, p. 126

[435] BAGNO, Marcos. *Norma Lingüística*. São Paulo: Loyola, 2001, p. 178

[436] Como ensina RIGAUX, "com a expressão *Erfahrungssätze*, a doutrina e a jurisprudência reuniram um conjunto de conhecimentos vários, mas indispensáveis à compreensão, à interpretação e à aplicação do direito. Entre eles a linguagem, ornada com um epíteto amplamente mistificador ('linguagem usual', *allgemeiner Sprachbrauch*), uma vez que as práticas lingüísticas são flutuantes no tempo e de acordo com os meios sociais ou profissionais: o 'sentido usual' é aquele que os juristas, por vezes guiados pela doutrina, conferem num determinado momento

co-enunciantes – considerados nas relações que mantém entre si e com os signos da enunciação (ou, mais precisamente, com os conteúdos de sentido que estes adquirem na dinâmica social).

Embora ausente, entre os lingüistas, uma convergência conceitual sobre *contexto* ([437]), impossível empreender a análise semiótica sem o recurso a ele, haja vista que as palavras e sentenças não têm sentido em si mesmas, fora de seus contextos de uso. Adota-se, aqui, a noção da própria linguagem como contexto, isto é, "o modo como a fala mesma simultaneamente invoca contexto e fornece contexto para outra fala", abrangendo "não só o co-texto [entorno verbal], como a situação de interação imediata, a situação mediata (entorno sóciopolítico-cultural) e também o contexto sociognitivo dos interlocutores que, na verdade, subsume os demais". ([438])

No ato de aplicação da lei penal, fala-se, pois, em contexto sociocognitivo onde os actantes detêm uma base mínima de conhecimentos (enciclopédicos e jurídicos) compartilhados, somente alcançando-se interpretações equivocadas se errôneas as pressuposições sobre o domínio de certos conhecimentos por parte dos aplicadores da norma. Incorreta injustificação do ato humano somente decorrerá da imprecisa intelecção do co-texto legal no seu contexto normativo.

A descontextualização, propiciada pela análise isolada do tipo legal no momento de aplicação da lei criminal, tem sido, em grande medida, o fator primeiro de insucesso da teoria do tipo penal como meio para efetivação da Justiça no Direito Penal. Nosso ensino jurídico prepara, se muito, técnicos para estudo de textos legais, jamais cientistas sociais capacitados à compreensão do crime como produto do complexo pulsar humano. O máximo que os penalistas, sob a égide da teoria belinguiana, têm se permitido – não sem críticas e hesitações – é a colmatação contextual do tipo legal

temporal a determinada sociedade a palavras cujo mistério nunca é totalmente afastado."(cf. RIGAUX, François. *A Lei dos Juízes*. Lisboa: Instituto Piaget, 1997, p. 231).

[437] Segundo ECO, "faz tempo que se busca superar uma distinção nítida entre semântica e pragmática, de um lado, e semiótica dos processos de significação e semiótica dos processos de comunição e produção dos textos. Uma semântica em forma de enciclopédia deveria igualmente considerar (sob forma de instruções) seleções contextuais ou circunstanciais e, conseqüentemente, o modo pelo qual um termo deve ou pode ser usado em certos contextos ou circunstâncias de enunciação" (cf. ECO, Umberto. *Os Limites da Interpretação*. São Paulo: Perspectiva, 2004, p. 235)

[438] KOCH, Ingedore G. Villaça, *Desvendando os Segredos do Texto*. São Paulo: Cortez, 2005, p. 23

pelos denominados elementos normativos, os quais constituem o entorno extrapenal (jurídico ou não) que exerce influência sobre as unidades lingüísticas componentes do tipo legal, na produção final de sentido deste. A teoria dos elementos negativos do tipo ensaia essa (re)contextualização do tipo penal, tornando o contexto jurídico como co-extensivo à própria ocorrência lingüística do tipo legal.

7. Tipo penal: enunciado, cometimento e sentido

Para TÉRCIO SAMPAIO as normas jurídicas são também decisões porque configuram a garantia de que por elas outras decisões serão tomadas. Por isso, as normas estabelecem controles, ou seja, pré-decisões, com a função de determinar outras decisões. Embora isso não implique numa redução da norma à norma processual, sob o ângulo pragmático esse aspecto procedimental do discurso normativo é ressaltado:

> *"Na terminologia pragmática, o comunicador normativo não apenas diz qual a decisão a ser tomada – pré decisão – mas também como essa pré-decisão deve ser entendida pelo endereçado – informação sobre a informação. Respectivamente, temos o relato, e o cometimento do discurso normativo, que, no seu conjunto, formam o objeto (quaestio) do discurso normativo. "* ([439])

Há duas distinções fundamentais em Pragmática que têm sido ignoradas quando do estudo dos atos lingüísticos de positivação do Direito Penal. A primeira diferença é entre 'frase' e 'enunciado': A frase, como fato lingüístico, tem sua significação calculada com base na significação das palavras que a compõem; o enunciado é uma frase acrescida de informações retiradas da situação em que é produzida. Por isso existe toda diferença entre a escrita do artigo 121 do Código Penal pelo professor no quadro e pelo legislador no código. Embora as frases sejam, sintática e semanticamente, idênticas, o dispositivo no código tem seu campo de inferência expandido pelo entorno do próprio código e fora dele, ao passo que a análise do professor pode limitar-se a explicitar o significado dos sintagmas do artigo estudado: o que é morte, como se pode processar a conduta homicida etc.

[439] FERRAZ JÚNIOR, Tércio Sampaio. *Teoria da Norma Jurídica : Ensaio de Pragmática da Comunicação Normativa*. Rio de Janeiro: Forense, 2000, p. 49

A frase no código enuncia uma norma. A mesma frase na lousa traduz um tema de estudo acadêmico. Ignorar essa distinção implica em tratar o tipo penal como frase; não como enunciado.

Nesse ponto, parece pertinente trazer à baila os ensinamentos de TÉRCIO SAMPAIO quanto ao objeto do discurso sob o ângulo pragmático, onde se faz a distinção entre o "aspecto-relato" e o "aspecto-cometimento", como níveis separáveis: "o relato é a informação transmitida. O cometimento é uma informação sobre a informação, que diz como a informação transmitida deve ser entendida."([440]) Quando o Estado inscreve uma conduta em seu Código Penal e, para garantia de sua observância, organiza as polícias, institui o Ministério Público, cria a Magistratura criminal, constrói presídios etc, está a sublinhar ao cidadão que aquele enunciado deve ser acatado como norma obrigatória de conduta, sob ameaça de instrumentalização dos ritos que circundam a aplicação da lei penal (privação provisória de liberdade, restrição de bens, estigmatização midiática, encarceramento retributivo etc.). Não por outro motivo, portanto, o cidadão recebe de maneiras diferentes o conteúdo informativo extraído do quadro negro e a diretiva de conduta emanada do dispositivo penal.

A segunda distinção basilar em Pragmática e, igualmente, olvidada no Direito, diz respeito à diferença entre 'significação' e 'sentido'. Na aplicação de um tipo incriminador, o correto é a busca de sentido e não a "extração de significação" do dispositivo legal. Significação "é o produto das indicações lingüísticas dos elementos componentes da frase", ao passo que sentido "é a significação da frase acrescida das indicações contextuais e situacionais". ([441]) Por isso sei que o professor pode dar-se por satisfeito em explicar a seus alunos a significação do tipo legal de nome homicídio, ao passo que o aplicador deve mergulhar no sistema normativo para perquirir o sentido (não apenas a significação) do dispositivo legal a alguém imputado. Se as situações enunciativas (professor-lousa / legislador-código) são diferentes, também diversos são os sentidos desses atos lingüísticos que, repita-se, têm uma roupagem frásica comum.

[440] FERRAZ JÚNIOR, Tércio Sampaio. *Teoria da Norma Jurídica : Ensaio de Pragmática da Comunicação Normativa*. Rio de Janeiro: Forense, 2000, p. 48

[441] FIORIN, José Luiz (org.). *Introdução à Lingüística: I. Objetos Teóricos*. São Paulo: Contexto, 2005, p. 168

8. Locução, ilocução e perlocução da norma penal

Colocado em perspectiva o estudo das funções sociais do Direito, relevará, na análise do significado das normas jurídicas, os aspectos ***pragmáticos*** da linguagem, isto é, a articulação de sentido, desde uma função comunicativa específica, que possam assumir os preceitos jurídicos em determinados ***contextos*** de interação social. Postura adversa assume o jurista que se atém ao significado das normas como objeto científico ou técnico, interessando-se apenas pelo conteúdo ***locucional*** da norma (i.é., a forma sintática e o conteúdo semântico do enunciado normativo). ([442])

Advertia HABERMAS que "entender um ato de fala significa conhecer as condições para o êxito ilocutivo ou perlocutivo que um falante pode conseguir com ele"([443]). Neste ponto uma digressão se impõe. Identificamos três atos quando falamos: ([444])

i) ato ***locucionário*** (locucional) : é o que se consuma enunciando uma frase. É o ato lingüístico de dizer, ou seja, de enunciar cada um dos elementos lingüísticos componentes da frase. Traduz significado. Seria, para nós, o texto da lei, ainda que inválida ou não-efetiva. Basta, pois, a ***vigência*** do dispositivo legal para que se fale em ato locucional perfeito.

ii) ato ***ilocucionário*** (ou ilocucional): realiza-se na linguagem, executando, no próprio ato de dizer, um ato de advertência, ordem, etc. Ameaçam, quando descrevem a sanção. Para HABERMAS, o "êxito ilocutivo de um ato de fala mede-se pelo reconhecimento intersubjetivo que encontra a pretensão de validade que nele se sustém". ([445]) Podemos correlacionar esse ato discursivo com a norma ***válida***, potencialmente produtora de efeitos jurídicos. Ouvindo a TÉRCIO SAMPAIO, "normas não são discursos indicativos que prevêem uma ocorrência futura condicionada – dado tal comportamento ocorrerá

[442] GARCIA, Manoel Calvo. *Teoría del Derecho*. Madrid: Tecnos, 2000, p. 81
[443] HABERMAS, Jürgen. *Verdad y Justificación*. Madrid: Trotta, 2002, p. 130
[444] FIORIN, José Luiz (org.). *Introdução à Lingüística: I. Objetos Teóricos*. São Paulo: Contexto, 2005, p. 173
[445] HABERMAS, Jürgen. *Verdad y Justificación*. Madrid: Trotta, 2002, p. 109

uma sanção – mas sim discursos que constituem de per si uma ação: imposição de comportamentos como jurídicos". ([446])

iii) ato ***perlocucionário*** (ou perlocucional ou perlocutivo): aquele realizado pela linguagem, como resultado do ato de linguagem e ilocucional proferido e que depende do contexto da enunciação (v.g. a persuasão do interlocutor) . É um efeito eventual dos atos locucional e ilocucional. Entendemos que o ato perlocutivo tem a ver com a intensidade da força vinculante que a norma porventura exerça sobre a comunidade a que se dirige. Diz respeito, portanto, ao vigor normativo (***eficácia, efetividade***), que pressupõe a vigência e a validade da norma. HABERMAS denominava perlocutivos os "efeitos dos atos de fala que, dado o caso, poderiam ser provocados também causalmente mediante ações não lingüísticas", acrescentando que, no caso da ameaça penal, "devido ao legitimador consenso de fundo sobre as normas penais mesmas, a pena anunciada considera-se uma conseqüência do ordenamento jurídico, em relação ao qual se propõe o acordo". ([447])

Se a locução e ilocução repousam ao talante do poder político, o mesmo não ocorre com o ato perlocutivo que unicamente aos destinatários das normas – vale dizer a comunidade – cabe cumprir: prestigiando a norma pela sua observância ou, ao contrário, subtraindo-lhe o caráter de norma eficaz e válida ([448]). A força perlocutiva da norma somente pode ser revelada com atenção à sua dimensão pragmática, pois esta é que "se ocupa dos fenômenos lingüísticos enquanto atos de fala e estuda a origem, o uso e os efeitos que perseguem tais atos lingüísticos". ([449])

Como bem analisado por PAVAN, foi em sua segunda grande obra – *Investigações Filosóficas* – que WITTGENSTEIN tratou do significado de "significado", para defini-lo como o uso comum que as palavras adquirem na comunidade que fala a língua: "WITTGENSTEIN abandona a

[446] FERRAZ JÚNIOR, Tércio Sampaio. *Teoria da Norma Jurídica : Ensaio de Pragmática da Comunicação Normativa*. Rio de Janeiro: Forense, 2000, p. 70

[447] HABERMAS, Jürgen. *Verdad y Justificación*. Madrid: Trotta, 2002, p. 120-2

[448] Por ora nos basta essa análise lingüística. Remetemos ao tópico sobre direito consuetudinário onde o tema é explorado em suas nuanças eminentemente jurídicas.

[449] GARCIA, Manoel Calvo. *Teoría del Derecho*. Madrid: Tecnos, 2000, p. 81

proposta de uma linguagem ideal, fundada na forma lógica. Desiste de buscar a essência da linguagem na forma geral da proposição e descobre na práxis lingüística a chave da significação, oferecendo uma alternativa assistemática e não metafísica". ([450]).

Assim passou a se expressar WITTGENSTEIN:

> *"43. Para uma grande classe de casos – mesmo que não para todos – de utilização da palavra "significado", pode-se explicar esta palavra do seguinte modo: O significado de uma palavra é seu uso na linguagem.*
>
> *E o significado de um nome se explica, muitas vezes, ao se apontar para o seu portador."* ([451])

Explicando, ainda com PAVAN, "cada situação exige o domínio de uma técnica específica, capaz de expressar o sentido das palavras conforme seu uso no contexto social, tornando a comunicação possível a partir da relação intersubjetiva entre os sujeitos falantes". ([452]) Dizendo por outro modo, o significado semântico de um signo lingüístico não resulta de uma operação matemática; depende, mais propriamente, do uso que dele se faz para individualizar a porção de realidade designada. ([453])

Defendemos que o texto enunciado pelo poder político ingressa numa ampla comunidade comunicacional que se encarregará de co-enunciar o sentido da norma vertida em linguagem (apenas natural) do texto positivo. Nessa ampla rede discursiva, adrede conformada, a produção de sentido da norma vai condicionada por elementos que refogem aos domínios do poder legisferante. Portanto, a produção do texto legal pressupõe, mas não esgota, o processo de construção de sentido da norma. Aquela é privativa do legislador. Este é partilhado pela comunidade discursiva do Direito.

Afinal, como lucidamente assevera ÁVILA "a transformação dos textos normativos em normas jurídicas depende da construção de sentido pelo

[450] BAPTISTA, Fernando Pavan. *O Tractatus e a Teoria Pura do Direito: uma Análise Semiótica Comparativa entre o Círculo e a Escola de Viena.* Rio de Janeiro: Letra Legal: 2004, p. 194

[451] WITTGENSTEIN, Ludwig. Investigações Filosóficas. Bragança Paulista: São Francisco; Petrópolis: Vozes: 2005, p. 38

[452] BAPTISTA, Fernando Pavan. *O Tractatus e a Teoria Pura do Direito: uma Análise Semiótica Comparativa entre o Círculo e a Escola de Viena.* Rio de Janeiro: Letra Legal: 2004, p. 194-5

[453] PALAZZO, Francesco. *Introduzione ai Princìpi del Diritto Penale.* Torino: Giappichieli, 1999, p. 265

próprio intérprete. Esses conteúdos de sentido, em razão do dever de fundamentação, precisam ser compreendidos por aqueles que os manipulam, até mesmo como condição para que possam ser compreendidos pelos seus destinatários." ([454])

Propõe-se, portanto, o abandono da cisão entre *enunciação* (como ato, isto é, processo dinâmico) e *enunciado* (como seu produto, ou seja, resultado estático). A enunciação da norma penal deixa de ser ato singular linguageiro e passa a configurar processo plurissubjetivo de utilização da língua, isto é, o produzir enunciado passa a ser compreendido não como ato único daquele que fala no momento em que fala, mas sim como complexo de atos pelo qual os sujeitos (enunciadores e co-enunciadores) constroem o sentido.

Sintetizando o pensamento que ora desenvolveremos, a norma penal passa a ter seu sentido predeterminado pelo legislador (natureza gramatical da lei), co-determinado pelos aplicadores (plano semântico da norma) e sobredeterminado pela comunidade onde é aplicada (aspecto pragmático dos comandos). Em decorrente síntese, postula-se uma ampliação da enunciação e o reconhecimento da centralidade dessa categoria na constituição do discurso.

9. Inferno dos intercâmbios sígnicos: por um caráter dialógico de norma penal

Numa visão por demais singela (equivocada e incompleta) poder-se-ia enxergar o Direito (positivo) como o conjunto de leis (em sentido técnico ou estrito).Num sentido mais acurado (correto e completo) deve ser o Direito objetivo entendido não como o conjunto de leis, mas como o conteúdo prescritivo dessas mesmas leis, isto é, o significado desses comandos positivos. Uma terceira possibilidade de estudo – a aqui defendida – é a intelecção da aparição normativa do Direito como fenômeno lingüístico--discursivo ([455]).

[454] ÁVILA, Humberto. *Teoria dos Princípios, da Definição à Aplicação dos Princípios Jurídicos*. São Paulo: Malheiros, 2005, p.16

[455] Com FALBO, "os discursos do direito, definidos como textos legais, e até jurisprudenciais, sustentados por certas posições doutrinárias, constituem mecanismos normativos de soluções de conflitos. Os discursos jurídicos, como textos construídos segundo determinações do direito, são definidos como discursos de fundamentação das soluções de conflito. Discursos

O sistema normativo, como complexo de normas, constitui discurso cujo sentido somente é apreensível a partir da conexão de sentido de cada uma das normas que o compõem. Em contrapartida, por paradoxal que possa parecer, o sentido de cada norma, isolodamente, somente pode ser alcançado a partir da coerência textual global. Eis a circularidade hermenêutica da norma penal.

Nega-se a identificação exclusiva do direito com a lei e, também, a idéia do legislador como único emissor da norma. Nas palavras de DELMAS-MARTY, afasta-se

> *"uma concepção hermética, também, que coloca o processo de geração do direito num campo puramente normativo, isolado de qualquer contexto simbólico. Sobreestimando o lugar da lei, ou de modo mais largo do emissor da norma, essa concepção, sedutora por sua simplicidade e por sua aparente racionalidade, encobre um duplo esquecimento. Esquecimento do Outro, o interlocutor, aquele que recebe a norma e, ao determinar o sentido a ser-lhe dado, participa da função normativa. Esquecimento dos Outros, ou seja, do campo simbólico dos valores no qual se elaboram e se nutrem os princípios gerais do direito que orientam o emissor e o receptor da norma".* ([456])

O trajeto dos sentidos no discurso do injusto nem sempre coincide com os percursos do dizer do texto legal. Essa ruptura ou, pelo menos, a coincidência não necessária – texto / discurso – é o que ora defendemos. O texto enunciado pode, por vezes, não esgotar o objeto todo da enunciação, cabendo ao enunciatário (ou enunciante mediato) empreender, pela análise discursiva, o alcance da completude do (in)justo. Norma não é produto exclusivo do texto legal e sim construto do discurso sistêmico.

A tarefa de inferenciação, para construção de sentido do injusto criminal, deve operar-se em universo referencial ampliado, onde os padrões de proibição-permissão lingüisticamente estabelecidos, como produto discur-

do direito e discursos jurídicos coexistem, assim, no mesmo texto – decisões de juízes e tribunais – , enquanto estrutura estruturada e estruturante das práticas jurídicas por meio da qual a violência simbólica se manifesta de modo legítimo porque oculto". (cf. FALBO, Ricardo Nery. *Cidadania e Violência no Judiciário Brasileiro: Uma Análise da Liberdade Individual.* Porto Alegre: SAFe, 2002, p. 74)

[456] DELMAS-MARTY, Mireille. *Por um Direito Comum.* São Paulo: Martins Fontes, 2004, p. 72-3

sivo de uma comunidade comunicativa estendida, fazem dilatar o sentido de "crime" (não mais conexionado unicamente a textos positivos locais).

Preserva-se, em grande parte, a feição estatutária do Direito Penal, todavia numa abordagem diversa sobre o fundamento teleológico do princípio da legalidade penal: o tipo legal passa a ser (e se presta como) um limite máximo do poder de punir estatal, jamais um imperativo de intervenção necessária. Descaracteriza-se, flexibilizando, a cogência dos preceitos primários (em direção ao indivíduo) e secundário (rumo ao Estado) da norma penal. Sobre essa nova concepção é que os atores jurídicos (incluso aqui o cidadão) devem agora construir, cada qual, suas expectativas de punição e liberdade.

Se defendemos, aqui, que *norma penal não é construção textual e sim produto discursivo*, resta indagar o que se entende por discurso ([457]). Segundo FIORIN,

> *"O discurso não é uma grande frase nem um aglomerado de frases, mas um todo de significação. Nesse sentido, a frase deve ser entendida como um segmento do discurso – o que não exclui, evidentemente, que o discurso possa ter, em certos casos, a dimensão de uma frase. Considerado como totalidade, o discurso é constituído pela enunciação. Será, então, definido como um processo semiótico e, por conseguinte, englobará os fatos (relações, unidades, operações etc.) situados no eixo sintagmático da linguagem."* ([458])

10. Legitimação pelo procedimento

Porque no seio da vida social produzido, como faz lembrar BITTAR e ALMEIDA, seria grave erro imaginar que o discurso jurídico pudesse ser um discurso descontextualizado:

[457] Para FALBO, "objetivamente os discursos jurídicos criam ou recriam a realidade real, tal como as relações de força dentro do campo jurídico e fora dele, precisamente por não estarem referidas à realidade empírica ou conceitual segundo a linguagem que usam parece fazer crer. [...] Logo, não haverá prática jurídica sem discurso jurídico, nem relação de força sem linguagem, nem tampouco poder simbólico sem poder retórico." (cf. FALBO, Ricardo Nery. *Cidadania e Violência no Judiciário Brasileiro: Uma Análise da Liberdade Individual.* Porto Alegre: SAFe, 2002, p. 75)

[458] FIORIN, José Luiz. *As Astúcias da Enunciação, as Categorias de Pessoa, Espaço e Tempo.* São Paulo: Ática, 1999, p. 30

> *"a linguagem jurídica exerce-se em meio a um conjunto de sistemas em verdadeira dinâmica de fluxos e refluxos recíprocos, intromissões e extromissões, o chamado* ***inferno dos intercâmbios sígnicos****; a participação do discurso jurídico no conjunto das relações sociais dota-lhe desta especial característica que é a constante mutação".(g.n.)* ([459])

Conforme ALEXY, a teoria do discurso insere-se na classe das teorias procedimentais, pelas quais "a adequação de uma norma ou a verdade de uma proposição depende de se a norma ou proposição é ou pode ser o resultado de um procedimento determinado", resultando na seguinte definição: *"D (definição): Uma norma N é adequada se e somente se puder ser o resultado do procedimento P".* ([460])

Por *procedimentos,* com WILLIS, devem ser entendidas as "séries de atos ordenados com a finalidade de propiciar a solução de questões cuja dificuldade e/ou importância requer uma extensão do lapso temporal, para que se considerem aspectos e implicações possíveis" ([461]). Embora, no modelo brasileiro, o *processo* judicial ([462]) seja o âmbito maior e mais garantista de desenvolvimento do *procedimento,* relevante frisar que, ao lado daquele, coexistem outros modelos que, malgrado a reduzidíssima extensão temporal e a extrema racionalidade procedimental, também são tidos como meios legítimos para qualificação da situação jurídica de um imputado, v.g. o *auto de prisão em flagrante delito* (para crimes de lesividade maior) e o *termo circunstanciado* (para as infrações de menor potencial ofensivo). Nestes também se desenvolve, embora de forma simplificada e provisória, um

[459] BITTAR, Eduardo C.B.; ALMEIDA, Guilherme Assis de. *Curso de Filosofia do Direito.* São Paulo: Atlas, 2002, p. 474

[460] ALEXY, Robert. *Problemas da Teoria do Discurso.* In Anuário do Mestrado em Direito, n. 5. Recife (PE): Universidade Federal de Pernambuco, 1992, p. 88

[461] GUERRA FILHO, Willis Santiago. *Quadro Teórico Referencial para o Estudo dos Direitos Humanos e dos Direitos Fundamentais em Face do Direito Processual.* In Revista de Ciências Jurídicas e Sociais da Unipar. Vol. 5, núm. 2, jul/dez 2002. Toledo (PR): UNIPAR, 2002, p. 263-4

[462] DWORKIN, ao assentar a noção do direito como integridade, lembra que "o devido processo legal adjetivo diz respeito a procedimentos corretos para julgar se algum cidadão infringiu as leis estabelecidas pelos procedimentos políticos; se o aceitarmos como virtude, queremos que os tribunais e instituições análogas usem procedimentos de prova, de descoberta e de revisão que proporcionem um justo grau de exatidão, e que, por outro lado, tratem as pessoas acusadas de violação como devem ser tratadas as pessoas em tal situação." (cf. DWORKIN, Ronald. *O Império do Direito.* São Paulo: Martins Fontes, 2003, p.200-1).

procedimento discursivo onde existe, de fato, a possibilidade de o *consenso discursivo* (formador do sentido do justo-injusto criminal) ser democraticamente perseguido ([463]).

Parece, com isso, impor-se uma procedimentalização do Direito ([464]), já que, como assevera WILLIS, não mais se antolha satisfatória a dogmática tradicional, com a atenção voltada "predominantemente para os textos legais, para com base neles reconstruir autorizadamente o sentido normativo". Faz-se um giro em que o objeto da ciência jurídica não é simplesmente as normas e sim os problemas jurídicos. ([465])

A partir da situação do discurso é que a dimensão pragmática da linguagem encontra, sempre, sua compreensão. O acesso à pragmática importa, pois, atenção à retórica. Logo, o uso da linguagem pragmático-situacional há de privilegiar, também, a referência ao "auditório", buscando um modelo dialógico (em oposição ao monólogo, ao qual ligam-se os usos lingüísticos que valorizam mais a sintaxe e a semântica). ([466])

Para TÉRCIO SAMPAIO, as normas jurídicas são entendidas como discursos, "portanto, do ângulo pragmático, interações em que alguém dá a

[463] Apropriado, aqui, o pensamento de PERELMAN, para quem "apenas numa comunidade suficientemente homogênea, em que existe um consenso suficiente sobre o que é razoável ou desarrazoado, é que pode funcionar de modo satisfatório um sistema de direito democrático" (cf. PERELMAN, Chaim. *Ética e Direito*. São Paulo: Martins Fontes, 1999, p. 404)

[464] Sobreleva-se, com isso, o papel do magistrado na comunidade discursiva de (re)composição do discurso jurídico que ele integra e, em boa parte, coordena porque "é através do Judiciário que se extrai o direito da norma e da realidade para restaurá-la, e é através dele também que o povo faz o seu direito, pelas propostas em juízo, pelas teses levantadas e debatidas por seus advogados, pela reflexão teórica dos seus juristas levadas ao debate e pela decisão refletida sobre o conteúdo da ação. O poder do juiz não está na facilidade da decisão do arbítrio que põe fim ao conflito, o que um computador faz com menor margem de erro e sem o risco de parcialidade, mas no joeirar o direito debatido e exposto na matéria do processo, pacientemente, para resolver o conflito com a realização do valor polar do direito: o justo." (cf. SALGADO, Joaquim Carlos. *Princípios Hermenêuticos dos Direitos Fundamentais*, in MERLE, Jean-Christophe, *Direito e Legitimidade*, p. 210). Também para ROSS, o Juiz deve desejar "descobrir uma decisão que não seja o resultado fortuito da manipulação mecânica de fatos e parágrafos, mas sim algo que detenha um propósito de sentido, algo que seja válido". ROSS, Alf. *Direito e Justiça*. Bauru, SP: Edipro: Edipro, 2000, p. 126-7).

[465] GUERRA FILHO, Willis Santiago. *A Filosofia do Direito Aplicada ao Direito Processual e à Teoria da Constituição*. São Paulo: Atlas, 2001, p.93

[466] VIEHWEG, Theodor. *Tópica y Filosofía del Derecho*. Barcelona: Gedisa, 1997, p. 186-7

entender a outrem alguma coisa, estabelecendo-se, concomitantemente, que tipo de relação há entre quem fala e quem ouve". ([467])

11. Consenso pelo discurso

Com o falar em pragmática da norma penal, defendemos a ampliação do círculo de possíveis interactantes do processo comunicacional construtor da ilicitude penal. Persegue-se, portanto, uma verdade procedimental, propiciada pelo consenso ([468]) habermasiano, num espaço argumentativo aberto, com a inclusão de todos os potenciais afetados e a repartição eqüitativa dos direitos de comunicação, com ouvidos à advertência de HABERMAS: "não se trata somente de uma extensão do público de possíveis participantes na argumentação na dimensão social, mas também de uma idealização de suas capacidades e aportações tanto do ponto de vista temporal como de conteúdos materiais". ([469])

Fala-se, assim, no consenso de "todos os pensantes racionais e justos", contando, em primeiro plano, os teóricos do Direito, juízes e, por fim, "a inteira comunidade (res publica)". ([470])

Finalizamos com o magistério de TÉRCIO SAMPAIO

> *"O discurso normativo, assim, sem abdicar da relação de autoridade, tem de canalizar e encaminhar as desilusões ou infrações, estabelecendo para isso procedimentos especiais, em que a autoridade é, ao mesmo tempo mantida, mas temporariamente suspensa, evitando-se o rompimento da comunicação,*

[467] FERRAZ JÚNIOR, Tércio Sampaio. *Teoria da Norma Jurídica : Ensaio de Pragmática da Comunicação Normativa.* Rio de Janeiro: Forense, 2000, p. 52

[468] Para GOYARD-FABRE, "no relativismo cultural e levando-se em conta a mutabilidade das experiências ético-sociais, é grande o perigo de ver o apelo ao consenso transformar-se num 'novo ópio'". (cf. GOYARD-FABRE, Simone. *Os Fundamentos da Ordem Jurídica.* São Paulo: Martins Fontes, 2002, p. 219). Já RAWLS fala num "consenso sobreposto razoável", crendo numa base razoável de unidade política e social aos cidadãos de uma sociedade democrática, ao entender que "a concepção política está alicerçada em doutrinas religiosas, filosóficas e morais razoáveis embora opostas, que ganham um corpo significativo de adeptos e perduram ao longo do tempo de uma geração para outra" (cf. RAWLS, John. *Justiça e Eqüidade, uma Reformulação.* São Paulo: Martins Fontes, 2003, p. 45)

[469] HABERMAS, Jürgen. *Verdad y Justificación.* Madrid: Trotta, 2002, p. 49

[470] BÖCKENFÖRDE, Ernst-Wolfgang. *Escritos sobre Derechos Fundamentales.* Baden-Baden: Nomos Verlagsgesellschaft, 1993, p. 22

ou seja, procedimentos em que o editor possa aparecer como parte argumentante e o endereçado como intérprete." ([471])

12. Lógica: consistência matemática da norma penal

"Lógica e raciocínio são um bocado mais úteis do que você pensa. A razão está em que tudo isso é exato e a ciência da lógica lida especialmente com possibilidades, enquanto a inclinação de sua mente se dirige para atualidades, e você não aprecia a possibilidade inteiramente".

CHARLES SANDERS PIERCE ([472])

Assentou JOHN STUART MILL ([473]) que "o estado atrasado das Ciências Morais só pode ser remediado aplicando a elas os métodos da ciência física, devidamente estendidos e generalizados". Constitui ambição contemporânea esse objetivo do "fisicalismo", isto é, "buscar a 'unidade da ciência' estendendo às ciências humanas os métodos das ciências físicas". ([474])

Foi nos meados do século passado que a difusão da filosofia analítica favoreceu um renovado interesse entre os filósofos do Direito (orientados a uma teoria formalista de inspiração kelseniana) para o estudo da lógica jurídica, esta entendida, de forma simples, como a lógica das normas das proposições normativas. ([475])

[471] FERRAZ JÚNIOR, Tércio Sampaio. *Teoria da Norma Jurídica : Ensaio de Pragmática da Comunicação Normativa.* Rio de Janeiro: Forense, 2000, p. 68

[472] SANTAELLA, Lucia. *O Método Anticartesiano de C. S. Pierce.* São Paulo: UNESP (Editora), 2004, p. 263

[473] MILL, John Stuart. *A Lógica das Ciências Morais.* São Paulo: Iluminuras, 1999, p. 2

[474] VILLEY, Michel. *Filosofia do Direito:Definições e Fins do Direito:Os Meios do Direito.* São Paulo: Martins Fontes, 2003, p. 246 . Segundo o mesmo autor, "uns, fascinados pela expansão das ciências e por seu instrumental – uma técnica do raciocínio necessário – , juraram inserir no direito essa lógica científica comum. Outros, incitados pelo demônio "dialético" da contradição, duvidam que essa lógica científica possa ser utilizada, sem entretanto conseguir substituí-la por uma outra lógica" (cf. idem, ibidem, p. 258)

[475] FARALLI, Carla. *La Filosofia del Diritto Contemporanea.* Roma: Laterza, 2003, p. 65. No entanto, já em 1798, ANTONIO FREDERICO JUSTO THIBAUT escrevera uma obra intitulada "Sobre o Influxo da Filosofia na Interpretação das Leis Positivas", onde pregava que, para interpretar uma norma, não bastava conhecer como ela era formada, sendo necessário também relacioná-la com o conteúdo das outras normas, ou seja, impunha-se analisá-la logicamente e enquadrá-la sistematicamente. (cf. BOBBIO, Norberto. *O Positivismo Jurídico, Lições de Filosofia do Direito.* São Paulo: Ícone, 1995, p. 56). Sobre a evolução do pensamento acerca

Da escrita clássica de KLUG extrai-se que a Lógica indica como, a partir de proposições previamente dadas, podem ser extraídas outras não disponíveis, sem a necessidade de se atentar ao significado material das proposições, decorrendo disso a possibilidade de emprego do instrumento lógico a um conteúdo inadequado.([476]) Portanto, encerrado nas proposições simbólicas subjaz um conteúdo material que há de ser desvelado com recurso necessário à linguagem natural.

Quando WITTGENSTEIN afirma que "(5.6) Os limites de minha linguagem significam os limites de meu mundo. (5.61) A Lógica preenche o mundo; os limites do mundo são também seus limites." ([477]) faz realizar uma coincidência pura de lógica e mundo, precisamente através da identificação de lógica e linguagem. ([478]) Procurava ele elaborar métodos exatos para uma demonstração transcendental das propriedades lógicas e essenciais de nosso modo não-matemático de pensar e falar sobre o mundo ([479]). Como resume WARAT, "onde não há rigor lingüístico não há ciência. Fazer ciência é traduzir numa linguagem rigorosa os dados do mundo". ([480])

Do ponto de vista lingüístico-formal, a norma penal apresenta-se como proposição prescritiva ou preceptiva da conduta humana (imperativo hipotético), distinguindo-se, assim, das proposições descritivas ou apenas expressivas. Entendem alguns que unicamente as proposições descritivas podem submeter-se a critérios de verdade ou falsidade, a depender

da admissibilidade da Lógica aplicada ao Direito, vide, também, KALINOWSKI, Georges. *Introduzione alla Logica Giuridica*. Milano: Giuffrè, 1971, p. 107 e *segs*) e PERELMAN, Chaim. *Ética e Direito*. São Paulo: Martins Fontes, 1999, p. 499 e *segs*.

[476] KLUG, Ulrich. *Lógica Jurídica*. Bogotá, Colômbia: Temis, 2004, p. 1-3. Note-se, com CABRERA, que "a forma lógica da linguagem mantém-se como limite transcendental do mundo, mas no mundo mesmo, ou seja, aquém dos limites, não se precisaria de nenhum tipo de esforço hermenêutico, desde que a forma lógica uniformizasse as subjetividades e tornasse supérfluas as suas particularidades. Os enunciados ganham, por meio dessa forma, uma espécie de hermenêutica impessoal e anônima, ou de compreensão universal monológica, não mediada pela intersubjetividade".(cf. CABRERA, Julio. *Margens das Filosofias da Linguagem. Conflitos e Aproximações entre Analíticas, Hermenêuticas, Fenomenologias e Metacríticas da Linguagem*. Brasília: UnB (Editora), 2003, p. 82)

[477] WITTGENSTEIN, Ludwig. *Tractatus Lógico-Philosophicus*. São Paulo: USP (Editora), 2001, p. 245

[478] SCHULZ, Walter. *Wittgenstein, la Negación de la Filosofia*. Madrid: G. Toro, 1970, p. 23

[479] WINCH, Peter. *Studies in the Philosophy of Wittgentein*. London: Routledge & Degan Paul, s/d, p. 7

[480] WARAT, Luis Alberto. *O Direito e sua Linguagem*. Porto Alegre: SAFe, 1995, p. 37

da descrição correta, ou não, de um conteúdo de experiência que corresponda ao seu significado ([481]). Por esse raciocínio, as proposições prescritivas não podem ser verdadeiras ou falsas, pois seus preceitos apenas admitiriam aferição de serem válidos ou inválidos (pela legimitidade ou não do enunciante), eficazes ou ineficazes (pela adesão dos enunciatários ao seu conteúdo) e justas ou injustas (conforme o valor intrínseco atribuído ao preceito em si). ([482])

Embora polêmico, ainda hoje, o acerto do emprego de linguagens lógicas para o estudo das línguas naturais, para alguns "a utilização das linguagens formais como 'modelo' para a linguagem das representações semânticas é possível e desejável, uma vez que nessas linguagens formais, entre outras coisas, definem-se facilmente conseqüências lógicas (acarretamentos), equivalências lógicas (sinonímias) e contradições". ([483]). Norma jurícia é, antes de tudo, um juízo, tendo uma natureza lógico-material que se aperfeiçoa com sua formalidade lógica de comunicação: a estrutura lógica da norma não é primariamente sua linguagem, mas sua intrínseca racionalidade ou estruturação racional. ([484])

A própria palavra 'Lógica' é equívoca, pois designa, etimologicamente, o estudo dos discursos (*logoi*). Porém, numa acepção mais atual, "a lógica constitui uma ciência mais especializada: ela se limitaria ao estudo desses argumentos, que partindo de premissas dadas conduzem a conclusões necessárias".([485]) Mas quais premissas? Na resposta a essa indagação não se deve apartar da advertência deixada por BETTIOL:

[481] Assim, "o significado de uma proposição é seu conteúdo empírico, isto é, a possibilidade de verificar se aquilo que nela se afirma diz respeito a fatos que ocorreram ou não". (cf. ARAÚJO, Inês Lacerda. *Introdução à Filosofia da Ciência. Curitiba*: UFPR (Editora), 2003, p. 40

[482] LUMIA, Giuseppe. *Elementos de Teoria e Ideologia do Direito.* São Paulo: Martins Fontes, 2003, p. 41

[483] BORGES NETO, José *in* MÜLLER, Ana Lúcia *et all* (orgs.) *Semântica Formal.* São Paulo: Contexto, 2003, p. 11

[484] NAVARRETE, José F. Lorca. *Temas de Teoria y Filosofia del Derecho.* Madrid: Pirámide, 1993, p. 240

[485] VILLEY, Michel. *Filosofia do Direito:Definições e Fins do Direito:Os Meios do Direito.* São Paulo: Martins Fontes, 2003, p. 236. Para SANTAELLA, "a Lógica é a ciência das leis necessárias do pensamento e das condições para se atingir a verdade. [...] trata não apenas das leis do pensamento e das condições de verdade, mas, para tratar das leis do pensamento e da sua evolução, deve debruçar-se, antes, sobre as condições gerais dos signos. Deve estudar, inclusive, como pode se dar a transmissão de significado de uma mente para outra e de um estado

> *"a lógica de que este método se serve é uma teleológica, uma lógica de conteúdo, uma lógica concreta, toda aderente à realidade moral e social do direito penal, a qual não descamba, por conseguinte, nos reinos da abstração generalizadora, antes se mantém ligada aos juízos de valor que podem ser formulados acerca das noções dos diversos crimes. É uma lógica que propende para o objeto, que se debruça sobre ele, que o faz seu."*([486])

Filiamo-nos a PUGLIATTI, no sentido de poder a Lógica servir como instrumento de sistematização do Direito Penal, assegurando a integridade do tecido normativo ao garantir a coerência entre as regras e os princípios. Entretanto, não se alcança, unicamente pelo procedimento lógico, uma "verdade final", pois aquele não perquire diretamente o dado positivo, antes o assume como elemento a sistematizar. ([487])

O Direito Penal não é refratário à lógica porque suas estruturas sejam, intrinsecamente, avessas às formulações exatas. É-o porque ainda não alcançou a Ciência Penal, em nível de metalinguagem, a subsunção de seus fenômenos a leis que compreendam a totalidade das causas que influenciam seus resultados e, por conseguinte, que atribuam a cada uma dessas causas a parte do efeito que efetivamente lhes pertence. Não se pode falar, portanto, em uma incapacidade inerente de adaptação do Direito Penal à ciência exata e, sim, numa dificuldade de determinar com precisão as reais uniformidades derivadas.

Também contribui para a inadequação da norma a modelos lógico-silogísticos a linguagem ambígua e vaga e da lei, mormente em "direito internacional, sendo o paradoxo que padrões e princípios diretores trazem em si tanto a possibilidade de facilitar a aproximação dos sistemas nacionais quanto o risco de desqualificar ainda mais o modelo silogístico". ([488])

mental para outro (cf. SANTAELLA, Lucia. *Semiótica Aplicada*. São Paulo: Pioneira Thomson Learning, 2005, p. 3)

486 BETTIOL, Giuseppe. *O Problema Penal*. Campinas,SP: LZN, 2003, p. 103

487 PUGLIATTI, Salvatore. *Grammatica e Diritto*. Milano: Giuffrè, 1978, p. 180

488 DELMAS-MARTY, Meirelle. *Por um Direito Comum*. São Paulo: Martins Fontes, 2004, p. 145

13. Da linguagem performativo-prescritiva à constativa da norma penal

É, geralmente, pelo ângulo sintático da linguagem que se afirma o caráter prescritivo (e não meramente descritivo) do enunciado típico legal. VON WRIGHT já dizia que as leis do Estado são prescritivas porque "estabelecem regramentos para a conduta e intercâmbio humanos" ([489]). O sistema positivo penal é, em última análise, um agregado de enunciados do discursivo prescritivo, diretivo, normativo, preceptivo, imperativo, enfim daquela espécie de discurso que tem por escopo determinar o comportamento dos cidadãos. Como explica GUASTINI, os enunciados do discurso *descritivo* têm forma indicativa, enquanto que os do discurso *prescritivo* têm forma deôntica (isto é, em forma de *dever*). ([490])

A Ciência do Direito, falando em nível de metalinguagem, diz sobre o Direito (Penal) positivo que passa a ser, então, sua linguagem objeto. Aquela linguagem jurídica cognoscitiva não se confunde, por nenhum ângulo, com esta linguagem jurídica prescritiva, própria do direito positivo. A linguagem em que se significa a linguagem prescritiva na qual os materiais jurídicos se encontram expressos (linguagem do constituinte, do legislador ou do juiz), não é uma linguagem prescritiva, mas de caráter 'descritivo'. ([491])

Lançando mão de um dado comum (o lingüístico) identifica-se uma linguagem prescritiva (do direito positivo) e uma linguagem descritiva (da Ciência do Direito), revelando-se esta como camada de linguagem de sobrenível, isto é, como metalinguagem, eis que é uma linguagem que fala de outra linguagem. ([492]). A interpretação científica trata as normas jurídicas como objeto de conhecimento e sobre elas formula proposições jurídicas, isto é, enunciados: "em outras palavras, as proposições representam a leitura ou tradução dos significados possíveis de uma norma jurí-

[489] WRIGHT, Georg Henrik von. *Norma y Accion. Una Investigación Lógica.* Madrid: Tecnos, 1970, p.22

[490] GUASTINI, Riccardo. *Il Diritto Come Linguaggio, Lezioni.* Torino: Giapichelli, 2006, p. 8

[491] TAMAYO Y SALMORAN, Rolando. *El Derecho y La Ciencia del Derecho.* México: Universidad Autónoma de México, 1986, p. 160

[492] CONRADO, Paulo César. *Compensação Tributária e Processo.* São Paulo: Max Limonad, 2001, p. 28

dica. Elas, diferentemente das normas não são comandos, uma vez que nada prescrevem." ([493])

Por isso "os enunciados prescritivos não são absolutamente desprovidos de referência semântica (extralingüística), já que se referem a enigmáticas entidades normativas ("fatos normativos") constituídas previamente a eles e deles independentes. Entende-se que, de acordo com esse modo de ver, os enunciados prescritivos, concebidos depois de tudo como enunciados – paradoxalmente – descritivos possam, ademais, ser verdadeiros ou falsos". ([494])

Marca ALF ROSS vigorosamente a distinção entre o próprio Direito (enquanto regras jurídicas contidas nas leis ou noutras fontes do Direito) e o conhecimento do Direito (como proposições doutrinárias acerca de regras jurídicas): "as primeiras são diretivas (alógicas), as segundas são asserções (lógicas) que expressam que certas diretivas são direito vigente". ([495])

No artigo 121 ("matar alguém") tem-se um enunciado do legislador que pode ser lido sob a forma de uma afirmação ***performativa*** ([496]) explícita: *"eu proíbo que mate [injustamente]"*. É performativo porque, ao ser enunciado pelo legislador, realiza um ato (de proibição); não descreve simplesmente um estado de coisas, mas sim transforma a realidade sobre a qual incide. Afinal, como resume HART, "a função social que a lei criminal cumpre é a de prescrever e definir certos tipos de conduta como algo que deve ser

[493] GAINO FILHO, Itamar. *Positivismo e Retórica, uma Visão de Complementaridade entre o Positivismo Jurídico de Hans Kelsen e a Nova Retórica de Chaim Perelman*. São Paulo: Juarez de Oliveira, 2004, p. 62

[494] GUASTINI, Ricardo. *Das Fontes às Normas*. São Paulo: Quartier Latin, 2005, p. 58. Sobre o sentido de "prescrições", v. MOHINO, Juan Carlos Bayon. *La Normatividad del Derecho: Deber Jurídico y Razones para la Accion*. Madrid: Centro de Estúdios Constitucionales, 1991, p. 248 e segs.

[495] ROSS, Alf. *Direito e Justiça*. Bauru, SP: Edipro: Edipro, 2000, p. 32

[496] Austin vai demonstrar que a Lingüística se deixara levar por uma ilusão descritiva pois não fazia a distinção entre dois tipos de afirmações: as ***constativas*** que são descrições de estados de coisas; as ***performativas*** que não são descrições de estados de coisas e correspondem, quando de sua realização, à execução de uma ação (ordem, declaração, promessa, escusas, perdão etc...) as quais, por não descreverem nada, não são verdadeiras nem falsas. (cf. FIORIN, José Luiz (org.). *Introdução à Lingüística: I. Objetos Teóricos*. São Paulo: Contexto, 2005, p. 170-2). É certo dizer que "Austin está especificamente preocupado com enunciados jurídicos que parecem afirmações (*statements*) descritivas (*constative*), quando na verdade são expressões (*utterances*) performativas". (cf. LOPES, José Reinaldo Lima. *As Palavras e a Lei: Direito, Ordem e Justiça na História do Pensamento Jurídico Moderno. São Paulo*: Edesp, 2004, p. 31)

evitado ou feito por aqueles a quem se aplica, independemente de seus desejos". ([497])

É a moderna Pragmática que passa a entender possível a conversão de um *performativo* em *constativo* ([498]), que se processaria da seguinte forma: *"o legislador proíbe que mate [injustamente]"*. Tem-se, agora, uma afirmação constativa que descreve a realização de uma afirmação perfomativa pelo legislador. Nos constativos há uma parte (o que se afirma), isto é, o seu conteúdo afirmado, que pode, perfeitamente, ser submetido à prova da verdade: *"é verdade que é proibido matar injustamente"*; *"é verdade que não é permitido matar injustamente"*; *"é verdade que é permitido ou obrigatório matar justamente"*. Sinteticamente dizendo, não se enquadra logicamente o ato lingüístico performativo da norma, senão dela o conteúdo ordenado (dito na forma constativa).

Resta claro, portanto, que não se progride se se trabalhar com linguagem semanticamente fechada. Deve-se adotar a linguagem como cálculo, isto é, devem ser empregadas duas linguagens: a "linguagem-objeto" (a de que se fala – no caso o direito positivo) e a "metalinguagem" (pela qual construímos as proposições – o produto do discurso da comunidade hermenêutica).

O injusto de um dado homicídio é condição necessária e suficiente para a verdade da sentença posta: {matar alguém é crime} . Para que a sentença "matar é crime" seja verdadeira é preciso (e basta) que exista o caráter injustificado da ação humana de matar. A sentença ***X*** "matar

[497] HART, Herbert L. A. *O Conceito de Direito*. Lisboa: Calouste Gulbenkian, 1994, p.34

[498] Atente-se: "Se admitimos que as proposições da Ciência do Direito são prescrições, ainda que não no sentido normativo do direito, seremos, então, obrigados a vê-las como constituindo não uma forma de saber teórico no sentido constatativo, realizado mediante proposições descritivas, mas de um saber prático que nos diz o que deve ser feito em tais e tais condições" (FERRAZ JÚNIOR, Tércio Sampaio. *A Ciência do Direito*. São Paulo: Atlas, 1980, p. 55). Sustenta RICARDO GUASTINI inexistir correspondência bi-unívoca entre a forma sintática dos enunciados e suas funções (descritiva ou prescritiva) porque "a forma sintática do enunciado é – por assim dizer – somente um indício, mas não uma prova conclusiva para decidir pelo seu caráter descritivo ou prescrittivo". (GUASTINI, Riccardo. *Il Diritto Come Linguaggio, Lezioni*. Torino: Giapichelli, 2006, p. 8-9). OLIVECRONA, referindo-se a AUSTIN, chama de "falácia constativa" (*constative fallacy*) a conversão de imperativos em descritivos, pois com isso os imperativos serão interpretados ou como afirmações relativas ao estado de ânimo de quem as proferiu ou, então, como afirmações relativas a eventos futuros que recairão sobre o destinatário caso não dirija sua conduta de determinada maneira. (OLIVECRONA, Karl. *La Struttura dell'Ordinamento Giuridico*. Bologna: Etas Kompass, 1972, p. 166)

alguém é crime" é verdadeira se, e apenas se, matar alguém é crime. Note-se: empregam-se, aqui, duas linguagens distintas. A sentença entre aspas corresponde à linguagem do direito positivo (L ord) , ao passo que a sentença seguinte (idêntica, mas sem as aspas) diz respeito à constatação da existência de crime diante de todos os elementos negativos do tipo possíveis (L sis).

Nesse exemplo, "X" é a sentença cujas condições de verdade (cujo significado) pretendemos exprimir e 'p' é a expressão da outra linguagem que expõe as condições de verdade de X. Portanto significado da sentença corresponde às suas condições de verdade: "só saberemos quais são as condições de verdade de uma determinada sentença se conhecermos seu significado e, uma vez que conhecemos o significado de uma sentença, sabemos quais são suas condições de verdade."([499])

14. Verdade no discurso normativo?

Em Lógica trabalha-se com a *verdade*: "dizer do que é que não é, ou do que não é que é, é falso, enquanto que dizer do que é que é, ou do que não é que não é, é verdadeiro", o que equivale a dizer que "a verdade de uma sentença consiste em seu acordo (ou correspondência com a realidade)" ([500]). Igualmente, para a Lógica Crítica de PIERCE, está correto que "toda asserção ou é verdadeira ou é falsa, e não ambas, e que algumas proposições podem ser reconhecidas como verdadeiras". ([501])

Não pode a Lógica nada dizer da verdade sobre eventual equívoco do conteúdo proposicional da norma, isto é, do acerto ou desacerto da

[499] BORGES NETO, José *in* MÜLLER, Ana Lúcia *et all* (orgs.) *Semântica Formal*. São Paulo: Contexto, 2003, p. 17. Resume esse autor como deve se processar o raciocínio: "(i) assume-se que estamos diante de duas linguagens (uma linguagem-objeto e uma metalinguagem); (ii) assume-se que 'p' nos dá o conjunto de condições necessárias e suficientes para a determinação da verdade de X; (iii) identificam-se as condições de verdade de uma sentença X com o seu significado." (idem, ibidem, p. 16)

[500] BORGES NETO, José *in* MÜLLER, Ana Lúcia *et all* (orgs.) *Semântica Formal*. São Paulo: Contexto, 2003, p. 14

[501] HAAS, Willian Paul. *The Conception of Law and the Unity of Peirce's Philosophy*. Fribourg (Switzerland): University of Notre Dame, 1964, p. 69: "every assertion is either true or false, and not both, and that some propositions may be recognized as true". (tradução livre do autor)

proibição ou permissão para matar ([502]). A verdade lógico-formal – i.e., a concordância de um conhecimento com as leis gerais e formais do entendimento e da razão – apenas afirma que um enunciado corresponde aos princípios da Lógica e, para isso, necessita pressupor a verdade material – ou seja, a correspondência do enunciado ao seu objeto ou à realidade – que não é decidida pela Lógica. Dizendo de forma sintética, não pode a Lógica prestar-se à descoberta do equívoco que diz respeito não à forma, mas sim ao conteúdo.

Embora se afirme que a Lógica não pode responsabilizar-se pelo conteúdo de qualquer decisão jurídica, deve ela ser tida como valioso instrumento, ainda que não suficiente, para o controle e justificação de tais decisões. ([503]) Por isso a crença na verdade de uma proposição deve vir sempre justificada e jamais pode ser sua própria justificação. ([504])

Em harmonia com a proposta pragmático-discursiva aqui abraçada, buscamos as condições de verdade a partir do consenso racional habermasiano, o qual permite atribuir aos juízos de valor uma objetividade "sui generis". Com isso afirma-se que a verdade não é tanto um fato ontológico, mas uma questão relativa aos critérios admitidos para construí-la corretamente. ([505])

Em HABERMAS parece, ainda, que a verdade de um enunciado somente pode ser garantida por sua coerência com outros enunciados já aceitos. Segundo ele, "a 'verdade' das orações descritivas significa que os estados de coisas enunciados 'existem', enquanto que a 'correção' das orações normativas reflete a obrigatoriedade de modos de atuar, devidos (ou proibidos) ([506]). O assentimento de todos é a condição para a verdade, equiparando-se proposições normativas e não-normativas quanto à capa-

[502] Note-se: "certamente não podemos descobrir coisas a respeito do mundo pela análise lingüística ou lógica. Mas é claro que tais análises nos ensinariam somente as formas *possíveis* dos fatos, não os fatos reais. Poderíamos aprender que se 'F' é um fato, ele tem tal e tal forma, mas não que 'F' seja um fato." (cf. HACKING, Ian. *Por que a Linguagem Interessa à Filosofia?* Tradução Maria Elisa Marchini Sayeg. São Paulo: UNESP, 1999, p. 89). A linguagem da Lógica proposicional tem poder expressivo limitado, exprimindo, pelo enunciado, somente as conexões entre as letras proposicionais que, por sua vez, denotam fatos do mundo real. (cf. AIELLO, Luigia Carlucci; PIRRI, Fiora. *Strutture Logica Linguaggi*. Milano: Pearson, 2005, p. 162)

[503] FARALLI, Carla. *La Filosofia del Diritto Contemporanea*. Roma: Laterza, 2003, p. 70

[504] ROSS, Alf. *Direito e Justiça*. Bauru, SP: Edipro: Edipro, 2000, p. 305

[505] PALOMBELLA, Gianluigi. *Filosofia do Direito*. São Paulo: Martins Fontes: 2005, p. 358

[506] HABERMAS, Jürgen. *Verdad y Justificación*. Madrid: Trotta, 2002, p. 47 e 263

cidade de verdade. Tem-se a vantagem de identificar a verdade e a correção como pretensões de validade, susceptíveis de desempenho discursivo. Afirmar que uma proposição é verdadeira significa manter que sua validade está justificada. O consenso aqui referido não há de ser qualquer consenso, mas sim aquele fundado, daí sendo preferível em designar essa teoria como "***teoria discursiva da verdade***" ([507])

Por essa via torna-se possível uma conexão entre os conceitos de adequação e de verdade. No entanto, consoante atrás ressaltado, e como também adverte ALEXY, não é o consenso que fundamenta a adequação ou a verdade, mas sim a condução do procedimento de acordo com as regras discursivas. Os fundamentos das proposições substanciais serão revelados no processo de investigação discursiva. ([508])

Defendendo a idéia do Direito como integridade, DWORKIN – para alguns um jusnaturalista não declarado – escreveu que "as proposições jurídicas são verdadeiras se constam, ou derivam, dos princípios de justiça, eqüidade e devido processo legal que oferecem a *melhor interpretação construtiva da prática jurídica da comunidade*" (g.n.) ([509]). Penso identificar-se nesse conceito de DWORKIN uma concepção jusnatural porque, consoante lição de BOBBIO, para os jusnaturalistas o direito constitui um sistema unitário, "porque todas suas normas podem ser deduzidas por um

507 FIGUEROA, Alfonso García. *Principios y Positivismo Jurídico*...Madrid: Centro de Estudios Políticos e Constitucionales, 1998, p. 333. Segundo HABERMAS, a legitimação do ordenamento político de um Estado constitucional democrático "se constitui em formas do Direito, ordenamentos políticos nutrem-se do pleito de legitimidade jurídica. É que o Direito não somente exige aceitação; não apenas solicita dos seus endereçados reconhecimento de fato, mas também pleiteia merecer reconhecimento. Para a legitimação de um ordenamento estatal, constituído na forma da lei, requerem-se, por isso, todas as fundamentações e construções públicas que resgatarão esse pleito como digno de ser reconhecido". (cf. HABERMAS, Jürgens. *Sobre a Legitimação pelos Direitos Humanos*, MERLE, Jean-Christophe et all, *Direito e Legitimidade*, p. 67-68)

508 ALEXY, Robert. *Problemas da Teoria do Discurso.* In Anuário do Mestrado em Direito, n. 5. Recife (PE): Universidade Federal de Pernambuco, 1992, p. 97-9. Também em KLAUS GÜNTHER, "os discursos são especializados em fundamentar pretensões de validade. Servem para resgatar, por meio de argumentos, a pretensão de veracidade, que se combina com o sentido ilocucionário de cada afirmativa, e a pretensão de correção, que se combina com o sentido ilocucionário de cada juízo normativo. Quem admitir argumentações, exigindo razões para reconhecer uma pretensão de validade, estará simultaneamente admitindo pressuposições argumentativas, nas quais um exame discursivo é possível". (cf. GÜNTHER, Klaus. *Teoria da Argumentação no Direito e na Moral: Justificação e Aplicação.* São Paulo: Landy, 2004, p. 76)

509 DWORKIN, Ronald. *O Império do Direito.* São Paulo: Martins Fontes, 2003, p. 272

procedimento lógico uma da outra até que se chegue a uma norma totalmente geral, que é a base de todo o sistema e que constitui um *postulado moral autoevidente*" ([510]) mutável ao longo da história do jusnaturalismo.

Se esse postulado moral autoevidente pode ser substituído, hoje, por uma concepção de justiça, então retorna-se à importância do discurso como possibilitador do consenso racional. Invocando HUME ([511]), pode-se, ainda, afirmar que as regras da justiça embora artificiais – i.e., não fundadas na razão ou nas relações de idéias eternas e universais – não são arbitrárias, motivo por que o senso do justo há de surgir das convenções humanas, como expressão mútua dos membros da sociedade que, por elas, regram suas condutas.

15. A prova deôntica da Teoria dos Elementos Negativos

No estudo do crime, pode-se afirmar, o reiterado insucesso dogmático – na criação de novas teorias, na sustentação das clássicas e, até mesmo, na resolução de falsos problemas – deve ser creditado, em boa medida, à ausência de rigor da linguagem comum veiculada pelos tipos penais e ao emprego de uma linguagem insuficientemente formalizada, conduzindo à esterilidade qualquer intento de uma decifração epistemológica.

A contemplação exclusiva da estrutura gramatical dos tipos penais não permite fazer emergir com clareza a estrutura lógica do discurso jurídico-criminal, sendo imprescindível a conversão daqueles em enunciados lingüísticos e, assim, em proposições subsumíveis a condições de verdade. Estabelecida a estrutura lógica dos enunciados típicos é, então, possível desnudar a estrutura do pensamento jurídico expresso por esses enunciados e, por conseguinte, dilatar o conhecimento dos processos inferenciais.

Se, como defendemos, a linguagem é instrumento de representação da realidade ([512]), logo sua análise pode informar sobre a natureza dessa mesma realidade. Necessário substituir a relação "idéias/mundo", isto é, um

[510] BOBBIO, Norberto. *O Positivismo Jurídico, Lições de Filosofia do Direito*. São Paulo: Ícone, 1995, p.199

[511] HUME, David. *Tratado da Natureza Humana*... São Paulo: UNESP/IOE, 2001, p. 520-537

[512] Adotando o pensamento de IÑIGUEZ: "nosso conhecimento do mundo não se radica nas idéias que dele fazemos; ele se abriga, sim, nos enunciados que a linguagem nos permite construir para representar o mundo." (cf. IÑIGUEZ, Lupicinio. *Manual de Análise do Discurso em Ciências Sociais*. Petrópolis, RJ: Vozes, 2004, p. 35)

discurso mental introspectivo, privado, pela relação "linguagem/mundo", suplantando o privado pelo público e o não observável pelo manifesto, a fim de evidenciar seus esquemas lógicos.

A proposição penal, num caso concreto, deve consubstanciar o produto final de uma operação cognoscitiva do sistema penal global. O Direito Penal deve abandonar o espectro do "ideal humanista", para lançar-se à construção universal de um sistema real de enunciados que, simultaneamente, componha seu suporte dogmático e configure seu substrato positivo.

Em síntese, a garantia de cientificidade no debate jurídico-penal somente será introduzida pela reforma integral de sua linguagem e à submissão de seus enunciados a rigoroso exame de consistência lógica, de molde a transformá-los em proposições, numa linguagem formalizada e indene, por conseqüência, a aparentes ciladas semânticas. Nessa aferição, nem todas, aliás bem poucas, das consagradas teorias do delito subsistirão.

Daí que a proposição do tipo penal deva cumprir uma função descritivo--representacional do universo de ilicitudes criminais e, por versar sobre a realidade, constituir *enunciado empírico* que condicione sua validade a escrupulosa verificação arrimada no método científico.

Inconcebível a idéia de uma norma penal insulada do restante do sistema jurídico-positivo. Faz ela "parte de amplas redes de proposições lingüísticas similares, que por sua vez são resultado da reconstrução hermenêutica do texto bruto do ordenamento" ou, por outro modo dito, "a determinação dos significados concretos provém da totalidade de significado que o texto estabelece". ([513])

15.1. O princípio da não-contradição

FERRAJOLI leciona que coerência e plenitude são requisitos do discurso teórico sobre o Direito, mas não características do discurso normativo. Apresentam-se ao Direito como princípios normativos, constituindo-se--lhe uma norma o *princípio da não-contradição*. A Lógica não é interna e sim externa ao Direito. ([514])

[513] ROBLES, Gregório, *O Direito como Texto, Quatro Estudos de Teoria Comunicacional do Direito*, p.11e 32

[514] FERRAJOLI, Luigi, *Los Fundamentos de los Derechos Fundamentales*. Madrid: Trotta, 2005, p. 187-8

Segundo WITTGENSTEIN, entre os grupos possíveis de condições de verdade, a contradição é um dos casos extremos – o outro é a tautologia – em que a proposição é falsa para todas as possibilidades de verdade. A contradição não diz nada, não tem sentido, não é figuração da realidade e não possui nenhuma condição de verdade: não admite nenhuma situação possível. Não pode, por isso, a contradição determinar a realidade. ([515])

Em sua Teoria Geral das Normas assim manifestou-se KELSEN sobre a contradição:

> *"O princípio de não-contradição não diz que um enunciado é verdadeiro se ele não está em desacordo com nenhum outro enunciado, mas sim: se de dois enunciados que se contradizem, um – materialmente – é verdadeiro, então o outro tem de ser falso. A Lógica não afirma que se um é obtido pela via de uma conclusão, este enunciado é verdadeiro, senão apenas: se as premissas – materialmente – são verdadeiras, também a conclusão tem de ser verdadeira".* ([516])

Intentemos uma simbolização aplicada às normas penais. Introduzindo a noção de ***determinação deôntica de ação***, assentou VON WRIGHT que "uma ação é deonticamente determinada em [um sistema] "S", se e somente se, dada uma oportunidade, alguém ou é autorizado ou proibido pelas normas de [esse sistema] "S" para agir (comportar-se) de modo que o resultado dessa ação se produza." ([517])

Dissecando esse conceito, podem ser deduzidos os seguintes vetores deônticos de condutas, impostos pelo Estado ao cidadão, pela via normativa:

a) **normas que determinam obrigações:** traduzem um dever de ação, um imperativo positivo: *deve-se prestar assistência à pessoa ferida*;

[515] WITTGENSTEIN, Ludwig. *Tractatus Lógico-Philosophicus*. São Paulo: USP (Editora), 2001, p. 199

[516] KELSEN, Hans. *Teoria Geral das Normas*. Porto Alegre: SAFe,, 1986, p. 222

[517] WRIGHT, Georg Henrik von. *An Essay in Deontic Logic and the General Theory of Action*. Amsterdan: North-Holland, 1972, p. 83: "An action is deontically determined in *S*, if and only if, given an opportunity, one is either permitted or forbidden by the norms of *S* to act (behave) in such a way that the result of this action comes about."(tradução livre do autor). Ainda, sobre uma crítica do pensamento de WRIGHT, leia-se MAZZARESE, Tecla. *Logica Deontica e Linguaggio Giuridico*. Padova: Cedam, 1989, p. 56 e segs.

o médico deve denunciar à autoridade pública a doença de notificação compulsória: "A deve B".

b) **normas impositivas de proibições:** expressam um dever de omissão; são imperativos negativos. Constituem a maioria das normas penais incriminadoras: é proibido matar, injustamente. Embora a intuição sugira sentidos diferentes para as locuções "é proibido matar" e "é obrigatório omitir o ato de matar", reconhece-se, no plano sintático, a interdefinibilidade entre os dois operadores ([518]): "A deve não-B".

c) **normas que estabelecem permissões:** representam uma exceção a uma norma geral de obrigação/proibição: "através o operador 'é permitido, porém que' determinada ação ou omissão é qualificada juridicamente como facultativa ou permitida, tendo em vista uma proibição ou obrigação geral". ([519]) Podem ser positivas ou negativas.

c.1) **permissões positivas:** significam permissão para fazer, isto é, a ab-rogação de proibição anterior: *pode-se matar em legítima defesa:* "A não deve B" (o sujeito A pode cumprir a ação B: pode matar, em legítima defesa).

Segundo KELSEN,

> *"a função normativa da permissão positiva é redutível à função da derrogação, i.e., à abolição ou limitação da validade de uma norma que proíbe uma conduta definida. Permissão num sentido positivo é, em verdade, não a função direta da norma abolitiva ou limitativa da validade de uma norma mas sua função indireta, conquanto o ser-permitido de uma conduta seja a conseqüência de que a proibição desta conduta (a saber: a imposição desta conduta) é abolida ou limitada."* ([520])

[518] Nesse sentido: FERRAZ JÚNIOR, Tércio Sampaio. *Teoria da Norma Jurídica : Ensaio de Pragmática da Comunicação Normativa.* Rio de Janeiro: Forense, 2000, p. 58

[519] FERRAZ JÚNIOR, Tércio Sampaio. *Teoria da Norma Jurídica : Ensaio de Pragmática da Comunicação Normativa.* Rio de Janeiro: Forense, 2000, p. 65

[520] KELSEN, Hans. *Teoria Geral das Normas.* Porto Alegre: SAFe,, 1986, p. 125

Formulemos um exemplo. É vedada a direção não segura de veículo automotor em via pública; exceto se o condutor for um instruendo durante sua regular aula prática. Em contraposição à norma penal de direção não habilitada-perigosa, existe a permissão positiva das leis de trânsito para que o aprendiz possa manejar o automóvel. Embora inexistente (o documento de) licença para a direção e, além, seja esta esperadamente perigosa (pela presumida imperícia do aluno-motorista) não se falará em *tipicidade* da conduta, já que antijurídica ela não é pela preexistência da permissão legal em sentido oposto à da vedação penal. Neste exemplo, interessante ressaltar, consente o Estado que o bem jurídico (incolumidade pública) seja exposto a risco, tendo em vista o fim da própria conduta perigosa: permitir que, em situações reais de condução do automotor em vias de trânsito habitual, sejam os futuros motoristas capacitados para uma condução perita e, portanto, segura.

Aqui o indivíduo goza da ***faculdade*** de tornar-se motorista e, para isso, cumpre a obrigação de capacitar-se durante o processo de habilitação. O conceito jurídico de ***faculdade*** indica a investidura de alguém, por norma jurídica, para a realização de um ato jurídico válido. As normas que conferem a faculdade a alguém não impõem obrigações ou deveres, tampouco estabelecem condutas ilícitas ou delitos. ([521]) Também chamadas de "normas permissivas independentes", estabelecem faculdades para agir ou deixar de agir sem que, sobre o mesmo conteúdo, incida norma geral de obrigação/proibição. ([522])

> c.2) **permissões negativas:** substanciam permissão para se abster, ou seja, ab-rogam ou derrogam uma obrigação anterior: *o cidadão poderá omitir o socorro à pessoa ferida se essa prestação implicar-lhe risco pessoal:* "A não deve não-B" (o sujeito A pode omitir a ação B).

Importante notar, com KELSEN, que "toda proibição de uma determinada conduta é a imposição da omissão dessa conduta, toda imposição de uma determinada conduta é a proibição da omissão dessa conduta". ([523])

[521] TAMAYO Y SALMORAN, Rolando. *El Derecho y La Ciencia del Derecho.* México: Universidad Autónoma de México, 1986, p. 62

[522] FERRAZ JÚNIOR, Tércio Sampaio. *Teoria da Norma Jurídica : Ensaio de Pragmática da Comunicação Normativa.* Rio de Janeiro: Forense, 2000, p. 65

[523] KELSEN, Hans. *Teoria Geral das Normas.* Porto Alegre: SAFe,, 1986, p. 121

Assim teríamos:

$$V(p) = O(\sim p)$$
$$O(q) = V(\sim q)$$

Exemplificando: se é proibido (V) furtar (p), logo é obrigatório (O) não furtar (~p). Se obrigatória (O) a prestação de socorro (q), por conseguinte é proibido (V) a omissão do socorro (~q).

Note-se a visibilidade da contradição do tipo legal em linguagem formalizada:

"É proibido matar E é permitido matar"

$$V(p) \,.\, P(p)$$
$$\sim P(p) \,.\, P(p)$$
$$V(p) \,.\, \sim V(p)$$

"É proibido matar E é obrigatório matar"

$$V(p) \,.\, O(p)$$

Ora, o que é vedado (V) pode ser dito como não obrigatório (~O) que resultaria na seguinte equação lógica:

$$\sim O(p) \,.\, O(p)$$

Ou, ainda, pode-se afirmar a mesma coisa escrevendo-se que o obrigatório (O) é, necessariamente, não-proibido (~V), chegando-se à seguinte formulação:

$$V(p) \,.\, \sim V(p)$$

Também há que se ressaltar que a obrigação (Op) implica a permissão da conduta imposta (Pp), embora essa permissão não seja irrestrita, pelo simples fato de não se permitir a omissão da mesma conduta (~P~p). Isto é:

$$O(p) \rightarrow P(p)$$

Mas $P(p) \neq P(\sim p)$
Pois $O(p) \neq P(\sim p)$
Mas sim $O(p) \rightarrow \sim P(\sim p)$
Jamais $O(p) \rightarrow \sim P(p)$

É o que se verifica no caso do estrito cumprimento do dever legal. Deve o policial prender o agente surpreendido em flagrante delito. Está-lhe permitida a constrição da liberdade individual do cidadão. Todavia, não se pode dizer que, diante dessa permissão, tenha o policial a faculdade de escolher entre a prisão e a não-prisão do indigitado. Não lhe está permitida a não-prisão ([524]).

Por outro lado, procedendo ao encarceramento, não comete o agente a conduta típica de seqüestro ou de abuso de autoridade, embora execute uma privação de liberdade que, para alguns, é típica, embora não antijurídica. Admitida a tipicidade nesse exemplo, chegar-se-ia a um paradoxo: o agente está obrigado a privar a liberdade e, ao mesmo tempo, está proibido de fazê-lo, isto é, está obrigado a não prender. Na verdade o conflito de deveres não existe. Tem-se, na verdade, uma obrigação ***real*** (de encarcerar) e uma obrigação que é do tipo legal e, pois, apenas "***prima facie***" (de não suprimir a liberdade). Esses casos são resolvidos por ARTOSI com base na distinção entre deveres reais e deveres "prima facie". Necessário, por isso, indagar quais das obrigações envolvidas no paradoxo são reais e quais são "prima facie". ([525])

Para empregar-se a terminologia de TAMAYO Y SALMORÁN ([526]), ter-se-ia, aqui, uma "permissão forte", ou em sentido estrito, porque *expressamente* conferida por um direito. Encontrar-se-ia, em oposição a esta, a

[524] Na esteira dos ensinamentos de VILANOVA, sabe-se que a conduta permitida apresenta-se dúplice modalidade: *permissão unilateral* (só fazer ou só omitir) e *permissão bilateral* (permissão de fazer e omitir). (cf. VILANOVA, Lourival. *As Estruturas Lógicas e o Sistema do Direito Positivo.* São Paulo: Max Limonad, 1997, p. 219)

[525] ARTOSI, Alberto. *Il Paradosso di Chisholm:Un'Indagine sulla Lógica del Pensiero Normativo.* Bologna: CLUEB, 2000, p. 164

[526] TAMAYO Y SALMORAN, Rolando. *El Derecho y La Ciencia del Derecho.* México: Universidad Autónoma de México, 1986, p. 66-7. Extrai-se de VILANOVA que "toda *permissão unilateral* de fazer o que está obrigado, ou de omitir o que está proibido, é uma conduta permitida fundada num dos modos deônticos", aduzindo ele que "se se obrigasse e, ao mesmo tempo, não se permitisse, ou se proibisse e ao mesmo tempo se negasse a permissão de omitir o proibido, teríamos antinomias deônticas e impossibilidades fácticas de a conduta se realizar".

"permissão fraca", decorrente da não obrigação da omissão da conduta (portanto uma mera faculdade para fazer ou deixar de fazer algo). Com essa distinção, citado autor busca afastar a figura dos "*direitos de exercício obrigatório*" (os quais, todavia, entendemos como simples execuções de obrigações, às quais, logicamente, não pode o ordenamento antepor uma proibição – senão uma permissão – de conduta).

15.1.1. A notação de ALF ROSS ([527])

Há, em ROSS, para as normas de conduta, quatro modalidades – dever, liberdade, faculdade, não-faculdade – da seguinte forma por ele esquematizadas:

1) dever A – B (C) ≈ faculdade B – A (C)
↕ ↕
2) liberdade A – B (C) ≈ não-faculdade B – A (C)
↕ ↕
3) não-faculdade A – B (C) ≈ liberdade B – A (C)

Nesse diagrama o sinal "≈" indica que as noções que liga são correlativas. A seta de duas pontas " ↕ " indica que as noções que liga são opostas contraditórias (um termo é a negação do outro). A fórmula dever A – B (C) lê-se: "A" tem um dever em relação a "B" para realizar "C" .

A palavra "dever" pode ser substituída por "prescrição" ou por "proibição": afirmar que um ato está prescrito quer dizer que há dever de realizá-lo; afirmar que um ato está proibido quer dizer que há o dever de não realizá-lo. Tem-se:

Dever (C) = prescrição (C)
Dever (não C) = proibição (C)

Do que se segue que:

(v. VILANOVA, Lourival. *As Estruturas Lógicas e o Sistema do Direito Positivo.* São Paulo: Max Limonad, 1997, p. 227)

[527] ROSS, Alf. *Direito e Justiça.* Bauru, SP: Edipro: Edipro, 2000, p. 192-6

Prescrição (C) = proibição (não C)
Proibição (C) = prescrição (não C)

A conduta permitida e a conduta livre têm em comum o fato de não estarem proibidas. A diferença consiste em o *ato permitido* poder estar prescrito (é-me permitido cumprir meu dever), enquanto o *ato livre* não pode estar prescrito.

Uma conduta não proibida é chamada de permitida:

Permissão (C) = não proibição (C) = não-dever (não-C)

Uma conduta que não é nem proibida, nem prescrita, é chamada de livre:

Liberdade (C) = não proibição (C) + não-prescrição (C) = não-dever (não-C) + não dever (C).

Para ROSS, dizer que um ato é livre é o mesmo que dizer que se acha fora da esfera das normas jurídicas. É juridicamente indiferente. Nem sua realização, nem sua não realização enseja reações jurídicas. Como é impossível enumerar todas as liberdades de que goza uma pessoa, tem-se uma definição negativa: tudo aquilo que não é objeto de regramento jurídico. Como se observa, para o mesmo autor, está incorreto situar um *direito* como correlato de um *dever.*

15.1.2. Silogismo de determinação da conseqüência jurídica de KARL LARENZ ([528])

$$P \rightarrow C$$
$$S = P$$
$$S \rightarrow C$$

Lê-se a fórmula da seguinte maneira: *para todo caso de "**P**", vale "**C**"; "**S**" é um caso de "**P**"; passa a vigorar "**C**"*. A premissa maior é constituída por uma proposição jurídica completa e a premissa menor pela subordinação

[528] LARENZ, Karl. *Metodologia da Ciência do Direito*. Lisboa: Calouste Gulbenkian, 1983, p. 324

de uma situação de fato concreta, como um "caso", à previsão da proposição jurídica. A conclusão afirma que para esta situação de fato vale a conseqüência jurídica mencionada na proposição jurídica. No âmbito penal, essa formulação poderia ser aceita se irrelevantes os elementos negativos do tipo: para o crime de furto comina-se a pena de 1 a 4 anos; ocorreu um furto com seu autor identificado; é o caso de imposição da pena. Mas e se, nesse contexto, fático presente estivesse uma causa de justificação, por exemplo um estado de necessidade?

É o próprio KARL LARENZ quem responde:

> *"A lei restringe, não raramente uma ordenação de conseqüências jurídicas concebida de modo demasiado amplo, por forma a, mediante uma ordenação negativa de validade, excluir da sua aplicação uma parte dos casos que recaíam sob a previsão da primeira norma.* ***A proposição jurídica completa é então apenas a que resulta quando se toma em consideração também a norma restritiva."*** (g.n.) ([529])

15.2. Norma penal: o válido que delimita o inválido

Entre o reconhecimento de um interesse como valor social (bem jurídico) e a criação de uma cominação penal para sua proteção, situa-se a constituição da norma penal. ([530]) Não por outro motivo designava MEZGER o bem jurídico como o "sentido dos tipos jurídico-penais" ([531]) e WELZEL o definia como sendo o "estado social desejável que o Direito quer resguardar de lesões". ([532])

Como preleciona LOURIVAL VILANOVA, as normas penais válidas delimitam o inválido, preenchendo a parte complementar da antijuridicidade: "valem porque foram postas segundo as regras sintáticas do sistema, mas os fatos-condutas a elas correspondentes realizam o penalmente antijurídico. *Os fatos puníveis são preenchentes dos tipos normativos do ilícito.* O crime realiza, no mundo dos fatos, a antijuridicidade punitivamente san-

529 LARENZ, Karl. *Metodologia da Ciência do Direito*. Lisboa: Calouste Gulbenkian, 1983, p. 326

530 MAURACH, Reinhart. *Derecho Penal. Parte General*. Buenos Aires: Astrea, 1994, p. 341

531 MEZGER, Edmund. *Derecho Penal. Livro de Estudio. Tomo I. Parte General*. Buenos Aires: El Foro, s/d, p 155

532 WELZEL, Hans. *Derecho Penal Aleman*. Santiago de Chile: Jurídica de Chile, 1997, p. 5

cionada". ([533]) "Punitivamente sancionada" pode, aos fins que nos interessam, ser substituída simplesmente por "tipificada".

Direito implica numa redução das opções de comportamento do indivíduo em sociedade. Nas comunidades humanas, de quaisquer tempos e lugares, outra não tem sido a função do Direito: estabelecer padrões obrigatórios de condutas, mediante ameaça de castigo. Podem variar o objeto das proibições e a natureza das sanções, mas essa face de imperatividade do Direito, conquanto não única, é perene.

Como dizia OLIVECRONA, o ato de promulgar uma lei é um meio para exercitar uma pressão sobre a mente – e, assim, sobre a conduta – das pessoas com o objetivo de limitar-lhes a certas ações e estimular outras. ([534]) Esse meio de regência dos comportamentos humanos é imposto. Como anota TÉRCIO SAMPAIO, "uma norma é vinculante ou tem imperatividade na medida em que se lhe garante a possibilidade de impor um comportamento independentemente do concurso ou da colaboração do endereçado." ([535])

É exatamente desse traço característico do Direito que advém seu caráter institucional, pois sua presença pressupõe a existência de *instituições sociais* de tipos diversos: uma, que estabeleça quais condutas não são optativas; outra, que aplique as sanções. Mais: essa função especial – criação de condutas obrigatórias – é levada a cabo mediante o estabelecimento de mandatos (ordens) que declaram quais condutas são obrigatórias. Por uma bem arraigada tradição, essas ordens recebem um nome específico: *normas jurídicas*. ([536])

Como toda norma jurídica, a norma penal é uma mensagem prescritiva expressa através de determinados símbolos, geralmente representados por *enunciados* (ou *proposições jurídicas*, ou *preceitos legais*), "os quais constituem somente o veículo de expressão das normas e não devem ser confundidos com as normas mesmas". ([537]) Essa distinção avulta, como bem faz notar

[533] VILANOVA, Lourival. *Causalidade e Relação no Direito*. São Paulo: RT, 2000, p. 301

[534] OLIVECRONA, Karl. *La Struttura dell'Ordinamento Giuridico*. Bologna: Etas Kompass, 1972, p. 156

[535] FERRAZ JÚNIOR, Tércio Sampaio. *Teoria da Norma Jurídica : Ensaio de Pragmática da Comunicação Normativa*. Rio de Janeiro: Forense, 2000, p. 134

[536] TAMAYO Y SALMORAN, Rolando. *El Derecho y La Ciencia del Derecho*. México: Universidad Autónoma de México, 1986, p. 27

[537] MOLINA, Antonio García-Pablos de. *Derecho Penal, Introducción*. Madrid: Servicio Publicaciones Facultad Derecho Universidad Computense, 2000, p. 240. Conforme KLUG, "por

ALEXY, quando se sabe que uma norma pode ser expressa através de diferentes enunciados normativos. ([538])

Por isso, já alertava BINDING ([539]), o delinqüente viola a norma, jamais a lei penal. A norma, imperativo primário e autônomo, situa-se fora do Direito Penal, ou de qualquer outro ramo do Direito, pois repousa em "um lugar especial" dentro do Direito Público. A lei penal deve ser entendida como mero complemento dessa norma, contendo a autorização (ao Estado) para punir em caso de violação. A *lei* penal não é um imperativo, devendo este ser encontrado nas *normas*.

SCHÜNEMANN vê que a função de proteção de bens jurídicos, ligada ao Direito Penal, somente poderá realizar-se pela motivação leal dos cidadãos ao Direito, para que estes, como destinatários das normas, não lesem e protejam de perigo aquelas realidades estimadas valiosas. ([540]) Também ROXIN, ao lado da função liberal de proteção, vislumbra no princípio da legalidade o objetivo de fornecer diretrizes de comportamento, por isso constituindo-se em significativo instrumento de regulação social. ([541])

Ora, afirmar que há uma norma jurídica, equivale a dizer que existe uma obrigação de conduta. Logo, é imperativista o caráter do Direito. Mas também é ele valorativo. Em OLIVECRONA, tem-se que o comando legal contém dois elementos: o ***ideatum***, como modelo de comportamento apresentado à mente do destinatário, e o ***imperantum***, o qual se reflete na

proposição há de se entender um produto lingüístico que é verdadeiro ou falso. A proposição assinala o verdadeiro, captando o objeto por ela afirmado, representando-o adequadamente. É um conteúdo intemporal. (cf. KLUG, Ulrich. *Lógica Jurídica*. Bogotá, Colômbia: Temis, 2004, p. 5)

538 ALEXY, Robert. *Teoria de los Derechos Fundamentales*. Madrid: Centro de Estudios Políticos y Constitucionales, 2001, p. 50 e segs.

539 MOLINA, Antonio García-Pablos de. *Derecho Penal, Introducción*. Madrid: Servicio Publicaciones Facultad Derecho Universidad Computense, 2000, p. 243-4. Qualquer que seja o significado ou importancia que se dê à distinção entre *norma* e *lei*, posta por BINDING, e que figura como ponto de partida para a atual concepção de tipicidade, não se pode negar que ela destacou algo sobre o qual praticamente inexistem controvérsias: *o delito é ação*. (cf. BALESTRA, Carlos Fontán. *Tratado de Derecho Penal. Tomo I, Parte General*. Buenos Aires: Abeledo-Perrot, 1966, p. 316)

540 SCHÜNEMANN, Bernd. *El Sistema Moderno del Derecho Penal: Cuestiones Fundamentales*. Madrid: Tecnos, 1999, p. 75 e 81

541 ROXIN, Claus. *Política Criminal e Sistema Jurídico Penal*. Rio de Janeiro: Renovar, 2000, p. 14-5

mente do destinatário como um "eu devo", ou algo similar, mas nada além da imagem mental das palavras em si mesmas. ([542])

Uma das conseqüências de se vincular o crime à lei é que, com isso, todas as suas características vêm informadas pela noção de "dever jurídico", já que a lei penal opera sempre ordenando ou proibindo condutas, com isso pretendendo que algumas ações sejam realizadas e outras omitidas. ([543]) A influência do sistema jurídico sobre a conduta dos cidadãos consiste, então, "na função de criar concretos motivos no indivíduo para esses impulsos de ação". ([544])

Concordamos com WILLIS ([545]) para o qual, na norma jurídica não se divisa nem um *imperativo* nem um *juízo*, mas algo entre os dois conceitos intermediário, a que ele denomina ***"expressão deôntica"***, como prescrição que adquire seu caráter especificamente jurídico ao ser inserida no contexto do ordenamento. Tais proposições podem ser reduzidas a proposições lógicas, em cuja estrutura são identificáveis: i) a descrição de um hipotético estado de coisas e ii) sua modalização em termos deônticos (obrigatório, proibido, facultado).

Abordando com precisão o tema, MIR PUIG assinala que, num Estado democrático de Direito, onde não existem mais súditos e sim cidadãos, onde não se fala numa relação sujeito-objeto e, sim, sujeito-sujeito, não pode o Estado limitar-se a dirigir-se unicamente aos seus juízes e funcionários, através das normas secundárias, mas antes deve admitir o cidadão como interlocutor, dirigindo-lhe mensagens comunicativas. ([546]) Nessa situação ideal, o sentido da norma primária é o produto do consenso dos participantes legitimados ao discurso do injusto.

Não se nega, com isso, que a norma penal tenha como destinatários de seu preceito primário todos os cidadãos e, do preceito secundário, os

[542] OLIVECRONA, Karl. *La Struttura dell'Ordinamento Giuridico.* Bologna: Etas Kompass, 1972, p. 168

[543] DEVESA, José Maria Rodriguez; GOMEZ, Alfonso Serrano. *Derecho Penal Español.Parte General.* Madrid: Dykinson, Madrid, 1994, p. 326-7

[544] ROSS, Alf. *Hacia Una Ciencia Realista del Derecho, Critica del Dualismo en el Derecho.* Buenos Aires: Abeledo-Perrot, 1961, p. 193

[545] GUERRA FILHO, Willis Santiago. *Introdução ao Direito Processual Constitucional.* Porto Alegre: Síntese, 1999, p. 29- 30

[546] MIR PUIG, Santiago. *El Sistema del Derecho Penal en la Europa Actual.* In SILVA SANCHÉZ, J. M.; SCHÜNEMANN, B.; FIGUEIREDO DIAS, J. de (coords). *Fundamentos de un Sistema Europeo del Derecho Penal.* Barcelona: Bosch, 1995, p. 32

agentes públicos encarregados de garantir a observância da regra.([547]) Afinal, como resume ALF ROSS, "um parlamento não é um escritório de informações, mas sim um órgão central de direção social". ([548]) Defendemos, sim, a conveniência de se abandonar a visão e a elaboração doutrinária do Direito Penal com a tônica centrada no preceito secundário da norma, onde o Estado dirige a suas agências judiciais e de segurança o imperativo de punição. Impõe-se privilegiar uma concepção de norma como regra condicionadora do estabelecimento e funcionamento do aparato de força do Estado.

O tipo penal deve ser entendido como o conteúdo das normas (permissivas e proibitivas) do ordenamento jurídico. Já apontava WELZEL que tanto a norma quanto o tipo (matéria da norma) são pertencentes à esfera ideal (irreal espiritual). ([549]) É, portanto, em direção ao tipo penal que afluem os conteúdos imperativos das normas.

O conceito de norma penal aqui perseguido é aquele desenhado por LICCI, de uma "*norma penal real*", isto é, aquela "resultante de todas as disposições que convergem a qualificar uma situação histórica", ao passo que o "*tipo penal*" representa "a síntese de todos os componentes que intervêm na qualificação jurídica de um evento". ([550]) Com isso, pretendemos demarcar a existência de uma distinção entre *tipo* e *norma*, bem assim a não coincidência entre *tipo legal* e *tipo penal*.

[547] Como anota LUMIA, essa distinção foi recusada por JHERING e chegou a influenciar KELSEN que colocou a tônica no aspecto sancionador do Direito, propondo designar como primárias as normas que estabelecem as sanções e, como secundárias, aquelas que veiculam o preceito a ser observado sob ameaça da sanção (cf. LUMIA, Giuseppe, *Elementos de Teoria e Ideologia do Direito*. São Paulo: Martins Fontes, 2003, p. 54)

[548] ROSS, Alf. *Direito e Justiça*. Bauru, SP: Edipro: Edipro, 2000, p. 31. Para esse autor "as leis não são promulgadas a fim de comunicar verdades teóricas, mas sim a fim de dirigir as pessoas – tanto juízes quanto cidadãos particulares – no sentido de agirem de uma certa maneira desejada". (idem, ibidem, p. 31)

[549] WELZEL, Hans. *Derecho Penal Aleman*. Santiago de Chile: Jurídica de Chile, 1997, p.5

[550] LICCI, Giorgio. *Modelli nel Diritto Penale: Filogenesi del Linguaggio Penalistico*. Torino: Giappichelli, 2006, p. 123

15.3. Imputabilidade como hipótese do preceito primário da norma penal

O esquema de qualquer norma jurídica ([551]), inclusive a penal, toma a forma de "deve ser que, se a hipótese, então a conseqüência": **D(H→C).** Como há norma primária e norma secundária e, em cada uma delas, hipótese(s) e conseqüência(s), a simbolização completa resultaria em:

$$D\ [(H \rightarrow C)\ v\ (\sim C \rightarrow E)]$$

De uma maneira simplista costuma-se, a partir dessa formulação, entender a norma penal da seguinte maneira: *se o crime, então a pena*; *se praticado o homicídio simples, então a reclusão de 6 a 20 anos.* Existe nesse raciocínio simplista um grave equívoco: confunde-se a *norma primária* com (o que na verdade é) a *hipótese da norma secundária.*

Tentemos um deslinde. A reunião das normas *primária* e *secundária* forma a *norma completa*, esta entendida "como estrutura capaz de expressar a mensagem deôntico-jurídica na sua integridade constitutiva, significando a orientação de conduta, juntamente com a providência coercitiva que o ordenamento prevê para seu descumprimento". A norma jurídica completa somente pode ser reconhecida mediante a conjugação dos dois momentos normativos: o primário e o secundário ([552]).

Portanto, é a norma sempre bimembre: preceito primário e preceito secundário. Todavia, tanto o preceito primário quanto o secundário têm, como já mencionado, cada qual, sua hipótese e conseqüência. A hipótese do preceito primário pode ser tanto um fato natural quanto um ato humano (v.g., respectivamente, o deslocamento da terra na aluvião, uma venda como fato gerador de tributo estadual); mas deve ser *sempre lícito.* Como escreveu GERALDO ATALIBA, "acontecido o fato previsto na hipótese da lei (hipótese legal), o mandamento, que era virtual, passa a ser atual e se torna atuante, produtivo dos seus efeitos próprios: exigir inexoravelmente (tornar obrigatórios) certos comportamentos, de determinadas pessoas." ([553])

[551] VILANOVA, Lourival. *Causalidade e Relação no Direito.* São Paulo: RT, 2000, p. 94 e segs.

[552] CONRADO, Paulo César. *Compensação Tributária e Processo.* São Paulo: Max Limonad, 2001, p. 51

[553] ATALIBA, Geraldo. *Hipótese de Incidência Tributária.* São Paulo: Malheiros, 2006, p. 42

Por essa definição, como se pode afirmar, então, que a conduta humana tipicamente ilícita é o preceito primário que antecede o preceito secundário? Entendemos que ***não*** se pode.

A norma penal, igualmente, compõe-se de preceito primário (prescrição da proibição penal) e do preceito secundário (prescrição da sanção penal). A norma primária enuncia a pauta de conduta e oferece à sociedade um modelo valorado de conduta ([554]). No preceito secundário tem-se a sanção que, "do ângulo lingüístico, é, assim, ameaça de sanção: trata-se de um fato lingüístico e não de um fato empírico. As normas, ao estabelecerem uma sanção, são, pois, atos de ameaçar e não representação de uma ameaça." ([555])

A norma primária é mensagem de ação ou de abstenção de comportamento dirigida pelo ordenamento ao indivíduo. Por essas mensagens os cidadãos devem orientar penalmente suas condutas no meio social. Norma primária não se reduz a simples descrição de uma conduta proibida; é o enunciado completo do comportamento lícito que o Estado impõe, como dever, à obediência do indivíduo, implicando estreitamento dos limites de sua atuação em sociedade.

Como hipótese do preceito primário jamais poderemos ter a prática da conduta penalmente vedada. Na norma penal do artigo 121, o comando "não matar" dirigido aos destinatários, **não traduz *hipótese* e sim expressa *conseqüência*** (dever de não matar), dentro da norma primária. Qual então a hipótese, já que, como dito, deve ter correspondência com um acontecer natural ou com um atuar humano, em qualquer caso ***lícito***?

> *Defendemos que a hipótese do preceito primário da norma penal é a imputabilidade do agente. O dever de atuar conforme à norma penal continente é dele o preceito secundário contido.*

Se a imputabilidade ***(H),*** então a exigibilidade do dever de omissão ou ação em conformidade com o comando extraído da norma penal ***(C).*** Se imputável o agente, não deve matar. Se o homicídio pelo agente imputável ***(~C),*** então a pena criminal ***(E).*** Este o esquema da norma jurídico-penal:

[554] MUSACCHIO, Vincenzo. *Norma Penale e Democrazia...* Milano: LED, 2004, p. 13

[555] FERRAZ JÚNIOR, Tércio Sampaio. *Teoria da Norma Jurídica : Ensaio de Pragmática da Comunicação Normativa*. Rio de Janeiro: Forense, 2000, p. 70

$$D[(H \rightarrow C) \vee (\sim C \rightarrow E)]$$

Um paralelo aclarador: a obrigação tributária nasce com o *fato imponível* ([556]), v.g., a venda de uma mercadoria. Assim, ao negociar o bem, o comerciante torna-se devedor do imposto correspondente à *hipótese de incidência* (tipo). Se não verificado o recolhimento do *quantum* devido, então deve ser o auto de infração e a execução fiscal. A obrigação tributária positiva nasceu, portanto, de um ato lícito. Não todos os cidadãos figuram como destinatários efetivos da mensagem preceptiva dessa específica norma tributária, senão o comerciante que efetue uma operação de venda.

Diversamente ocorre no caso das normas penais onde, para investir-se como sujeito de um dever, dispensa-se, em regra, qualquer outra qualidade específica do indivíduo: basta que seja culpável. A norma penal vincula todos os cidadãos imputáveis, com a ordenação de conduta sobrepairando juridicamente sobre a ação destes, perenemente. Excepcionalmente, no caso dos crimes próprios, exigir-se-á do destinatário da norma penal uma especial condição (v.g., no crime de peculato, o exercício de uma função pública). Também nos crimes omissivos impróprios, ou "delitos de dever ocultos", onde existe a denominada posição de garante relativamente ao agente, somente dirige-se o imperativo da norma àquele detentor "de deveres advindos de uma esfera preexistente de relações" ([557]). Exceptuados, portanto, os casos dos crimes próprios e dos omissivos impróprios, a norma penal, diversamente da norma tributária, é imperativa em relação a todas as pessoas imputáveis alcançadas pela legislação brasileira. Há, portanto, exigibilidade de um comportamento conforme o Direito Penal, — dever de se abster das condutas proibidas e de praticar as ações obrigatórias por ele prescritas — desde que não existente um ***elemento negativo da imputabilidade*** (menoridade, incapacidade ou distúrbio intelectivo e determinativo).

Sintetizando com o exemplo: o comerciante torna-se sujeito passivo da obrigação tributária quando pratica a transação prevista como fato gerador de imposto na hipótese de incidência. O indivíduo adquire o dever de

[556] Segundo GERALDO ATALIBA, "*fato imponível* é o fato concreto, localizado no tempo e no espaço, acontecido e efetivamente no universo fenomênico, que – por corresponder rigorosamente à descrição prévia, hipoteticamente formulada pela h.i. legal – dá nascimento à obrigação tributária." (cf. ATALIBA, Geraldo. *Hipótese de Incidência Tributária*. São Paulo: Malheiros, 2006, p. 42)

[557] ROXIN, Claus. *Política Criminal e Sistema Jurídico Penal*. Rio de Janeiro: Renovar, 2000, p. 37

obediência às normas penais, globalmente consideradas, simplesmente pelo acontecer cronológico de seu décimo oitavo aniversário, desde que com capacidade intelectiva perfeita.

Num Estado democrático de Direito, a culpabilidade deve ser entendida como ação que expressa falta de fidelidade ao Direito, ou seja, um déficit de lealdade comunicativa que, em geral, torna possível a compreensão comunicativa expressa juridicamente. Sob tais pressupostos, os defeitos das capacidades comunicativas excluem a culpabilidade ([558]). Daí a relevância da norma para se decidir acerca da culpabilidade da conduta, haja vista que a reprovação pessoal, síntese da culpabilidade, somente terá lugar se existente a obrigação de atuar de modo diverso de como se atuou. ([559]) Perfeitamente compreensível falar-se, também no nível valorativo da culpabilidade, de pressupostos positivos e de causas que a excluem ([560]) .

Tem a culpabilidade, portanto, igualmente, seus elementos positivos e negativos, embora seu nível analítico de incidência e os efeitos sejam diversos dos elementos do tipo. Com PAULO JOSÉ DA COSTA JR, é de diferençar entre as causas de exclusão da ilicitude e as de exclusão da culpabilidade: "enquanto aquelas impedem o surgimento do crime, que vem a ser eliminado porque um fato não pode ser antijurídico e jurídico ao mesmo tempo, estas, apesar de possibilitarem o surgimento do crime, tornam-no ineficaz, senão em si, ao menos em relação ao agente, que se torna isento de pena". ([561])

Algumas conclusões disso decorrem:

i) *Culpabilidade não é o juízo de reprovação "em-si" da conduta, mas o pressuposto necessário dessa reprovação.*

ii) *Culpabilidade é o conjunto de elementos, de ordem natural e/ou jurídica, que permite a incidência do juízo de censura penal.*

[558] KINDHÄUSER, Ers. *In* LUZÓN PEÑA, Diego-Manuel *et all (orgs)* . *Cuestiones Actuales de la Teoría del Delito.* Madrid: Mc Graw Hill, 1999, p. 216

[559] ROSAL, Manuel Cobo del; ANTÓN, Tomás S. Vives. *Derecho Penal, Parte General.* Valencia: Tirant lo Blanch, 1999, p. 273

[560] STRATENWERTH, Günter. *Derecho Penal, Parte General, El Hecho Punible.* Madrid: Edersa, 1976, p. 72

[561] COSTA JÚNIOR, Paulo José da. *Direito Penal Objetivo.* Rio de Janeiro: Forense-Universitária, 2003, p. 63

iii) *Culpabilidade é, pois, o somatório de fatores que confere aptidão jurídica e biopsíquica ao ser humano para, como agente do típico ilícito, constituir-se primeiro como destinatário legítimo do imperativo da norma e, por conseqüência, da sanção penal.*

iv) *Culpabilidade não é mero pressuposto da aplicação da pena, mas elemento apriorístico de caracterização do próprio crime.*

iv.a) *No preceito primário da norma penal tem-se a culpabilidade como hipótese e o dever de ação/abstenção como conseqüência.*

iv.b) *No preceito secundário da norma penal acha-se a realização da conduta tipicamente ilícita como hipótese da conseqüência que é a sanção penal.*

v) *Se a hipótese do preceito primário (imputabilidade do agente) acha-se ausente, logicamente não se configura o dever jurídico de obediência ao imperativo de conduta (não matarás) como a conseqüência do preceito primário, e, por conseguinte, não há que se falar em instrumentalização da conseqüência do preceito secundário (imposição da sanção penal) pelo simples motivo de que não se pode violar um dever que não se tem (hipótese da norma secundária).*

Se não se aperfeiçoa o preceito primário da norma (pela ausência de sua hipótese), repugna admitir-se – segundo a configuração acima diposta – a imposição da conseqüência do preceito secundário, ainda que essa sanção, em sentido estrito, seja uma *medida de segurança*. Naturalmente que tem o legislador o poder de conectar à conduta (legalmente típica) do inimputável uma internação hospitalar como conseqüência. Mas o esquema normativo é distinto daquele construído para o imputável. Veja-se:

Tratar-se-á, nesse caso, de norma dirigida exclusivamente ao Estado, pois impensável que a mensagem imperativa da norma penal pudesse ter o inimputável como destinatário ([562]). Culpabilidade é, antes de tudo, exigi-

[562] Muito embora, expressiva doutrina (também MEZGER) rejeite essa idéia da imputabilidade como *capacidade jurídica de dever*, contestando, assim, os que sustentam uma antijuridicidade subjetiva (cf. MEZGER, Edmund. *Derecho Penal. Livro de Estudio. Tomo I. Parte General.* Buenos Aires: El Foro, s/d, p. 202 e segs.).

bilidade do comportamento adequado à norma ([563]) e, como bem salienta MIR PUIG, não há sentido que esta se dirija ao sujeito, proibindo-lhe um fato, se falta ao destinatário toda possibilidade de contato com a norma ([564]).

Como bem dilucidado por JAKOBS:

> *"Uma vez afirmada a existência do injusto, toda ausência de culpabilidade, por falta de capacidade de culpabilidade, por ausência inevitável de compreensão do injusto ou por falta de exigibilidade, transforma o sentido comunicativamente relevante em algo somente individual, causal, e, neste sentido, em algo pertencente ao mundo do natural (num mundo exterior à comunicação)."* ([565])

Não há, portanto, um dever de o louco praticar ou deixar de praticar algo, mas sim a obrigação de o Estado impor medida de segurança ao louco que integralizou uma conduta penalmente típica, o que resultaria, esquematicamente em:

Preceito Primário: (H' e H") → C' Se a ocorrência de conduta humana tipificada criminalmente (H'); Se o agente dessa conduta inimputável (H"); Então o dever de impor-se uma medida de natureza assistencial e curativa (C').
Preceito Secundário: (H"') → C" Se a não-imposição dessa medida de segurança (~C', como H"'), Então a responsabilidade dos agentes estatais omissos e do próprio Estado, objetivamente (C").

Como visto, trata-se de norma ligando, no preceito primário, duas hipóteses (H'e H") a uma única conseqüência (C'), isto é, há pluralidade con-

[563] ROSAL, Manuel Cobo del; ANTÓN, Tomás S. Vives. *Derecho Penal, Parte General.* Valencia: Tirant lo Blanch, 1999, p. 258.
[564] MIR PUIG, Santiago. *El Sistema del Derecho Penal en la Europa Actual.* In SILVA SANCHÉZ, J. M.; SCHÜNEMANN, B.; FIGUEIREDO DIAS, J. de (coords). *Fundamentos de un Sistema Europeo del Derecho Penal.* Barcelona: Bosch, 1995, p. 33
[565] GÜNTHER, Jakobs. *Sociedade, Norma e Pessoa: Teoria de um Direito Penal Funcional.* Barueri, SP: Manole, 2003, p. 41

juntiva para um só efeito. No preceito secundário existe previsão de sanção (administrativa, civil, penal etc) ao Estado (mas mais propriamente ao servidor omitente) se inobservado o dever legal de aplicar a medida de segurança. Paradoxalmente, o próprio autor (inimputável) da conduta típica poderia, devidamente representado, intentar ação judicial contra o Estado que, injustificadamente, deixasse de contemplá-lo com a medida de segurança (ocasionando degeneração de seu estado mental pela ausência do tratamento clínico, ou a violação de outros bens jurídicos pelo louco indevidamente liberto etc). Simplificando ao máximo, diríamos que, diante de um crime, poderia, paradoxalmente, o Estado fazer-se punido pelo agente.

Isso reforça a percepção dogmática de que as medidas de segurança constituem matéria de difícil contenção nos domínios doutrinários do Direito Penal e só impropriamente encontra tratamento na normativa penal. Alheia-se, mesmo, dos fins da pena criminal a imposição de medidas clínicas de confinamento do inimputável, somente amparada teleologicamente no interesse estatal de ordem pública, genericamente considerada.

Nessas hipóteses a pena não tem qualquer sentido, nem do ponto de vista da prevenção geral e tampouco da especial. Tendo em conta a prevenção especial, a escassa ou nula sugestionabilidade do inimputável impede que a pena se constitua em fator inibidor "ex ante", em face dele; também "ex post" não é a resposta penal o meio mais adequado à sua readaptação social. Sob o prisma da prevenção geral, a impunidade do inimputável em nada infirma a eficácia inibidora da pena frente aos imputáveis, seguindo estes conscientes de que hão de merecer castigo acaso executem ação análoga à do alienado infrator. As medidas de segurança, portanto, resultam em padecimento inecessário ao inimputável. ([566])

Não vemos, no entanto, como fazer avançar uma discussão sobre a natureza jurídica da ausência de imputabilidade diante da ampla aceitação doutrinária e da irrestrita positivação da resposta penal, consubstanciada nas medidas de segurança ([567]), à ação legalmente típica do inimputável. Cremos que o raciocínio atrás conduzido possa sugerir, até, a exclusão da própria tipicidade, já que não se instaura a hipótese da norma primária

[566] ORDEIG, Enrique Gimbernat. *Estudios de Derecho Penal*. Madrid: Tecnos, 1990, p. 177

[567] Como leciona NUCCI, "a medida de segurança não é pena, mas não deixa de ser uma espécie de sanção penal, aplicável aos inimputáveis ou simi-imputáveis, que praticam fatos típicos e ilícitos (injustos) e precisam ser internados ou submetidos a tratamento" (cf. NUCCI, Guilherme de Souza. *Manual de Direito Penal*. São Paulo: RT, 2006, p. 85)

penal em relação a um destinatário inidôneo do imperativo de conduta. Entendimento oposto, parece-nos, somente se sustenta com violência à teoria geral da norma.

Uma abordagem dogmática possível – não de todo palatável – é, com FONTÁN BALESTRA, entender as ações dos inimputáveis não como fatos puníveis, mas sim como ***ações atribuíveis***, as quais requerem a consideração particular que resulta de suas também particulares conseqüências. Tais ações, tipicamente antijurídicas, não implicam na imposição da pena, mas merecem outras conseqüências jurídicas específicas (medida de segurança e/ou responsabilidade civil). Pela ***atribuição*** resta individualizado que certo ato tipicamente antijurídico "é" de determinado autor, gerando a este "responsabilidade", mas não "culpabilidade". Tem-se, aqui, um "*delito em sentido amplo*", "*delito incompleto*", "*delito sem pena*" ou "*infração danosa*". ([568]) Insistimos: delito sem imputabilidade somente o é em sentido puramente convencional, ou seja, porque a lei assim o reputa; em arrepio aos fins do Direito Penal e à mais elementar teoria da norma à luz da Ciência do Direito.

O agente sem capacidade intelectiva plena não pode dirigir seu atuar, como expressão de uma vontade finalisticamente orientada, para integralização de uma conduta tipicamente descrita e/ou para violação de uma norma penal.

Corretamente, portanto, antes de indagar da violação da norma (não matarás) há-de se perquirir acerca do cabimento jurídico do dever de não-violação. Não se faz uma leitura rigorosa da norma penal quando se afere a culpabilidade depois de exaurido o exame da tipicidade (e, claro, da antijuridicidade que a informa). Faz-se, na verdade, uma verificação reversiva conveniente, tão só, à *praxis* aplicativa. Logicamente, antecedentemente à indagação de violação da norma, há de se perquirir da existência do dever de não-violação, pelo simples motivo de que não se pode violar um dever que não se tem.

A crítica a esse entendimento é que ele somente se sustentaria diante de uma concepção subjetiva do ilícito, apoiada na visão do Direito como um sistema de ordens e proibições (teoria dos imperativos). Logo, a norma somente pode dirigir-se a receptores imputáveis, únicos destinatários idô-

[568] BALESTRA, Carlos Fontán. *Tratado de Derecho Penal. Tomo I, Parte General.* Buenos Aires: Abeledo-Perrot, 1966, p. 352-3

neos do Direito, ou seja, pessoas que podem, ignorando o mandato normativo, atuar antijuridicamente. Por outro lado, não pode o inimputável atuar contra a ordem, decaindo, conjuntamente, o juízo de culpabilidade e a determinação do ilícito. ([569]) Para que ocorra a imputação pessoal da antijuridicidade penal a um agente, deve ele ser penalmente responsável, pois "se as condições mentais do sujeito chegam a determinar não só uma recepção anormal da proibição, mas inclusive a absoluta impossibilidade de recebê-la, deixará de ter sentido proibir-lhe o fato, porque seria totalmente inútil". ([570])

Na atualidade, todavia, predomina uma concepção objetiva do ilícito onde "o juízo de ilicitude sobre o fato e o juízo de desvalor sobre o autor seguirão estando separados, ainda quando todas as direções de vontade do autor forem incorporadas ao tipo". ([571])

Poder-se-ia argumentar, contra a concepção subjetiva do ilícito penal, que, por ela, não seria configurável a legítima defesa diante de um ato agressivo do inimputável, já que este, não sendo destinatário idôneo da norma e não podendo praticar crime, logo não poderia ter sua conduta reputada como injusta. O injusto o é a partir do pressuposto de uma norma *objetiva* de valoração dirigida a todos, distinta da norma de dever que se volta somente aos imputáveis porque pessoalmente obrigados. Como esclarece MEZGER, o ***injusto*** deve ser entendido como "uma lesão da ordem objetiva do Direito, como uma perturbação da manifestação de vontade reconhecida e aprovada pelo Direito". ([572])

15.4. Normas permissivas e explicativas como normas

Poder-se-ia opor a objeção de que nem todas as normas penais encerram uma incriminação e, por isso, não seriam prescritivas de condutas, caso

[569] MAURACH, Reinhart. *Derecho Penal. Parte General.* Buenos Aires: Astrea, 1994, p. 419

[570] MIR PUIG, Santiago. *Derecho Penal, Parte General.* Barcelona: Reppertor, 2002, p. 145

[571] MAURACH, Reinhart. *Derecho Penal. Parte General.* Buenos Aires: Astrea, 1994, p. 420

[572] MEZGER, Edmundo. *Tratado de Derecho Penal. Tomo I.* Madrid: Revista de Derecho Privado, 1946, p. 332-3. No mesmo sentido, entende também FRAGOSO que não se sustenta a opinião segundo a qual a norma não é dirigida aos inimputáveis. Defende que a norma penal tem valor absoluto e se dirige a todos, o que não significa necessariamente que a todos obrigue, pois tal aspecto só interessa sob o prisma da culpabilidade. (v. FRAGOSO, Heleno Cláudio. *Lições de Direito Penal. A Nova Parte Geral.* Rio de Janeiro: Forense, 1987, p. 77)

das normas permissivas (v.g., a descrição legal da hipótese de legítima defesa) e das interpretativas (por exemplo, o conceito de "casa" no texto do Código Penal).

Segundo BOBBIO, "as normas permissivas em sentido próprio não contrariam na realidade a doutrina imperativista pelo fato de não serem normas autônomas, mas simples disposições normativas que servem para limitar (isto é, para negar entre certos limites ou em certos casos) um imperativo anteriormente estabelecido." ([573])

Para KELSEN, igualmente, embora a função específica da norma fosse a imposição de uma conduta fixada, poderia ela também autorizar uma certa conduta. A permissão, portanto, deve ser vista como função normativa, por estabelecer um "dever-ser" pois "autorização e permissão estão numa relação do ser para um dever-ser; exprime-se com 'dever-ser' as três *funções normativas* de imposição, autorização, permissão". ([574])

Nos tipos penais permissivos, igualmente, pende-se pela defesa de seu caráter imperativo, pois da permissão neles expressa decorre um comando. Com LUMIA, entendemos que "ao limitar ou introduzir uma exceção na obrigatoriedade das normas que estabelecem obrigações ou proibições, as normas permissivas também não deixam de ter uma substancial eficácia imperativa". ([575]) Eis aqui a síntese lógica dos elementos negativos do tipo penal.

Entendemos, com RAMÍREZ, que as normas permissivas "são autônomas e condicionam a vigência das normas penais". ([576]) Como será tratado adiante, tais autorizações de permissão não se apresentam unicamente trajadas de regras legais, mas, também, como normas costumeiras, jurisprudenciais e doutrinárias.

Mesmo os dispositivos explicativos são de índole prescritiva já que "uma definição num texto legal não é uma definição, mas uma prescrição que determina, por exemplo, a maneira de compreender uma palavra no âmbito dos significados do ordenamento. Perder de vista esta idéia significa esque-

[573] BOBBIO, Norberto. *O Positivismo Jurídico, Lições de Filosofia do Direito*. São Paulo: Ícone, 1995, p. 187

[574] KELSEN, Hans. *Teoria Geral das Normas*. Porto Alegre: SAFe,, 1986, p. 122

[575] LUMIA, Giuseppe. *Elementos de Teoria e Ideologia do Direito*. São Paulo: Martins Fontes, 2003, p. 45

[576] RAMÍREZ, Juan J. Bustos; MALARÉE, Hernán Hormazábal. *Lecciones de Derecho Penal. Vol. I*. Madrid: 1997, p. 41

cer o caráter de totalidade de significado que é inerente ao ordenamento jurídico". ([577])

À interpretação autêntica atribui-se o caráter de norma declarativa, sendo que a definição nela contida tem caráter estipulatório, isto é, fixa o sentido dado pelo legislador ao vocábulo e "enquanto procede do legislador, tal definição traz um significado de comando, que tem nele o próprio objeto – toda vez que recorrer na lei aquela determinada palavra ou expressão deve ser entendida do mesmo modo". ([578])

15.5. Incursão no tipo penal lógico matemático

Esse modelo teórico-metodológico, desenvolvido no México, no final da década de 1960, baseado em postulados finalistas, sugere a introdução de um modelo de análise dos tipos penais, redimensionando os pressupostos e elementos fundamentais do tipo penal, precisando seu conteúdo e indicando sua ordenação sistemática. ([579]) Os principais exponentes (senão únicos representantes) dessa teoria são os doutrinadores mexicanos ELPÍDIO RAMIREZ, OLGA ISLAS e ALFONSO ESCOBEDO, os quais se valeram dos estudos lógico-matemáticos de LIAN KARP e EDUARDO TERÁN ([580]) para apresentar uma estrutura lógica do Direito Penal com o emprego da lógica matemática, especificamente do cáculo funcional, da lógica formal e da teoria dos modelos em cibernética. ([581])

A teoria lógico-matemática considera conveniente a distinção entre o crime e o tipo penal propriamente dito, assentando que o tipo ocorre na lei penal, ao passo que o delito é encontrado no mundo material, vale dizer, na realidade. Por conseguinte, os pressupostos e elementos, de um e de outro, mesmo se coincidentes, reportam-se a circunstâncias relativamente distintas: o tipo à descrição contida em algum ordenamento legal,

[577] ROBLES, Gregório, *O Direito como Texto, Quatro Estudos de Teoria Comunicacional do Direito*, p.31

[578] LUMIA, Giuseppe. *Elementos de Teoria e Ideologia do Direito*. São Paulo: Martins Fontes, 2003, p. 45

[579] VILLANUEVA, Raúl Plascencia. *Teoria del Delito*. México (DF): UNAM, 2000, p. 42

[580] FALCÓN, Fernando Enedino González. *Teoria do Delito*, disponível em http://www.universidadabierta.edu.mx, acesso em 01-09-2003

[581] TORRES, Alfonso Escobedo. Entrevista in Revista 8, Octubre-Diciembre 1991, disponível em http://www.ciu.reduaz.mx, acessado em 01-09-2003

ao passo que o delito às circunstâncias fáticas verificadas no instante da prática do delito. ([582])

Historia ESCOBEDO TORRES, que essa investigação fundou-se na estimativa de uma aplicação benéfica da lógica matemática e dos computadores, em matéria jurídico-penal. Segundo ele, a premissa seria a "anarquia doutrinal" em matéria penal e, por conseguinte, a necessidade de orientar a disciplina rumo a uma dimensão rigorosamente científica. ([583])

As principais aportações dessa teoria podem ser assim resumidas: ([584]) a) o tipo tem papel preferente e fundamental na teoria do delito; b) os elementos do crime agrupam-se em dois subconjuntos: os pressupostos do crime (no primeiro) e os elementos típicos constitutivos do ilícito (no segundo); c) a norma de cultura ([585]) reconhecida pelo legislador é incorporada ao tipo como um de seus elementos; d) sede da imputabilidade no âmbito do sujeito ativo, o qual tem uma capacidade genérica para o delito (a qual adquire relevância frente à ocorrência concreta); e) a colocação em perigo ou a lesão do bem jurídico é um elemento típico; f) o tipo congloba a antijuridicidade (concebida dentro de um juízo valorativo em que se viola a norma de cultura reconhecida pelo legislador); g) sob o nome "*kernel*" (núcleo) identifica-se, como um dos elementos do crime, a conduta humana, qual no tipo descrita; h) apresentam-se elementos normativos e subjetivos, eliminando-se a expressão "elementos objetivos do delito".

Segundo OLGA ISLAS, funcionalmente o tipo legal consiste de uma figura elaborada pelo legislador, descritiva de uma classe de eventos antisociais, dotada de um conteúdo necessário e suficiente para a garantia de

582 VILLANUEVA, Raúl Plascencia. *Teoria del Delito*. México (DF): UNAM, 2000, p. 32

583 TORRES, Alfonso Escobedo. Entrevista in Revista 8, Octubre-Diciembre 1991, disponível em http://www.ciu.reduaz.mx, acessado em 01-09-2003

584 FALCÓN, Fernando Enedino González. *Teoria do Delito*. Disponível em http://www.universidadabierta.edu.mx, acesso em 01-09-2003.

585 Deve-se a ERNESTO MAYER a teorização das *normas de cultura* reconhecidas pelo Estado como meio de se lograr uma solução entre a dicotomia antijuridicidade formal e material (cf. DEVESA, José Maria Rodriguez; GOMEZ, Alfonso Serrano. *Derecho Penal Español.Parte General*. Madrid: Dykinson, Madrid, 1994, p. 423). Normas de cultura seriam aqueles mandatos e proibições pelos quais uma sociedade exige um comportamento em harmonia com seus interesses. A norma de cultura seria o material a partir do qual o legislador elaborará a norma penal, expressando aquela nos tipos legais (cf. MAURACH, Reinhart. *Derecho Penal. Parte General*. Buenos Aires: Astrea, 1994, p. 342). Não é admissível, para MEZGER, que se dê preferência à "norma de cultura" em preterição à "norma jurídica" (MEZGER, Edmundo. *Tratado de Derecho Penal. Tomo I*. Madrid: Revista de Derecho Privado, 1946, p. 391).

um ou mais bens jurídicos. Tal conteúdo seria redutível, por meio de análise, a unidade "lógico-jurídicas" denominadas *elementos*. Assim, estruturalmente, um tipo penal é definido por essa postura teórica a partir dos seguintes elementos: ([586])

I) Dever jurídico penal
Elemento:
N = deve jurídico legal

II) Bem jurídico
Elemento:
B = bem jurídico

III) Sujeito ativo
Elemento:
A = sujeito ativo
A1= voluntariedade
A2=imputabilidade
A3=qualidade de garante
A4=qualidade específica
A5=pluralidde específica

IV) Sujeito passivo
Elementos:
P = sujeito passivo
P1= qualidade específica
P2= pluralidade específica

V) Elemento material
Elemento:
M= objeto material

[586] MARISCAL, Olga Islãs de González. *Análisis Lógico de los Delitos Contra la Vida*. México: Trillas, 1982, p. 15

VI) Kernel

Elementos:

J1= vontade dolosa

J2=vontade culposa

I1=atividade

I2=inatividade

R=resultado material

E=meios

G=referências temporais

S=referências espaciais

F=referências de ocasião

VII) Lesão ou colocação em perigo do bem jurídico

W1=lesão ao bem jurídico

W2=colocação em perigo do bem jurídico

VIII) Violação do dever jurídico penal

V=violação do dever jurídico penal

Em atenção ao anterior, a estrutura geral dos tipos penais ([587]) seria:

$$T = [(NB(A1+A2+A3+A4+A5)\ (P1+P2)\ M]\ [\ (J1+J2)\ (I1+I2)\ R\ (E+G+S+F)]\ [W1 \neq W2)V]X1$$

Como dito, o elemento inédito introduzido por essa proposta teorética é o "kernel", como "subconjunto de elementos do tipo necessários para produzir a lesão ou colocação em perigo do bem jurídico". Para OLGA ISLAS, o "kernel" é o subconjunto nuclear do tipo e, no nível fático, a base para a construção do edifício do delito. Além disso, é o "kernel" o meio que conduz à lesão do bem jurídico e, por tal motivo, vai integrar-se àqueles elementos indispensáveis à sua produção. ([588])

[587] Uma outra cadeia categorial disposta vem dada, em formato reduzido, por LOZANO, através da seguinte fórmula: Ac + T + An + C + P = D (onde *Ac=ação; T=tipicidade; An=antijuridicidade; C=culpabilidade; P=punibilidade; D=delito*). Veja-se: LOZANO, Carlos Blanco. *Derecho Penal, Parte General.* Madrid: Laley, 2003, p. 716-7

[588] MARISCAL, Olga Islas de González. *Análisis Lógico de los Delitos Contra la Vida.* México: Trillas, 1982, p. 28

CAPÍTULO III
ELEMENTOS NEGATIVOS DO TIPO PENAL: INJUSTO COMO UNIDADE

"La doctrina de los elementos negativos del tipo penal es considerada, hoy en día, como fracassada."
HANS HIRSCH ([589])

"La dogmatica finalistica si iconfigura come una rivoluzione annunciata e fallita."
GIORGIO LICCIO([590])

[589] Essa frase foi aposta por HIRSCH por ocasião da recente (e tardia) tradução de sua obra, há mais de cinqüenta anos escrita (HIRSCH, Hans Joachim. *Derecho Penal. Obras Completas. Tomo IV. La Doctrina de los Elementos Negativos del Tipo Penal*...Buenos Aires: Rubinzal-Culzoni, 2005, p. 433). Hemos de discordar inteiramente do mais notável discípulo de WELZEL. Justificamos a divergência. ROXIN escreveu que "é através das causas de justificação que a dinâmica das modificações sociais adentra na teoria do delito" (ROXIN, Klaus. *Política Criminal e Sistema Jurídico-Penal.* Rio de Janeiro: Renovar, 2000, p. 48). Não se pode negar que é na TENT que as causas de justificação encontram sua relevância maior na teoria do delito, a ponto de encontrarem sede dentro do tipo (como elementos negativos equipotentes aos positivos ali preexistentes). Se, com ROXIN, os elementos negativos do tipo é que constituem a interface da teoria do delito com a historicidade, não cremos correto decretar-se, liminarmente, o fracasso liminar dessa concepção doutrinária sem, antes, examinar as amplas possibilidades de emprego sistemático de seus elementos conceituais na movimentação das exigências éticas para o interior do tipo (pela via do contratipo).

[590] LICCI, Giorgio. Modelli nel Diritto Penale: Filogenesi del Linguaggio Penalistico. Torino: Giappichelli, 2006, p. 214)

"Pero pese a que la teoría finalista fracasó en sus fundamentos y razones, el sistema de la teoría del delito que fundó es el que hoy en definitiva se halla vigente"
MARIANA SACHER ([591])

1. Edmund Mezger e o Direito Penal dos novos tempos

As linhas que se seguem vão, declarada e substancialmente, calcadas sobre a *teoria dos elementos negativos do tipo penal* (*"Die Lehre von den negativen Tatbestandsmerkmalen"*) desenvolvida por EDMUND MEZGER ([592]), o que não acarreta um dever de fidelidade absoluta ou de filiação incondicional aos postulados desse autor na construção desse valioso modelo teorético.

[591] SACHER, Mariana. *Rasgos Normativos en la Teoria de La Adecuación de Welzel?* . In CEREZO MIR, José; DONNA, Edgardo Alberto; HIRSCH, Hans Joachim (orgs.). *Hans Welzel en el Pensamiento Penal de La Modernidade.Homenaje en el Centenário del Nacimiento de Hans Welzel.* Buenos Aires: Rubinzal-Culzoni, s/d, p. 574

[592] Passa-se, aqui, ao largo da agitação contemporânea nos círculos acadêmicos europeus, fomentada pela divulgação de pretensos laços de colaboração intelectual de EDMUNDO MEZGER — discípulo e sucessor de ERNST BELING na Universidade de Munique — com o regime nacional-socialista alemão, época em que se projetou como um dos mais influentes penalistas germânicos. Leia-se, a respeito, o resultado da pesquisa e da crítica de CONDE, Francisco Muñoz: *Edmundo Mezger e o Direito Penal de seu Tempo, Estudos sobre o Direito Penal no Nacional-Socialismo.* Rio de Janeiro: Lúmen Júris, 2005, passim. Nota-se certa carga de subjetivismo de MUÑOZ CONDE na análise do material que sobre MEZGER coletou, embora advirta ele que sua motivação é de cunho ético, isto é, consiste em indagar o que deve ser um Professor de Direito Penal e ensinante dessa matéria aos futuros juristas (cf. CONDE, Francisco Muñoz. *Las Visitas de Edmund Mezger al Campo de Concentración de Dachau em 1944.* Revista Penal. Barcelona, n. 11, p. 81-93, jan/2003). Ainda segundo MUÑOZ CONDE, o pensamento de MEZGER, por aquela época, chegou mesmo a influenciar decisivamente a doutrina penal italiana (cf. CONDE, Francisco Muñoz. *Comentário a "La Riforma Penale Nazional-Socialista", de Filippo Grispigni y Edmund Mezger".* Nueva Doctrina Penal. Buenos Aires, n. A, p. 303-315, 2003). Analisando esses escritos, entendeu ZAFFARONI que o importante não é formular um juízo ético de MEZGER, mas averiguar se ele compartilhava com o controle social punitivo do nazismo e, assim, incorporava tais racionalizações à sua sistemática. (cf. ZAFFARONI, Eugenio Raúl. *Sobre Edmund Mezger y el Derecho Penal de su Tiempo, de Francisco Muñoz Conde. In* Revista de Derecho Penal. Montevideo, n. 14, p. 479-487, jun. 2004). Oportuno que se ressalte – embora talvez não necessário – que as idéias mezgerianas nesta tese amplamente adotadas foram desenvolvidas por esse autor, sobretudo em seu notável Tratado de Direito Penal, antes do advento ao poder de Adolf Hitler, como, de resto, reconhece o próprio crítico penalista espanhol. (v. CONDE, Francisco Muñoz. *La Otra Cara de Edmund Mezger: su Participación en el Proyeto de la Ley sobre Gemeinschaftfremde (1940-1944).* Alter. Revista Internacional de Teoría, Filosofia y Sociología del Derecho. Coyoacán, n.1, p. 197-219, jan. 2006)

Pode-se dizer, porém, que a idéia básica mezgeriana subsiste, aqui, numa *preservação revigorada*. Pretende-se, com isso, demonstrar a atualidade e utilidade da Teoria dos Elementos Negativos e, além, a possível adequação científica desse modelo a partir das ferramentas conceituais que ele próprio disponibiliza, as quais são aqui, talvez, manejadas em modo não projetado pelo autor originário. Não nos lançamos, por conseguinte, a uma proposta de reinvenção, senão de redimensão crítica da primitiva criação.

Primeiro há que se advertir que o delito deve ser encarado como um todo incindível, sendo seu estudo analítico uma imposição metódica. Ontologicamente, trabalha-se com um objeto cultural, constituído por elementos igualmente culturais, os quais guardam, entre si e com o todo, a relação própria dos objetos dessa natureza. ([593])

Segundo ONECA ([594]), a divisão de um todo em partes é um artifício e depende da direção dada ao corte: horizontal ou vertical. Num corte horizontal do delito, separa-se de um lado um fato e, de outro, a valoração desse fato pela ordem jurídica que o aprecia em conjunto. No caso de ser vertical esse corte, ter-se-á a decomposição do fato em ação externa (elemento material, indicado pela antijuridicidade) e ação interna (elemento moral, formando a culpabilidade), cada qual envolto em sua valoração.

Na analítica jurídica, como método, tem-se o recurso da *diferenciação*, o qual "consiste numa ruptura, que visa dissociar elementos que se admitem como formando um todo ou, pelo menos, um conjunto solidário" ([595]). Os elementos negativos é que propiciam a *diferenciação* no âmbito do injusto, ao dele excluir as condutas autorizadas, permitidas ou obrigatórias, como adiante se demonstrará.

[593] BALESTRA, Carlos Fontán. *Tratado de Derecho Penal. Tomo I, Parte General.* Buenos Aires: Abeledo-Perrot, 1966, p. 335. Esse mesmo autor cita, ainda, decisão judicial em que se afirma: "O método analítico em suma é técnica, arte ou ferramenta de trabalho, para uma melhor compreensão de cada um dos elementos integrantes ou componentes do todo, mas não implica em desvincular totalmente um elemento de outro ou renegar da síntese final que é co-natural a toda conclusão científica". (Câmara de Apelaciones de Mar del Plata, Justicia Bonaerense, 23-06-1963, *idem, ibidem*)

[594] ONECA, José Antón. *Derecho Penal.* Madrid: Akal, 1986, p. 160

[595] FERRAZ JÚNIOR, Tércio Sampaio. *A Ciência do Direito.* São Paulo: Atlas, 1980.

2. Imputação política e imputação jurídica do injusto

Podemos, adaptando uma antiga classificação de CARMIGNANI ([596]), identificar a imputação política e a jurídica como momentos da norma. Verifica-se a imputação política com o ato legislativo perfeito que cria uma regra legal incriminadora, segundo conveniências das instâncias políticas. A imputação civil, por sua vez, corresponde à individualização dessa norma, pelo aplicador, em face do suposto agente. Identificamos o *tipo legal* como produto da imputação política e o *tipo penal* como construto da imputação jurídica.

A imputação jurídica pressupõe – como decorrência direta do princípio da legalidade – a imputação política (*nullum crimen sine lege*). A imputação jurídica ocorre no momento de aplicação da norma em face do autor do fato e é antecedida – por força do princípio da anterioridade – da existência da norma proibitiva da conduta a alguém atribuída (*lex praevia*). A imputação política somente pode operar-se pela promulgação de lei em sentido estrito (*lex stricta*) dotada de suficiência semântica (*lex certa*).

Por ***aplicação*** da norma penal deve-se entender, no sentido mais amplo possível, qualquer ação estatal dirigida ao suposto sujeito ativo da conduta penal tipificada, com o objetivo de restrição, potencial ou efetiva, mediata ou imediata, provisória ou definitiva, de qualquer bem jurídico, por força daquela imputação. Por esta definição, verifica-se a ***aplicação*** da norma penal não apenas pelo juiz no momento da decisão absolutória ou condenatória, mas igualmente quando se detém em flagrante delito, quando se indicia, quando se requer ou decreta medida cautelar processual, quando se denuncia, quando se submete ao cumprimento da sanção penal etc.

3. Princípio da legalidade

O princípio da legalidade, entronizado no artigo 5º, incisos II e XXXIX, da Constituição da República, alçado, assim, à condição de garantia individual inderrogável do cidadão, tem seu berço na filosofia iluminista, embora

[596] Tomamos esses conceitos a CARMIGNANI, o qual, todavia, formulava uma sub-classificação na imputação civil, identificando a imputação física, moral e legal. (cf. CARMIGNANI, Giovanni, *Elementi di Diritto Criminale*. Milano: Carlos Brigola, 1882, p. 43)

alguns apontem uma sua origem mais remota no Direito romano e canônico. Outros, ainda, remetem a gênese do princípio à *Magna Charta Libertatum* ([597]), do Rei João Sem Terra (1215, Inglaterra) ou à *Charta Magna Leonesa*, de Dom Alfonso (1188, Leão e Galícia, Espanha).

Não se discrepa, todavia, ao afirmar que no século XVIII, por inspiração na teoria contratualista de Rousseau, de divisão de poderes de Montesquieu e humanista de Beccaria, dito princípio espraiou-se pela legislação de vários países. No século seguinte assiste-se à sua incorporação em quase todos os códigos penais europeus, ocorrendo sua negação pontual apenas no princípio do século XX em dois diplomas postos por regimes políticos totalitários: Alemanha e Rússia.

Não restaram imunes à onda positivadora sequer os países de tradição da *Commom Law*. Não obstante a resistência, na Inglaterra, hoje, a maioria dos crimes possui previsão em lei escrita, sendo que boa parte deles já merecia, antes de convertidos em "estatutos", o tratamento de ilícito sob a égide da "commom law". ([598]) Nesse país a criação jurisprudencial de delitos foi progressivamente restringida, até a supressão total em 1972 ([599]) e, nos dias correntes, acena-se com a possibilidade de uma Constituição escrita ([600]).

Freqüentemente a doutrina aponta, com razão, certos efeitos indesejados de uma adoção irrestrita ao legalismo penal: insatisfatória individualização da pena, impossibilidade de previsão de todas as situações delitivas, abstração e imprecisão dos dizeres da lei, atividade jurisprudencial concorrente de positivação do Direito.

Há, ainda, os que apontam uma "fraude à legalidade constitucional, expressa pela não tipificação, ou tipificação deficiente ou insatisfatória, de

[597] O real sentido da disposição de seu artigo 39, *"nisi per legale judicium parium suorum vel per legem terrae"* (não há pena contra os livres), deu origem a disputas doutrinárias, embora não se conteste que esse enunciado gerou o princípio *"nullum crimen, nulla poena sine lege"*, incorporado às constituições estadounidenses e à Declaração dos Direitos do Homem da revolução francesa (cf. MEZGER, Edmund. Derecho Penal. *Livro de Estudio. Tomo I. Parte General.* Buenos Aires: El Foro, s/d, p. 63).

[598] JONES, Philip Asterley; CARD, Richard. *Introduction to Criminal Law.* London: Butters Worths, 1976, p. 13

[599] ZAFFARONI, Eugenio Raúl. PIERANGELLI, José Henrique. *Manual de Direito Penal Brasileiro, Parte Geral.* São Paulo: RT, 1999, p.153

[600] "Chancellor will consider written constituion. Promise of a new government." Jornal *"The Guardian"*, 12-05-2007, p. 1 e 4-7

fatos naturalmente lesivos aos valores constitucionais, hierarquicamente protegidos pela Lei Magna". ([601])

Verdade é que o princípio possui um duplo significado: político e científico. Pelo primeiro consagra-se o "ius certum", a segurança do Direito Penal; a partir do segundo desenvolve-se uma série de princípios científicos formulados pela doutrina. ([602]) Não se pode negar que o princípio da legalidade é uma das maneiras de cumprimento dos compromissos do Estado de Direito, como fórmula que se orienta à limitação do poder. ([603])

Com efeito, a adoção do princípio "*nullum crimen, nulla poena sine lege*" reclama, como conseqüência direta aplicativa, a existência de uma lei em sentido estrito (*lex scripta*), anterior ao fato incriminado (*lex praevia*), contendo a descrição eficiente da conduta que se quer proibir (*lex certa*). Como conseqüência, entende-se, majoritariamente, que somente a intelecção da lei como fonte formal única e direta do Direito Penal pode ser compatibilizada com aquele princípio, a tal ponto de ANÍBAL BRUNO afirmar que, nom campo do Direito Penal, não há Direito fora da lei.([604])

Ficamos com ROXIN para quem "o tipo está sob a influência da idéia de determinação legal, à qual a legitimação da dogmática por muitas vezes é reduzida; os tipos servem, na verdade, ao cumprimento do princípio *nullum-crimen*, devendo ser estruturados dogmaticamente a partir dele". ([605])

Vê LOURIVAL VILANOVA em tal princípio normativo uma norma na espécie de norma-lei, a qual impede a retroincidência e a retroeficacidade (na espécie de retroatividade), exceto se resultar na redução ou extinção de efeitos, favoravelmente ao agente. ([606])

Uma discussão quanto à adequação do princípio da estrita legalidade – e sobre a própria utilidade do tipo legal – desenvolveu-se contemporaneamente quando da elaboração do Estatuto da Corte Penal Internacional, onde representantes dos países de tradição não-estatutária propuseram o abandono desse sistema em favor dos costumes e da criação jurispruden-

[601] CARVALHO, Márcia Dometila Lima de. *Fundamentação Constitucional do Direito Penal.* Porto Alegre: SAFe, 1992, p. 55

[602] CUEVA, Lorenzo Morillas. *Curso de Derecho Penal Español.* Madrid: Marcial Pons, 1996, p. 25

[603] FIGUEROA, Alfonso García. *Princípios y Positivismo Jurídico...*Madrid: Centro de Estudios Políticos e Constitucionales, 1998, p. 67

[604] BRUNO, Aníbal. *Direito Penal. Parte Geral. Tomo I.* Rio de Janeiro: Forense: 2003, p. 358

[605] ROXIN, Claus. *Política Criminal e Sistema Jurídico Penal.* Rio de Janeiro: Renovar, 2000, p. 29-30

[606] VILANOVA, Lourival. *Causalidade e Relação no Direito.* São Paulo: RT, 2000, p. 317

cial. Por fim, a dogmática do "*crimina juris gentium*" terminou acolhendo o princípio "*nullum crimen sine lege*", que veio expresso no texto final do estatuto. Consagra-se, com isso, no nível legislativo mais elevado, o princípio da legalidade e, por conseguinte, prestigia-se a figura dogmática do tipo penal.

Como registra CATENACCI, a sujeição da Corte Penal Internacional adquire um particular valor ético e político, pois na repressão aos delitos mais ofensivos aos direitos humanos, a comunidade internacional demonstra sapiência ao lançar âncoras no princípio da legalidade que, em última instância, expressa um direito humano fundamental. Disso se segue que à negação de um direito humano corresponde a salvaguarda de outro direito humano, em inegável reafirmação da importância dos *Human Rights.* ([607])

4. O meio engenhoso do tipo penal

Tipo (Tatbestand[608] *)* foi, segundo MEZGER, o meio extraordinariamente engenhoso que o Direito Penal criou para determinar, de maneira precisa e inequívoca, a antijuridicidade em seu âmbito. Por este motivo, nem toda ação antijurídica é punível, sendo necessária a sua descrição prévia em um tipo específico. Fala-se, pois, numa antijuridicidade tipificada. ([609])

Se obediente ao princípio da intervenção mínima, deve o legislador selecionar, dentre as condutas humanas possíveis, aquelas que, atentando contra bens jurídicos reputados valiosos, devam merecer a reprimenda penal. Premido pelo princípio da estrita legalidade, somente por via da lei é que o poder político poderá descrever, através do tipo legal, a hipótese fática que pretende criminalizar.

[607] CATENACCI, Mauro. *Legalità e Tipicità del Reato nello Statuto della Corte Penale Internazionale.* Milano: Giuffrè, 2003, p. 49

[608] Como historia STRATENWERTH, o conceito de tipo penal provém historicamente de 'corpus delicti', formulado pela primeira vez por *Farinacius* (1581), caracterizando inicialmente a totalidade das marcas exteriores da comissão do crime e, mais tarde, século XVIII, início do século XIX, a totalidade dos elementos pertencentes a certo delito. O primeiro a conferir ao tipo penal um rol independente na estrutura do crime foi *Ernst Beling* (*Die Lehre vom Verbrechen*, 1906), desta forma outorgando-lhe um lugar frente à antijuridicidade e à culpabilidade (STRATENWERTH, Günter. *Derecho Penal, Parte General, El Hecho Punible.* Madrid: Edersa, 1976, p. 61)

[609] MEZGER, Edmundo. *Tratado de Derecho Penal. Tomo I.* Madrid: Revista de Derecho Privado, 1946, p. 350-1

Como ressalta PIERANGELLI, "somente mediante o conteúdo do tipo pode o legislador proibir as condutas que desejar, podendo assim fazê-lo através de um sistema de tipos penais, sem prescindir, jamais, do tipo, pois, só com ele se poderá chegar a um conceito sistemático do delito"([610]). Nesse sentido dizer WELZEL que "o tipo é a matéria da proibição das disposições penais; é a descrição objetiva e material da conduta proibida, que há de realizar-se com especial cuidado no Direito Penal". ([611])

Os esquemas hipotéticos da lei (*fattispecie legali* = tipo legal) cumprem, para ALTAVILLA ([612]), uma tríplice finalidade: a) impor aos consociados as normas de conduta; b) delinear os limites do lícito ou do ilícito penal e c) dar ao juiz a faculdade de punir o violador do preceito. Não se pode contestar ORDEIG quando diz que o *tipo penal* é o mecanismo educador fundamental de que se vale o legislador para ameaçar com um castigo as condutas que pretende evitar, a fim de que o educando, por temor à sanção, se abstenha de cometê-las. ([613])

Adiantando nosso entendimento, sustentamos que a regular edição do tipo legal não instaura a certeza de punição em relação ao Estado, já que o típico não esgota o injusto. O tipo legal cria, antes e sobretudo, uma expectativa de não-punição em favor do indivíduo. A ofensa ao princípio da legalidade penal pode operar-se pela atribuição de crime a alguém quando inexistente ou deficiente a descrição legal d'uma conduta; jamais será esse princípio vilipendiado quando, diante de aparente concordância entre o fato concreto e a norma, inocorrer a imputação criminal (por contingências várias).

[610] PIERANGELI, José Henrique. *O Consentimento do Ofendido na Teoria do Delito.* São Paulo: RT, 2001, p. 29

[611] WELZEL, Hans. *Derecho Penal Aleman.* Santiago de Chile: Jurídica de Chile, 1997, p. 58

[612] ALTAVILLA, Enrico *in* D'AMELIO, Mariano (Coord). *Nuovo Digesto Italiano.* Torino: Torinese, 1939, p. 1.231-2. Igualmente, para ANÍBAL BRUNO a função do tipo "não se esgota na descrição das condições elementares do fato punível: serve de suporte à norma implícita e fundamenta e limita a antijuridicidade; define precisamente o fato típico, distinguindo-o de outros que o acompanham, influindo sobre o problema da unidade ou pluralidade de crimes; marca o 'iter criminis' assinalando o início e o término da ação nos seus momentos penalmente relevantes, isto é, onde já se configura a tentativa e onde termina a consumção; atribui à culpabilidade, através sobretudo do dolo, o seu caráter ajustado a cada figura penal; institui no Direito Penal, em vez do arbítrio, um regime de estabilidade e segurança". (BRUNO, Aníbal. *Direito Penal, Parte Geral, Tomo I.* Rio de Janeiro: Forense, 1967, p. 347)

[613] ORDEIG, Enrique Gimbernat. *Estudios de Derecho Penal.* Madrid: Tecnos, 1990, p. 172

Dissentimos de MAURACH quando afirma que "o tipo não suporta outra carga e se asfixaria por seu próprio volume frente à atribuição de elementos adicionais e encargo de outras tarefas", repousando essa ameaça, segundo ele, também no perigo de se inserir a antijuridicidade no tipo, como elemento positivo conformante do tipo, de tal modo que a ausência da antijuridicidade elimina também a existência da tipicidade. ([614])

MEZGER fazia a distinção entre "tipo de ação" e "tipo de injusto", apontando a confusão entre ambos como fonte de graves erros na dogmática. O "tipo de ação" constitui o conjunto dos pressupostos da ação punível (inclusive os requisitos de culpabilidade). Já o "tipo de injusto", sendo parte do "tipo de ação", refere-se à antijuridicidade do fato, não abarcando todos os pressupostos da pena (especialmente a culpabilidade do autor). O "tipo de injusto" ou "injusto tipificado" (pressuposta, portanto, a inexistência de causas de exclusão de ilicitude) circunscreve o injusto ao qual a lei penal liga a cominação de uma pena, podendo ser designado como a "antijuridicidade tipificada". ([615])

A doutrina do tipo (*Tatbestandslehre*) cunhada por BELING e LISZT vê o tipo penal como continente do comportamento proibido, descrito de forma objetiva e material nas normas penais, todavia sem a inclusão da ausência de causas de justificação. ([616])

Para MEZGER, a tipicidade não constituía um elemento independente, substancial, do fato punível, mas sim um "agregado adjetival", isto é, um qualificativo, aos elementos fundamentais do crime, daí falar-se em "ação típica", "antijuricidade típica" e "culpabilidade típica". ([617]) Desse modo, tipicidade, antijuridicidade e culpabilidade são todas características da ação, sendo que as duas últimas recebem caracterização pela tipicidade, haja vista que se exige que sejam típicas tanto a antijuricidade quanto a culpabilidade ([618]). Também para ANÍBAL BRUNO, "por mais distintos que se tenham os elementos conceituais do crime, na realidade não é tão

[614] MAURACH, Reinhart. *Derecho Penal. Parte General.* Buenos Aires: Astrea, 1994, p. 354

[615] MEZGER, Edmund. *Derecho Penal. Livro de Estudio. Tomo I. Parte General.* Buenos Aires: El Foro, s/d, p. 145

[616] HIRSCH, Hans Joachim. *Derecho Penal. Obras Completas. Tomo IV. La Doctrina de los Elementos Negativos del Tipo Penal...*Buenos Aires: Rubinzal-Culzoni, 2005, p. 15

[617] MEZGER, Edmund. Derecho Penal. *Livro de Estudio. Tomo I. Parte General.* Buenos Aires: El Foro, s/d, p. 80

[618] BALESTRA, Carlos Fontán. *Tratado de Derecho Penal. Tomo I, Parte General.* Buenos Aires: Abeledo-Perrot, 1966, p. 341

rígida e impermeável a fronteira que se possa traçar entre tipicidade, antijuridicidade e culpabilidade, que não são partes que se somam, mas que se integram no fato punível, que resulta sempre uma figura unitária". ([619])

Muitos ainda defendem que *tipicidade* seja "simplesmente a adequação desse comportamento à descrição que se faz do mesmo na parte especial do Código Penal". ([620]) Essa definição, majoritária nos manuais sobre a doutrina penal, pode levar à construção de conceitos errôneos se o leitor não encarar o vocábulo definido na sua inteira complexidade etimológica e semântica.

Poucos, como fizeram ALDO MORO, tiveram o alcance de compreender o conceito da tipicidade. Dizia ele que "a tipicidade, no fundo, quando assinala os lineamentos do ato e o distingüe de qualquer outro de diverso conteúdo, não é mais que indicação, através do esquema exterior exposto, do valor particular que o fato adquire e que corresponde à sua importância jurídica específica" ([621])

Com razão, analisando a atualidade da teoria dos elementos negativos do tipo, conclui FIGUEIREDO DIAS que

> *"num sistema teleológico-funcional da doutrina do crime, não há lugar para uma construção que separe em categorias autônomas, a tipicidade e a ilicitude. Categoria sistemática, com autonomia conferida por uma teleologia e uma função específicas, é só a categoria do ilícito-típico ou do tipo de ilícito; tipos incriminadores e tipos justificadores são apenas instrumentos conceituais que servem, hoc sensu sem autonomia recíproca e de forma dependente, a realização da intencionalidade e da teleologia próprias daquela categoria constitutiva".* ([622])

Por isso consideramos exata a advertência de SOUSA E BRITO quando aponta para a impropriedade de os autores apresentarem a ***tipicidade*** como primeira fase de análise do crime, pois com isso "não constroem um sistema científico, mas sim expõem uma mera técnica, uma ordenação prática

[619] BRUNO, Aníbal. *Direito Penal, Parte Geral, Tomo I*. Rio de Janeiro: Forense, 1967, p. 348

[620] LA TORRE, Ignácio Berdugo Gómez de (*et all*) . *Lecciones de Derecho Penal*. Barcelona: Praxis, 1999, p. 149

[621] MORO, Aldo. *La Antijuridicidad Penal*. Buenos Aires: Atalaya, 1949, p. 188

[622] FIGUEIREDO DIAS, Jorge. *Temas Básicos da Doutrina Penal*. Coimbra: Coimbra (Editora), 2001, p. 235

de trabalho de subsunção, que, ademais, não repugna como tal ao sistema, mas, em rigor, lhe é alheio". ([623])

Refutamos, aqui, a concepção de que a aplicação da lei penal ao caso concreto represente mera tarefa de "subsunção" típica, possível pela singela interpretação prévia do texto legal do tipo. Um tal processo interpretativo, porque atividade mental (ou puramente do espírito) não seria suscetível de uma análise lógica; no máximo passível de uma indagação psicológica. Se, todavia, pugna-se pelo rigor lógico da interpretação, necessário concebê-la não exatamente como atividade intelectual, mas antes como atividade discursiva. ([624])

Ultrapassada, por isso, a visão do labor do juiz como coletor dos preceitos de direito positivo (i.e., dos textos escritos postos pela autoridade política) e, após, realizador de uma tarefa de "subsunção", a permitir o enquadramento da sentença judicial qual um silogismo: "a premissa maior sendo constituída por um texto legislativo que ditaria a solução de direito para tal hipótese (Tatbestand), a premissa menor constata que o caso é da esfera da hipótese já posta". ([625])

Quando da pesquisa do "in-justo" não se realiza uma tarefa meramente "subsuntiva" da conduta ao tipo legal, como nossos manuais seguem (des) informando, isso porque "o jurista não se limita a discutir se o caso específico se 'subsume' ou não a uma lei ou à definição escrita de tal categoria de negócio ('quaestio negotialis'), mas em geral se a causa de tal pleiteante é ou não 'justa': 'quaestio' chamada 'juridicialis'". ([626])

Primeiro impende aclarar que não se pode referir a um "mundo de normas", mas sim ao ordenamento jurídico como estrutura. As normas constituintes dessa estrutura não formam simples agregado e sim um sistema, uma totalidade, onde "cada norma extrai, por sua vez, o seu significado da

[623] SOUSA E BRITO, José de. *La Inserción del Sistema de Derecho Penal entre Uma Jurisprudência de Conceptos y uma (Di)solución Funcionalista.* In SÁNCHEZ, J. M. Silva; SCHÜNEMANN, B.; FIGUEIREDO DIAS, J. de (coords.). *Fundamentos de un Sistema Europeo del Derecho Penal.* Barcelona: Bosch, 1995, p. 110

[624] GUASTINI, Ricardo. *Das Fontes às Normas.* São Paulo: Quartier Latin, 2005, p. 24

[625] VILLEY, Michel. *Filosofia do Direito:Definições e Fins do Direito:Os Meios do Direito.* São Paulo: Martins Fontes, 2003, p. 383

[626] VILLEY, Michel. *Filosofia do Direito:Definições e Fins do Direito:Os Meios do Direito.* São Paulo: Martins Fontes, 2003, p. 448

sua relação com as outras normas do ordenamento". ([627]) Impossível, pois, estabelecer os exatos contornos de um tipo penal sem empreender criteriosa imersão na estrutura onde ele se acha acoplado.

A clássica teoria da tipicidade legal, ao longo deste século de (sobre)vida, quiçá por assimilação científica e cultural equivocadas, reduziu as unidades lingüísticas componentes do tipo penal a uma situação meramente dicionária, hermeticamente reclusas de sua própria literalidade lexical. É pela via teórica dos elementos negativos do tipo que se torna possível a compreensão do discurso do injusto penal como objeto cultural, produzido a partir de certas condicionantes históricas (axiológicas), em relação dialógica com outros textos normativos.

Propõe-se, aqui, o abandono do claustro gramatical onde se encapsulou o tipo para, em vez, empreender-se uma análise dos mecanismos sintáxicos e semânticos responsáveis pela produção de sentido do tipo como ambiente discursivo. Mesmo numa conceituação estritamente juspositivista, pode o tipo penal (como norma acabada) ser entendido como síntese discursiva continente do significado atribuível ao tipo legal (que é mero dispositivo de lei). Exsurge, assim, a norma criminal (expressa pelo tipo penal) como ato lingüístico de autoridades normativas. Sim, porque as leis "são discursos e produtos de discursos". ([628])

O tipo legal é um enunciado do discurso das fontes normativas. O tipo penal é, além, o enunciado que constitui o sentido ou significado atribuído a uma disposição. Poder-se-ia dizer, com RICARGO GUASTINI, que "a disposição é (parte de) um texto ainda por ser interpretado; a norma é (parte de) um texto interpretado". ([629])

O enunciado do tipo legal (disposição) representa o objeto da interpretação, ao passo que o enunciado do tipo penal (norma) constitui o produto, isto é, o resultado, da interpretação, somente tangível após o cruzamento das múltiplas vertentes discursivas simétricas e, também, assimétricas.

[627] LUMIA, Giuseppe, *Elementos de Teoria e Ideologia do Direito*. São Paulo: Martins Fontes, 2003, p. 66-7

[628] VILLEY, Michel. *Filosofia do Direito:Definições e Fins do Direito:Os Meios do Direito*. São Paulo: Martins Fontes, 2003, p. 235

[629] GUASTINI, Ricardo. *Das Fontes às Normas*. São Paulo: Quartier Latin, 2005, p. 26

4.1. Não correspondência entre tipo legal e tipo penal

Afirmamos a inexistência de uma relação de correspondência necessária entre *tipo legal* e *tipo penal* pelo simples motivo de não existir, conforme ÁVILA, "correspondência entre norma e dispositivo, no sentido de que sempre que houver um dispositivo haverá uma norma, ou sempre que houver uma norma deverá haver um dispositivo que lhe sirva de suporte."([630])

Tipo legal é, basicamente, texto normativo e, por isso mesmo, portador de vagueza ([631]) e ambigüidades, estas próprias da linguagem natural em que se acham vertidos os documentos normativos, embora, como adverte MAÍLLO, devesse o conteúdo de proibição ou obrigação achar-se descrito de maneira completa e clara, facilmente compreensível pelos destinatários da norma. ([632])

É esperado que a norma tenha uma margem de indeterminação – intencional ou decorrente da ambigüidade própria da linguagem não-formalizada pela qual se expressa ([633]). Essa indeterminação, de qualquer forma, confere, segundo SCHÜNEMANN, idoneidade à linguagem da norma penal para assimilar futuras evoluções, dotando-a de uma "porosidade" que, malgrado entendida como inconveniente sob a perspectiva jurídica, pode ser aproveitada como meio de garantir a necessária abertura do sistema. ([634]) Na verdade, como pondera NUVOLONE, o que não se pode admitir é a indeterminação verificada já ao nível do preceito geral e abstrato e não em relação ao fato concreto, de tal forma que não se pode concluir o que seja obrigatório ou vedado ([635]).

[630] ÁVILA, Humberto. *Teoria dos Princípios, da Definição à Aplicação dos Princípios Jurídicos.* São Paulo: Malheiros, 2005, p. 22

[631] Como ensina HASSEMER, se um conceito tem pelo menos um "candidato neutro", então ele é um conceito vago. Os "candidatos neutros", a sua vez, são os objetos sobre cuja inclusão em um elemento do tipo (e com isso: sobre um tipo) se discute. (cf. HASSEMER, Winfried. *Introdução aos Fundamentos do Direito Penal.* Porto Alegre: SAFe, 2005, p. 249)

[632] MAÍLLO, Alfonso Serrano. *Ensayo Sobre el Derecho Penal como Ciência, Acerca de su Construcción.* Madrid: Dykinson, 1999, p. 256

[633] LUMIA, Giuseppe. *Elementos de Teoria e Ideologia do Direito.* São Paulo: Martins Fontes, 2003, p. 82

[634] SCHÜNEMANN, Bernd. *El Sistema Moderno del Derecho Penal: Cuestiones Fundamentales.* Madrid: Tecnos, 1999, p. 36

[635] NUVOLONE, Pietro. *Il Sistema del Diritto Penale.* 2ª Edição. Padova: Cedam, 1982, p. 40

Portanto, já ao nível semântico, o tipo legal pode comportar múltiplas e conflitantes atribuições de significado (cuja superação resume o propósito lógico-lingüístico deste trabalho). Representando simbolicamente:

TL → TP1? TP2? TP3?

Tem-se do esquema que um único tipo legal pode exprimir diversos tipos penais dissociados, de acordo com as possibilidades de interpretação presentes. Pode o aplicador, diante de um caso concreto, quedar-se na dúvida, por exemplo, entre um falso documental e um estelionato, ou um furto mediante fraude e um estelionato, um atentado violento ao pudor e uma tentativa de estupro, uma extorsão e um roubo, etc...

Por outro lado, pode-se lidar não com a equivocidade lingüística possível no tipo penal, mas sim com a sua incompletude necessária de sentido:

TP → TL1+TL2+TL3

Dessa equação deflui que o tipo legal jamais pode exprimir, na sua singularidade, o tipo penal acabado que, na sua complexidade de sentidos, apresenta-se sempre carente de uma normatividade associativa. Diz-se, com GUASTINI, "que uma disposição exprime não uma norma acabada, mas um fragmento de norma porque contém um termo que remete a – ou pressupõe a prévia interpretação de – outras disposições, as quais definem esse termo, ou disciplinam o instituto do qual esse termo é nome". ([636])

Uma perspectiva lingüístico-discursiva da Teoria dos Elementos Negativos conduz a uma inegável ampliação estrutural e considerável extensão funcional do tipo, agora não mais pensado qual sede estática de evidência do injusto criminoso, mas sim ofertado como âmbito dinâmico de descoberta da ilicitude típica. Numa conceituação estritamente juspositivista, o tipo penal (como norma acabada) é a síntese discursiva continente do sentido atribuível ao tipo legal (que é disposição). Exsurge, assim, a norma criminal (expressa pelo tipo penal) como ato lingüístico de autoridades normativas.

Um século de sobrevida não foi (e ainda não é) suficiente para que se perceba o "tipo em si". O *tipo legal*, invariavelmente confundido com o *tipo*

[636] GUASTINI, Ricardo. *Das Fontes às Normas*. São Paulo: Quartier Latin, 2005, p. 39

penal, é mera disposição e não pode ser confundido com a norma penal. *Tipo legal* é enunciado; *tipo penal* é norma. Alonga-se do rigor lingüístico a visão (arraigada e generalizada) do tipo legal como disposição continente da proposição normativa toda.

O tipo legal é um enunciado do discurso das fontes normativas. O tipo penal é, além, o enunciado que constitui o sentido ou significado atribuído a uma disposição. Sintetizando, com as palavras de GUASTINI, pode-se afirmar que "a disposição é (parte de) um texto ainda por ser interpretado; a norma é (parte de) um texto interpretado" ([637]). O enunciado do *tipo legal* (disposição) representa o objeto da interpretação, ao passo que o enunciado do *tipo penal* (norma) constitui o produto, isto é, o resultado, da interpretação.

4.2. Consenso social: uma visão crítica da teoria da adequação social

Essa teoria parte do pressuposto de que tipo e antijuridicidade são elementos distintos e, portanto, os tipos não são tipos de injusto. Por conseguinte, se os tipos são inferidos da vida social (como modelos de condutas socialmente inadequadas) há de se concluir que não será típica a conduta desenvolvida dentro do marco de uma liberdade de atuação socialmente admitida. ([638]) Trata-se, para ROXIN, não de elementar do tipo, mas sim auxílio interpretativo "para restringir formulações literais que também abranjam comportamentos socialmente suportáveis". ([639])

Como explica REALE JÚNIOR, "se ação não se dirige, em menosprezo, a um valor tutelado, pois apesar de materialmente lesiva, é, pelo contrário, animada por uma posição valorativa, que se adequa à valoração considerada positiva pela comunidade, não será ela típica." ([640]) Dizer da exclusão de tipicidade, nesse caso, comporta aceite ao pensamento de WOLTER, para quem, do ponto de vista da sistemática do fato punível, a adequação social deve ser estabelecida antes da estrutura do delito, no que ele deno-

[637] GUASTINI, Ricardo. *Das Fontes às Normas*. São Paulo: Quartier Latin, 2005, p. 26

[638] DEVESA, José Maria Rodriguez; GOMEZ, Alfonso Serrano. *Derecho Penal Español.Parte General*. Madrid: Dykinson, Madrid, 1994, p. 503

[639] ROXIN, Claus. *Política Criminal e Sistema Jurídico Penal*. Rio de Janeiro: Renovar, 2000, p. 47

[640] REALE JR. Miguel. *Teoria do Delito*. São Paulo: RT, 2000, p. 59

mina de "âmbito prévio ao injusto típico" ([641]) que, para nós, nada mais é que a adequação ao *tipo legal* mas, jamais, ao *tipo penal.*

Uma decorrência importante do desenvolvimento da idéia de antijuridicidade material, como exigência de um Direito Penal de um Estado democrático de Direito, é a possibilidade de se defender a atipicidade de um fato que, formal ou aparentemente típico, não represente ofensa verdadeira ao bem jurídico protegido. Como adverte QUINTERO OLIVARES, não é coerente, em boa lógica, que o "adequado" para a sociedade seja, em contrapartida, "típico", isto é, "indiciariamente injusto" para essa mesma sociedade. ([642])

Indo além com esse raciocínio, poder-se-ia, com JÜRGEN WOLMER, defender que a compra de pequena quantidade de maconha, para auto-consumo, restaria impune pela interposição de uma "causa jurídico-constitucional de exclusão do tipo", eis que tal comportamento, sendo adequado socialmente, implicaria um risco mínimo e socialmente aceito. Para essa declaração de atipicidade tomar-se-ia como ponto de apoio constitucional o "conteúdo essencial da liberdade de atuação do autor". Os riscos socialmente adequados caracterizariam, assim, *negativamente o tipo em seu conjunto* e, com isso, o tipo de injusto: nestes casos não haveria nem tipicidade nem descrição de um injusto. ([643]) Chega-se, sem dificuldades, a um *elemento negativo do tipo vindo da normativa constitucional.*

Vê STRATENWERTH na ferramenta teórica da adequação social um meio de correção do tipo penal, já que o nível de abstração, imanente à formulação legal deste, pode ocasionar que o texto vá além dos matizes da situação, do grau da lesão, ou do modo de cometimento, atingindo assim comportamentos achados em perfeita consonância com a ordem social. Além da correção típica, pode a adequação social voltar-se a uma delimitação geral da responsabilidade jurídico-penal diante de um "risco permitido" pelo Direito. ([644]) Essa noção de "risco permitido", como critério

[641] WOLTER, Jürgen. *Derechos Humanos y Protección de Biens Jurídicos en un Sistema Europeo del Derecho Penal.* In SÁNCHEZ, J. M. Silva; SCHÜNEMANN, B.; FIGUEIREDO DIAS, J. de (coords.). *Fundamentos de un Sistema Europeo del Derecho Penal.* Barcelona: Bosch, 1995, p. 61

[642] OLIVARES, Gonzalo Quintero. *Curso de Derecho Penal. Parte General...*Barcelona: Cedecs, 1996, p. 243

[643] LUZÓN PEÑA, Diego-Manuel *et all* (orgs.). *Cuestiones Actuales de la Teoría del Delito.* Madrid: Mc Graw Hill, 1999, p. 12

[644] STRATENWERTH, Günter. *Derecho Penal, Parte General, El Hecho Punible.* Madrid: Edersa, 1976, p. 119-120

normativo de imputação, limitando a culpabilidade, determinada com elementos exclusivamente naturalísticos, enseja um conceito ampliado de *imputação objetiva*, pelo qual inexiste tipicidade em relação àquele comportamento que, embora causador do resultado, não chegou a configurar um perigo desaprovado pelo Direito. ([645])

Não faltam autores que, como LOZANO, entendem que a tese da adequação social é uma construção ilógica porque contrária às exigências do mais básico fundamento do Direito Penal, que é o princípio da legalidade penal. Para ele, quando se deixa de aplicar uma norma vigente, ocorre uma fraude não apenas contra a vítima do crime tratado, ou mesmo ao Direito Penal, mas a todo o povo soberano, cuja vontade está plasmada na lei. ([646])

Não concordarmos com tal afirmação ou com a de que a adequação social nunca deve converter-se em uma causa de exclusão do tipo porque implicaria numa contradição com o princípio de legalidade ([647]), ou afetaria gravemente a segurança jurídica ([648]) ou, então, de que "no interesse da segurança jurídica é preciso consevar o princípio de que o cumprimento de um tipo legal faz presumir a ilicitude da conduta" ([649]). A função de garantia cumprida pelo tipo penal tem como destinatário o indivíduo que, indigitado autor de conduta "prima facie" ofensiva aos interesses sociais comuns, não pode restar à mercê do arbítrio estatal ou mesmo da violência privada. O tipo legal deve, para o aplicador, representar, tão somente, o máximo possível da punição e não desta o mínimo esperado ou consentido. Trata-se, na verdade, como acertadamente disse ROXIN, da tarefa inadiável de preencher áreas vazias do mapa doutrinal, num trabalho sistemático amparado em parâmetros político criminais: "o postulado *nullum-crimen* não se opõe a isto, já que ele não impede nem mesmo a criação de novas excludentes de ilicitude". ([650])

[645] CONTRERAS, Joaquin Cuello. *El Derecho Penal Español. Curso de Iniciación. Parte General...* Madrid: Civitas, 1996, p. 451

[646] LOZANO, Carlos Blanco. *Derecho Penal, Parte General.* Madrid: Laley, 2003, p. 814

[647] LA TORRE, Ignácio Berdugo Gómez de (*et all*) . *Lecciones de Derecho Penal.* Barcelona: Praxis, 1999, p. 149

[648] CEREZO MIR, Jose. *Curso de Derecho Penal Español. Parte General...*Madrid: Tecnos, 1994, p. 340

[649] MAURACH, Reinhart. *Derecho Penal. Parte General.* Buenos Aires: Astrea, 1994, p. 417

[650] ROXIN, Claus. *Política Criminal e Sistema Jurídico Penal.* Rio de Janeiro: Renovar, 2000, p. 80-1

Conquanto de utilidade duvidosa e de contornos dogmáticos imprecisos, a teoria da adequação serviu a demonstrar a falta de rigor sistemático no pensamento de WELZEL para negação da Teoria dos Elementos Negativos. Vejamos. Considerava ele a adequação social uma excludente de tipicidade ([651]) ao mesmo tempo em que entendia que o erro sobre o conceito e extensão da adequação social constituía um erro sobre a antijuridicidade ([652]), como isso demonstrando harmonia com sua visão do tipo como matéria de proibição ([653]) e, ao mesmo tempo, revelando incoerência ao refutar a vinda da antijuridicidade para os domínios da tipicidade([654]), algo que, como se vê, não logrou evitar em seus desenvolvimentos teóricos tangentes às categorias referidas. Deve-se, com SACHER, atentar ao fato de que no decorrer do tempo foi WELZEL alterando sua opinião acerca da localização sistemática da adequação social: primeiro como situada na tipicidade, depois como pertencente à antijuridicidade e, finalmente, retornando sua sede à tipicidade. ([655])

4.3. Consentimento do ofendido

Com acerto, HIRSCH aponta que é duvidosa a propriedade de se resumir as causas de justificação tratadas pela doutrina sob a epígrafe da adequação social, provindas do direito consuetudinário, se inexistente um critério uniforme para uma diferenciação entre esses casos e as demais causas de justificação. ([656])

[651] WELZEL, Hans. *Derecho Penal Aleman*. Santiago de Chile: Jurídica de Chile, 1997, p. 68

[652] idem, p. 198

[653] idem, p. 65: "o tipo é a matéria de proibição, na qual têm que ser levados a sério os dois elementos do conceito: a matéria não menos que a proibição". Como pontua LICCI, o *Unrecht* welzeliano sintetiza o *Tatbestand* e a *Rechswidrigkeit*, recompondo a unidade entre o fato e o seu significado social e jurídico.(cf. LICCI, Giorgio. *Modelli nel Diritto Penale: Filogenesi del Linguaggio Penalistico*. Torino: Giappichelli, 2006, p. 214)

[654] WELZEL, Hans. *Derecho Penal Aleman*. Santiago de Chile: Jurídica de Chile, 1997, p. 65

[655] SACHER, Mariana. *Rasgos Normativos en la Teoria de La Adecuación de Welzel?* . In CEREZO MIR, José; DONNA, Edgardo Alberto; HIRSCH, Hans Joachim (orgs.). *Hans Welzel en el Pensamiento Penal de La Modernidade.Homenaje en el Centenário del Nacimiento de Hans Welzel*. Buenos Aires: Rubinzal-Culzoni, s/d, p. 578

[656] HIRSCH, Hans Joachim. *Derecho Penal. Obras Completas. Tomo IV. La Doctrina de los Elementos Negativos del Tipo Penal*...Buenos Aires: Rubinzal-Culzoni, 2005, p. 352

Muitos dos casos estudados à luz da *teoria da adequação social* configuram, em verdade, claras hipóteses de consentimento do ofendido. Não há nisso sérios inconvenientes, pois apenas se demonstra a flexibilidade e imprecisão desse invocado *princípio da adequação social*, a recomendar sua desconsideração dogmática. Defendemos que socialmente adequado é somente o não-proibido pelas normas positivas; fora desse universo, não existe adequação juridicamente válida.

Ademais é de se convir que a ausência de tratamento legal sobre o consentimento do ofendido na parte geral de nosso Código Penal há de ser colmatada pelos estudos doutrinários e pelas análises jurisprudenciais quanto às específicas figuras típicas da parte especial, com o que se poderá lograr uma ordenação sistemática da matéria. Para JUAREZ CIRINO, o consentimento exclui o desvalor da ação e do resultado, exprimindo desinteresse pela proteção do bem jurídico e, por isso, indica ausência de conflito (ao contrário do que se observa nas demais causas de justificação). ([657])

Parece-nos que a distinção entre adequação social e consentimento do ofendido opera-se pela existência, ou não, de um titular identificado, capaz de dispor do bem jurídico individual entregue à violação, como intentaremos demonstrar.

Um dos exemplos freqüentemente citados pela doutrina como sendo caso de adequação social refere-se às cirurgias não emergenciais. Para nós, as intervenções médicas, nesses casos invocados, podem ser perfeitamente enquadradas, para fins de justificação, sob a epígrafe *exercício regular de direito* (de exercer a medicina). Não mais nem menos. Se o médico procede a uma esterilização ou extrai um órgão para transplante, em conformidade com as demais prescrições legais aplicáveis – em ambos os casos há disposições legais específicas – óbvio que exerce *regularmente* um direito inerente à sua profissão. Se, contrariamente, realiza os mesmos procedimentos cirúrgicos sem obediência a esses diplomas legais, exerce "irregularmente" a arte médica e, por isso, desloca-se do campo dos comportamentos lícitos para o das condutas ilícitas (onde poderá defrontar-se com um tipo penal ao qual sua ação seja adequada e, então, antijuridicamente típica).

Antecipando-nos ao argumento de que tal solução seria inaplicável a situações em que o agente não fosse o exercente da profissão médica –

[657] SANTOS, Juarez Cirino dos. *A Moderna Teoria do Fato Punível*. Rio de Janeiro: Freitas Bastos, 2002, p. 194

v.g. aquele que numa pessoa implanta um adereço corporal ("piercing") ou aplica ilustrações indeléveis (tatuagens) – hemos de aquiescer que é enganosa a conclusão de que a solução jurídica seja aqui idêntica, malgrado a similaridade circunstancial aparente. Se as intervenções corporais consubstanciam o próprio exercício do ofício médico, certamente o mesmo não se pode afirmar quanto à atuação "não-regular" daquele que, muitas vezes, sem qualquer qualificação técnica ou autorização oficial, igualmente produz alterações físicas no ser humano. O Direito permite que o indivíduo disponha de seu corpo, nele promovendo modificações ou, então, autorizando terceiro a produzi-las. Geralmente essas alterações externas objetivam dar visibilidade a expressões espirituais do seu portador: sensualidade, religiosidade, ideologia, preferências artísticas etc. Todas essas manifestações – que são linguagem – podem merecer abrigo sob a garantia constitucional da liberdade de expressão e, ao Direito em geral e ao Direito Penal e particular, será indiferente que o fiel carregue um crucifixo ao peito ou que prefira imprimir o mesmo símbolo religioso em seu tegumento externo.

Naturalmente existem limites para esse consentimento. Pode o indivíduo (dês que capaz de emitir consentimento válido) encomendar que desenhem em sua epiderme o emblema de seu clube esportivo preferido, as iniciais de seu grupo musical predileto; mas não uma cruz suástica ou um gráfico obsceno. Nestes dois últimos exemplos há vedações legais conflitantes. Para além das expressas vedações normativas nada pode o Direito Penal objetar ao titular do bem jurídico disponível, pena de se converter em demarcador dos costumes e da moralidade social. Daí, por exemplo, o desacerto do Código Penal alemão ([658]) que impõe "os bons costumes" como limitador ao consentimento do ofendido no caso de lesões corporais, expressão incompatível (ou pelo menos de difícil fixação) numa sociedade dotada de pluralismo e historicidade. Em síntese: o indivíduo pode, para exercer um direito, outorgar a outrem um consentimento, desde que o ordenamento não proíba o que o outorgante permite.

Há, ainda, os casos em que não há exercício regular de uma profissão e tampouco a possibilidade de emissão de um consentimento válido. Por

[658] § 228. *Consentimento. Quem efetue uma lesão pessoal com consentimento do lesionado, então somente atua antijuridicamente, quando o fato apesar do consentimento vá contra os bons costumes.* (Código Penal Alemán, tradução de Claudia López Diaz. Bogotá: Universidade Externado de Colômbia, 1999)

exemplo, a circuncisão realizada num bebê pelos familiares, por motivos unicamente religiosos, apresenta-se como conduta atípica penalmente, eis que um *elemento negativo do tipo* vem, desde o texto constitucional, socorrer o agente ao lhe garantir o livre exercício de suas práticas religiosas.

A doutrina cita, recorrentemente, casos em que inexiste sequer a tipicidade legal e, portanto, não haveria de se falar em consentimento do ofendido para exclusão de antijuridicidade de uma conduta que, sequer, a tipicidade perfizera. Fiquemos com dois exemplos ([659]): o ingresso em domicílio com autorização do morador e a subtração de coisa móvel sem o dissenso do proprietário. Em nenhuma das situações a conduta do agente encontra correspondência com o tipo legal. O crime de invasão de domicílio verifica-se se, e somente se, contra a vontade do morador (daí o recurso à fraude, à violência, à ameaça, à clandestinidade). Impensável imaginar que um estimado visitante comete um "ato de cortesia típico", mas não ilícito. No caso de subtração de coisa de terceiro que consentiu para a remoção do bem, da mesma forma não se opera, tampouco, o ajuste dessa conduta à descrição da conduta no tipo legal (o qual descreve uma subtração antijurídica e não mero deslocamenteo físico do bem material). Se o patrão consentiu que o empregado se servisse do numerário do caixa para custear suas refeições diárias, as sucessivas retiradas do beneficário são, desde logo, subtrações atípicas. Somente se atinge conclusão diversa quando se faz leitura meramente gramatical do verbo "subtrair" – como simples remoção física da coisa – e não na sua plenitude semântico-jurídica – apossamento clandestino de patrimônio alheio. Portanto, nesses dois exemplos, não se fala em *elementos negativos do tipo* porque a este nenhuma das duas condutas, ainda que remotamente, se ajusta (ao contrário dos casos anteriormente tratados em que havia, pelo menos, uma vulneração física material e, por conseguinte, uma tipicidade ao menos legal). A menção – além de

[659] Deixamos de mencionar os casos de "*delitos sexuais com consentimento do ofendido*" porque absurda a discussão de fatos que podem ser, à longa distância, divisados como penalmente irrelevantes: o cônjuge dispensa elaborações teóricas criminais para legitimar o cumprimento do débito sexual imanente ao matrimônio contraído. Também não tratamos de outro exemplo clássico que é o do pluriofensivo crime de *usura*, pois neste o consentimento do mutuário não solve o débito criminal do usurário, uma vez que este lesiona não somente o patrimônio de seu cliente (como bem jurídico imediato) mas também a ordem econômica (a título de bem jurídico mediato). Por fim não ingressamos na análise da *eutanásia* pois, de pronto, o bem jurídico vida se nos antolha como não transigível pelo seu titular, tendo que eventual desaplicação penal operar-se por outras vias legais e dogmáticas, não visadas por este trabalho.

arredar eventual imputação de omissão – visa a demonstrar a ausência de rigor técnico por vezes assumida no enfoque desse tema, onde, a menudo, é confundida "exclusão de tipicidade" (*Tatbestandsausschluss*) com a "carência de tipicidade" (*Tatbestandlos*).

O exemplo tomado de ROXIN por DOTTI ([660]) é, ainda, mais distante da possibilidade de um consentimento do ofendido: a pessoa que, ferida num acidente, é submetida, em estado de inconsciência, a uma cirurgia pelo médico no próprio local do acontecido, sem os instrumentais necessários. Nesse caso, segundo o exemplo invocado, ainda que sobreviessem lesões ou morte ao paciente, restaria o médico coberto juridicamente pelo consentimento presumido. Trata-se, a toda evidência, de um caso de estado de necessidade e não de consentimento presumido da vítima. Coloca-se em risco um bem jurídico (saúde) para salvaguardar outro (vida), ainda que com potencial risco de sacrifício do primeiro.

Para PIERANGELI constitui causa de exclusão da antijuridicidade o consentimento dado pelo titular único do bem ou interesse juridicamente protegido e que, portanto, pode dele livremente dispor. ([661]) . Supõe-se, aqui, o abandono consciente dos interesses por parte daquele que, legitimamente, detém a faculdade de disposição sobre o bem jurídico ([662]),desde que ausente grave dano a outros bens jurídicos indisponíveis pela vítima.([663])

4.4. Princípio da insignificância

Por esse princípio, restariam excluídas do tipo penal as lesões ínfimas aos bens jurídicos, cabendo à doutrina e à jurisprudência a delimitação dos casos de bagatela. CEREZO MIR, ao contrariar ROXIN, formulador desse princípio, aponta sua incompatibilidade com a "segurança jurídica" e a

[660] DOTTI, René Ariel. *Curso de Direito Penal.* Parte Geral. Rio de Janeiro: Forense, 2002, p.

[661] PIERANGELI, José Henrique. *O Consentimento do Ofendido na Teoria do Delito.* São Paulo: RT, 2001, p. 98

[662] MEZGER, Edmundo. *Tratado de Derecho Penal. Tomo I.* Madrid: Revista de Derecho Privado, 1946, p. 398

[663] COGLIOLO, Pietro. *Completo Trattato Teórico e Pratico di Diritto Penal Secondo Il Códice Único del Regno d'Italia.* Vol I. Milano: Leonardo Vallardi, 1888, p. 29

existência de inúmeros dispositivos legais que tratam, exatamente, dos casos de bagatela. ([664])

Para contestar CEREZO MIR seria necessário, antes, indagar a qual *segurança jurídica* refere-se ele, se do Estado ou do indivíduo. A do Estado, em exigir obediência às leis que põem, ainda que não razoáveis? A do cidadão, em ver punidas sistematicamente as mínimas violações das regras legais?

O segundo argumento é, certamente, ainda menos feliz que o primeiro. Se no ordenamento jurídico espanhol (à semelhança do brasileiro, sobretudo no estatuto contravencional) existe a previsão de "uma infinidade de casos de bagatela", certamente é responsabilidade primeira da voz dogmática alçar-se contra situação assim abusiva. Quando os principais esforços de toda a doutrina voltam-se à defesa de um Direito Penal mínimo, a uma limitação do Estado-Polícia em favor do Estado-Direito, jamais se pode transigir que, para defesa de uma tese, se argumente com a circunstância fática da existência de ampla penalização de insignificâncias sociais, pois tal equivale a endossar, mesmo involuntariamente, o sempre preocupante movimento expansionista penal.

Uma justificativa para o acolhimento ao princípio da insignificância decorre da observação do próprio direito positivo. Estabelece o artigo 17 do Código Penal a impunibilidade da tentativa quando impossível a consumação do crime pela ineficácia absoluta do meio ou por absoluta impropriedade do objeto. Portanto, nosso direito positivo exige a existência de lesão ou, ao menos de potencialidade lesiva, para se falar em injusto. Tais requisitos acham-se ausentes nos casos de tentativa inidônea ([665]) em que as propriedades do objeto material ou a inaptidão dos meios escolhidos

[664] CEREZO MIR, Jose. *Curso de Derecho Penal Español. Parte General*...Madrid: Tecnos, 1994, p. 340-1

[665] Para PIERANGELI e ZAFFARONI, a "tentativa inútil" ocorre quando o meio eleito não é idôneo para alcançar a consumação, sendo que no caso da chamada "inidoneidade do objeto" não há que se falar de tentativa, pois esta exige o início de execução do crime, isto é, deve estar presente uma tipicidade objetiva que reclama um objeto idôneo. (v. ZAFFARONI, Eugenio Raúl; PIERANGELI, José Henrique. *Da Tentativa, Doutrina e Jurisprudência*. São Paulo: RT, 1998, p. 79). ANÍBAL BRUNO entendia que "no caso de meio absolutamente inidôneo, a ação é inapropriada tipicamente, porque não pode de modo algum conduzir à realização do tipo". (v. BRUNO, Aníbal. *Direito Penal. Parte Geral. Tomo I*. Rio de Janeiro: Forense: 2003, p. 220). A síntese objetiva é de CIRILO VARGAS: "em nosso Direito há duas situações em que a atuação do agente jamais pode chegar à realização do tipo: quando o meio empregado

jamais conduziriam ao início de execução de um crime, restando a tipicidade ausente. Como dizia ANÍBAL BRUNO, nesse quadro, a ação mostra-se inapropriada tipicamente, por não poder conduzir, de modo algum, à realização do tipo. ([666])

Também no momento de aplicação da lei penal a um caso concreto, enxerga BATTAGLINI ser possível o socorro ao direito natural, por exemplo num furto de bagatela onde a palavra do código servirá de passaporte a um princípio não-escrito, a permitir que o juiz absolva o réu invocando ausência de dolo ou de lucro por parte do imputado, ou a existência de um estado de necessidade, ou mesmo um consenso tácito do proprietário. ([667]) Há, aqui, um latente senso de justiça que, no entanto, não pode se exprimir pelas clássicas e rígidas formulações teóricas dominantes.

5. Direito contra o Direito?

Uma ação é antijurídica quando contradiz as normas objetivas do Direito ([668]). A Lei de Introdução ao Código Penal ([669]), ao definir e diferençar crime e contravenção, qualifica a ambos como "infrações". Nesse "*ius frangere*", expressamente reportado pelo legislador, como nota essencial do injusto penal, é que consiste a antijuridicidade.

Sem razão os que preterem ou negam o termo "antijuridicidade", por imputarem-no uma incongruência, eis que tal vocábulo, expressando o "não-direito", não poderia ser jurídico. Antijuridicidade é a versão da palavra germânica *Rechtswidrigkeit*, que, a sua vez, designa "contrariedade ou

na execução for absolutamente inidôneo, ou ***quando faltar o objeto da proteção penal***" (g.n.) (VARGAS, José Cirilo de. *Do Tipo Penal*. Belo Horizonte: Mandamentos, 2000, p. 131-2).

[666] Exemplicava o mestre: administração de bicarbonato de sódio em vez de arsênico, com dolo de homicídio; de um infuso de planta inofensiva com intenção de provocar aborto. Aqui, segundo ele, embora não falte algum dos elementos constitutivos do crime, a atuação objetiva da vontade do agente toma, por erro, um caminho que não pode conduzir à realização do tipo. (cf. BRUNO, Aníbal. *Direito Penal, Parte Geral, Tomo I*. Rio de Janeiro: Forense, 1967, p. 352)

[667] BATTAGLINI, Giulio. *Principii di Diritto Penale in Rapporto alla Nuova Legislazione, Questioni Preliminari*. Milano: Instituto Editoriale Scientifico, 1929, p. 207

[668] MEZGER, Edmundo. *Tratado de Derecho Penal. Tomo I*. Madrid: Revista de Derecho Privado, 1946, p. 327

[669] Decreto-Lei 3.914, de 9 de dezembro de 1941: Art. 1º. Considera-se crime a infração penal a que a lei comina pena de reclusão ou de detenção, quer isoladamente, quer alternativa ou cumulativamente com a pena de multa; contravenção, a infração penal a que a lei comina, isoladamente, pena de prisão simples ou de multa, ou ambas, alternativa ou cumulativamente.

adversidade ao Direito". Se o autor de um crime somente o é porque o Direito, por suas previsões normativas, assim o qualifica, logo o tratamento do *antijurídico* é puramente *jurídico*. Ser antijurídico é estar, no mundo do Direito, a violar as normas do direito positivo. O equívoco é certamente entendível, já que não havendo consenso sobre o limite conceitual de "Direito", não seria esperada uma concordância quanto ao entendimento do que fosse o "não-Direito". Com inteiro acerto, escreveu ANÍBAL BRUNO que se pode dizer "do crime que é um fato jurídico, no sentido de gerador de efeitos jurídicos, o mais importante dos quais é a aplicação de uma pena". ([670])

O antijurídico constitui a própria base do conceito de crime ([671]), pois este é sempre um acontecimento antijurídico. Surge a antijuridicidade na dogmática com anterioridade aos outros elementos da culpabilidade e da tipicidade. ([672])

Fiquemos, ainda uma vez, com a objetividade de LOURIVAL VILANOVA:

> *"O antijurídico é-o em referência à norma. O "não", aí, é includência de elemento pertencente ao sistema de normas, que demarca o conjunto total. A antijuridicidade é opoente contrário à juridicidade, como licitude. Em termos lógicos, "estar conforme ao direito" é equívoca: o fato ou conduta que se insere quer na norma primária, quer na norma secundária (sancionadora), ingressam em tipos normativos. Realizam o tipo na concrescência dos fatos e condutas".* ([673])

Para a Ciência do Direito, "conduta proibida é aquela que condiciona a aplicação de uma sanção prevista em uma norma jurídica (a conduta contrária à conduta obrigada)." ([674]) Está correto, portanto, afirmar que, em

670 BRUNO, Aníbal. *Direito Penal, Parte Geral, Tomo I.* Rio de Janeiro: Forense, 1967, p. 292

671 Lembre-se, com BASILEU GARCIA, que "há conceitos formais e conceitos substanciais de crime, também chamado delito. Aqueles apreendem o fenômeno pelo ângulo da técnica jurídica. Estes procuram fixar-lhe a essência. (v. GARCIA, Basileu. *Instituições de Direito Penal, vol. I, tomo I.* São Paulo: Max Limonad, 1973, p. 193

672 LAS HERAS, Alfonso Arroyo. *Manual de Derecho Penal, El Delito.* Navarra: Aranzadi, 1985, p. 86

673 VILANOVA, Lourival. *Causalidade e Relação no Direito.* São Paulo: RT, 2000, p. 303-4

674 TAMAYO Y SALMORAN, Rolando. *El Derecho y La Ciencia del Derecho.* México: Universidad Autónoma de México, 1986, p. 29

certa medida, a antijuridicidade é apenas o resultado da adequação ao tipo penal na ausência de causas de justificação. ([675])

Para MIR PUIG a antijuridicidade penal pressupõe uma dupla exigência: i) lesão ou colocação em perigo de um bem jurídico, de forma suficiente grave para merecer previsão como tipo de delito sob cominação de pena e ii) que o bem jurídico objeto da proteção pela norma não conflite com interesses que justifiquem o ataque. ([676])

Pode-se, ainda, pender a uma visão mais técnica e simples. Para CALON "a apreciação da antijuridicidade na esfera penal, pressupõe um juízo, uma estimação da oposição existente entre o fato realizado e uma norma jurídica penal". ([677]) Essa oposição é, a bem da verdade, tomada em relação a todo o ordenamento, sendo decorrência do princípio da reserva legal que, no Direito Penal, a ilicitude seja descontínua, já que existente exclusivamente naquelas condutas previamente tipificadas na lei penal." ([678])

Precedentemente às elaborações teóricas que culminaram com a construção científica do tipo penal, PESSINA ([679]) já assinalava a impossibilidade da existência do Direito contra o Direito, pois um ato querido, consentido ou imposto pelo Direito, não poderia ser contrário a esse mesmo Direito; não poderia ser a negação do Direito.

Para ALTAVILLA sequer configurava a antijuridicidade um elemento constitutivo do crime. Segundo ele, a antijuridicidade tem a ver com a configuração objetiva do tipo e não com a culpabilidade, não sendo elemento de composição do crime, mas somente deste um atributo, como conseqüência de não ser a conduta conforme ao Direito, porque com um preceito

[675] STRATENWERTH, Günter. *Derecho Penal, Parte General, El Hecho Punible.* Madrid: Edersa, 1976, p. 67

[676] MIR PUIG, Santiago. *Derecho Penal, Parte General.* Barcelona: Reppertor, 2002, p. 144

[677] CALÓN, Eugenio Cuello. *Derecho Penal, Tomo I, Parte General.* Barcelona: Bosch, 1935, p. 300

[678] COELHO, Walter. *Teoria Geral do Crime, Vol. I.* Porto Alegre: SAFe, 1998, p. 35

[679] PESSINA, Enrico. *Elementi di Diritto Penale.* Napoli: Riccardo Marghieri di Gius, 1882, p.158-9. Apontava ele duas "doutrinas":a) a ilegitimidade ou regularidade da ação não reside na lesão produzida aos interesses de um terceiro, pois tais interesses são a matéria sobre a qual se imprime o princípio jurídico, mas não constituem o Direito mesmo. b) não pode existir crime na ação do homem que obedece aos ditames da lei (***Iuris executio non habet injuram***).

contrastante. ([680]) Apresenta-se, sob tal enfoque, a antijuridicidade como o núcleo básico do crime, desde o ponto de vista do Direito. ([681])

Também ALDO MORO fez menção à obscuridade quanto à posição da antijuridicidade na estrutura do delito, como elemento ou predicado, repugnando a alguns qualificá-la como elemento (por isso "parte") de um todo se, segundo esses pensadores, – entre eles MEZGER – a ilicitude é o todo essencial do crime (o "em si do delito"), que confere aos verdadeiros elementos o significado no mundo do Direito. ([682])

De fato, em MEZGER, a afirmação da antijuridicidade do tipo faz recair um juízo sobre ele. Tal juízo e sua realidade efetiva, ademais, constituem pressuposto necessário da pena e, portanto, uma característica do delito. Os defensores da tese contrária afirmam que a antijuridicidade jamais poderia quedar-se na mesma linha que a tipicidade, do mesmo modo que não se podem igualar os sintomas de uma doença com a doença em si. Contestando, afirma MEZGER que tanto o conhecimento dos sintomas quanto o da enfermidade mesma, embora situados em planos distintos, são partes integrantes do diagnóstico da doença e, por conseqüência, pressupostos da prescrição médica (pena). ([683])

Doença ou sintoma, verdade que a dificuldade reside, antes, no diagnóstico da antijuridicidade. Nova vez, preferimos ROXIN, para quem a antijuridicidade "é o âmbito da solução social de conflitos, o campo no qual interesses individuais conflitantes ou necessidades sociais globais entram em choque com os individuais". ([684]) Essa concepção harmoniza-se, de resto, com nossa opção por uma teoria discursiva da norma penal, onde o consenso é a meta do procedimento. Num discurso ideal, como critério de adequação, lembra ALEXY, "busca-se a solução adequada para questões práticas que envolvem interesses de várias pessoas, isto é, trata-se da solução adequada para um conflito de interesses". ([685]) Com isso poderia

[680] ALTAVILLA, Enrico *in* D'AMELIO, Mariano (Coord). *Nuovo Digesto Italiano.* Torino: Torinese, 1939, p. 1.233

[681] MAÍLLO, Alfonso Serrano. *Ensayo Sobre el Derecho Penal como Ciência, Acerca de su Construcción.* Madrid: Dykinson, 1999, p. 303

[682] MORO, Aldo. *La Antijuridicidad Penal.* Buenos Aires: Atalaya, 1949, p. 170

[683] MEZGER, Edmundo. *Tratado de Derecho Penal. Tomo I.* Madrid: Revista de Derecho Privado, 1946, p. 359-360

[684] ROXIN, Claus. *Política Criminal e Sistema Jurídico Penal.* Rio de Janeiro: Renovar, 2000, p. 30

[685] ALEXY, Robert. *Problemas da Teoria do Discurso.* In Anuário do Mestrado em Direito, n. 5. Recife (PE): Universidade Federal de Pernambuco, 1992, p. 94-5

o Direito cumprir uma finalidade geral – se é que ele possui alguma – consistente em "coordenar o esforço social e individual, ou resolver disputas sociais e individuais, ou assegurar a justiça entre os cidadãos e entre eles e seu governo, ou alguma combinação dessas alternativas". ([686]) Como identificar os interesses divergentes e buscar ferramentas dogmáticas estabilizadoras dessas tensões é tarefa que resume o sentido do trabalho aqui desenvolvido.

5.1. Antijuridicidade objetiva/subjetiva, material/formal

Divide-se a doutrina entre os defensores da natureza objetiva ou subjetiva da antijuridicidade ([687]). Se se admite que a antijuridicidade resulta de um juízo formulado sobre a ação, sendo indiferente que o sujeito seja ou não culpável, fala-se em *antijuridicidade objetiva*. Se, porém, defende-se que as normas jurídicas constituam imperativos ([688]) dirigidos ao cidadão para que conforme sua conduta ao Direito, sendo imprescindível um ato anímico, tem-se a *antijuridicidade subjetiva*. Há que se reconhecer que, embora não seja a regra, muitas vezes o caráter antijurídico da conduta depende de elementos subjetivos para que se possa afirmar a tipicidade da conduta (v.g. a intenção libidinosa no crime de atentado violento ao pudor).

Assim, a defesa de uma natureza prevalentemente objetiva da antijuridicidade implica que "é indiferente, para decidir sobre se uma conduta é antijurídica ou não, o que o sujeito se propusera, quais foram seus motivos e fins, assim como suas condições pessoais". ([689])

Reconhece MEZGER que, malgrado o apoio firme e imprescindível subministrado ao Direito Penal pelo injusto típico, na determinação *formal* do injusto, mister, ainda, considerar-se o conteúdo *material* desse injusto, pena de converter-se essa segurança formal em lamentável formalismo.

[686] DWORKIN, Ronald. *Uma Questão de Princípio*. São Paulo: Martins Fontes, 2001, p. 239

[687] ONECA, José Antón. *Derecho Penal*. Madrid: Akal, 1986, p. 201

[688] Na verdade, os fenômenos jurídicos nada mais são do que impulsos que regulam a conduta humana, sendo tais impulsos denominados "preceitos". (cf. ANCORA, Felice. *Fattispecie, Fattispecie Soggettiva, Fattispecie Precettiva, Anomalie*. Torino: Giappichelli, 1999, p. 41)

[689] DEVESA, José Maria Rodriguez; GOMEZ, Alfonso Serrano. *Derecho Penal Español.Parte General*. Madrid: Dykinson, Madrid, 1994, p. 407

Esse conteúdo material foi, ao longo do tempo, identificado como ofensa a direitos subjetivos, a interesses e, por fim, a bens jurídicos. ([690])

Na evolução da teoria do delito, substitui-se o conceito formal de antijuridicidade pela idéia de um injusto material ou substanciado, orientado como critério de proteção de bens jurídicos (com base em que desenvolve-se uma teoria geral baseada na valoração de bens jurídicos) ([691]). Esse conceito – afastando-se da idéia da "*malum quia prohibitum*" – vincula-se diretamente com a função e fim da norma e não, apenas, com sua realidade positiva, já que a norma há de perseguir um fim social e de política criminal: a proteção de bens jurídicos ([692]). Não basta a mera relação contraditória entre o fato e a norma; mas sim, no dizer de ANÍBAL BRUNO, "o constraste entre o fato e as condições existenciais da sociedade, as condições de estabilidade e persistência da vida associada, condições que tuteladas pelo Direito se constituem em bens jurídicos" ([693]) . Essa substituição do formal pelo material opera-se sob o influxo do neokantismo, que permite à dogmática recuperar a dimensão da decisão especificamente jurídica, isto é, aquela orientada por critério de valor ([694]).

Como decorrência, desde que suscitado o dualismo entre antijuridicidade formal (oposição da conduta à norma) e antijuridicidade material (contrariedade do fato aos interesses merecedores de tutela) instaurou-se a clássica distinção entre crime em sentido formal e crime em sentido material. Para CALÓN não é necessário que a ação antijurídica além de rebelde à norma (antijuridicidade formal) seja ademais socialmente danosa (antijuridicidade material), sendo suficiente a "simples contraposição ao preceito penal positivo".([695])

Para ZAFFARONI e PIERANGELI não faz sentido essa distinção, pois "a antijuridicidade é una, material porque invariavelmente implica a afir-

690 MEZGER, Edmundo. *Tratado de Derecho Penal. Tomo I.* Madrid: Revista de Derecho Privado, 1946, p. 383

691 BALESTRA, Carlos Fontán. *Tratado de Derecho Penal. Tomo I, Parte General.* Buenos Aires: Abeledo-Perrot, 1966, p. 335

692 OLIVARES, Gonzalo Quintero. *Curso de Derecho Penal. Parte General...*Barcelona: Cedecs, 1996, p. 241

693 BRUNO, Aníbal. *Direito Penal. Parte Geral. Tomo I.* Rio de Janeiro: Forense: 2003, p. 356

694 SCHÜNEMANN, Bernd. *El Sistema Moderno del Derecho Penal: Cuestiones Fundamentales.* Madrid: Tecnos, 1999, p. 49-50

695 CALÓN, Eugenio Cuello. *Derecho Penal, Tomo I, Parte General.* Barcelona: Bosch, 1935, p. 301

mação de que um bem jurídico foi afetado, formal porque seu fundamento não pode ser encontrado fora da ordem jurídica". ([696])

A admissão dessa dicotomia possível – seja no âmbito da ilicitude, quer na seara da tipicidade – implica na aquiescência parcial a um dos postulados basilares da clássica teoria dos elementos negativos do tipo, ainda que não se consinta com a expansão estrutural e funcional da antijuridicidade sobre a tipicidade, qual pretendido por essa teoria (aqui adotada numa perspectiva inédita ampliada).

Antijuridicidade, tipicidade ou crime meramente formais constituem, a nosso pensar, indiferentes criminais e não fornecem o perfil acabado do injusto penal, senão, apenas, dele o espectro. Somente alcança estatura jurídico-penal a conduta humana que perfaz, na intregalidade e simultaneidade, um injusto tipificado. Por isso enfatizava GARRAUD a imprescindibilidade do "élément injuste", já que o fato pode vir cometido em circunstâncias particulares e excepcionais que o tornam legítimo, "embora se enquadre na definição legal de infração". ([697])

6. Tipicidade e antijuridicidade: relações de pressuposição e acarretamento

Anota FIGUEIREDO DIAS, com aguda perspicácia, que "o maior problema que ainda hoje se suscita à construção de um sistema do facto punível teleológico-funcional é o de encontrar a concepção mais adequada às relações que se estabelecem entre o tipo e o ilícito ou, se se preferir, entre a tipicidade e a ilicitude ou antijuridicidade". ([698])

6.1. O tipo independente do injusto

Dizer do tipo como construção absolutamente separada do juízo de ilicitude é retrogradar à primeira fase – de independência – da elaboração doutrinária do tipo penal, onde a tipicidade cumpria função meramente

[696] ZAFFARONI, Eugenio Raúl. PIERANGELLI, José Henrique. *Manual de Direito Penal Brasileiro, Parte Geral.* São Paulo: RT, 1999, p. 571

[697] GARRAUD, R. *Traité Theórique et Pratique du Droti Pénal Français, Tome I.* Paris: Larose et Forcel, 1888, p. 48

[698] FIGUEIREDO DIAS, Jorge. *Temas Básicos da Doutrina Penal.* Coimbra: Coimbra (Editora), 2001, p. 220

descritiva, totalmente destacada da antijuridicidade e da culpabilidade. Por isso, exemplifica ASÚA, "estabelecer se a morte foi contrária à norma que proíbe matar, ou se se realizou em legítima defesa, é função valorativa que se concreta na característica do delito chamada antijuridicidade" ([699]), sendo totalmente teórica a hipótese de que, neste caso, tal ação possa ser tomada como tipicamente antijurídica somente pela circunstância de se ter realizado a ação típica "matar alguém". ([700])

Aqui a relação entre tipicidade e antijuridicidade é meramente lógica – não valorativa – segundo o esquema de regra (tipicidade)/exceção (ausência de antijuridicidade).

É com a descoberta da *tipicidade* por obra de BELING (*Die Lehre vom Verbrechen* – A Teoria do Delito, 1906), que a evolução analítica atinge seu ponto culminante. A total cisão entre os distintos elementos do delito é acompanhada da idéia de que todo o subjetivo pertence à culpabilidade, sendo os demais elementos de índole objetiva. O conteúdo de vontade não pertence à ação, como conduta humana voluntária. Tem-se, ainda, uma tipicidade alheia a qualquer valoração, absolutamente neutra, ao passo que antijuridicidade e culpabilidade constituem propriedades da ação. ([701]) Dizia BELING que jamais poderia a antijuridicidade figurar como elemento do tipo – eis que este puramente descritivo – e poderia entrar em qualquer das duas metades do Direito: o antijurídico ou o não-antijurídico. Para ele, a adequação ao tipo legal e a antijuridicidade de uma ação concorriam como dois círculos secantes, pois há ações típicas que não são antijurídicas (v.g., morte de um homem em legítima defesa) e, contrário senso, ações antijurídicas que não são típicas (furto de uso, por exemplo). ([702])

Acusou-se o finalismo de haver regressado a um conceito de tipo próximo àquele idealizado por Beling. Mesmo presentes causas de justificação, o tipo preservaria sua importância porque tido como antinormativo, isto é, traduzindo o tipo matéria de proibição, as excludentes de ilicitude

[699] ASÚA, Luis Jiménez de. *La Ley y el Delito, Principios de Derecho Penal.* Buenos Aires: Sudamericana, 1967, p. 237

[700] BALESTRA, Carlos Fontán. *Tratado de Derecho Penal. Tomo I, Parte General.* Buenos Aires: Abeledo-Perrot, 1966, p. 342

[701] DEVESA, José Maria Rodriguez; GOMEZ, Alfonso Serrano. *Derecho Penal Español.Parte General.* Madrid: Dykinson, Madrid, 1994, p. 333

[702] BELING, Ernst von. *Esquema de Derecho Penal. La Doctrina del Delito-Tipo.* Buenos Aires: El Foro, 2002, p. 85-6

não afastariam a proibição da norma, mas permitiriam sua infração. ([703])
Defendendo-se dessa imputação – que lhe formulara GALLAS – escreveu WELZEL que "a interpretação do tipo como matéria de proibição jurídica supõe, evidentemente, uma caracterização material da conduta típica e não apenas sua relevância jurídica (diferença valorativa), mas inclusive a referência (o indício) à antijuridicidade". ([704])

Em seus últimos escritos BELING, além de admitir os elementos normativos no tipo, também pareceu enxergar doutra maneira as relações entre tipicidade e antijuridicidade, caso contrário o que se entender de seu enunciado, segundo o qual "ação típica significa ação digna de pena"? ([705]) Ou, mais explicitamente, quando advertia não ser correto dizer que o delito fosse uma ação "1º conforme ao tipo (adequada ao tipo, típica), 2º antijurídica, 3º culpável", mas sim que "o delito é uma ação tipicamente (tipificadamente) antijurídica e correspondentemente culpável" ? .([706])

6.2. O tipo indiciário do injusto

Os postulados em que descansa o esquema conceitual de BELING viram-se francamente debilitados pelo descobrimento dos *elementos normativos* do tipo, os quais romperam a precisa distinção entre tipicidade e antijuridicidade. A independência dos componentes era, cada vez mais, questionada. ([707])

Assim é que, numa segunda fase, identificada com o "Tratado de Direito Penal" de Mayer (1915), a tipicidade, embora mantida a independência em relação à antijuridicidade, deixa de ser uma mera descrição para merecer um valor indiciário da ilicitude. Assim, "o fato de que uma conduta seja

[703] MIR PUIG, Santiago. *Derecho Penal, Parte General.* Barcelona: Reppertor, 2002, p 158-9

[704] WELZEL, Hans. *Derecho Penal Aleman.* Santiago de Chile: Jurídica de Chile, 1997, p. 65

[705] BELING, Ernst von. *Esquema de Derecho Penal. La Doctrina del Delito-Tipo.* Buenos Aires: El Foro, 2002, p. 275

[706] idem, p. 293

[707] DEVESA, José Maria Rodriguez; GOMEZ, Alfonso Serrano. *Derecho Penal Español.Parte General.* Madrid: Dykinson, Madrid, 1994, p. 333

típica é já um indício de sua antijuridicidade" ([708]), mas não, já, seu fundamento. ([709])

Sob o influxo do neokantismo, introduzida a idéia de valor na teoria do crime, substitui-se a concepção valorativa neutra do tipo e passa-se a encará-lo como um juízo provisório de desvalor. ([710]) Esse postulado metodológico possibilitou, assim, definir a tipicidade não desde premissas objetivo-descritivas, mas a partir de elementos normativos e, também, de elementos de índole subjetiva (os elementos subjetivos do injusto ou do tipo), diferenciados do dolo. A adoção de componentes subjetivos no seio da tipicidade, introduz-lhe um novo conceito, agora dotado de ingredientes valorativos e de uma textura mais complexa. ([711])

Para autores de renome, como ASÚA, segue a tipicidade cumprindo uma função predominantemente descritiva e se relaciona com a antijuridicidade por sedimentá-la no âmbito penal, funcionando como seu elemento indiciário. ([712]) Posicionamento contrário a essa concepção justifica-se pelo fato de o "injusto tipificado" corresponder a uma significação material, a um fundamento real, não somente a um fundamento de reconhecimento, a uma mera "ratio cognoscendi". Certo que o tipo nem sempre demonstra a antijuridicidade da ação (pois possível a existência de uma causa de exclusão da ilicitude), mas a expressão "indício" aproxima-se demasiado ao mero fundamento de reconhecimento, quando, na verdade, o tipo fundamenta e não, simplesmente, deixa reconhecer o injusto ([713]).

[708] ASÚA, Luis Jiménez de. *La Ley y el Delito, Principios de Derecho Penal.* Buenos Aires: Sudamericana, 1967, p. 238

[709] BALESTRA, Carlos Fontán. *Tratado de Derecho Penal. Tomo I, Parte General.* Buenos Aires: Abeledo-Perrot, 1966, p. 323

[710] MIR PUIG, Santiago. *Derecho Penal, Parte General.* Barcelona: Reppertor, 2002, p. 157

[711] OLIVARES, Gonzalo Quintero. *Curso de Derecho Penal. Parte General...*Barcelona: Cedecs, 1996, p. 229

[712] ASÚA, Luis Jiménez de. *La Ley y el Delito, Principios de Derecho Penal.* Buenos Aires: Sudamericana, 1967, p. 252

[713] MEZGER, Edmund. Derecho Penal. *Livro de Estudio. Tomo I. Parte General.* Buenos Aires: El Foro, s/d, p. 145. Dizia NELSON HUNGRIA que "a tipicidade é um indício da injuridicidade e, como todo indício, é falível". (v. HUNGRIA, Nelson. *Comentários ao Código Penal. Vol. I.* Rio de Janeiro: Forense, 1949, p. 198)

6.3. O tipo essência do injusto: a teoria dos elementos negativos do tipo penal (TENT)

Como historia HIRSCH, considera-se ADOLF MERKEL fundador da doutrina dos elemenos negativos do tipo penal, por escrever em seu *Manual* (1889) que não se podia falar em crime doloso quando o autor supunha circunstâncias cuja ausência fosse parte do tipo legal (elementos negativos do tipo penal). Verdade que MERKEL não se considerava criador dessa teoria – a ela dando pouca importância – e tampouco fora o primeiro a empregar a expressão "elementos negativos do tipo". Na verdade esse autor apenas estabeleceu uma forma mais precisa, sob a expressão "elementos negativos do tipo", ao que a doutrina até então designava sob os termos "fundamentação da antijuridicidade" e "exclusão da antijuridicidade". ([714])

Em oposição extrema à primeva elaboração belinguiana, é com EDMUNDO MEZGER ([715]) (Tratado de Direito Penal – 1931) que o crime passa a ser a ação tipicamente antijurídica e culpável. Por essa concepção "a tipicidade é muito mais que indício, muito mais que 'ratio cognoscendi' da antijuridicidade, chegando a constituir a base real desta, isto é, sua 'ratio essendi'". ([716]) Também relevantes, as elaborações de HEGLER e SAUER, contemporâneas àquele, as quais, igualmente, apontavam a tipicidade como tipificação da antijuridicidade, indicando um caminho rumo à doutrina do tipo penal material, em oposição à neutralidade valorativa do tipo em BELING. ([717])

Para FONTÁN BALESTRA, o próprio BELING, revendo suas concepções primeiras sobre as relações entre tipicidade e antijuridicidade – definindo, agora, o crime como ação tipicamente antijurídica e correspondentemente culpável, ausente causa legal de justificação – passa a

[714] HIRSCH, Hans Joachim. *Derecho Penal. Obras Completas. Tomo IV. La Doctrina de los Elementos Negativos del Tipo Penal*...Buenos Aires: Rubinzal-Culzoni, 2005, p. 28 e 37

[715] O Professor de Munique, inicialmente crítico da teoria dos elementos negativos do tipo penal, rapidamente a ela aderiu e se converteu num dos seus seguidores líderes (cf. HIRSCH, Hans Joachim. *Derecho Penal. Obras Completas. Tomo IV. La Doctrina de los Elementos Negativos del Tipo Penal*...Buenos Aires: Rubinzal-Culzoni, 2005, p. 198)

[716] ASÚA, Luis Jiménez de. *La Ley y el Delito, Principios de Derecho Penal*. Buenos Aires: Sudamericana, 1967, p. 238

[717] HIRSCH, Hans Joachim. *Derecho Penal. Obras Completas. Tomo IV. La Doctrina de los Elementos Negativos del Tipo Penal*...Buenos Aires: Rubinzal-Culzoni, 2005, p. 127-8

admitir que a tipicidade caracteriza a antijuridicidade, a qual determina a última nota do injusto penal. ([718])

De fato, em seus derradeiros trabalhos, BELING pareceu realizar uma realocação funcional de seu "delito-tipo" na estrutura do crime, resultando na seguinte definição:

> *"delito é a ação tipicamente antijurídica e correspondentemente culpável, sempre que não se dê uma causa legal (objetiva) de exclusão de pena. Segundo isso, o delito-tipo desaparece da definição do delito; mas com isso sua importância não se prejudica. Cada uma das características do delito requer sua consideração, e dentro da 'tipicidade' o delito-tipo conservará o devido lugar predominante."* ([719])

Todavia, BELING, jamais chegou a concordar com a concepção de SAUER e MEZGER quanto a ser o tipo penal, já, um tipo de ilicitude. A doutrina dos elementos negativos do tipo penal, para ele, baseava-se numa concepção confusamente unificante do "delito-tipo" (tipo legal) e do "tipo de ilicitude". Reconhecia, no entanto, que o tipo servia à antijuridicidade, com esta fazendo jogo. ([720])

Levando às últimas conseqüências os postulados neokantianos, a teoria dos elementos negativos do tipo passou a entender que, admitido o tipo como juízo de valor, não há de sê-lo provisória mas sim definitivamente. Concebe-se, doravante, que a tipicidade implica sempre a antijuridicidade e, a seu turno, a presença de causas de justificação excluem a tipicidade. O tipo passa a contar, então, com duas partes: tipo positivo (como conjunto de elementos que fundamentam positivamente o injusto) e tipo negativo (não concorrência de causas de justificação). ([721])

[718] BALESTRA, Carlos Fontán. *Tratado de Derecho Penal. Tomo I, Parte General.* Buenos Aires: Abeledo-Perrot, 1966, p. 324

[719] BELING, Ernst von. *Esquema de Derecho Penal. La Doctrina del Delito-Tipo.* Buenos Aires: El Foro, 2002, p. 294: "delito es la acción típicamente antijurídica y correspondientemente culpable, siempre que no se dé una causa legal (objetiva) de exclusión de pena. Según eso, el delito-tipo desaparece de la definición del delito; pero con eso su importancia no se perjudica. Cada una de las características del delito requiere su consideración, y dentro de la 'tipicidad' el delito-tipo conservará el debido lugar predominante." *(tradução livre do autor)*

[720] BELING, Ernst von. *Esquema de Derecho Penal. La Doctrina del Delito-Tipo.* Buenos Aires: El Foro, 2002, p. 282-3

[721] MIR PUIG, Santiago. *Derecho Penal, Parte General.* Barcelona: Reppertor, 2002, p. 159

De fato, tipicidade e antijuridicidade restam plenamente fundidas na teoria mezgeriana. Pertencem ao tipo não apenas as circunstâncias que fundamentam o injusto de uma dada figura delitiva, mas também, como elementos negativos seus, a ausência de circunstâncias que servem de base a uma causa de justificação (esta determinando a exclusão não só da antijuridicidade mas, igualmente, da tipicidade). ([722])

As clássicas proposições fundantes da Teoria dos Elementos Negativos podem ser assim resumidas: i) as causas de justificação devem ser incluídas no tipo penal; ii) o erro sobre condições ou requisitos de uma causa de justificação é um erro de tipo. ([723]) Vê-se, portanto, que MEZGER não trata independentemente da tipicidade, pois esta representa apenas uma parte do estudo da antijuridicidade. ([724])

Tem-se, com isso, tipicidade e antijuridicidade coincidindo plenamente num *tipo global*, onde o autêntico tipo de injusto contém e descreve toda a matéria de proibição, indo as causas de justificação unir-se ao tipo positivo. ([725]) Esse tipo global não deve ser confundido com o "tipo geral de delito" de BELING, entendido como "totalidade das condições da existência de uma ação punível", equivalente ao conceito de delito (com a culpabilidade, por conseguinte, já a ele agregada). ([726])

O pensamento de ALTAVILLA parecia harmonizar-se com as idéias fundamentais de MEZGER ao entender que, diante de uma causa de exclusão da antijuridicidade, "não é que exista uma conformidade ao tipo, uma contradição com a norma, que não é punida por ausência de antijuridicidade, mas falta essa própria relação de contradição". ([727])

Parte-se da premissa de que o crime deve ser tratado como realidade unitária e não como justaposição de elementos autônomos, pois os "ele-

[722] CEREZO MIR, Jose. *Curso de Derecho Penal Español. Parte General*...Madrid: Tecnos, 1994, p. 325-6

[723] HIRSCH, Hans Joachim. *Derecho Penal. Obras Completas. Tomo IV. La Doctrina de los Elementos Negativos del Tipo Penal*...Buenos Aires: Rubinzal-Culzoni, 2005, p. 273

[724] BALESTRA, Carlos Fontán. *Tratado de Derecho Penal. Tomo I, Parte General.* Buenos Aires: Abeledo-Perrot, 1966, p. 326

[725] MAÍLLO, Alfonso Serrano. *Ensayo Sobre el Derecho Penal como Ciência, Acerca de su Construcción.* Madrid: Dykinson, 1999, p. 262

[726] BELING, Ernst Von. Esquema de Derecho Penal. La Doctrina del Delito-Tipo. Buenos Aires: El Foro, 2002, p. 82

[727] ALTAVILLA, Enrico *in* D'AMELIO, Mariano (Coord). *Nuovo Digesto Italiano.* Torino: Torinese, 1939, p. 1.233

mentos do crime não são parcelas com existência independente que se juntem ou somem; combinam-se indissoluvelmente". ([728]) Os elementos conceituais do crime, portanto, integram-se no fato punível, resultando sempre numa figura unitária. ([729])

Aquele que atua tipicamente atua também antijuridicamente, desde que não exista uma causa de exclusão do injusto. Essa expressão de MEZGER resume seu entendimento sobre a relação entre a tipicidade e a antijuridicidade e realça a mais alta significação que o tipo, para ele, cumpre na existência da ilicitude penalmente relevante da ação. O tipo é fundamento real e de validade, portanto *"ratio essendi"*, da antijuridicidade. ([730])

Por isso, ao descrever a conduta proibida, o tipo traz um fato pleno de significado, inclusive jurídico. Como salientava ALDO MORO:

> *"O tipo abstrato de delito entranha o desvalor ético-jurídico do fato, daquele desvalor característico que expressa propriamente, para ser típico. Toda separação ou tão só a distinção de um elemento descritivo puro e de um elemento de valor é arbitrária fratura da única e indissolúvel realidade, que é o ato humano orientado a fins valoráveis".* ([731])

Não há, segundo DEVESA, qualquer inconveniente, do ponto de vista histórico ou dogmático, em reconhecer que pertence ao tipo de injusto a ausência dos fatos informadores da antijuridicidade. Como arremata ele, sem tais elementos negativos o tipo deixaria de cumplir sua função de delimitar o injusto punível. ([732]) No mesmo sentido, entende MIR PUIG que "a tipicidade não é um elemento independente da antijuridicidade

[728] CAVALEIRO DE FERREIRA, Manuel. *Lições de Direito Penal. A Teoria do Crime no Código Penal de 1982.* Lisboa: Verbo, 1985. p 13

[729] BRUNO, Aníbal. *Direito Penal. Parte Geral. Tomo I.* Rio de Janeiro: Forense: 2003, p. 218

[730] MEZGER, Edmundo. *Tratado de Derecho Penal. Tomo I.* Madrid: Revista de Derecho Privado, 1946, p. 362

[731] MORO, Aldo. *La Antijuridicidad Penal.* Buenos Aires: Atalaya, 1949, p. 189: "El tipo abstracto de delito entraña el disvalor éticojurídico del hecho, de aquel disvalor característico que expresa propriamente, para ser típico. Toda separación o sólo la distinción de un elemento descriptivo puro y de un elemento de valor es arbitraria fractura de la única e indisoluble realidad, que es el acto humano orientado hacia fines valorables." (tradução livre do autor)

[732] DEVESA, José Maria Rodriguez; GOMEZ, Alfonso Serrano. *Derecho Penal Español.Parte General.* Madrid: Dykinson, Madrid, 1994, p. 418

penal, mas precisamente um de seus requisitos junto à ausência de causas de justificação". ([733])

Também ORDEIG estima que o relevante é o tipo de injusto, isto é, a descrição do comportamento proibido, cujo caráter de *proibido* somente pode ser adquirido quando posto em conexão o elemento positivo do tipo com a ausência de causas de justificação. Não é proibido "matar alguém" (tipo positivo), mas sim realizar tal conduta sem que concorram causas de exclusão do injusto. Em arremate, consoante o mesmo autor citado, a matéria de proibição está integrada por elementos positivos (as descrições dos preceitos dos tipos incriminadores) e, ainda, por elementos negativos (ausência de causas de justificação). ([734])

Sintetiza REALE JÚNIOR a relação entre tipicidade e antijuridicidade, ao ensinar que "a ação típica é antijurídica, pois, se a função do direito é impor valores e defendê-los, a antijuridicidade consiste no ajuizamento de que foi a ação animada por um desvalor, isto é, realizada de modo típico, a revelar sua contrariedade ao valor tutelado". ([735])

Referindo-se à importância atual da concepção aqui defendida, PAULO QUEIROZ escreveu que "com o advento do funcionalismo, a orientar politicamente a dogmática jurídico-penal, a teoria dos elementos negativos do tipo reforça-se e impõe-se definitivamente" e justifica:

> *"Se, com efeito, o fim do direito penal é a prevenção, subsidiária, de comportamentos lesivos de bens jurídicos, segue-se que a definição legal de crimes, por meio do processo legislativo penal, pressupõe, logicamente, que tais condutas sejam contrárias à ordem jurídica, e não por ela autorizadas, pela lógica razão de que não se pode, a um só tempo, prevenir, proibindo, aquilo que se permite".* ([736])

[733] MIR PUIG, Santiago. *Derecho Penal, Parte General*. Barcelona: Reppertor, 2002, p. 160

[734] ORDEIG, Enrique Gimbernat. *Estudios de Derecho Penal*. Madrid: Tecnos, 1990, p. 171

[735] REALE JÚNIOR, Miguel. *Instituições de Direito Penal*. Rio de Janeiro: Forense, 2002, p. 146

[736] QUEIROZ, Paulo de Souza. *Direito Penal, Introdução Crítica*. São Paulo: Saraiva, 2001, p. 104

6.3.1. O incômodo mosquito de Welzel

MAURACH entendia que o conceito bipartido de delito – tipicidade antijurídica e culpabilidade – não representava um valor maior, mas sim uma atrofia do tipo em sua função básica de distinção, "a priori", entre um acontecer penalmente relevante e outro irrelevante: aquele que obra em legítima defesa não matou ! – surpreendia-se ele. ([737])

Sobejamente conhecido, nesse sentido, o argumento de WELZEL de que não é o mesmo matar um mosquito e matar alguém justificadamente ([738]), levando seu discípulo, HIRSCH, a afirmar que "ninguém pode negar seriamente que existe uma diferença material valorativa entre o fato de matar a um mosquito e o fato de matar uma pessoa em situação de legítima defesa"([739]).

Respondeu SCHÜNEMANN que ambos os casos merecem o mesmo juízo, desde uma perspectiva de valor básico determinante, isto é, do injusto penal, sendo possível reproduzir-se sistematicamente uma distinção entre ambos apenas num nível posterior de diferenciação. ([740])

Para aqui ensaiar uma resposta, em defesa à Teoria dos Elementos Negativos, não vislumbramos, ao contrário de STRATENWERTH, qual o efeito (positivo) numa separação conceitual entre os "comportamentos jurídicos-penais carentes de significado" e aqueles que, "embora ajustados a um tipo legal, não são antijurídicos". ([741])

Haverá alguma utilidade em proclamar, juridicamente, que é típica (legalmente) a lesão resultante da incisão cirúrgica pelo médico regularmente realizada? Por força daquela separação conceitual defendida, erige-se o facultativo, diariamente, em autor de condutas não-indiferentes ao Direito Penal? Seu atuar profissional desloca suas ações para uma zona normativa "cinzenta" com uma significação *independente*? Qual a segurança jurídica dos autores de condutas permitidas (ou mesmo obrigadas)

[737] MAURACH, Reinhart. *Derecho Penal. Parte General.* Buenos Aires: Astrea, 1994, p. 415

[738] WELZEL, Hans. *Derecho Penal Aleman.* Santiago de Chile: Jurídica de Chile, 1997, p. 97-8

[739] HIRSCH, Hans Joachim. *Derecho Penal. Obras Completas. Tomo IV. La Doctrina de los Elementos Negativos del Tipo Penal*...Buenos Aires: Rubinzal-Culzoni, 2005, p. 345

[740] SCHÜNEMANN, Bernd. *El Sistema Moderno del Derecho Penal: Cuestiones Fundamentales.* Madrid: Tecnos, 1999, p. 73

[741] STRATENWERTH, Günter. *Derecho Penal, Parte General, El Hecho Punible.* Madrid: Edersa, 1976, p. 65

pelo Direito que têm a infelicidade de vê-las insertas num catálogo legal de descrições comportamentais penais? Há permissões condicionais ou suspensivas no mundo do Direito Penal? Como estabelecer uma culpa criminal provisória ou indiciária em face daqueles que estão sob o manto da presunção constitucional da não-culpa?

Como se compreender que a atividade cirúrgica não é lícita, mas substancia uma figura justificada de lesões corporais? Numa disputa entre o *obsceno* e o *artístico,* valendo-nos do exemplo de LICCI, não há de se aguardar o beneplácito de uma dita justificação criminal, pois a arte se legitima por si só ([742]), prescindindo de uma licença do Estado-Penal.

Por isso, entendemos que a tipicidade formal, por si só, nada representa senão mera co-incidência, sem ressonância jurídica, entre a ação física de matar e o texto legal "matar alguém". É a superveniência da tipicidade penal, pela preexistência da ilicitude em sentido amplo, que lhe assegura foros de (anti)juridicidade. Há que atentar, com GREGORIO ROBLES, que "a ação fisica de matar alguém existe independentemente do texto, mas a ação jurídica definida como homicídio só é possível em razão da preexistência do texto jurídico". ([743])

No *tipo legal,* o ajuste da hipótese opera-se, exclusivamente, sobre o fato histórico, importando, v.g., saber se houve a morte de alguém por outrem produzida. O *tipo penal* implica, a sua vez, na delimitação jurídica daquela marcação histórica anteriormente efetuada pelo *tipo legal.* Se a morte foi injusta, tem-se, só então, o "matar alguém" típico, de que fala o artigo 121. Portanto, quem mata alguém em legítima defesa, não realiza a conduta de "matar alguém" declarada pela norma do artigo 121: se não contraria a norma, não realiza uma conduta típica de matar, embora tire a vida de outrem no mundo da natureza. Logo, matar alguém sem perfazer o homicídio e matar um mosquito são, penalmente, equivalentes.

O *tipo penal,* fato operativo jurídico condicionado, é o recorte lingüístico da proibição criminal, como expressão sintático-pragmática da síntese resultante de uma tese (a norma penal proibitiva) e todas suas antíteses possíveis (normas jurídicas obrigatórias e permissivas em sentido amplo). Nega-se, assim, o tipo como pura descrição sintático-objetiva de conduta

[742] LICCI, Giorgio. *Modelli nel Diritto Penale: Filogenesi del Linguaggio Penalistico.* Torino: Giappichelli, 2006, p. 199

[743] ROBLES, Gregório, *O Direito como Texto, Quatro Estudos de Teoria Comunicacional do Direito,* p.29

humana apartada do juízo da ilicitude, pois no tipo a antijuridicidade é incindível de sua (anti)normatividade inerente.

WELZEL não logrou oferecer uma saída convincente para essa conclusão necessária. Ao intentar construir um tipo puramente objetivo (i.e., não normativo) para evitar o risco do que designava como "grave confusão de conceitos" ([744]), fez-se refém de suas próprias elaborações. Primeiro recorreu ao artificialismo de uma pretensa "antinormatividade", somente concebível pela distinção (impossível) entre "normas" (proibitivas) e "preceitos" (permissivos).

Com a elaboração do conceito de antinormatividade cria-se um "pêndulo deôntico" que, qual espada de Dâmocles, oscila sobre o agente da conduta típica, desde o campo da permissão até o da proibição, por vezes assumindo postura estacionária numa área de ficção normativa onde a ação humana não é permitida, mas tolerada; onde não se transgride a ordem jurídica mas sim a ordem normativa; onde não se aufere uma permissão jurídica de conduta mas apenas uma permissão excepcional de violação da norma.

Não existe norma em si, geradora de "antinormatividade" autóctone, senão a norma como expressão de (anti)juridicidade, isto é, como prescrição de conduta humana permitida ou proibida ou obrigatória. Não mais. As normas constituem, simplesmente, as unidades lingüístico-discursivas pelas quais o ordenamento se apresenta aos seus destinatários. As normas são meros signos-significantes do ordenamento significado.

Mas o próprio WELZEL não se explica – na verdade se desmente – quando apresenta sua própria definição de antijuridicidade como "contradição da realização do tipo de uma norma proibitiva com o ordenamento jurídico em seu conjunto".([745]) Com esse conceito, o grande mestre, embora sem admitir, deixa patente a dependência ontológica da antijuridicidade em relação à tipicidade, já que não pôde construir a definição do antijurídico senão com a intermediação do típico.

Mais: ao enunciar que o "tipo é a descrição concreta da conduta proibida (do conteúdo ou da matéria da norma)" ([746]) torna sem sentido sua advertência de ser o tipo uma figura puramente conceitual e de que não há tipos antijurídicos, mas apenas realizações antijurídicas do tipo. Ora, o

[744] WELZEL, Hans. *Derecho Penal Aleman*. Santiago de Chile: Jurídica de Chile, 1997, p. 60
[745] WELZEL, Hans. *Derecho Penal Aleman*. Santiago de Chile: Jurídica de Chile, 1997, p. 60
[746] idem, p. 60

conceito de tipo dado por ele é, às escâncaras, um recorte eminentemente *normativo* e não meramente factual da conduta humana (aí sim com a querida neutralidade de BELING). Dizer do tipo como descrição do proibido, como fez WELZEL, equivale a admitir que o tipo é a expressão da antijuridicidade e, portanto, não dela um degrau analítico precedente, puramente conceitual.

WELZEL, um "potentíssimo teórico"([747]) , negando o antijurídico típico, duelava ideologicamente com o não menos competente MEZGER, e, se por um lado, acreditava ter superado as proposições doutrinárias deste, por outro, não conseguiu despir-se das influências neokantianas imperantes à sua época, que impediam elaborações axiologicamente neutrais, puramente conceituais (as quais poderiam aparentar um ensaiado retrocesso às posições originais de BELING sobre o tipo).

A introdução do conceito de adequação social, como corretor do juízo de tipicidade, é a mostra mais evidente da contradição teórica em que incorre WELZEL. Confira-se: se, para WELZEL, a adequação social afasta a antijuridicidade da conduta e, como conseqüência necessária, faz desaparecer a tipicidade, como seguir sustentando, coerentemente, a independência entre esses dois estratos analíticos?

Com MIGUEL REALE, há de se afirmar que a ação típica é antijurídica e, por isso, a adequação típica implica na adequação de uma ação concreta a um tipo de injusto: "essa ação concreta é descrita pelo tipo de forma paradigmática, de modo a revelar o valor que se tutela. A ação será típica se enquadrável no modelo e se realizada segundo um sentido valorado negativamente pelo direito, ou seja, dotado desse sentido contrário ao valor cuja positividade se impõe" ([748]). Para empregar a expressão de CAVALEIRO DE FERREIRA, nessa concepção "a função da tipicidade é sobretudo adverbial; o crime deverá ser um facto tipicamente ilícito e tipicamente culpável".([749])

Defendemos, em síntese, que o crime é a ação, tipicamente, antijurídica e culpável. O advérbio de modo "tipicamente", confinado entre vírgulas,

[747] A expressão é de ZAFFARONI. (cf. ZAFFARONI, Eugenio Raúl. *Sobre Edmund Mezger y el Derecho Penal de su Tiempo, de Francisco Muñoz Conde. In* Revista de Derecho Penal. Montevideo, n. 14, p. 479-487, jun. 2004)

[748] REALE JR. Miguel. *Teoria do Delito.* São Paulo: RT, 2000, p. 52

[749] CAVALEIRO DE FERREIRA, Manuel. *Lições de Direito Penal. A Teoria do Crime no Código Penal de 1982.* Lisboa: Verbo, 1985, p. 17

precedente aos adjetivos "antijurídica" e "culpável" (que, a sua vez, vão conectados ao substantivo "ação", como dele qualificativos necessários) indica que se fala em ação tipicamente antijurídica e, ao mesmo tempo, tipicamente culpável. O típico deve ser estudado como adjetivador da ilicitude e da culpabilidade e, não, como substantivo em si, completo de sentido ou dotado de propriedade jurídica performativa própria.

6.3.2. Antinormatividade: zona de flutuação (a-)deôntica ?

Retomemos, pela importância, o paradigma exemplificativo do "mosquito" welzeliano, através do qual os sectários de WELZEL imaginam fulminar a teoria dos elementos negativos de MEZGER. Como sabido, para WELZEL, a realização da conduta descrita conceitualmente no tipo de uma norma proibitiva acarretava a contradição dessa conduta real com a exigência da norma, daí derivando a "antinormatividade", mas não, necessariamente, a "antijuridicidade" da ação (pois, para ele, nem todo típico é sempre antijurídico). ([750]) Pretendeu ele demarcar a distinção entre antijuridicidade e antinormatividade, nos seguintes termos: "a antinormatividade é a contradição entre a realização típica e a norma proibitiva individual (abstrata). A antijuridicidade é, por outro lado, a violação da ordem jurídica em seu conjunto, mediante a realização do tipo". ([751]) Afirmava, por fim, que "a legítima defesa não anula a matéria de proibição, mas a antijuridicidade de realização dela". ([752])

Esse conceito de *antinormatividade* (contrariedade à norma) foi desenvolvido igualmente por ZAFFARONI, para quem, depois de comprovada a tipicidade legal, há que se aferir a existência da *antinormatividade*, isto é, se a conduta está, de fato, *proibida* pela norma, exigindo-se uma investigação quanto à afetação do bem jurídico e sobre o alcance da norma anteposta ao tipo legal. Presente a *tipicidade legal* (adequação à formulação legal) e verificada a *tipicidade conglobante* (porque *antinormativa* a conduta) falar-se-á, só então, em *tipicidade penal*. A *tipicidade conglobante* apresenta-se, nesse esquema teórico, como corretivo da *tipicidade legal*, à qual cumpre a tarefa de indagar do real alcance da norma, considerada conglobada na ordem

[750] WELZEL, Hans. *Derecho Penal Aleman*. Santiago de Chile: Jurídica de Chile, 1997, p. 60
[751] idem, p. 96
[752] idem, p. 96

normativa e não isoladamente. Nesse esquema, a *tipicidade conglobante* pode reduzir o âmbito da aparente proibição extraída da consideração isolada da *tipicidade legal*, isto é, a *tipicidade penal* implica a *tipicidade legal* corrigida pela *tipicidade conglobante*. A *tipicidade penal*, a sua vez, embora contrária à *ordem normativa*, não implica, desde logo, a *antijuridicidade* (contrariedade com a *ordem jurídica*), diante da possibilidade de uma causa de justificação. ([753])

O mestre argentino traça duas distinções importantes à sustentação de sua teoria:

a) primeiro estabelece, de um lado, as meras *permissões* (que a ordem jurídica resignadamente concede, v.g. a legítima defesa) as quais não acarretam a atipicidade conglobante, e, de outra banda, os *mandatos* (cumprimento de um dever jurídico) ou *fomentos normativos* (atividades desportivas) *ou de indiferença* (por insignificância da lei penal), estes sim fazendo surgir a atipicidade conglobante.

b) segundo, não considera sinônimas as expressões *ordem jurídica* e *ordem normativa*, pois esta e mais os preceitos permissivos é que resultariam na primeira. ([754])

Em coerência com a filiação à Teoria dos Elementos Negativos, hemos de entender que a antijuridicidade e a contrariedade à norma são idênticas.([755])

Concebemos que ambas as distinções representam dificuldades consideráveis a um tratamento lógico das normas penais, eis que o cidadão deve saber exatamente onde buscar a orientação de comportamento (se na ordem jurídica ou na ordem normativa) e se pode ou não agir (não importando se a não-proibição de conduta advenha de mera permissão, ou de mandatos ou fomentos ou indiferença). Reaviva também a questão da lógica deôntica de saber se a um comportamento obrigatório há-de corresponder, necessariamente, uma permissão de conduta e, ainda, se a esta se equipara uma mera faculdade de agir.

[753] ZAFFARONI, Eugenio Raúl. PIERANGELLI, José Henrique. *Manual de Direito Penal Brasileiro, Parte Geral*. São Paulo: RT, 1999, p. 458-461 e 549-550

[754] Idem, p. 461 e 567

[755] Leia-se, a propósito: HIRSCH, Hans Joachim. *Derecho Penal. Obras Completas. Tomo IV. La Doctrina de los Elementos Negativos del Tipo Penal*...Buenos Aires: Rubinzal-Culzoni, 2005, p. 266

A primeira distinção de ZAFFARONI poderia conduzir, no limite, à antiga subclassificação das causas de exclusão entre causas de justificação (mais fortes) e meras causas de exclusão de ilícito (mais débeis), por admitir a existência de ações típicas "neutras" (não proibidas e penalmente irrelevantes, conquanto típicas [756]). Tal posição reconhece a impossibilidade de admitir verdadeiros direitos em todos os casos de conflito onde não caiba esperar do autor uma conduta adequada à norma; todavia essa diferenciação não pode ser realizada pelo Direito no marco da valoração do fato. Com MAURACH, portanto, rechaçamos a construção de ações "meramente não-proibidas" e de um campo livre de regulação jurídica no qual haveria a abstenção do Direito em efetuar uma valoração sobre a licitude ([757]), algo inadmissível e próximo do que também defendia BELING, para quem o ordenamento reagia de três maneiras diante de uma conduta humana: declarando-a antijurídica, ou conforme ao Direito ou juridicamente indiferente (irrelevante). ([758])

Para MEZGER, no Direito Penal, uma ação ou é ação proibida ou não proibida, e, portanto, ou bem conforme ao Direito ou bem antijurídica, inexistindo uma zona intermediária integrada por um atuar juridicamente indiferente. Não há relevância jurídico-penal na distinção entre "*causas de justificação*" (onde existe um direito de executar a ação) e "*simples causas que excluem o injusto*" (em que, embora sem direito a praticar a ação, esta não é antijurídica). Não se vislumbra uma diferença de importância entre "*antijuridicidade*" e "*injusto*", de um lado, e entre "*causas que excluem a antijuridicidade*" (ou o *injusto*) e "*causas de justificação*", de outro. Hão de ser tomadas como expressões sinônimas. Em síntese: se se fala na exclusão do caráter

[756] Vemos, com VASCONCELOS, a impossibilidade de zonas não cobertas juridicamente, pois a norma, como expressão do Direito, deve prever todos os modos de condutas interessantes ao convívio social, inexistindo relação humana possível que não seja passível de enquadramento pelo Direito. (VASCONCELOS, Arnaldo. *Teoria da Norma Jurídica*. Rio de Janeiro: Forense, 1978, p. 2)

[757] MAURACH, Reinhart. *Derecho Penal, Parte General*. Buenos Aires: Astrea, 1994, p. 421. No mesmo sentido WOLTER, Jürgen, para quem há que se rechaçar a admissão desse nível intermediário entre o antijurídico e o ajustado ao Direito, ou o "espaço livre de Derecho" proposto por Arthur Kaufmann, ou as causas de exclusão de injusto de Günther (*in* LUZÓN PEÑA, Diego-Manuel *et all*. *Cuestiones Actuales de la Teoría del Delito*. Madrid: Mc Graw Hill, 1999, p. 8)

[758] BELING, Ernst von. *Esquema de Derecho Penal. La Doctrina del Delito-Tipo*. Buenos Aires: El Foro, 2002, p. 45

injusto do ato, ausente estará a característica da antijuridicidade da ação: não importa se venha designada como ação "não proibida", ou como decorrente do "exercício de um direito" ou mesmo como "exigida". ([759])

Não há que diferençar, portanto, entre um *comportamento atípico* (que não fundamenta a antijuridicidade) e um *comportamento apenas excepcionalmente justificado* (coberto por circunstâncias que excluem a antijuridicidade), algo por HIRSCH criticado.([760])

Igualmente não partilhamos da distinção entre o exercício de um direito "meramente autorizado" e de um direito "incentivado ou fomentado" pela ordem jurídica para justificar a possibilidade, no primeiro caso, de instauração da investigação ou da ação, como pretendem outros ([761]). "Autorizar", "incentivar" ou "fomentar" desembocam, em Lógica Deôntica, em mesmo e único vetor de conduta: "permitir". Não há por que diferençá-los no plano legal, estabelecendo conseqüências gravosas contra aquele que, constitucionalmente, deve ser presumido, inclusive pela dogmática, não-culpado.

Também MIR PUIG refuta o finalismo ortodoxo, negando a idéia de que a mera realização do tipo positivo baste para configurar a infração da norma, já que um fato justificado não pode figurar, simultaneamente, como permitido e proibido. ([762])

Como apropriadamente analisa LICCI, inexiste uma hierarquia implícita entre as disposições legais que, portanto, são dotadas de paridade de

[759] MEZGER, Edmundo. *Tratado de Derecho Penal. Tomo I.* Madrid: Revista de Derecho Privado, 1946, p. 326. Atente-se, com VILANOVA, que "essa área reservada aos sujeitos como possibilidade normativa de fazer ou omitir tudo o que não está proibido, nem está obrigado, é um *espaço juridicamente qualificado.* Pois não se tratada simples possibilidade factual de agir, do mero arbítrio de tomar qualquer comportamento, numa zona em que norma jurídica alguma alcança". (cf. VILANOVA, Lourival. *As Estruturas Lógicas e o Sistema do Direito Positivo.* São Paulo: Max Limonad, 1997, p. 229)

[760] HIRSCH, Hans Joachim. *Derecho Penal. Obras Completas. Tomo IV. La Doctrina de los Elementos Negativos del Tipo Penal*...Buenos Aires: Rubinzal-Culzoni, 2005, p. 292

[761] Leia-se, a propósito: MOTTA, Ivan Martins. *Estrito Cumprimento de Dever Legal e Exercício Regular de Direito. Dupla Natureza Jurídica e Repercussões Processuais Penais.* São Paulo: Juarez de Oliveira, 2000, p. 89-90

[762] MIR PUIG, Santiago. *El Sistema del Derecho Penal en la Europa Actual.* In SILVA SANCHÉZ, J. M.; SCHÜNEMANN, B.; FIGUEIREDO DIAS, J. de (coords). *Fundamentos de un Sistema Europeo del Derecho Penal.* Barcelona: Bosch, 1995, p. 34

valor entre si. Ao cabo do procedimento hermenêutico, o fato *lícito* e o *justificado* são juridicamente indistintos. ([763])

Importa destacar, de qualquer forma, que, para ZAFFARONI, a tipicidade não se erige em "ratio essendi" da antijuridicidade porque "a tipicidade opera como um indício da antijuridicidade, como um desvalor provisório, que deve ser configurado ou desvirtuado mediante a comprovação das causas de justificação". ([764]) Pode-se dizer que, por essa concepção, seria outorgada uma *significação independente* àquela ação que contradiz a norma penalmente protegida e que, por isso mesmo, cairia gravemente fora da ordem social normal, jamais valoritavamente neutra ou juridicamente independente: tal ação seria antinormativa, embora não ilícita. Esse nível valorativo especial da antinormatividade, resultante da adequação à previsão do tipo, fundamentaria a ilicitude. ([765])

Como desaceitamos um juízo provisório de ilicitude contra o indivíduo – destinatário que é da presunção constitucional da não-culpa – seguimos entendendo que a tipicidade somente se aperfeiçoa na ausência de causas de exclusão da antijuridicidade. O *típico penal* expressa sempre a *antijuridicidade tipificada*. A *tipicidade legal* é mera correspondência sintática – sem repercussões jurídico-penais – entre um acontecer no mundo das coisas e as descrições textuais da lei.

Entendemos que normas proibitivas, imperativas e permissivas devem ser vistas como unidade, malgrado sua formulação separada. Atuar tipicamente, mas não-antijuridicamente, representa tanto não-proibido como um comportamento que, desde o princípio, está de acordo com a prescrição aparente da norma. Nestes casos estará ausente a proteção jurídica sobre o objeto material, sequer podendo-se falar, rigorosamente, em "bem jurídico", pois este somente se aperfeiçoa, conceitualmente, quando valioso para o Direito. No instante em que se despe o bem de sua proteção jurídica, torna ele ao estado bruto de natureza e, com isso, v.g., a vida humana deixaria de ser um "bem jurídico" (rectius: juridicizado) para se configurar apenasmente como um bem biológico (equivalente, portanto,

[763] LICCI, Giorgio. *Modelli nel Diritto Penale: Filogenesi del Linguaggio Penalistico*. Torino: Giappichelli, 2006, p. 201

[764] ZAFFARONI, Eugenio Raúl. PIERANGELLI, José Henrique. *Manual de Direito Penal Brasileiro, Parte Geral*. São Paulo: RT, 1999, p. 460

[765] STRATENWERTH, Günter. *Derecho Penal, Parte General, El Hecho Punible*. Madrid: Edersa, 1976, p. 64

à vida de um mosquito). Há que se ter claramente quando o bem deixou de merecer a tutela jurídica pela norma penal. Caso contrário, continuar-se-á, com HIRSCH, sustentando que, numa situação de legítima defesa, haveria a afetação de um bem jurídico (vida humana), coisa que não ocorreria na morte de um mosquito. ([766]) Essa diferença material (malgrado a contundência lingüística) não se projeta além do limite biológico e, portanto, não pode gerar qualquer repercussão na esfera normativa-proibitiva do Direito Penal.

Conclusivamente, não é sustentável uma zona a-deôntica, normativamente neutra, isto é, não alcançada pelos vetores de proibição, permissão ou obrigação ([767]), onde as condutas humanas sejam juridicamente indiferentes ou irrelevantes. Por conseguinte, igualmente inexiste um espaço intermediário entre a proibição e a permissão penal, constituído pela antinormatividade zaffaroniana (como contradição à norma, mas não ao ordenamento), já que da norma penal abstrai-se o produto da confluência (convergência/divergência) dos imperativos de conduta do universo da ordem imperativa.

O ato humano historicamente dado que se subsome à uma descrição de conduta típica, mas não se ressente de ilicitude, é, sem dúvida, formalmente típico, mas jamais antinormativo (pois isto expressaria uma contradição à norma). Uma ação humana somente será antinormativa ferindo a norma, pois então viola o Direito, equivale dizer, tal conduta é antijurídica e, por isso mesmo – mas só então – constitui-se em algo penalmente relevante.

Por que motivo negar a tipicidade apenas tardiamente numa zona intermediária entre a tipicidade formal e a antijuridicidade, sobrestando uma presunção de culpa criminal numa área de contornos jurídicos nebulosos e desarmônica a um princípio constitucionalmente consagrado? Por que

[766] HIRSCH, Hans Joachim. *Derecho Penal. Obras Completas. Tomo IV. La Doctrina de los Elementos Negativos del Tipo Penal*...Buenos Aires: Rubinzal-Culzoni, 2005, p. 345

[767] Vem de VILANOVA nossa segurança assertórica: "dada a tripartição do universo de conduta juridicamente regulada, a conduta alojar-se-ia num dos três segmentos. A tripartição é mutuamente excludente e conjuntamente exaustiva. Uma mesma conduta, pois, nem tem simultaneamente os três modos deônticos, nem pode se inserir num quarto modo: o princípio da não-incompatibilidade evita o contra-sentido; o princípio de um quarto excluído impediria que a conduta se precipitasse no vácuo do juridicamente não-qualificado" (cf. VILANOVA, Lourival. As Estruturas Lógicas e o Sistema do Direito Positivo. São Paulo: Max Limonad, 1997, p. 215)

não fazer tal negação, de pronto e por inteiro, no instante mesmo da tipicidade e, já então, infirmando a antijuridicidade?

Ao contrário do que prega WELZEL (e seus seguidores), não cai fora da "normalidade social" a conduta, por exemplo, de tirar a vida de outrem em legítima defesa, já que essa excludente legal apenas reflete o sentimento da comunidade que, desde sempre, entendeu justa a autopreservação vital, sem necessidade de recurso ao Estado. O contrário disso é afirmar que o Direito permite, mas deprecia a ação; faculta, mas, ao mesmo tempo, desaprova a conduta. O que resvala para além da esfera da normalidade comunitária é a agressão que justifica a defesa legítima e, não, esta reação jurídica que, possivelmente, configure uma das poucas normas penais que, verdadeiramente, para além da retórica dogmática, conduza à preservação material, efetiva e imediata de um bem jurídico. O próprio WELZEL reconhecia que quando o Direito Penal entra, efetivamente, em ação, geralmente é demasiado tarde. ([768])

Entre a vida de um ser humano, que se coloca em estado de injusta agressão contra outrem, e a do mosquito de WELZEL ([769]), que há décadas zune incomodamente, inexiste, no plano jurídico-penal, qualquer distinção: ambos são entes biológicos sobre os quais não repousa qualquer tutela jurídica ([770]). Nos dois casos inocorre violação de qualquer bem jurídico. Quaisquer meios, desde que necessários, para a legítima defesa restarão legitimados pela autorização excepcional de morte (ainda que, v.g., a indefesa estudante propague material químico altamente contaminante ao atirá-lo contra o professor que intente violentá-la). Já para a morte do mosquito poderá o agente, empregando o mesmo produto nocivo, eventualmente praticar um crime ambiental. Portanto, para o Direito Penal, maior atenção há de merecer a morte do bisonho inseto que a do homem agressivo.

[768] WELZEL, Hans. *Derecho Penal Aleman*. Santiago de Chile: Jurídica de Chile, 1997, p. 3

[769] Criticando a teoria dos elementos negativos do tipo, e referindo-se ao fato de que a existência da legítima defesa, para tal doutrina, teria a mesma significação que a ausência de uma característica do tipo, concluía WELZEL que, por esse raciocínio, não haveria diferença entre dar morte a um homem em legítima defesa e dar morte a um mosquito. Cf. WELZEL, Hans. *Derecho Penal Aleman*. Santiago de Chile: Jurídica de Chile, 1997, p. 97-8

[770] Aponta FIORE, nesse particular, a crítica feita aos defensores da teoria bipartida, os quais, segundo ele, cometeriam o erro de contestar, mais ou menos conscientemente, uma real diferença de valor jurídico entre o que é "permitido" e o que é "irrelevante" do ponto de vista jurídico-penal (cf. FIORE, Carlo. *Diritto Penale. Parte Generale*. Torino: Utet, 1993, p. 110)

Quando afirmamos que inexiste bem jurídico como objeto de proteção no caso da legítima defesa, fizemo-lo com os olhos postos numa importante ressalva e que está na base do conceito de bem jurídico. A vida é um "bem biológico" e, ao receber a proteção do Direito (em geral), diventa um "bem juridicizado", mas não, ontologicamente, um "bem jurídico". Jurídico está para áureo assim como dourado está para juridicizado.

Como já tivemos oportunidade de defender ([771]), embora seja uma questão unicamente de nomenclatura, o uso impróprio da locução "bem jurídico", além de ocultar uma impropriedade semântica, revela uma confusão entre os planos ideal e real. Bem jurídico significa bem do Direito, isto é, um bem que pertence ao Direito e, não, que por ele seja apenas protegido. Bens jurídicos são o ordenamento jurídico, o acervo jurisprudencial, as elaborações teóricas da ciência jurídica, os institutos e tradições do Direito. Não mais. O patrimônio não é um bem, em si, "jurídico", mas, corretamente, um bem econômico; a vida é um bem biológico; a honra um bem moral e assim por diante. Todos estes bens, ao terem seu valor reconhecido pelo Direito, transformam-se em bens juridicizados, mas jamais jurídicos. Embora não comportado adequadamente pela língua portuguesa, melhor ainda seria falar em "bens juridicizandos", pois, ao contrário do particípio que evoca uma ação já consumada, o gerúndio expressa uma ação em realização atual, remetendo, com isso, à historicidade do Direito, já que a proteção do Direito sobre os bens não é plena e tampouco eterna. Falar simplesmente em "bem jurídico" pode conduzir a equívocos pela indistinção entre os planos ideal e real.

Se o Direito retira sua tutela sobre a vida do que se posta injustamente em atitude agressiva contra seu semelhante, significa dizer que, nesse instante, a vida do agressor apresenta-se ao Direito desnuda de sua couraça jurídica, reduzida, pois, à sua essência biológica. Explicando por outro modo: tem-se, nessa situação, não um sujeito de direitos, mas unicamente um organismo biológico cuja cessação vital não produz quaisquer efeitos jurídicos (tampouco penais) na esfera de direitos do causador, já que se produz um fenômeno biológico (ocaso de uma vida animal) mas não um acontecer jurídico-penal (i.é., gênese de um ilícito criminal). Assim é. Por mais contundente que a descrição técnica possa parecer.

[771] BALDAN, Édson Luís. *Fundamentos do Direito Penal Econômico.* Curitiba: 2005, p. 51

Em arremate, embora tenhamos adotado, neste trabalho, a distinção entre tipicidade legal e tipicidade penal, deixamos de assimilar a tipicidade conglobante, haja vista não fazermos a distinção entre ordem normativa e ordem jurídica (por entendermos que são normas de mesma natureza tanto as que proíbem ou obrigam quanto as que permitem, daí a inconveniência lógica de segregar esses vetores deônticos em sedes classificatórias distintas). Entendemos que tipo legal é equivalente de texto legal, ao passo que tipo penal é expressão da norma penal continente, já, do juízo de antijuridicidade, este formulado após operação complexa que implica em vasculhar todo o ordenamento, através da análise de intertextos legais conexionados por via de hipertextos e sem limitação exclusiva em textos ou co-textos positivos locais, tudo enriquecido discursivamente pelo contexto assimilado desde os destinatários e aplicadores da norma. Se se confundem tais conceitos, perde-se de vista a distinção entre lei e norma: "a norma não é a expressão, mas o que se designa com a expressão".([772])

7. Contratipicidade penal: saturação do conjunto normativo

Recorrendo a uma metáfora aclaradora, poderíamos afirmar que o injusto penal é o monolítico "iceberg" que navega no mar de licitudes, sendo a tipicidade legal apenas, e tão somente, a ponta desse "iceberg". Por vezes um diminuto fragmento glacial emerso, à distância visto, pode ser tomado pelo incauto observador como indício de portentoso "iceberg" quando, na realidade, não passa daquilo que sua porção visível sugeria ao longe: um pequeno bloco de gelo. Antes de fazer soar o alarme da ilicitude criminal há que sondar o aplicador, primeiro, as profundezas do ordenamento para, somente ali, perquirir da existência, ou não, da sólida ilicitude, denunciadora de que uma violação foi perpetrada. Muitas vezes uma aplicação – naturalmente indevida – do Direito Penal contenta-se com o avistar de pontas sob as quais faltam "icebergs". O Estado julga mais seguro soar o alerta de "iceberg adiante!" (assim desencadeando a persecução contra o indigitado cidadão) do que, antecedentemente ao alarme, entregar-se o aplicador a tatear perigosamente o gélido bloco na inóspita escuridão reinante no oceano do ordenamento jurídico.

[772] NAVARRETE, José F. Lorca. *Temas de Teoria y Filosofia del Derecho.* Madrid: Pirámide, 1993, p. 239

Poder-se-ia resumir essa metáfora, tomando a frase de DEVESA: "o Estado não deve intervir na vida dos indivíduos quando externamente seu comportamento se ajuste aos ditados (normas jurídicas) do próprio Estado". ([773]) As regras têm exceções. Todavia, um enunciado correto da norma deve levar em conta essa exceção e, como diz DWORKIN, "se a lista de exceções for muito longa, seria desajeitado demais repeti-la cada vez que a regra fosse citada". ([774])

Com LOURIVAL VILANOVA, encaramos como cheio o conjunto projetado pelo sistema jurídico, repartido em dois subconjuntos: o da licitude e o da ilicitude (este denominado a parte da antijuridicidade): "o conjunto total compõe-se, assim, de ***juridicidade positiva*** e ***juridicidade negativa***. Um não é maior, nem menor que o outro, pois a normatividade cobre-os exaustivamente. Também, por necessidade lógica, ***opõem-se em complementariedade***".(g.n.) [775]

As causas de proibição levam implícito um preceito permissivo, o qual interfere sobre as normas de caráter geral (mandatos ou proibições) ensejando a licitude das condutas antes proibidas ou ordenadas.([776]) Nelas jaz a limitação imposta pelo "ius poenale" ao "ius puniendi". ([777])

Assim vista, a norma proibitiva penal, em si considerada, possui um alcance maior do que deveria ter e, por tal motivo, deve ela ser completada pelas *contranormas* que lhe correspondam, isto é, as normas permissivas. Daí que "somente a partir do jogo articulado de proibição e permissão surgirá o juízo definitivo sobre a ilicitude ou a juridicidade de um comportamento determinado". ([778]) As *contranormas* dão-nas os *contratipos,* como tipos penais (permissivos) que são.

[773] DEVESA, José Maria Rodriguez; GOMEZ, Alfonso Serrano. *Derecho Penal Español.Parte General.* Madrid: Dykinson, Madrid, 1994, p. 405

[774] DWORKIN, Ronald. *Levando os Direitos a Sério.* São Paulo: Martins Fontes, 2002, p. 40

[775] VILANOVA, Lourival. *Causalidade e Relação no Direito.* São Paulo: RT, 2000, p. 301

[776] CEREZO MIR, Jose. *Curso de Derecho Penal Español. Parte General...*Madrid: Tecnos, 1994, p. 444

[777] BALESTRA, Carlos Fontán. *Tratado de Derecho Penal. Tomo I, Parte General.* Buenos Aires: Abeledo-Perrot, 1966, p. 313

[778] STRATENWERTH, Günter. *Derecho Penal, Parte General, El Hecho Punible.* Madrid: Edersa, 1976, p. 64

Pode-se falar (como, aliás, já fez a doutrina [779]) em "***tipos penais negativos***", os quais traduzem o conjunto de todos os elementos da causa de justificação frente ao tipo legal. Como pregava MEZGER, a segurança e a clareza jurídicas reclamam que a tipificação das causas de exclusão de ilicitude seja levada ao limite possível, já que se encontram em íntima relação com o fim último do Direito. ([780])

No plano do injusto, tipo e contratipo ocupam posições *simétricas inversas* ([781]):

Campo das proibições: V (-)	Campo das permissões: P (+)
Matar alguém (homicídio doloso)	Matar alguém (morte em legítima defesa)

O fenômeno físico é idêntico nos dois casos: a extinção da atividade biológica do ser humano. No quadrante à esquerda, a supressão vital ocorre, todavia, desautorizada pelo Direito (p. ex. homicídio por vingança), ao passo que no campo à direita a extinção opera-se mercê de um permissivo jurídico-legal (v.g. legítima defesa própria). O que se faz, juridicamente, é mover essa conduta humana sobre o plano das permissões/autorizações/ordenações legais, fazendo com que ocupem posições deônticas assimétricas (V ou P).

Como ressalta, com propriedade, PALAZZO,

> *"os assim chamados elementos negativos, isto é, as causas de justificação exprimem interesses que são por assim dizer distantes daquele principal objeto de tutela e que revelam pontos de tangência com este último somente em situação talvez não excepcionais, mas sim particulares: tais, portanto,*

[779] Veja-se, a respeito: HIRSCH, Hans Joachim. *Derecho Penal. Obras Completas. Tomo IV. La Doctrina de los Elementos Negativos del Tipo Penal*...Buenos Aires: Rubinzal-Culzoni, 2005, p. 288-9

[780] MEZGER, Edmundo. *Tratado de Derecho Penal. Tomo I*. Madrid: Revista de Derecho Privado, 1946, p. 394

[781] Segundo ROHDE, "a inversão, quando presente numa forma, caracteriza-se por um ponto imaginário a partir do qual, em uma direção comum, mas em sentidos opostos, encontram-se elementos constitutivos iguais. Isso implica que, se uma linha for traçada de qualquer ponto situado na superfície de uma forma e essa linha passar pelo centro de simetria, emergindo da forma, ela deverá, necessariamente, fazê-lo em um ponto equivalente no lado oposto e à mesma distância do centro".(v. ROHDE, Geraldo Mario. *Simetria*. São Paulo: Hemus, s/d, p. 18).

que não possam estar facilmente presentes aos olhos do legislador penal (que formula a norma incriminadora), mas antes apenas ao legislador extrapenal chamado à tutela do interesse conflitante com aquele tutelado." ([782])

Igualmente para LA TORRE, para se falar do caráter proibido de uma conduta há que se levar em conta dois requisitos: "a concordância com a hipótese de fato típico (tipicidade), e outro de sinal negativo: a ausência de causas de justificação". Dissolve-se a antijuridicidade na tipicidade, vindo a primeira a se integrar (mas não desaparecer) na segunda. ([783])

Tipos incriminadores e tipos permissivos possuem sinais contrários e são complementares entre si: têm-se de um lado os **tipos incriminadores**, como complexo de circunstâncias fáticas que diretamente se ligam à fundamentação do ilícito, a configurar o bem jurídico protegido. De outro, situam-se os tipos permissivos que atuam como limitação negativa daqueles primeiros.

Emprega FIGUEIREDO DIAS o termo "contratipo" para referir-se à previsão legal das causas de justificação:

> *"Também os tipos justificadores constituem, no seu modus particular, formas delimitadoras do conteúdo de ilícito (e, na verdade, formas que possuem os seus elementos constitutivos, os seus pressupostos, mesmo uma certa descrição fáctica e são assim elas próprias, em suma, susceptíveis de tipificação e podem por isso ser vistos como verdadeiros* ***(contra)tipos****, funcionalmente complementares dos tipos incriminadores".* ([784])

O contratipo, cuja construção assenta sobre a existência de uma causa de exclusão de antijuridicidade, há de ser perquirido tendo em vista dois

[782] PALAZZO, Francesco. *Introduzione ai Princìpi del Diritto Penale.* Torino: Giappichieli, 1999, p. 168: "i c.d. elementi negativi, cioè le cause di giustificazione esprimono interessi che sono per così dire lontani da quello principale oggetto di tutela e che rivelano punti di tangenza con quest'ultimo solo in situazioni forse non eccezionali, ma certo particolari: tali, dunque, che non possono essere facilmente presenti agli occhi del legislatore penale (che formula la norma incriminatrice), ma piuttosto solo al legislatore extrapenale chiamato alla cura dell'interesse configgente con quello tutelato." (tradução livre do autor)

[783] LA TORRE, Ignácio Berdugo Gómez de (*et all*) . *Lecciones de Derecho Penal.* Barcelona: Praxis, 1999, p. 144-5

[784] FIGUEIREDO DIAS, Jorge. *Temas Básicos da Doutrina Penal.* Coimbra: Coimbra (Editora), 2001, p. 224

princípios básicos: *ausência de interesse* (caso do consentimento do ofendido) e *interesse preponderante* (demais justificantes).

No princípio do interesse preponderante um interesse mais valioso afasta a proteção sobre outro de menor valor com aquele conflitante. Para MEZGER ([785]), nesse caso, são três os fundamentos de exclusão do injusto: a) ações realizadas em virtude de deveres preponderantes (v.g. os deveres funcionais e profissionais, ordem e autorização legítimas etc); b) ações realizadas em virtude de uma especial justificação (legítima defesa e estado de necessidade); c) ações tomadas em relação ao princípio geral da avaliação dos bens jurídicos, em que um valor de menor importância deve ceder diante de outro mais relevante (identificado pela doutrina como estado de necessidade *supralegal*). ([786])

Não se pode, em resumo, atuar antijuridicamente quando a ação aparece justificada por qualquer outro direito. Com esse enunciado, MEZGER chamava a atenção para o fato de que a exclusão do injusto devesse ter em conta a totalidade e unidade do ordenamento jurídico ([787]). Com ROXIN, há de ser defendido que o âmbito da antijuridicidade deva levar em conta tarefas de toda a ordem jurídica, disso resultando que "as excludentes de ilicitude surjam de todos os campos do direito, irmanando o direito penal com os outros ramos do direito, na unidade da ordem jurídica". ([788])

Por derradeiro, mister registrar nosso assentimento a GRECO FILHO que aponta a inadequação da palavra "excludentes" para nominar a presença de uma situação justificante, eis que "o termo excludente dá a entender que haveria o crime que, depois, seria excluído numa daquelas hipóteses. Não é assim. Se a ordem jurídica não quer a punição, porque

[785] MEZGER, Edmundo. *Tratado de Derecho Penal. Tomo I.* Madrid: Revista de Derecho Privado, 1946, p. 396

[786] Como bem ressalta PALAZZO, "todo bem ou interesse social não vive isolado mas pelo contrário imerso em uma rede de outros interesses e valores sociais freqüentemente coflitantes entre si, pelos quais quanto mais se sacrificam os outros". (cf. PALAZZO, Francesco. *Introduzione ai Princìpi del Diritto Penale.* Torino: Giappichieli, 1999, p. 166): "ogni bene o interesse sociale non vive isolato ma tutt'al contrario immerso in una rete di altri interessi e valori sociali spesso configgenti tra loro, per cui quanto più si sacrificano gli altri." (tradução livre do autor)

[787] MEZGER, Edmundo. *Tratado de Derecho Penal. Tomo I.* Madrid: Revista de Derecho Privado, 1946, p. 443-4

[788] ROXIN, Claus. *Política Criminal e Sistema Jurídico Penal.* Rio de Janeiro: Renovar, 2000, p. 32

não há reprovabilidade na conduta humana ou não existe razão de punir, não há, desde logo, o crime". ([789])

7.1. Elementos negativos no preceito secundário: isenção de culpabilidade e punibilidade

Como bem registra JUAREZ CIRINO, a dogmática penal contemporânea está concorde em admitir duas categorias elementares do fato punível: o tipo de injusto e a culpabilidade. O injusto entendido como objeto de valoração: a realização não justificada de um tipo de crime. A culpabilidade é vista como juízo de valoração sobre o agente realizador o tipo de injusto ([790]) o qual, se tivesse incorporado dominantemente em seu esquema mental o motivo de obediência à norma, teria podido evitar seu comportamento antijurídico. ([791])

Ao conceituar o crime como ação não apenas *tipicamente antijurídica* mas, além, correspondentemente culpável, BELING assinalou a correlação que deve haver entre o tipo de injusto e o tipo de culpabilidade. A culpabilidade tem correspondência específica ao delito de que se trata, daí não se poder, por exemplo, montar o delito de homicídio conjugando-se a morte ilícita de um homem com o dolo de prevaricação. ([792])

A pena, como reprovação pessoal, não pode ser justificada, unicamente, a partir da adequação da conduta ao tipo penal (ausentes causas de exclusão do ilícito), pois tais categorias expressam somente a contrariedade do comportamento humano ao sistema normativo ([793]). Portanto, tem-se a antijuridicidade como juízo *impessoal-objetivo* do ordenamento sobre o fato (que pode conter ainda elementos subjetivos), ao passo que a culpa-

[789] GRECO FILHO, Vicente. *Crime: Essência e Técnica.* Boletim do Instituto Manoel Pedro Pimentel. Jul-Ago-set/2002, n. 21, p. 11

[790] SANTOS, Juarez Cirino dos. *A Moderna Teoria do Fato Punível.* Rio de Janeiro: Freitas Bastos, 2002, p. 203

[791] KINDHÄUSER, Urs. *In* LUZÓN PEÑA, Diego-Manuel *et all (orgs)* . *Cuestiones Actuales de la Teoría del Delito.* Madrid: Mc Graw Hill, 1999, p. 186

[792] BALESTRA, Carlos Fontán. *Tratado de Derecho Penal. Tomo I, Parte General.* Buenos Aires: Abeledo-Perrot, 1966, p. 324

[793] STRATENWERTH, Günter. *Derecho Penal, Parte General, El Hecho Punible.* Madrid: Edersa, 1976, p. 70

bilidade toma em conta a imputação *pessoal-subjetiva* do fato em relação a um autor determinado. ([794])

Como defende ONECA, a culpabilidade deve ser considerada posteriormente à antijuridicidade: "unicamente depois de comprovar a existência de uma ação externa antijurídica podemos proceder a investigar a atuação interna culpável. Em câmbio, costuma negar-se a possibilidade de ações culpáveis não antijurídicas" ([795]) . Embora não se possa contestar de plano essa assertiva, merece acolhida a advertência de CAVALEIRO DE FERREIRA:

> *"Não deve também cavar-se um fosso entre ilicitude e culpabilidade até o ponto de transformar uma distinção metodológica e de sistema em uma distinção substancial de realidades ontologicamente autônomas; por esta via quebra-se a unidade do crime, substantivando como realidades diversas dois aspectos da sua análise, que se traduzem na qualificação valorativa do facto em razão do seu objecto e em razão da sua imputação ao sujeito."*([796])

Decompondo-se o fato, como base real do crime, em ato externo e ato interno, tem-se que ambos são objeto de valoração pela ordem jurídica: ao resultado da valoração do elemento externo denomina-se *antijuridicidade* (embora possível designá-la como antijuridicidade da ação ou *antijuridicidade objetiva*); ao resultado da valoração do ato interno (psicológico) chamamos *culpabilidade* (malgrado cabível denominá-la como *antijuridicidade subjetiva*). ([797])

No entanto, há, com HENKEL, que diferençar entre uma conduta não-culpável e aquela não-ilícita: "no juízo de antijuridicidade a deficiência do fato se expressa em vista das exigências sociais que devem estabelecer a conduta dos membros da comunidade jurídica (nocividade social); no juízo de culpabilidade, essa deficiência se expressa em vista da atitude

[794] MEZGER, Edmund. Derecho Penal. *Livro de Estudio. Tomo I. Parte General.* Buenos Aires: El Foro, s/d, p. 81

[795] ONECA, José Antón. *Derecho Penal.* Madrid: Akal, 1986, p. 211

[796] CAVALEIRO DE FERREIRA, Manuel. *Lições de Direito Penal. A Teoria do Crime no Código Penal de 1982.* Lisboa: Verbo, 1985, p. 14

[797] ONECA, José Antón. *Derecho Penal.* Madrid: Akal, 1986, p. 202

interna do autor em relação ao seu ato" ([798]). Assim, empregando o exemplo desse autor, se um motociclista, conduzindo regularmente seu veículo, lesiona o pedestre que, de forma imprevista, entrara em sua trajetória, há que se falar não na inexigibilidade de conduta diversa (para afastar a culpabilidade) do condutor, mas, corretamente, em inexistência de conduta contrária ao Direito, eis que não verificada a violação do dever "objetivo" de cuidado pelo motorista.

Com acerto, ANÍBAL BRUNO via no tipo "o ponto de referência obrigatório para a apreciação jurídica do fato, não só na sua realização objetiva, mas ainda no seu aspecto subjetivo: o conteúdo da consciência e da vontade que constitui a culpabilidade do agente deve corresponder aos componentes do tipo" ([799]). Elementos do delito são, portanto, a ação antijurídica e a culpabilidade, intimamente unidos, pois pode a falta de culpabilidade suprimir a antijuricidade (ausência de elementos subjetivos de antijuridicidade). ([800]) Sem razão aqueles que, como MIRABETE, afirmam que "a culpabilidade não é característica, aspecto ou elemento do crime, e sim mera condição para se impor a pena pela reprovabilidade da conduta". ([801])

Sintetizando as posições doutrinárias atrás assentadas cumpre registrar nosso entendimento a respeito do tema. Crime é a ação, tipicamente, antijurídica e culpável. O advérbio de modo "tipicamente", confinado entre vírgulas, precedente aos adjetivos "antijurídica" e "culpável" (que, a sua vez, vão conectados ao substantivo "ação", como dele qualificativos necessários) indica que se fala em ação tipicamente antijurídica e, ao mesmo tempo, tipicamente culpável. O típico deve ser estudado como adjetiva-

[798] HENKEL, Heinrich. *Exigibilidad e Inexigibilidad como Principio Jurídico Regulativo.* Buenos Aires-Montevideo: Julio César Faria (Editor), 2005, p. 96-7

[799] BRUNO, Aníbal. *Direito Penal. Parte Geral. Tomo I.* Rio de Janeiro: Forense: 2003, p. 218. No passado, imperava a concepção de que "uma ação é culpável quando a causa das relações psíquicas existentes entre ela e seu autor deve ser-lhe juridicamente reprovada". (cf. CALÓN, Eugenio Cuello. *Derecho Penal, Tomo I, Parte General.* Barcelona: Bosch, 1935, p. 30)

[800] ONECA, José Antón. *Derecho Penal.* Madrid: Akal, 1986, p. 160

[801] MIRABETE, Julio Fabbrini. *Manual de Direito Penal. Parte Geral. Vol. 1.* São Paulo: Atlas, 2001, p. 98. Registre-se, ademais, que o citado mestre comete ainda dois outros equívocos ao tratar da culpabilidade: i) atribui o conceito bipartido de crime a Damásio (quando deveria creditar essa criação a René Ariel Dotti) e ii) correlaciona, indevidamente, a tripartição analítica com a teoria causalista da ação, propagando a falsa idéia de que a bipartição (fato típico e antijuridicidade) seria uma criação do finalismo (quando se sabe que Hans Welzel sempre manteve a culpabilidade agregada à arquitetura estrutural do crime).

dor da ilicitude e da culpabilidade e, não, como substantivo em si, completo de sentido ou dotado de propriedade jurídica performativa própria.

Destarte, para os que vislumbramos o crime como sendo o injusto tipificado e culpável, naturalmente que elementos negativos não se vão conectar exclusivamente ao tipo (por via da *Rechtsfertigungsgründe* = causas de justificação), mas também à culpabilidade (*Schuldausschliessungsgründe* = *imputabilidade e Entschuldigungsgründe* = *senso normativo*) e, até, à punibilidade ([802]). Se, ilustrativamente, o autor cometeu a conduta típica não justificada, em estado de embriaguez completa advinda de um caso fortuito, ter-se-á não uma excludente de tipicidade (ou, antes dessa, de antijuridicidade) mas sim um ***elemento negativo de culpabilidade***. Podem ser, assim, visualizados dois momentos no juízo de culpabilidade: um positivo (*Shuldfähigkeit* e *Gesinnungsmomente*) e outro negativo (*Entschuldigungsgründe*).

Por outro lado, se consumado o injusto criminal, permanece o Estado inerte por largo lapso temporal, será o sujeito ativo beneficiado pelo fenômeno jurídico da prescrição, impeditivo da aplicação da sanção penal (e da persecução, no plano processual). Diz-se presente, neste caso, um ***elemento negativo de punibilidade*** (*Strafaufhessungsgründe*) que, igualmente, deixa intocada a existência histórica do ilícito típico concretizado pela conduta.

Seria inimaginável supor que a (endo)norma dissesse ao agente que está ele autorizado a realizar uma conduta típica porque a pena não sobrevirá em razão de sua morte ou da inércia do Estado em puni-lo. Dita sim, a (peri)norma ao Estado-Juiz uma vedação para que, diante de um injusto culpável, deixe de aplicar a sanção correspondente, nos exemplos citados, porque vigentes normas que consagram, no plano positivo, respectivamente, o princípio absoluto da pessoalidade da pena e o mitigado da prescritibilidade.

Também na normativa constitucional podem ser buscados elementos negativos de punibilidade. Cremos inesgotáveis as possibilidades e, para ilustração, recorremos a duas exemplificações. A primeira, colhemos de

[802] O que não significa, para não incorrer na crítica de HIRSCH, que, como fez MEZGER, equiparemos "norma penal" e "tipo penal", ou, então, que admitamos que as circunstâncias que excluem a punibilidade, por exemplo, sejam, materialmente, elementos do tipo penal, aproximando-se da antiga construção do "tipo penal global" (HIRSCH, Hans Joachim. *Derecho Penal. Obras Completas. Tomo IV. La Doctrina de los Elementos Negativos del Tipo Penal*...Buenos Aires: Rubinzal-Culzoni, 2005, p. 163 e 250)

JÜRGEN WOLTER ([803]). Num caso concreto, onde o tempo de prisão provisória (v.g. detenção preventiva em sentido estrito) tenha excedido o tempo possível da pena cominada, o direito à liberdade do autor faz com que, materialmente, sua anterior conduta deixe de ser considerada punível, por força do comportamento estatal após a comissão do delito. Fala-se, portanto, em uma causa constitucional de supressão da punibilidade.

O segundo exemplo colhemos da realidade prisional brasileira. Certo Juiz de Direito emite alvarás de solturas em favor de condenados que, embora detentores de largas penas corporais a cumprir, não contavam com estruturas carcerárias ideais para recepcioná-los, de tal maneira que ordenar seu recolhimento implicaria em descumprir a Lei de Execuções Penais. Esse diploma, como notório, estabelece, dentre os demais direitos do preso, os requisitos materiais mínimos que tornam legal a custódia e, contrário senso, faz presumir que condições físicas situadas aquém desses padrões de confinamento (v.g. ausência de espaço físico suficiente, deficiente ventilação, rigor térmico etc) tornam a prisão ilegal porque afrontando não só a letra clara dos dispositivos penitenciários aplicáveis mas, antes e sobretudo, o princípio constitucional da dignidade da pessoa humana.

Inatacável, portanto, quer do ponto de vista da legalidade, seja pelo prisma da justiça, a decisão do magistrado que, nesse caso, reconheceu um *elemento negativo de punibilidade*, de topografia constitucional, o qual, incidindo sobre o preceito secundário da norma penal, exprimiu um imperativo proibitivo de conduta ao Estado-Juiz (para que abstivesse de executar a sanção penal, se o custo fosse a violação de um princípio constitucional).

Se, no entanto, defendemos o crime como unidade-totalidade, como distinguir os efeitos jurídicos desses *outros* elementos negativos?

A solução é mais simples do que a indagação parece sugerir. Esses elementos, embora também negativos, não são do ***tipo*** e, por essa simples razão, não tem força para arredar o ***tipo penal***. Compõem ***contratipo*** , cuja negatividade afeta apenas a punibilidade, restando preservadas a tipicidade e a antiijuridicidade.

Entende a doutrina, majoritariamente, que a punibilidade é uma nota conceitual, mas não elemento na estrutura do delito ([804]). ALTAVILLA

[803] LUZÓN PEÑA, Diego-Manuel *et all (orgs)* . *Cuestiones Actuales de la Teoría del Delito.* Madrid: Mc Graw Hill, 1999, p. 18

[804] ROSAL, Manuel Cobo del; ANTÓN, Tomás S. Vives. *Derecho Penal, Parte General.* Valencia: Tirant lo Blanch, 1999, p. 261. De maneira semelhante entre nós, eis que apenas BASILEU

também entendia que a punibilidade era, do crime, a fatal conseqüência, o elemento revelador; não dele um elemento de composição. Para ele, se se diz que o ferro ardente queima, não se pode incluir essa sua propriedade dentre seus requisitos de composição, mas considerá-la como capacidade causal em determinadas situações. ([805])

MEZGER, ao definir o fato punível como uma ação tipicamente antijurídica, pessoalmente imputável e cominada com pena, reconheceu depois a aparente tautologia quanto ao último elemento, não obstante advertisse que a essência do fato punível somente se determina, de forma nítida e exaustiva, quando considerada as conseqüências jurídicas deste, isto é, a pena. ([806]) Para LOZANO, negar à punibilidade a entidade categorial sob argumento de tautológica redundância equivale, por conseqüência, negar entidade categorial a todos os outros elementos do esquema analítico de crime. ([807])

Como leciona LOURIVAL VILANOVA, "as denominadas causas excludentes de punibilidade excluem a causalidade natural: corta-lhes a sanção punitiva, como ato de coação, penalmente tipificada. Não se disse que os tipos na norma penal inflexível são rígidos. Eles fletem, dobram-se aos juízos-de-valor que o caso concreto exige". ([808]) Portanto, se é assente que o crime configura um fato punível, também é inconteste que, assim sendo, não seja inexoravelmente punido. Punibilidade é possibilidade legal da pena, jamais confundindo-se com o ato, em si, de imposição da sanção.

Se admitidos os elementos negativos do tipo também sobre a norma secundária operante, identificaríamos uma: i) **obrigação,** aos aplicadores (das agências judiciais e policiais) incumbidos da aplicação da norma, para que instrumentalizem a imposição da sanção penal (lançando mão do devido processo legal que, no Estado Democrático de Direito, é o antecedente válido da inflição da reprimenda); ii) **vedação** de, presente a norma primária, proceder-se à aplicação da correspondente sanção, no caso de

GARCIA falava de uma suposta inclinação doutrinária (que não se confirmaria) pela adoção de uma estrutura quadripartida (v. GARCIA, Basileu. *Instituições de Direito Penal, vol. I, tomo I.* São Paulo: Max Limonad, 1973, p. 195)

805 ALTAVILLA, Enrico *in* D'AMELIO, Mariano (Coord). *Nuovo Digesto Italiano.* Torino: Torinese, 1939, p. 1.232

806 MEZGER, Edmund. *Derecho Penal. Livro de Estudio. Tomo I. Parte General.* Buenos Aires: El Foro, s/d, p. 83-3

807 LOZANO, Carlos Blanco. *Derecho Penal, Parte General.* Madrid: Laley, 2003, p. 721

808 VILANOVA, Lourival. *Causalidade e Relação no Direito.* São Paulo: RT, 2000, p. 317

extinção de punibilidade, ou, antes desta, enquanto inocorrente inadimplemento de condição que, por transação penal ou suspensão processual, inibem a exigibilidade de submissão à penal criminal em sentido estrito; iii) **permissão** à sociedade (através do órgão do Ministério Público, seu ator judicial-penal representante) para deixar de operacionalizar a aplicação da sanção penal — nos casos de transação penal e suspensão condicional do processo — malgrado perfeita jurídica e faticamente a hipótese da norma primária.

Como se pode constatar, os elementos negativos de culpabilidade ou de punibilidade incidem, exclusivamente, sobre o preceito secundário da norma e, por isso, constituem-se em comandos negativos dirigidos unicamente ao aplicador dessa norma, a fim de que este se abstenha de impor a sanção penal correspondente. Por não incidir sobre o preceito primário da norma penal, não diz respeito (como imperativo de conduta) ao agente do fato típico e, portanto, não lhe outorga qualquer permissão ou obrigação de conduta.

Mas, no caso de inexigibilidade de conduta diversa, não se instala verdadeira permissão de conduta? Não. Não está o agente legalmente autorizado a agir; na verdade, é o Estado que está juridicamente desautorizado a punir. Esse elemento negativo de culpabilidade não estabelece uma permissão ao sujeito ativo do injusto e sim uma vedação ao aplicador da norma.

Do camponês iletrado, que abateu um espécime da fauna silvestre para enriquecer seu almoço dominical, não seria esperada conduta diversa da que efetivamente integralizou, tomando-se na devida conta o histórico desprezo estatal por sua educação formal, a ausência de políticas públicas de conscientização ecológica em seu favor, a não-valorização econômica de sua atividade (a ponto de compeli-lo a recorrer à selva e não ao açougue para compor seu cardápio) etc. Não há que se operacionalizar a sanção penal e, nem por isso, viola-se, aqui, qualquer expectativa jurídica da comunidade, a qual seguramente entenderia irrazoável a punição. Não houve crime porque, conquanto presente a tipicidade antijurídica, queda ausente o segundo dos elementos constitutivos do delito, que é a culpabilidade. Não será punido aquele que cometeu um fato que a lei declara impunível ou que desmereça a punição segundo o são sentimento do povo.

Segundo a doutrina jusnaturalista de PUFENDORFF, o direito natural cumpre a função de colmatar o direito positivo, mas, não obstante isso, incumbe à autoridade considerar se a punição de determinada agressão atinge os fins da pena, pois, caso contrário, deve o crime permanecer não punido. ([809]) A reprovação jurídico-penal da culpabilidade é uma reação formalizada, isto é, um sentir-se ofendido generalizado. ([810])

Liga-se, pois, o deslinde jurídico do caso à culpabilidade. E não à tipicidade (material), como alguns defenderiam, proclamando o princípio da insignificância porque, argumentariam, o bem jurídico meio ambiente não seria afetado por lesão tão ínfima, já que consistente na morte de único animal. A ação do camponês perfez o injusto típico, não se pode negar. Criminosa seria idêntica conduta praticada por rico empresário que caçasse por simples lazer o mesmo bicho, assim violando em igual intensidade o bem jurídico. A diferença é que, neste segundo caso, o sentimento de justiça da sociedade sairia ferido no caso de não imposição da pena criminal ao empresário, do qual era exigida uma conduta conforme ao Direito. Frise-se: nem ao camponês e tampouco ao empresário socorrem quaisquer elementos negativos do tipo, mas unicamente de culpabilidade ([811]) em favor do primeiro.

Com isso pretendemos demonstrar a clareza que se alcança quando se atribui ao tipo penal sua devida função na demarcação do injusto. Não existe um tipo (destacado da antijuridicidade e da culpabilidade) que, como substantivo independente, produza, por si só, efeitos jurídico-penais. Há, sim, uma antijuridicidade e uma culpabilidade que, qualificadas pelo adjetivo típico, repercutem, aí sim, sobre o "jus libertatis" do agente da infração penal.

Cremos conveniente, no âmbito da culpabilidade, cambiar o adjetivo de "exigível" para "esperado", já que o moderno direito penal cumpre a função de estabilizar as expectativas jurídicas da comunidade. Assim, a conduta culpável, antes de ser aquela exigível do sujeito, há-de ser a esperada pela comunidade, segundo seu sentimento médio de justiça (expressa em linguagem por atos, gestos, opiniões, pesquisas, estudos, publicações,

809 WELZEL, Hans. *La Dottrina Giusnaturalistica di Samuel Pufendorf...*Torino: Giappichelli, 1993, p. 133

810 KINDHÄUSER, Ers. *In* LUZÓN PEÑA, Diego-Manuel *et all (orgs)*. *Cuestiones Actuales de la Teoría del Delito.* Madrid: Mc Graw Hill, 1999, p. 216

811 Embora o inédito pensamento de GRECO FILHO que parece tornar equivalentes os efeitos das excludentes do crime ou da pena, da causalidade ou, ainda, da inexistência de dolo ou culpa, haja vista que, segundo esse mestre, se um fato não é punível, por qualquer motivo que seja, tem-se um *fato* mas não um *crime.* (cf. GRECO FILHO, Vicente. *Crime: Essência e Técnica.* Boletim do Instituto Manoel Pedro Pimentel. Jul-Ago-set/2002, n. 21, p. 11)

produções artísticas etc) cuja leitura impõe-se aos aplicadores executivos e judiciais da norma. Chegar-se-ia, com isso, próximo ao conceito de culpabilidade idealizado modernamente por ROXIN, a qual "importa-se muito mais com a questão normativa de como e até que ponto é preciso aplicar a pena a um comportamento em princípio punível, se for ele praticado em circunstâncias excepcionais". ([812])

Também SHÜNEMANN indica que, para preencher de significado os espaços livres da lei, deve-se recorrer a valorações retoras, as quais se especificam no merecimento e necessidade da pena, e esta, por seu turno, somente se justifica quando adequada, necessária e proporcional à proteção penal desejada. ([813]) FIGUEIREDO DIAS, percucientemente, chega a propor o fechamento da doutrina geral do crime com a consideração de que este se traduz sempre num "comportamento ilícito-típico, culposo e digno de punição". (g.n.) ([814])

Essas expectativas, mutáveis em verdade, são construídas empiricamente pelo assim dito "homem médio", como base de modelos de comportamento julgados adequados a partir de recortes de sua própria conduta em sociedade vivenciada, tendo como paradigmáticos, portanto, os limites imponíveis que, para si próprio, imaginaria justos.

Se, por exemplo, o Ministério Público atém-se, unicamente, ao desenho sintático-semântico do tipo legal e, com isso, deixa de ingressar na comunidade normativa construtora do sentido do injusto, reduz-se, tristemente, a mero aplicador mecânico da lei. Tornando-se refém da simples significação contida no discurso punitivo do Estado-Polícia (leia-se: dos elementos positivos do tipo) deixa de avançar rumo à construção do sentido do injusto (característico do Estado Democrático de Direito). Se o tipo legal e o fato histórico, então a denúncia. Certo que, para alguns, poderia essa tomada de posição antolhar-se como subversão teleológica institucional porque a figura do obediente "fiscal da lei" cederia passo ao questionador "fiscal da justiça". Refutamos a hipotética contestação com uma outra indagação: por que não?

[812] ROXIN, Claus. *Política Criminal e Sistema Jurídico Penal.* Rio de Janeiro: Renovar, 2000, p. 31

[813] SCHÜNEMANN, Bernd. *El Sistema Moderno del Derecho Penal: Cuestiones Fundamentales.* Madrid: Tecnos, 1999, p. 74

[814] FIGUEIREDO DIAS, Jorge de. *Sobre o Estado Actual da Doutrina do Crime*...Revista Brasileira de Ciências Criminais. São Paulo, ano 1, jan-mar/1993, p. 30

De maneira semelhante, o Juiz que, diante da acusação provada da ínfima violação, não vislumbra outro desfecho que não o condenatório, embora Juiz "de Direito" não chega a ser Juiz "do Direito": mantém os pés firmemente atados à plataforma (supostamente sólida) da lei escrita e não ousa um salto em busca da captura do justo-injusto no vertiginoso espaço iluminado pelas fugazes fagulhas dos princípios, pelas centelhas intensas dos valores e pelas chamas multicolores dos costumes, os quais se entrecruzam num mosaico pirotécnico normativo que, não raro, engendram flagrante colisão com as meras regras legais.

Na última eclipse democrática de nossa história recente, muitas liberdades viram-se ceifadas, muitos brados de justiça findaram calados e muitas arbitrariedades foram promovidas através da estrita observância (pelos aplicadores policiais, ministeriais e judiciais) de regras legais forjadas por agências legislativas ilegítimas (porque extensão de um poder político igualmente ilegítimo). Poucos, então, ousaram empunhar a justiça para golpear a lei.

7.2. Equívocos sobre os erros

No antigo Egito já se fazia escrever na tumba 'Rekhmi-re': "não atues como desejas nos casos onde o direito aplicável é conhecido". ([815]) Primordial, portanto, para conformação do comportamento do homem em sociedade seria conhecer o Direito vigente, em tal lugar e tal tempo.

Para ASSIS TOLEDO, um dos axiomas mais difundidos traduz uma verdade que cada qual pode constatar a partir da própria experiência existencial: "*errare humanum est*" . "Não poderia, pois, a Ciência do Direito, que se situa entre as que têm por objeto fatos humanos, deixar de ocupar-se seriamente com tal fenômeno". ([816]) Outrossim, histórica a discussão entre os doutrinadores, em quase todos os países, quanto à correção científico-filosófica da equivalência dos termos *erro* e *ignorância*, distinção absolutamente pacífica na área da Psicologia, desde Platão. ([817])

[815] TAMAYO Y SALMORAN, Rolando. *El Derecho y La Ciencia del Derecho.* México: Universidad Autónoma de México, 1986, p. 20-1

[816] TOLEDO, Francisco de Assis. *O Erro no Direito Penal.* São Paulo: Saraiva, 1977, p. 1

[817] ASÚA, Luis Jiménez. *Reflexiones Sobre el Error de Derecho en Materia Penal.* Buenos Aires: Ateneo, 1942, p. 15

Para a Filosofia, *erro* seria "todo juízo ou valoração que contrarie critério reconhecido como válido no campo a que se refere o juízo, ou aos limites de aplicabilidade do próprio critério", ao passo que a *ignorância* consistiria numa "imperfeição do conhecimento, mais precisamente a deficiência, inseparável do saber humano e devida às limitações do homem". ([818])

Assim, conceitualmente o erro difere da ignorância: esta é a falta de representação da realidade ou o desconhecimento total do objeto (é um estado negativo), enquanto o erro é a falsa representação da realidade ou o falso ou equivocado conhecimento de um objeto (é um estado positivo). ([819]) O erro é falsa noção ou um falso conhecimento de um fato ou de uma regra jurídica; a ignorância traduz a ausência completa de conhecimento ou de representação. ([820])

Adverte TÉRCIO SAMPAIO ([821]) que, no discurso normativo, a relação definida é meta-complementar, com isso indicando que o orador normativo busca a sujeição do endereçado a uma posição complementar, com tal propósito empregando recursos para evitar reações incompatíveis. Essas reações podem ser de três espécies: ***confirmação*** (o destinatário aceita a definição; compreende e concorda); ***rejeição*** (o ouvinte nega a definição; compreende e discorda) e ***desconfirmação*** (o endereçado desqualifica a definição; não compreende ou ignora). A *desconfirmação* não pode ser suportada numa relação meta-complementar, pois conduziria ao aniquilamento

[818] ABBAGNANO, Nicola . *Dicionário de Filosofia*. São Paulo: Martins Fontes, 1998, verbetes citados

[819] GOMES, Luiz Flávio. *Erro de Tipo e Erro de Proibição, e a Evolução da Teoria Causal-Naturalista para a Teoria Finalista da Ação*. São Paulo: RT, 1999, p. 24

[820] PRADO, Luiz Régis. *Curso de Direito Penal Brasileiro*. São Paulo: RT, 1999, p. 237. Lecionou Macedo Soares que, considerados metafisicamente, erro e ignorância seriam coisas absolutamente distintas, todavia para efeitos jurídicos seriam perfeitamente equivalentes porque em ambos se observa a ausência de noção verdadeira sobre uma pessoa ou sobre um objeto, ou seja, o essencial é a ausência de noção verdadeira. Para esse autor, portanto, são sinônimas as expressões ignorância de direito e erro de direito, ignorância de fato e erro de fato (cf. SOARES, Oscar de Macedo. *Código Penal da República dos Estados Unidos do Brasil*. Rio de Janeiro: Ganier, 1914, p. 66). No mesmo sentido os ensinamentos de Costa e Silva que, por igual, vislumbra que erro e ignorância, conquanto psicologicamente diferentes, são, no terreno do Direito, dois estados de espírito que se equiparam, tanto que os escritores empregavam "*promiscue*" as duas expressões, sendo mais usual o termo "erro" (SILVA, Antonio José da Costa e. *Código Penal dos Estados Unidos do Brasil*. São Paulo, Editora Nacional, 1930, p. 160-1)

[821] FERRAZ JÚNIOR, Tércio Sampaio. *Teoria da Norma Jurídica : Ensaio de Pragmática da Comunicação Normativa*. Rio de Janeiro: Forense, 2000, p. 56-8

da autoridade – já que aqui o ouvinte nega ou ignora o comunicante normativo –, daí os sistemas normativos não reconhecerem a alegação da ignorância da lei como justificativa para determinado comportamento ilícito.

Nas esclarecedoras palavras de HASSEMER:

> *"A lei insiste na sua definição dos limites do 'próprio direito': mesmo quem não compreende, comete o injusto. E a lei leva a sério o equívoco dos participantes a respeito do seu direito, quando o equívoco era invencível. Isto se pode interpretar como uma tentativa do ordenamento jurídico-penal de se envolver 'comunicativamente' com as diferentes pré-compreensões dos agentes participantes, sem ao mesmo tempo atentar contra a própria definição dos limites do Direito."* ([822])

No caso do erro de proibição, põe-se de manifesto que fracassou o mecanismo inibitório de condutas pela lei criado, já que o agente atuou sem a consciência de que à sua conduta correspondia, como conseqüência, o mal da pena. Nesse caso a pena carece de sentido porque deixou de cumprir a missão a que se propusera. Por outro lado, a impunidade dos ignorantes em nada afeta o efeito intimidatório da sanção sobre os não-ignorantes. ([823])

Decerto que o erro não é privativo dos ignorantes ou leigos. Comete abuso de autoridade, mas é isento de culpabilidade, por erro de proibição invencível, o magistrado que determina a prisão de depositário infiel, olvidando da vedação dessa espécie de detenção por força do art. 11 do Pacto de São José da Costa Rica que, nesse ponto – ao autorizar unicamente a prisão por inadimplemento de obrigação alimentícia –, conflita com o art. 5º, LXVII, de nossa Constituição, sobre o qual deve prevalecer.

Para a Teoria dos Elementos Negativos, já que as causas de justificação integram o tipo, como características negativas deste, qualquer erro sobre aquelas causas constituiria erro de tipo. O dolo abrangeria não apenas os elementos do tipo incriminador, mas igualmente a ausência de causas de exclusão de antijuridicidade, embora esta inteira representação pelo agente, no instante da ação, para muitos seja pouco defensável. ([824])

[822] HASSEMER, Winfried. *Introdução aos Fundamentos do Direito Penal.* Porto Alegre: SAFe, 2005, p. 144

[823] ORDEIG, Enrique Gimbernat. *Estudios de Derecho Penal.* Madrid: Tecnos, 1990, p. 178-9

[824] Leia-se, a propósito, BITENCOURT, Cezar Roberto. *Erro de Tipo e Erro de Proibição, uma Análise Comparativa.* São Paulo: Saraiva, 200, p. 90 e segs.

Se o agente supõe a presença de circunstâncias que fundamentam uma causa de justificação, as quais, na realidade, não existem, resta excluído o dolo, isto é, o desvalor da ação. A admissibilidade de tal tese, todavia, somente seria possível, para CEREZO MIR, se se considerar que o dolo compreende não a consciência da antijuridicidade, mas sim a consciência de seu desvalor ético-social, ou de injusto material. ([825])

Resumindo a visão do erro para a Teoria dos Elementos Negativos, explica HIRSCH (discordando) porque, remontando ao pensamento de ADOLF MERKEL, a suposição errônea da existência das condições de uma causa de justificação exclui o dolo: "dado que as causas de justificação são elementos negativos do tipo, o conteúdo do dolo se inverte até o ponto que o conhecimento de um elemento positivo do tipo equivale à ignorância de um elemento negativo, e a ignorância de um elemento positivo equivale ao conhecimento (suposição) de um negativo". ([826])

Nesse caso, para ROXIN, são considerações político-criminais que levam à aplicação da pena do crime culposo, admitindo um fato doloso no erro sobre circunstâncias das causas de justificação , por força de razões dogmático-sistemáticas. ([827])

Criticando a teoria, LUIZ FLÁVIO resume que "o erro nas descriminantes putativas fáticas é modalidade de erro de tipo que exclui o dolo". Fazendo coro à doutrina majoritária — inclusive a italiana que cita — esse autor também entende como supérflua a Teoria dos Elementos Negativos em ordenamentos que, como o brasileiro, regulam expressamente o tratamento do erro sobre as descriminantes. ([828])

Como decidiu o Tribunal Federal Superior da Alemanha, o autor que atua sob erro acerca das circunstâncias reais é "fiel ao Direito", isto é, deseja obedecer à lei e somente não logra fazê-lo porque incorre em um erro sobre o estado das coisas. ([829]) Esse erro, designado por BELING como "erro do autor" (em contraste ao "erro de fato" e ao "erro de direito"), consistente

[825] CEREZO MIR, Jose. *Curso de Derecho Penal Español. Parte General*...Madrid: Tecnos, 1994, p. 328

[826] HIRSCH, Hans Joachim. *Derecho Penal. Obras Completas. Tomo IV. La Doctrina de los Elementos Negativos del Tipo Penal*...Buenos Aires: Rubinzal-Culzoni, 2005, p. 17-8

[827] ROXIN, Claus. *Política Criminal e Sistema Jurídico Penal.* Rio de Janeiro: Renovar, 2000, p. 17

[828] GOMES, Luiz Flávio. *Erro de Tipo e Erro de Proibição, e a Evolução da Teoria Causal-Naturalista para a Teoria Finalista da Ação.* São Paulo: RT, 1999, p. 80-81

[829] HIRSCH, Hans Joachim. *Derecho Penal. Obras Completas. Tomo IV. La Doctrina de los Elementos Negativos del Tipo Penal*...Buenos Aires: Rubinzal-Culzoni, 2005, p. 203

na aceitação errônea da existência objetiva de uma causa de exclusão de ilicitude, deveria excluir o dolo, mesmo se inescusável (embora, neste caso, importasse numa imputação culposa ao agente). ([830])

Como esclarece HIRSCH, uma grande parte da ciência pendeu à defesa da Teoria dos Elementos Negativos, pois só esta permite sustentar a idéia do erro de tipo sobre uma causa de justificação. ([831]) Por não fazê-lo, WELZEL novamente pecou ao classificar como erro de proibição a suposição errônea da concorrência de uma causa de justificação, sendo-lhe indiferente distinguir se o autor equivocou-se sobre os pressupostos objetivos ou sobre os limites jurídicos de uma causa de justificação ou se acreditava equivocadamente na existência de uma excludente na verdade não reconhecida pelo Direito ([832]).

WELZEL pagou o preço da incoerência por sua intransigência em relação à Teoria dos Elementos Negativos: pregava a separação entre antijuridicidade e tipicidade, todava conceituava esta como matéria de proibição (vale dizer, injusto). Defendia que a adequação social de uma conduta acarretava a exclusão de tipicidade, mas se contradizia ao afirmar que o erro sobre a adequação da conduta recairia sobre a antijuridicidade. Por fim, foi obrigado a cometer grave equívoco equiparando a erro de proibição a hipótese evidente de erro sobre causa de justificação (que, estando descrita em um tipo permissivo, deve ser tomada, para todos os efeitos, como erro de tipo, como faz o ordenamento positivo brasileiro).

7.3. Inspiração neokantiana em Mezger

O neokantismo fez o pensamento jurídico-penal ingressar em nova fase, em especial porque o método deixa de ser puramente formalista, introduzindo-se considerações axiológicas como decorrência da inclusão do Direito entre as ciências do espírito (cuja metodologia se caracterizava por compreender e valorar). Como assevera VALLEJO ([833]) "os represen-

[830] BELING, Ernst von. *Esquema de Derecho Penal. La Doctrina del Delito-Tipo*. Buenos Aires: El Foro, 2002, p. 115

[831] HIRSCH, Hans Joachim. *Derecho Penal. Obras Completas. Tomo IV. La Doctrina de los Elementos Negativos del Tipo Penal*...Buenos Aires: Rubinzal-Culzoni, 2005, p. 265

[832] WELZEL, Hans. *Derecho Penal Aleman*. Santiago de Chile: Jurídica de Chile, 1997, p. 199

[833] VALLEJO, Manuel Jaén. *Los puntos de Partida de la Dogmatica Penal*, in Anuário de Derecho Penal y Ciencias Penales, Tomo 48, fascículo I, janeiro-abril/1995. Madrid: Centro de

tantes dessa corrente entendem que enquanto as ciências naturais captam a realidade empírica de forma objetiva e neutral, as ciências do espírito procedem valorando. Logo, o método de conhecimento destas últimas é um método valorativo".

A opinião dominante da tipicidade como mero indício da antijuridicidade está melhor conectada com o ideário positivista do final do século XIX e início do século XX, época em que se entendia correta a observação dos processos causais em geral analogamente a dos eventos da natureza, sendo, assim, coerente a divisão do delito em uma parte objetiva-externa (objeto da antijuridicidade) e outra subjetiva-interna (objeto da culpabilidade), constituindo, como anota MIR PUIG ([834]), exemplo típico de classificação com base numa descrição meramente formal e externa, atenta somente às "partes" do delito e não à sua essência material. Conseqüentemente, o fato antijurídico é descrito ao modo como as ciências naturais descrevem qualquer evento verificado no mundo da Natureza, isto é, como um processo puramente causal: parte-se de um resultado lesivo e se exige unicamente que tenha sido causado por uma ação humana voluntária (sem se perquirir, neste instante, o elemento volitivo desse movimento corporal).

O perfil objetivo da construção teórica de BELING não foi, em instante algum, por ele negado e, mesmo reconhecendo posteriormente a incompletude de seus postulados, ainda assim os reputava corretos, concebendo como algo "horrible" a mescla do subjetivo da alma do autor com os dados objetivos do delito-tipo, motivo por que manteve o tipo penal, que idealizara, como sendo um puro conceito funcional, "sem conteúdo". ([835])

Claro, portanto, que Beling, ao conceber o moderno conceito de tipo, idealizou este com absoluta independência em relação à antijuridicidade, descabendo elaborar, tão só em presença da tipicidade, qualquer juízo de desvalor jurídico-penal sobre o fato, prestando-se, destarte, o tipo unicamente a indicar uma subsunção, no plano estrito da linguagem, da produção humana concreta ocorrente à hipótese legal descrita em lei. É o neokantismo que, introduzindo a idéia de valor na teoria do crime, motiva MEZGER a suplantar uma concepção valorativamente neutra, herdada de BELING, pela sua figuração como juízo de desvalor antijurídico.

Publicaciones, 1995, p. 59

[834] MIR PUIG, Santiago. *Derecho Penal, Parte General*. Barcelona: Reppertor, 2002, p. 154

[835] BELING, Ernst von. *Esquema de Derecho Penal, La Doctrina Del Delito-Tipo*. Buenos Aires: El Foro, 2002, p. 278

Como resume Juarez Tavares ([836])

> *"O delito não é agora definido como a ação típica, antijurídica e culpável, mas como ação tipicamente antijurídica e culpável. O tipo não é mais o elemento identificador da antijuridicidade (ratio cognoscendi), mas seu fundamento (ratio essendi). Isto quer dizer que o injusto possui elementos próprios e, ao contrário dos demais ramos do direito, tem uma forma especial de aparecimento, ou seja, através da realização de uma conduta prevista na lei como crime."*

Uma conduta autorizada pelo Direito não pode, assim, ingressar no plano axiológico de um tipo penal sancionador. Imperiosa, pois, ao juízo de tipicidade penal, a antecedente disquisição sobre a existência de uma causa de justificação. Como faz notar HERAS ([837]) a antijuridicidade passa a ser composta pela tipicidade e pela exclusão das causa de justificação: "a descrição de uma conduta delitiva por parte do legislador supõe, em todo caso, um juízo de valoração dos fatos descritos considerando-os antijurídicos, a não ser que estejam compreendidos em uma causa de justificação".

Oferece ROXIN percuciente visão sobre a arquitetura do crime pensada por BELING, afirmando que

> *"O tipo de Beling se caracterizava preferentemente por duas notas: é 'objetivo' e 'livre de valor (não valorativo)'. A objetividade significa a exclusão do tipo de todos os processos subjetivos, intra-anímicos, que são conferidos em sua totalidade à culpabilidade [...] E por 'caráter não valorativo' deve entender-se que o tipo não contém nenhuma valoração legal que aluda à antijuridicidade da atuação típica."* ([838])

Um vez que o monumental e complexo pensamento filosófico de KANT é que agrega as "ciências do espírito" ou "culturais", obrigatoriamente ligada a valores, ao mundo do pensamento jurídico, não se contesta a base filosófica neokantiana na elaboração da tese mezgeriana. É que, em con-

[836] TAVARES, Juarez. *Teoria do Injusto Penal.* Belo Horizonte: Del Rey, 2000, p. 139

[837] HERAS, Alfonso Arroyo de las. *Manual de Derecho Penal.* Navarra, ES: Aranzadi, 1985, p. 41

[838] ROXIN, Claus. *Derecho Penal, Parte General, Tomo I, Fundamentos, La Estructura de la Teoria Del Delito.* Madrid: Civitas, 1997, p. 279

formidade com os postulados básicos dessa teoria, o tipo penal, como ente jurídico-positivo, ao assimilar os valores subjacentes às normas, e sofrendo a partir destes uma necessária limitação configuradora, explicitam inegavelmente o diálogo possível entre ontologia e axiologia, como pregava KANT na sua "Crítica da Faculdade do Juízo". ([839])

A análise, autorizada, de RUSSELL merece transcrição:

> *"Kant sustentou que todo conhecimento, de fato, surge da experiência mas, diferente deles [dos empiristas] acrescentou a esta idéia uma importante observação: devemos distinguir entre o que realmente produz o conhecimento e a forma que tal conhecimento adquire. Assim, embora o conhecimento surja da experiência, não deriva exclusivamente dela. Poderíamos expressar isto de maneira diferente, dizendo que a experiência sensorial é necessária, porém não suficiente para o conhecimento."* ([840])

O Criticismo permite chegar à conclusão de que o conhecimento é produto de uma faculdade complexa, o resultado de uma síntese da sensibilidade e do entendimento. Para isto, explica LEITE ([841])

> *[o criticismo] começa por dizer que todo conhecimento implica uma relação – melhor dito, uma correlação – entre um sujeito e um objeto. Nessa relação, os dados objetivos não são captados por nossa mente tais quais são (a coisa em si), mas configurados pelo modo com que a sensibilidade e o enten-*

[839] A obra de Kant, que lastreou ideologicamente o movimento denominado acertadamente como "Criticismo Transcendental", foi considerada um marco na Filosofia ao colocar tematicamente, isto é, em termos só racionais e conceituais, o problema do conhecer, deixando em segundo plano o problema ontológico (do "ser"). Situou-se, por isso, num ponto de confluência entre três grandes correntes ideológicas do século XVIII: o racionalismo de Leibniz (o conhecimento como produto da faculdade da razão); o empirismo de Hume (o conhecimento deriva também da sensibilidade) e a ciência físico-matemática de Newton. Ensina MIGUEL REALE que a palavra *Criticismo* aplica-se a todo e qualquer sistema que busque preliminarmente discriminar, com todo rigor, os pressupostos ou condições em geral do conhecer e do agir. Criticar significa indagar das raízes de um problema, daquilo que condiciona, lógica, axiológica ou historicamente esse mesmo problema. (cf. REALE, Miguel. *Filosofia do Direito, vol. I.* São Paulo: Saraiva, 1957, p. 54)

[840] RUSSEL, Bertrand. *História do Pensamento Ocidental: a Aventura dos Pré-Socráticos a Wittgenstein.* Rio de Janeiro: Ediouro, 2002, p. 342

[841] LEITE, Flamarion Tavares. *O Conceito de Direito em Kant.* São Paulo: Ícone, 1996, p. 30

dimento os apreendem. Assim, a coisa em si, o 'número', o absoluto, é incognoscível. Só conhecemos o ser das coisas na medida em que se nos aparecem, isto é, enquanto fenômeno.

Daí apresentar HESSE ([842]) o fenomenalismo kantiano através de um núcleo com três proposições: i) a coisa-em-si é incognoscível; ii) nosso conhecimento está limitado ao mundo fenomênico; iii) esse mundo surge em minha consciência porque ordenamos e processamos o material sensível segundo as formas *a priori* da intuição e do entendimento.

O dualismo metodológico – a relação entre ser e dever-ser, entre realidade (juízos de existência , mundo do ser) e valor (juízos de valor, mundo do dever-ser) – não logra modificar o objeto do conhecimento (aspecto objetivo), tão somente acrescentando-se o sujeito (aspecto subjetivo) ao conceito de realidade cognoscível pela ciência jurídica. Buscam-se conceitos que possuam, ao mesmo tempo, um significado científico-natural e científico-cultural, isto é, uma congruência entre o conteúdo conceitual formado de modo generalizador e o formado historicamente, mediante referência a valores.

Como nota MAMAN "a partir da existência humana (o homem existente) é possível pôr o problema de uma concepção ontológico-existencial do mundo com conseqüências para o Direito". ([843]).

A filiação ao neokantismo implica numa dúplice ruptura: primeiro das ciências naturais com as ciências culturais; segundo, e como resultado da primeira, divórcio nunca mais reconciliado entre dogmática penal e Criminologia (com inevitável refutação aos postulados basilares da Escola Positiva do Direito Penal). Não se olvida, aqui, naturalmente, do importante papel do pensamento kantiano na dissociação, também, entre Direito e Moral.

No Neokantismo, ou Neocriticismo, ou movimento de retorno a KANT, há negação da metafísica, reduzindo-se a Filosofia à reflexão sobre a ciência, isto é, a teoria do conhecimento. Resta clara, ainda, a distinção entre o aspecto psicológico e o aspecto lógico-objetivo do conhecimento, em virtude da qual a validade de um conhecimento é completamente indepen-

[842] HESSE, Johannes. *Teoria do Conhecimento*. São Paulo: Martins Fontes, 2003, p. 88

[843] MAMAN, Jeannette Antonios. *Fenomenologia Existencial do Direito. Crítica do Pensamento Jurídico Brasileiro*. São Paulo: Quartier Latin, 2003, p. 52

dente do modo como ele é psicologicamente adquirido ou conservado. Por fim, busca-se, a partir das estruturas da ciência, tanto da natureza quanto do espírito, chegar às estruturas do sujeito que a possibilitariam.

Foi exatamente a distinção entre as ciências da natureza (cujo objeto é alheio a valores e a sentido) e as ciências culturais (nas quais o conhecimento e a definição da realidade requerem bases em referências valorativas), que permitiu superar o formalismo do conceito de tipo e a construção dogmática que dantes BELING propusera. Junto ao aspecto lógico-formal da teoria do delito, os autores neokantianos reconhecem o significado material das diversas categorias do sistema e dos conceitos jurídicos, assim como sua relação com a função da pena e os fins do Estado. O reconhecimento do significado valorativo dos tipos penais e a comprovação da tipicidade de uma conduta permitem realçar sua relação valorativa com o conceito e a comprovação da antijuridicidade. Ao mesmo tempo há lugar para o reconhecimento do significado específico da comprovação da antijuridicidade das condutas delitivas.

À luz dessa teoria, o tipo é a descrição legal de uma conduta que lesiona ou põe em perigo um bem jurídico, especificando, assim, este dos fatos antijurídicos, fundamentando seu caráter antijurídico e expressando sua relevância penal ([844]). A concepção do tipo caracteriza-se, em definitivo, por destacar a relação entre sua delimitação e a comprovação de sua concorrência, e a fundamentação da antijuridicidade da conduta criminosa. Todavia, ao mesmo tempo, caracteriza-se, também, por destacar a singularidade que, desde a perspectiva da teoria geral do injusto, possuem as condutas descritas na lei penal.

Assim, a síncope entre o racional e o sensível perfaz-se com justeza no âmbito da teoria dos elementos negativos do tipo penal, qualquer que seja a teoria da ação que se comungue (causal, final, social etc). O que importa é a fixação de que o tipo penal – como elemento que define o conceito geral do delito e translada à teoria geral deste as exigências do princípio

[844] Como escreveu DONNA, é com as idéias neokantianas que se recupera para a dogmática a dimensão jurídica, ou seja valorativa: a antijuridicidade deixa de ser meramente formal para passar a ser material; isto sucede quando se define a antijuridicidade como acontecimento socialmente danoso. De modo que as causas que excluem a antijuridicidade serão analisadas desde outra perspectiva, isto é, de princípios baseados na idéia de mais proveito por dano" (cf. DONNA, Edgardo Alberto. *Teoria del Delito y de la Pena. Imputación Delictiva.* Buenos Aires: Astrea, 1995, p. 122)

da legalidade – representa a concretização e especificação dos valores vinculados aos conceitos de antijuridicidade e culpabilidade, sobre os quais se apóia a teoria geral do delito.

Aqui cabível o magistério de GOYARD-FABRE ([845]) :

> *O equívoco dos positivismos é pensar o direito de acordo com o modelo das ciências da natureza, analíticas e redutoras. O esquema causalista revela sua falta de pertinência quando se tenta aplicá-lo ao campo da ação, em que a qualificação e a apreciação jurídica escapam à determinação. As regras de direito não podem ser neutras. Como a razão prática não difere da razão teórica, elas veiculam em suas prescrições a idéia de um fim que só o homem, diferentemente dos animais, é capaz de propor a si mesmo. As regras que normatizam a ação são a figura jurídica de um princípio regulador que, expressamente teleológico, indica um horizonte de sentido e de valor.*

A Razão, como referencial de orientação, é uma faculdade que distingue o homem dos animais, possibilitando-lhe a indagação e a investigação dos fenômenos naturais ou culturais. KANT enxerga três usos fundamentais da razão humana: o teórico, o prático e o estético ([846]).

Como pondera CASSIRER, "em KANT a crítica da razão forma um todo acabado e harmônico que descansa sobre si mesmo e que quer encontrar em si mesmo sua explicação. Enfrenta-se como algo novo, próprio e peculiar com todo o passado filosófico e rompe também com toda a trajetória anterior do pensamento contida nos estudos precríticos do próprio KANT". ([847])

[845] GOYARD-FABRE, Simone. *Os Fundamentos da Ordem Jurídica*. São Paulo: Martins Fontes, 2002, p. 367

[846] Advirta-se que Kant toma a palavra "estético" noutro sentido daquele hoje amplamente conhecido, gerando não raro compreensões equivocadas no estudo desse filósofo. Como esclarece MORENTE, Kant toma esse vocábulo em seu sentido etimológico: a palavra "estética" deriva-se de uma palavra grega (*aisthesis*) que é sensação ou percepção, significando assim a teoria da faculdade de ter percepções sensíveis ou, ainda, teoria da sensibilidade. (cf. MORENTE, Manuel Garcia. *Fundamentos de Filosofia I, Lições Preliminares*. São Paulo: Mestre Jou, 1980, p. 237)

[847] CASSIRER, Ernst. *El Problema Del Conocimiento en la Filosofia y en la Ciência Modernas*. México: Fondo de Cultura Económica, 1956,p. 539. Na "Crítica da Razão Pura" demonstra-se que os juízos sintéticos a priori são possíveis. Ao estabelecer os limites da cognição, omite-se a volição (que KANT chama de "juízo"). A primeira cai no domínio da ética e é discutida na

KANT, no item VII da introdução à sua "Crítica da Razão Pura" ([848]) escreveu que

> *"A razão é a faculdade que nos fornece os princípios do conhecimento 'a priori'. Logo a razão pura é a que contém os princípios para conhecer algo absolutamente 'a priori'. Um 'organon' da razão pura seria o conjunto desses princípios, pelos quais são adquiridos todos os conhecimentos puros 'a priori' e realmente constituídos. A aplicação pormenorizada de semelhante organon proporcionaria um sistema da razão pura."*

Destarte, uma "razão pura" seria o conhecimento no qual, em geral, não se misturasse nenhuma experiência ou sensação, sendo por isso possível completamente "a priori", daí afirmar-se que "o problema fundamental da Crítica da Razão Pura poderia expressar-se pelo conceito da objetividade. Sua missão central consiste em demonstrar a validez objetiva de nossos conhecimentos apriorísticos." ([849]).

Já na "Crítica da Razão Prática" enfoca-se o funcionamento da razão da vida prática, quando aceitamos a realidade como um valor e como algo inquestionável. KANT, na verdade, jamais, nas demais "Críticas", e noutros escritos, refutou a importância da experiência para o conhecimento, como se pode dessumir de sua introdução à obra correspondente a essa "Crítica", onde se lê que "[no uso prático] a razão ocupa-se com fundamentos determinantes da vontade, a qual é uma faculdade ou de produzir objetos correspondentes às representações, ou de então determinar a si própria para a efetuação dos mesmos (quer a faculdade física seja suficiente ou não), isto é, de determinar a sua causalidade". ([850]).

Portanto, nessa Crítica, o conceito da coisa em si, à medida que vai perdendo seu conteúdo concreto, vai cobrando, por isso mesmo, com nitidez

Crítica da Razão Prática. Quanto ao juízo, é considerado no sentido de avaliar propósitos ou fins e é o tema de Crítica da Faculdade do Juízo. Num enunciado descomplicado poderíamos afirmar que a razão pura corresponde aos princípios que possibilitam o conhecimento sem o ingrediente da experiência ou do sensível (estético, perceptível), possuindo, por isso mesmo, caráter absolutamente "a priori". A pureza dos conceitos é, assim, alheia aos dados vindos da experiência porque assentada, unicamente, nas estruturas racionais da mente humana.

[848] KANT, Immanuel. *Crítica da Razão Pura*. Lisboa: Calouste Gulbenkian, 2001, p. 52-3

[849] CASSIRER, Ernst. *El Problema Del Conocimiento en la Filosofia y en la Ciência Modernas*. México: Fondo de Cultura Econômica, 1956, p. 708

[850] KANT, Immanuel. *Crítica da Razão Prática*. São Paulo: Martins Fontes, 2002, p. 25

cada vez maior, a forma e os contornos da experiência. CASSIRER explica que esse conceito "não é outra coisa que o esquema daquele princípio regulativo por meio do qual a razão, no que dela depende, estende sua unidade sistemática sobre toda a experiência" ([851]).

A "Crítica do Juízo" completa o monumento filosófico de KANT e assegura a transição entre o entendimento e a razão, estabelecendo um intermediário entre o mundo sensível e o mundo inteligível. Afirmou KANT que, na família das faculdades de conhecimento superiores, existia ainda um termo médio entre o entendimento e a razão, a qual chamou de "faculdade do juízo"

> *...da qual se tem razões para supor, segundo a analogia, que também poderia precisamente conter em si 'a priori', se bem que não uma legislação própria, todavia um princípio próprio parra procurar leis; em todo caso um princípio simplesmente subjetivo, o qual, mesmo que não lhe convenha um campo de objetos como seu domínio, pode todavia possuir um território próprio e ma certa característica deste, para o que precisamente só este princípio pode ser válido."* ([852])

Segundo a análise de Georges Pascal ([853])

> *A Crítica da Razão Pura concluíra que o conhecimento humano é incapaz de transcender o mundo sensível. A Crítica da Razão Prática concluíra a conduta humana não teria sentido sem a suposição de um mundo inteligível. A terceira Crítica [da Faculdade do Juízo] nos mostra que entre o entendimento, fonte de nossas ações, existe uma faculdade mediadora, a do juízo, cuja função é pensar o mundo sensível em referência ao mundo inteligível.*

CASSIRER obtempera que "as formas de juízo não significam outra coisa que motivos unitários e vivos do pensamento que se percebem através

[851] CASSIRER, Ernst. *El Problema Del Conocimiento en la Filosofia y en la Ciência Modernas.* México: Fondo de Cultura Econômica, 1956, p. 708

[852] KANT, Immanuel. *Crítica da Faculdade do Juízo.* Rio de Janeiro: Forense Universitária, 1995, p. 21

[853] PASCAL, Georges. *O Pensamento de Kant.* Petrópolis: Vozes, 2003, p. 177

de toda a multiplicidade de suas configurações particulares e se traduzem constantemente na criação e formulação de novas e novas categorias". ([854])

É ainda na "Crítica da Razão Pura" ([855]) que KANT nos aclara que

> *"todos os juízos são funções da unidade entre as nossas representações, já que, em vez de uma representação imediata, se carece, para conhecimento do objeto, de uma mais elevada, que inclua em si a primeira e outras mais, e deste modo se reúnem num só muitos conhecimentos possíveis. Podemos, contudo, reduzir a juízos todas as ações do entendimento, de tal modo que o entendimento em geral pode ser representado como um faculdade de julgar. Porque, consoante o que ficou dito, é uma capacidade de pensar."*

HABERMAS ecoa que uma vez que "as normas morais não contêm de antemão as regras de sua aplicação é que o agir a partir de um discernimento moral exige adicionalmente a faculdade da inteligência hermenêutica, ou nas palavras de KANT, o poder do juízo reflexionante" ([856]).

[854] CASSIRER, Ernst. *El Problema Del Conocimiento en la Filosofia y en la Ciência Modernas*. México: Fondo de Cultura Econômica, 1956, p. 28

[855] KANT, Immanuel. *Crítica da Razão Pura*. Lisboa: Calouste Gulbenkian, 2001, p. 103

[856] HABERMAS, Jürgen. *Consciência Moral e Agir Comunicativo*. Rio de Janeiro: Tempo Brasileiro, 2003, p. 214

CAPÍTULO IV
INTERTIPO PENAL COMO EXPRESSÃO DO INJUSTO CRIMINAL PLENO

"O texto não é um quadro, datado e assinado, mesmo quando está inserido na galeria de um coleccionador. A aplicação do direito consiste necessariamente em fazer manobrar, no interior de um caleidoscópio, uma sucessão de operações interpretativas"
FRANÇOIS RIGAUX ([857])

"El tránsito desde el derecho internacional clásico al establecimiento de un derecho cosmopolita – el derecho de los ciudados del mundo – abre aquellas zonas grises de la legitimidad que ponen en dificultades incluso a los juristas más preparados".
JÜRGEN HABERMAS ([858])

"L'esigenza specifica che la norma penale si adegui ai fenomeni di globalizzazione in atto discende dall'estensione mondiale di fenomeni regolati dall'interrelazione sovrastatale rispetto alla quale il diritto penale purtroppo non è ancora equipaggiato."
VINCENZO MUSACCHIO ([859])

1. Tipo penal: fratura da realidade indissolúvel

A definição de crime, dizia FONTÁN BALESTRA, reflete o fim perseguido e o objeto fixado pelo autor em sua tarefa, além de condensar os

[857] RIGAUX, François. *A Lei dos Juízes*. Lisboa: Instituto Piaget, 1997, p. 280
[858] HABERMAS, Jürgen. *Verdad y Justificación*. Madrid: Trotta, 2002, p. 61
[859] MUSACCHIO, Vincenzo. *Norma Penale e Democrazia...* Milano: LED, 2004, p. 34

pressupostos fundamentais que orientam seu trabalho. ([860]) Por isso, neste desenlace, buscaremos sedimentar os principais arrimos conceituais atrás fixados: ***a antijuridicidade tipificada como produto discursivo do sistema normativo dimensionalmente pleno e intrinsecamente justo.***

Consoante antes exposto, a norma penal não se equipara ao texto legislativo continente do tipo legal (a qual, ainda que constitua frase gramaticalmente completa, configura proposição jurídica incompleta). As leis penais, como proposição jurídica e como estrutura lingüística, conexionam uma coisa com outra, associando à situação fática (circunscrita de modo geral à 'previsão normativa') uma conseqüência jurídica (também circunscrita de modo geral). Sua força constitutiva fundamentadora de conseqüências jurídicas, recebem-na somente em conexão com outras proposições jurídicas.

Perfilha-se, aqui, o entendimento de LICCI que, assimilando com clareza a distinção operada pela semântica jurídica entre "*norma real*" e "*enunciado normativo*", sublinhou que a *norma* não se identifica com o conteúdo de uma singular disposição, mas constitui a resultante do conteúdo combinado de todas as disposições convergentes para qualificação jurídica de uma dada situação. ([861])

Não se deve confundir – como faz sistematicamente o discurso convencional – a noção de *dispositivo legal* com o conceito de *norma jurídica* pois "a norma jurídica (em sentido estrito) raramente constará, em sua inteireza, num único artigo de lei, num único enunciado prescritivo, sobressaindo, isso, da conjugação de variados enunciados". ([862])

Devem ser agrupados, portanto, num mesmo nível valorativo, reunidos num conceito de fato típico ampliado, todos os seus elementos positivos e negativos, isto é, aquele complexo de circunstâncias essenciais para o ilícito

[860] BALESTRA, Carlos Fontán. *Tratado de Derecho Penal. Tomo I, Parte General.* Buenos Aires: Abeledo-Perrot, 1966, p. 307

[861] LICCI, Giorgio. *Modelli nel Diritto Penale: Filogenesi del Linguaggio Penalistico.* Torino: Giappichelli, 2006, p. 132. Também com TÉRCIO SAMPAIO: "Os sistemas normativos têm por objeto estas unidades discursivas que chamamos normas. [...] Assim, o objeto dos sistemas normativos (repertório do sistema) são normas (especificadas por seus atributos: validade e efetividade). O que dá a coesão do sistema, como um todo, são as relações entre elas." (cf. FERRAZ JÚNIOR, Tércio Sampaio. *Teoria da Norma Jurídica : Ensaio de Pragmática da Comunicação Normativa.* Rio de Janeiro: Forense, 2000, p. 141)

[862] CONRADO, Paulo César. *Compensação Tributária e Processo.* São Paulo: Max Limonad, 2001, p. 44

típico, seja para fundamentá-lo, quer para excluí-lo. O crime é, portanto, analiticamente, definido como fato antijuridicamente típico e culpável.

Desaceitamos, com SOUSA E BRITO, falar-se em mera "subsunção"([863]) da conduta humana à hipótese típica, pois o caso concreto jamais é puro fato, mas sim uma unidade de sentido socialmente relevante, mais ou menos complexa, integrada por elementos culturais difíceis de definir, para cuja descrição nem sempre a previsão legal contém conceitos precisos e, assim, propiciadores de juízos imediatos de subsunção. Mais correto é dizer de um sistema hermenêutico de tratamento de casos. ([864])

Como ensina LOURIVAL VILANOVA, "a correspondência entre os elementos do fato e as notas do tipo (prefiguradas na hipótese da norma) não é de neutra conformidade ou desconformidade, mas de simultânea e inevitável valoração, nas espécies de licitude ou ilicitude. *O que é logicamente separável, onticamente é interconexo.*" ([865])

Também em KARL LARENZ sabemos que "as proposições jurídicas contidas numa lei não estão simplesmente uma ao lado das outras, mas estão relacionadas entre si de diferente modo e só na sua recíproca delimitação e no seu jogo concertado produzem uma regulação". ([866]) De maneira diversa não poderia ocorrer com as proposições legais de essência penal.

É TÉRCIO SAMPAIO quem sintetiza, sob o prisma da pragmática, a tarefa da norma jurídica: determinar quais alternativas decisórias devem ser escolhidas. Por isso "o objeto do discurso normativo, ou seja, o objeto da situação comunicativa olhado do ângulo do comunicador normativo, não é propriamente o conjunto das alternativas, mas a decisão que, diante delas, deve ser tomada". ([867])

Por esse raciocínio, se o Código Penal descreve figuras de comportamento vedadas e, simultaneamente, prevê a possibilidade de realização

[863] Por todos, MIRABETE: "Assim, se *A* mata *B* em comportamento voluntário, pratica o fato típico descrito no art. 121 do CP (matar alguém) e, em princípio um crime de homicídio."(cf. MIRABETE, Julio Fabbrini. *Manual de Direito Penal. Parte Geral. Vol. 1.* São Paulo: Atlas, 2001, p. 98)

[864] SOUSA E BRITO, José de. *La Inserción del Sistema de Derecho Penal entre Uma Jurisprudência de Conceptos y uma (Di)solución Funcionalista.* In SÁNCHEZ, J. M. Silva; SCHÜNEMANN, B.; FIGUEIREDO DIAS, J. de (coords.). *Fundamentos de un Sistema Europeo del Derecho Penal.* Barcelona: Bosch, 1995, p. 101-2

[865] VILANOVA, Lourival. *Causalidade e Relação no Direito.* São Paulo: RT, 2000, p. 322

[866] LARENZ, Karl. *Metodologia da Ciência do Direito.* Lisboa: Calouste Gulbenkian, 1983, p. 315

[867] FERRAZ JÚNIOR, Tércio Sampaio. *Teoria da Norma Jurídica : Ensaio de Pragmática da Comunicação Normativa.* Rio de Janeiro: Forense, 2000, p. 50

dessas mesmas condutas, dadas certas condições, resta ao aplicador deliberar pela existência do crime ou não-crime diante de todo ato humano que, *prima facie*, guarde correspondência com o tipo legal.

Via ALF ROSS o ordenamento jurídico como as regras disciplinadoras do funcionamento do aparato de força do Estado, isto é, um "corpo integrado de regras que determina as condições sob as quais a força física será exercida contra uma pessoa". ([868]) Dessa definição decorre o grau de seriedade na proclamação da tipicidade penal em desfavor de alguém, pois tal ato importa na concessão das franquias jurídicas ao Estado para imposição da força contra o cidadão. Essa mesma seriedade recomenda deva o Código Penal ser manejado pelo aplicador como catálogo de permissões elípticas reversas, não como rol de vedações absolutas.

Não é meramente vertical a conexão da norma penal com demais disposições funcional e tematicamente afins. Insere-se em complexa rede onde conta não só a legitimação decorrente da topografia normativa vinculante, mas também o conteúdo limitador de sentido. Nem toda lei penal tem qualidades jurídicas para converter-se em norma penal. Deve apresentar-se numa situação hierárquica permitida pelas normas acima de si postas e, além, há-de ser portadora de uma força vinculativa de proibição resistente a vetores deônticos permissivos e obrigatórios no mesmo espaço fático operantes.

Em decorrência dessa postura, propõe-se a substituição da tarefa técnica da mera subsunção do ***fato histórico*** ao ***tipo legal*** para, agora, exigir-se a construção discursiva da norma penal, continente do conteúdo do injusto, que recubra com perfeito ajuste a conduta humana reputada ilícita. Essa tarefa não se conclui senão com o percurso de todo o sistema jurídico – universo deôntico em que se entrecruzam regras, princípios e valores – onde não existem posições estáticas de emissor e receptor da mensagem de proibição, mas sim papéis dinâmicos de sujeitos interactantes que, solidariamente, constroem o conteúdo de sentido imperativo da norma penal pela via do discurso, na busca do consenso e de pontos axiomatizados.

Um sistema legal é uma intrincada rede de leis interconexas, cuja estrutura deve-se analisar para se chegar à definição de uma lei. ([869]). Por isso, o preceito, como fragmento, somente pode ser entendido se confrontado

[868] ROSS, Alf. *Direito e Justiça*. Bauru, SP: Edipro: Edipro, 2000, p. 58

[869] RAZ, Joseph. *The Concept of a Legal System*. Oxford: Clarendon, 1970, p. 170-183

com a totalidade, que é o sistema de regras e princípios. Segundo JUAREZ FREITAS, "a interpretação sistemática envolve, existencialmente, o sujeito que interpreta e 'lê' o sistema, não lhe permitindo ser apenas descobridor ou revelador de significados, mas atuando como espécie de conformador prescritivo ou partícipe estruturador do objeto". ([870])

A idéia propulsora de nossa elaboração aqui esboçada tem a ver com a análise que DELMAS-MARTY faz do hodierno sistema positivo:

> *"Com a multiplicação das fontes do direito e a diversificação delas, marcada pelo aparecimento de fontes não estatais (notadamente, mas não exclusivamente, internacionais), extralegislativas e variáveis no tempo, a mudança, a um só tempo quantitativa e qualitativa, impõe uma renovação completa dos métodos legislativos. Pois a grande novidade é a inter-relação entre textos e contextos ou, mais amplamente, entre os diversos conjuntos normativos que funcionam simultaneamente".* ([871])

2. Crime como dissonância harmônica no reino do Direito

Em grande parte as críticas endereçadas a MEZGER centraram-se no fato de que sua tese conduziria, inexoravelmente, à criação de uma antijuridicidade penal específica frente à antijuridicidade geral, algo que, por absolutamente inadmissível, recomendaria o rechaço liminar dessa doutrina. ([872]) Tal crítica deve-se ao fato de que a função primária do tipo, segundo essa doutrina, é declarar, dentre as ações ilícitas, aquelas que merecem significação penal, criando-se, com isso, uma "antijuridicidade específica" . ([873])

Antes de MEZGER, porém, já pregava PESSINA ([874]) que "a relação entre o crime e o Direito é aquela da repugnância, da contradição absoluta". E era igualmente criticado, pois para CARRARA "essa fórmula exprime uma idéia intrínseca na noção do delito, que tem por condição necessá-

[870] FREITAS, Juarez. *A Interpretação Sistemática do Direito*. São Paulo: Malheiros, 2004, p. 66 e 70

[871] DELMAS-MARTY, Mireille. *Por um Direito Comum*. São Paulo: Martins Fontes, 2004, p. 217

[872] ASÚA, Luis Jiménez de. *La Ley y el Delito, Principios de Derecho Penal*. Buenos Aires: Sudamericana, 1967, p. 239.

[873] QUEIROZ, Paulo de Souza. *Direito Penal, Introdução Crítica*. São Paulo: Saraiva, 2001, p. 105

[874] PESSINA, Enrico. *Elementi di Diritto Penale*. Napoli: Riccardo Marghieri di Gius, 1882, p. 139

ria um estado de contradição ao direito; mas, como definição, é inexata, pois compreende mais que o definido. Também quem recusa pagar uma dívida nega o direito". ([875])

Porém, o próprio CARRARA, ao explicar sua noção de delito ([876]), escrevera:

> *"E a idéia do delito, portanto, nada mais é do que uma idéia de relação: a relação contraditória entre o fato do homem e a lei. Apenas nisso consiste o ente jurídico a que se dá o nome de delito, ou outro sinônimo. É um ente jurídico que, para existir, necessita de certos elementos materiais e morais, cujo conjunto constitui a sua unidade. Mas o que lhes completa o ser é a contradição desses antecedentes com a lei jurídica."* ([877])

Caminhará conceitualmente em círculos – e nada conclusivo logrará – quem, ao vocábulo "lei", empregado por CARRARA, atribuir o sentido estrito de "lei positiva ou ordinária". Todavia, quando se sabe que o clássico mestre julgava exata a sugestiva expressão "*dissonância harmônica no reino do direito*" ([878]) para referir-se ao crime, não é disparate concluir que o

[875] CARRARA, Francesco. *Programa do Curso de Direito Criminal, Parte Geral, Volume I.* Campinas, SP: LZN, 2002, p. 60-1

[876] "O delito civil se define como a infração da lei do Estado, promulgada para proteger a segurança dos cidadãos, resultante de um ato externo do homem, positivo ou negativo, moralmente imputável e politicamente dano. " (CARRARA, Francesco. *Programa do Curso de Direito Criminal, Parte Geral, Volume I.* Campinas, SP: LZN, 2002, p. 59).

[877] CARRARA, Francesco. *Programa do Curso de Direito Criminal, Parte Geral, Volume I.* Campinas, SP: LZN, 2002, p. 66

[878] Lê-se em CARRARA: "Nesse sentido, é perfeitamente exata (conquanto pareça sutil) a fórmula dos que apontaram o delito como uma *dissonância harmônica*, pois a noção do delito exige duas bases. Uma destas é o fato do homem, contrário ao direito. Aí está a dissonância, no reino do direito. Aquele fato contraria o direito, viola-o, menospreza-o; portanto, perturba a harmonia jurídica. Diante de tal fato, surge, porém, a lei que o proíbe, que o ameaça de repressões, que o imputa como delito – e isso visando restabelecer a *harmonia* no reino do direito. Eis como, construindo-se a noção do delito, por necessidade ontológica sua, através do antagonismo do fato com a lei, e desta para com aquela, o conjunto dessas duas idéias (constitutivas da entidade jurídica do delito) pôde chamar-se, com toda exatidão, uma *dissonância harmônica* no reino do direito. Um ente resultante de estado de *contradição* não pode ser designado senão por uma fórmula contraditória; e esta não é viciosa, mas exata." (cf. CARRARA, Francesco. *Programa do Curso de Direito Criminal, Parte Geral, Volume I.* Campinas, SP: LZN, 2002, p. 66) .

antagonismo do ato humano seria para com o ***Direito*** (em sua totalidade) e não simplesmente em relação à ***lei*** (em seu sentido estrito).

MIR PUIG parte de que "em Direito Penal a antijuridicidade importa antes de tudo como *espécie* dentro da antijuridicidade geral: como *antijuridicidade penal.* O caráter penal da antijuridicidade nasce formalmente com a *tipicidade penal*", ([879]) Também reconhece ONECA que podem ser distinguidos dois conceitos: "1º o delito é uma ação antijurídica (gênero); 2º , o delito é uma ação especificamente antijurídica, isto é, contrária ao ordenamento jurídico penal (espécie)" ([880]). Uma maior clareza vem de ANÍBAL BRUNO que, entendendo a antijuridicidade como atributo geral em relação a toda ordem jurídica – e não particular ao domínio do direito punitivo – via o ilícito penal como aquele a que se junta o atributo da tipicidade, i.é., o *ilícito típico.* ([881])

Obtemperando, ASÚA escreveu que "os que crêem que nossa disciplina é constitutiva, afirmam a existência de um injusto penal próprio; os que cremos que nosso ramo jurídico é meramente garantidor, nos pronunciamos por ser o injusto geral ao Direito" ([882]).

Retomando a referência inicial a MEZGER, na verdade, também ele entendia a antijuridicidade como contradição normativa ao "total Direito público e privado". Sua crítica quanto a reputar o Direito Penal como de natureza secundária, acessória, complementar, subsdiária etc, tinha outra razão de ser: o Direito Penal, dizia ele, é soberano para fixar, por si mesmo, aquelas ações que deseja em seu âmbito submeter ao tratamento da pena criminal ([883]). Não há inverdade alguma nessa afirmação que, de resto, só reafirma a importância do princípio da legalidade penal.

Sabe-se que MEZGER afirmava, expressamente, que o injusto específico do Direito Penal não tinha nada a ver com a tese de uma especial antijuridicidade penal, algo que rechaçava em absoluto, pois tal idéia contradiz a natureza mesma do Direito como ordenação unitária de vida. Para

[879] MIR PUIG, Santiago. *Derecho Penal, Parte General.* Barcelona: Reppertor, 2002, p. 142

[880] ONECA, José Antón. *Derecho Penal.* Madrid: Akal, 1986, p. 201

[881] BRUNO, Aníbal. *Direito Penal, Parte Geral, Tomo I.* Rio de Janeiro: Forense, 1967, p. 355

[882] ASÚA, Luis Jiménez de. *La Ley y el Delito, Principios de Derecho Penal.* Buenos Aires: Sudamericana, 1967, p. 267: "Los que creen que nuestra disciplina es constitutiva, afirman la existencia de un injusto penal propio; los que creemos que nuestra rama jurídica es meramente garantizadora, nos pronunciamos por que lo injusto sea general al Derecho." (tradução livre do autor)

[883] MEZGER, Edmundo. *Tratado de Derecho Penal. Tomo I.* Madrid: Revista de Derecho Privado, 1946, p. 326-7 e 350

ele, o tipo jurídico-penal configura um injusto especialmente delimitado e com conseqüências jurídicas específicas, representando uma contradição com o Direito (tanto fora como dentro do Direito Penal); jamais uma espécie de injusto circunscrito à esfera especial do Direito punitivo. ([884])

Para se formular um juízo sobre a antijuridicidade de uma conduta, portanto, deve-se levar em consideração a totalidade do Direito (público e privado), já que uma conduta não pode ser, por exemplo, lícita para o Direito Civil e ilícita para o Direito Penal. Não existe, pois, uma antijuridicidade *especificamente* penal, sendo de caráter *geral* o fundamento da antijuridicidade. Nenhuma lei esgota a totalidade do Direito, daí não poder ser afastada a necessidade de o Direito Penal averiguar o conteúdo positivo da antijuridicidade (em todos os quadrantes do sistema). ([885])

O magisterio de BETTIOL, pela autoridade e atualidade, merece integral transcrição:

> *"Qualquer norma penal é, em si mesma, um mundo, no sentido de que tem uma estrutura, tarefas e finalidades inteiramente suas; por isso, pretender preocupar-se, antes de mais nada, com a inclusão da norma singular, ou do conceito singular num sistema classificatório, em que as mais acentuadas características individuais são destroçadas, chegando-se assim a obter um simples fio condutor, um esqueleto de que a vida fugiu irremediavelmente, equivale a subverter a realidade. Se os conceitos penais são, antes de mais nada, conceitos individuais, isso significa que eles devem ser determinados tendo presentes as normas que configuram os vários crimes. É dessas previsões que se deve partir; elas é que devem ser polarizadas no sentido do bem jurídico que dá conteúdo e significado aos conceitos penais."* ([886])

Poderíamos sintetizar este tópico – e, na verdade, praticamente todo o trabalho – afirmando que elementos positivos do tipo penal, por força do caro princípio da legalidade, somente podem sê-los o texto da lei nacional ou, então, o intertexto da supranacional àquela hipertextualmente conexionada. Os elementos negativos, a sua vez, assumem a caracterização de

[884] MEZGER, Edmundo. *Tratado de Derecho Penal. Tomo I.* Madrid: Revista de Derecho Privado, 1946, p. 361

[885] DEVESA, José Maria Rodriguez; GOMEZ, Alfonso Serrano. *Derecho Penal Español.Parte General.* Madrid: Dykinson, Madrid, 1994, p. 410

[886] BETTIOL, Giuseppe. *O Problema Penal.* Campinas,SP: LZN, 2003, p. 102-3

um repertório de permissividade jurídica mais amplo, pois comporta, além daqueles textos e hipertextos, também o contexto da norma (os paratipos dos costumes e da jurisprudência), em cujo processo aplicativo contam, por fim, os criptotipos no jusnaturalismo alimentados. Nesse processo, possibilita a doutrina, como metatipo, a transição da noção de ordenamento legal para o de sistema jurídico-penal.

3. Intertipicidade penal: o ilícito assentado sobre o ordenamento pleno

Escreveu o insuperável WITTGENSTEIN que "entender uma sentença está mais próximo de entender uma peça musical do que se poderia pensar" ([887]). Se comparássemos o ordenamento penal a uma melodia musical, nela identificaríamos os tipos legais como as notas musicais que a compõem e lhe conferem harmonia e ritmo. São as notas musicais que, posicionadas de certa maneira no pentagrama, fornecem o conteúdo sonoro que individualiza a composição em relação a outras. Não se pode, portanto, negar, racionalmente, a importância e, mesmo, a preponderância das notas nessa formação. Por outro lado, se destacadas do pentagrama, essas mesmas notas passam a quase nada significar e, sequer, podem ser executadas. Seu tom, sua duração, sua conexão com as demais notas somente a pauta musical revela. Algo semelhante parece ocorrer com o tipo legal que, privado de seus contextos e hipertextos, analisado isoladamente, não pode prestar-se como expressão plena do injusto, senão dele uma imagem incompleta ou, pior, deformada. Essa tarefa somente o (inter)tipo penal, por suas conexões intra e extrasistêmicas, pode desempenhar ([888]). Contemporaneamente, certos direitos, classificados como fundamentais do ser humano, conduziram a uma ordenação supranacional – mas em qualquer caso suprapositiva – em que as pautas de proibição e permissão tornam-se mais complexas

[887] WITTGENSTEIN, Ludwig. *Gramática Filosófica*. São Paulo: Loyola, 2003, p. 29: "Por que esses acordes devem ser tocados exatamente assim? Por que quero produzir justamente esse padrão de variação na altura e no compasso? Gostaria de dizer: 'Porque sei do que se trata'. Mas do que se trata? Não saberia dizer. Como explicação, só posso traduzir a imagem musical em uma imagem de outro meio e deixar que uma imagem lance luz sobre outra."

[888] Embaralhando a metáfora – musicalidade e juridicidade – diríamos, ainda, que não é livre a execução do tipo penal pelo artífice: é como a execução do Hino Nacional que, por força de lei criminal, não pode ser entoado livremente, por mais expressividade que se queira e se possa imprimir à sua execução.

pela sua hiperdimensão e valores imbricados. É a grande sinfonia do (in) justo que se ensaia.

O Direito não é um sistema de normas garantidas pela força; é a regulação normativa dessa força. Por isso nossa concordância com ROSS: "a relação das normas jurídicas com a força consiste no fato de que se referem à aplicação da força e não que são respaldadas pela força". ([889])

Nessa visão a força deixa de ser instrumento coadjuvante de imposição da lei, para ser dela o objeto de regulamentação. Os vetores condicionantes de conduta apresentam, agora, uma disposição bi-direcional, não como dantes em que o ponto de partida era o Estado (enunciante da norma) e o de chegada o cidadão (simples enunciatário). Admite-se, agora, que vedações e obrigações fluam do Estado em relação ao indivíduo e deste em relação ao Estado. O cidadão abandona o papel de mero enunciatário da normativa e torna-se dela um co-enunciante ao ser enlaçado na extensa rede comunicacional que produz o sentido da norma, nela fazendo ingressar a substância axiológica responsável pelo diacronismo do Direito Penal.

Nisso identifica-se o fundo da proposta habermasiana para sobre-escrita e rejuridificação do direito positivo, reclamando-se energias comunicativas e referência a valores, vez que a justificação da lei não se opera formal mas substancialmente, com base em critérios de justiça ([890]) . Disse ADAM SMITH que os sentimentos de aprovação e desaprovação moral fundamentavam-se nas "mais fortes e vigorosas paixões da natureza humana e, ainda que possam de alguma forma ser distorcidos, nunca podem ser inteiramente pervertidos." ([891])

Essa "sujeição do direito ao direito", como paradigma da democracia constitucional, para FERRAJOLI, origina-se a partir da dissociação entre vigência e validade da norma, entre mera e estrita legalidade, entre forma e substância, entre legitimação formal e substancial ou, se se preferir, entre uma racionalidade meramente formal e a racionalidade dita material. ([892])

A validade liga-se à justificação quando a justeza da norma depende de um consenso discursivamente formado pela participação dos possíveis interessados. Suplanta-se, assim, o critério positivo de validade pela con-

[889] ROSS, Alf. *Direito e Justiça*. Bauru, SP: Edipro: Edipro, 2000, p. 78

[890] PALOMBELLA, Gianluigi. *Filosofia do Direito*. São Paulo: Martins Fontes: 2005, p. 378

[891] SMITH, Adam. *Teoria dos Sentimentos Morais...* São Paulo: Martins Fontes, 2002, p. 247

[892] FERRAJOLI, Luigi, *Los Fundamentos de los Derechos Fundamentales*. Madrid: Trotta, 2005, p. 37

vergência de vontades racionais pregada por HABERMAS. ([893]) Um comportamento, para ser estigmatizado como criminal, deve restar limitado à lesão das normas sobre as quais exista um consenso praticamente ilimitado, com as quais seja possível em geral conformar-se ([894]). MANOEL PEDRO PIMENTEL já sustentava que "os modelos jurídicos, portanto, devem corresponder pelo menos teoricamente, à realidade fática, como resposta à reprovação suscitada pelo consenso por tais comportamentos". ([895])

O apoio no consenso é, segundo BOBBIO, o que serve à justificação dos valores, cuja aceitação é diretamente proporcional ao seu fundamento. Esse método substitui a prova da objetividade pela da intersubjetividade, como fundamento histórico e, como tal, não absoluto. A maior prova de 'consensus omnium gentium', sobre certos valores, é a Declaração Universal dos Direitos do Homem . ([896])

A Lógica sobre ser importante não é bastante porque, como bem adverte VILLEY, "senão o discurso giraria em falso, num mundo de palavras, irreal", daí que "a melhor via para reconhecer o discurso é observar o próprio discurso" porque "através dele alcançaremos as 'fontes' naturais do direito". ([897]) Ademais, "o direito é uma ordem de valores que se devem realizar por instrumentos normativos. A fiel descrição do mundo jurídico como mundo real não se restringe à esfera lógica do dever ser da norma, mas alcança o dado ontoaxiológico, que constitui o conteúdo do direito". ([898])

Esta a principal crítica à tradicional fundamentação da teoria do delito que, de filiação incondicionalmente positivista, intentava apresentar seus conceitos como exigências sistemáticas e não como valorativamente dis-

[893] PALOMBELLA, Gianluigi. *Filosofia do Direito.* São Paulo: Martins Fontes: 2005, p. 363

[894] STRATENWERTH, Günter. *Derecho Penal, Parte General, El Hecho Punible.* Madrid: Edersa, 1976, p. 7

[895] PIMENTEL, Manoel Pedro. *O Crime e a Pena na Atualidade.* São Paulo: RT, 1983, p. 53-4

[896] BOBBIO, Norberto. *A Era dos Direitos.* Rio de Janeiro: Campus, 1992, p. 27. Segundo o mesmo autor, "no final desse processo, os direitos do cidadão terão se transformado, realmente, positivamente, em direitos do homem. Ou, pelo menos, serão os direitos do cidadão daquela cidade que não tem fronteiras, porque compreende toda a humanidade; ou, em outras palavras, serão os direitos do homem enquanto direitos do cidadão do mundo." (cf. idem, ibidem, p. 30)

[897] VILLEY, Michel. *Filosofia do Direito:Definições e Fins do Direito:Os Meios do Direito.* São Paulo: Martins Fontes, 2003, p. 235

[898] SALGADO, Joaquim Carlos. *Princípios Hermenêuticos dos Direitos Fundamentais,* in MERLE, Jean-Christophe, *Direito e Legitimidade,* p. 210

poníveis, quando "a grande maioria dos conceitos que intervêm na teoria do delito são intensamente valorativos, e se ele se oculta se faz inacessível seu sentido". ([899])

4. Tipo penal como expressão da norma de (des)valoração

Estudando tribos selvagens da Melanésia, MALINOWSKI observou o mecanismo de lei denominado "*kaytapaku*", uma espécie de proteção mágica da propriedade por meio de pragas condicionais e que se processa da seguinte maneira: o nativo que possui coqueiros em pontos distantes – sobre os quais não pode exercer vigilância direta – trata de pregar uma folha de palmeira no tronco de suas árvores, "indicando que a fórmula mágica foi pronunciada, o que automaticamente causará aborrecimentos ao ladrão". ([900])

Entre nós é o Estado que, pela via da cominação de pena criminal, (diz que) protege os bens jurídicos valiosos doutra maneira não tutelados. Somente devem ser coladas folhas de palmeiras nas arecas distantes dos olhos do dono e que a este ofereçam interesse. Não se deve, por outro lado, abandonar-se palmeiras sem folhas protetoras. Se haverá o guardião para assistir à maldição concretizar-se, isso não é causa para o *kaytapaku* ocupar-se. Também não se pode, aqui, discutir quantos coqueiros cada homem devesse possuir por medida de justiça e quais os aborrecimentos possíveis ao ladrão, pois dessas inquietudes devem se encarregar, respectivamente, a política e a penologia.

Hoje parece inexistir dissenso quanto a dever o Direito Penal ser encarado sob uma perspectiva teleológico-funcional e racional: cumprir a função de tutela subsidiária de bens jurídicos relevantes, dotados de dignidade penal. Lembra FONTÁN BALESTRA ([901]) que a adoção de um tal método, de cunho teleológico, harmônico com a natureza finalista do Direito Penal,

[899] MIR PUIG, Santiago. *Derecho Penal, Parte General.* Barcelona: Reppertor, 2002, p. 140

[900] MALINOWSKI, Bronislaw. *Crime e Costume na Sociedade Selvagem.* Brasília: UnB (Editora), 2003, p. 51. É MALINOWSKI o grande precursor da pesquisa de campo em antropologia e, também, responsável pela mudança no enfoque do papel da magia nas sociedades selvagens. (GUERRA FILHO, Willis Santiago. *Teoria Política do Direito. Uma Introdução Política ao Direito.* Brasília: Brasília Jurídica, 2000, p. 32)

[901] BALESTRA, Carlos Fontán. *Tratado de Derecho Penal. Tomo I, Parte General.* Buenos Aires: Abeledo-Perrot, 1966, p. 334

fornece ao intérprete uma ferramenta que lhe permite penetrar na essência das normas e, assim, aplicar a lei com maior sentido de realidade e justiça.

Conquanto controversa a noção de "bem jurídico", fica-se, com FIGUEIREDO DIAS, que o define como "expressão de um interesse, da pessoa ou da comunidade, na manutenção ou integridade de um certo estado, objecto ou bem em si mesmo socialmente relevante e por isso juridicamente reconhecido valioso". ([902])

Não menos importância reconhecia MEZGER ao papel do bem jurídico como verdadeiro "sentido dos tipos jurídico-penais". O bem jurídico, objeto de proteção e ataque, não se confundindo com o "objeto da ação" (objeto material), é uma figura ideológica, a valoração objetiva em sua forma mais simples que o tipo leva em si, a síntese do que o tipo abrange em conjunto de acordo com seu sentido, evidenciando o valor que possui para o indivíduo (como seu portador direto) e para a sociedade. O bem jurídico não representa meramente um bem do indivíduo, mas sim da sociedade ou, enfim, um "bem do Direito". ([903])

Segundo ORDEIG, afirmar que o Direito Penal é imprescindível, não significa defender que seja ele imprescindível na sua forma atual, pois numerosas proibições nunca foram – ou, então, deixaram de ser – necessárias, haja vista que sua violação não configura, em absoluto, uma ameaça à paz social que se busca preservar. ([904])

Por isso mesmo, o culto a uma filosofia de *valores* conduz, inexoravelmente, a especial destaque ao *bem jurídico* como fundamento de toda a teoria do delito, isso porque não é ele "somente um interesse defendido pelo Estado mediante o preceito penal, senão a síntese valorativa da figura delitiva, o fim mesmo em relação ao qual deve ser interpretada aquela" ([905]), já que as normas do Direito aparecem como "normas objetivas de valoração" ([906]).

[902] FIGUEIREDO DIAS, Jorge. *Temas Básicos da Doutrina Penal*. Coimbra: Coimbra (Editora), 2001, p. 43

[903] MEZGER, Edmund. *Derecho Penal. Livro de Estudio. Tomo I. Parte General*. Buenos Aires: El Foro, s/d, p. 155

[904] ORDEIG, Enrique Gimbernat. *Estudios de Derecho Penal*. Madrid: Tecnos, 1990, p. 150

[905] A citação é de SCHWINGE (*Teleologische Begriffsbildung im Strafrecht*, 1930), reproduzida por ONECA, José Antón. *Derecho Penal*. Madrid: Akal, 1986, p. 203

[906] MEZGER, Edmundo. *Tratado de Derecho Penal. Tomo I*. Madrid: Revista de Derecho Privado, 1946, p. 328

Para um setor doutrinário dominante desde largo tempo, o ordenamento jurídico expressa um somatório de juízos de valor que permitem distinguir os comportamentos conformes e contrários ao Direito. Assim, "as normas jurídicas são normas de valoração objetivas, que permitem um julgamento do fazer humano desde a perspectiva da ordem comunitária". ([907])

Assinalava WELZEL como "missão do Direito Penal a proteção de bens jurídicos mediante a proteção dos elementares valores de ação ético-sociais". ([908]) Portanto, também o Direito Penal apresenta-se como parte integrante da valoração humana e especialmente ética, pois, quando se fala na interpretação como averiguação de sentido, evoca-se, em última instância, uma atividade valorativa, repousada sobre os fundamentos decisivos de toda a cultura e civilização ocidentais. O Direito travado num positivismo legal e unilateral é, portanto, o oposto disso, é algo inútil ou, pior, um joguete em mãos de déspotas ambiciosos e desconsiderados. ([909])

O sistema jurídico traça a órbita dos enunciados de validade, mediante juízos de valor e juízos de desvalor pois, como defende LOURIVAL VILANOVA: "Todo enunciado normativo é base empírica para um juízo de valor, mas no processo de geração da norma está uma valoração, que fica subjacente à objetivação valorativa, que a norma positivamente posta, delineia. A descida até essas valorações subjacentes ocorre na interpretação e na aplicação do direito". ([910])

Com ANDREI ZENKNER, é de se defender que, embora o delito não possa ser um "*mala in se*", tampouco pode ser admitido como qualquer "*mala prohibita*". O desvalor social que se transmuda em ilícito é somente aquele reconhecido em lei. Entretanto, nem todo desvalor traduzido pelo ordenamento penal pode ser tratado como delito: "é necessário, ademais, que haja uma coincidência entre o valor objeto da opção com o valor social constitucionalmente considerado". ([911])

[907] MOLINA, Antonio García-Pablos de. *Derecho Penal, Introducción*. Madrid: Servicio Publicaciones Facultad Derecho Universidad Computense, 2000, p. 274

[908] WELZEL, Hans. *Derecho Penal Aleman*. Santiago de Chile: Jurídica de Chile, 1997, p. 5

[909] MEZGER, Edmund. Derecho Penal. *Livro de Estudio. Tomo I. Parte General*. Buenos Aires: El Foro, s/d, p. 62

[910] VILANOVA, Lourival. *Causalidade e Relação no Direito*. São Paulo: RT, 2000, p. 301

[911] SCHMIDT, Andrei Zenkner. *O Princípio da Legalidade Penal no Estado Democrático de Direito*. Porto Alegre: Livraria do Advogado, 2001, p. 280-1

A norma penal, num Estado Democrático de Direito, deve estar intimamente vinculada à realidade social, pois desta surge "como produto dos processos interactivos que têm lugar em seu seio e são recolhidos pelas instâncias políticas encarregadas de formalizá-las em preceitos legais". ([912]) Por tal motivo parece-nos possível, sem olvidar do corte sociológico ou social do *bem jurídico*, colocar sua definição na instância formalizada da Constituição, a qual – como âmbito de referência indiciário e instância normativa superior – expressa os valores e os fins da ordem jurídica. ([913])

Por isso concluir MAURACH que o valor e o desvalor de uma conduta são regidos relativamente a um determinado efeito social, sendo impossível falar-se em ação valorada "como tal", alheia ao âmbito da vida social ([914]). Também MUSACCHIO acentua que não pode a norma penal não vir imersa nos valores que determinada sociedade exprime em certo momento de sua história ([915]). Sob o influxo do neokantismo fala-se em idéias valorativas culturais previamente dadas, visando à determinação do conteúdo do bem jurídico, conferindo-lhe, assim, relevância a pontos de vista normativos. ([916])

A lição é de REALE JÚNIOR:

> *"A toda ação é inerente um valor, e apenas pela compreensão do sentido axiológico que a anima pode ela ser captada de maneira integral. Se o tipo representa genericamente uma ação animada de um desvalor, a ação típica não é senão a ação concreta dotada daquele desvalor repelido pelo direito. Ao se apreender a ação em sua tipicidade, apreende-se seu caráter antijurídico, e, portanto, são uma coisa só os juízos de tipicidade e de antijuridicidade."* ([917])

O físico (tempo) e o geográfico (político) não devem poder limitar irrestritamente, como tem podido limitar, o normativo. O estágio atual

[912] RAMÍREZ, Juan J. Bustos; MALARÉE, Hernán Hormazábal. *Lecciones de Derecho Penal. Vol. I.* Madrid: 1997, p. 40

[913] OLIVARES, Gonzalo Quintero. *Curso de Derecho Penal. Parte General...*Barcelona: Cedecs, 1996, p. 246

[914] MAURACH, Reinhart. *Derecho Penal. Parte General.* Buenos Aires: Astrea, 1994, p. 339

[915] MUSACCHIO, Vincenzo. *Norma Penale e Democrazia...* Milano: LED, 2004, p. 18

[916] STRATENWERTH, Günter. *Derecho Penal, Parte General, El Hecho Punible.* Madrid: Edersa, 1976, p. 3

[917] REALE JR. Miguel. *Teoria do Delito.* São Paulo: RT, 2000, p. 53

de aperfeiçoamento daquilo que designamos como axiologia jurídica vem hostilizar a juridicização do inecessário ou a desjuridicização do devido ([918]), porque reconhecidos (identificados e catalogados) determinados bens verazmente caros ao ser humano, daí inderrogáveis e indisponíveis, por ele ou em oposição a ele.

Não se pode produzir a unidade do ordenamento apenas sob uma perspectiva formal – pela construção hierárquica das normas – numa ordenação de normas que criam poderes e poderes que criam normas, mas também sob o prisma material de normas conforme a valores superiores. ([919])

Defesa do oposto é a admissão de que, no limite, possa o tipo penal prestar-se como encapsulador de determinado panorama axiológico que, assim fossilizado, engendre conflito entre a vigência e a eficácia da norma penal. Algo impossível quando tem-se "que o homem no direito é sempre o homem da história" ([920]), com as decorrências da natureza humana: abertura, transição, diversidade.

5. Direitos fundamentais axiomatizados: a axiologia imposta topicamente

"São as leis que se movem dentro dos direitos fundamentais e não os direitos fundamentais que se movem no âmbito das leis."
CANOTILHO ([921])

"Os direitos fundamentais rompem, por razões substanciais, o quadro nacional, porque eles, se querem satisfazer os requisitos que lhes podem ser postos, devem incluir os direitos do homem. Os direitos do homem têm, porém, independentemente de sua positivação, validez universal. Eles põem, por conseguinte, exigências a cada ordem jurídica".

[918] Essa possibilidade existe porque, como escreveu GALDINO SIQUEIRA, "o legislador pode se engar; permitir o que é materialmente ilícito; proibir o que é materialmente lícito. Esta contradição entre o conteúdo material da ação e sua apreciação jurídica positiva não é presumível, mas não é impossível" (cf. SIQUEIRA, Galdino. *Tratado de Direito Penal. Parte Geral. Tomo I.* Rio de Janeiro: José Konfino, 1950, p.300)

[919] PECES-BARBA, Gregorio. *Los Valores Superiores.* Madrid: Tecnos, 1986, p. 94. Respondendo à indagação do que sejam valores superiores veja-se TASSARA, Andres Ollero. *Derechos Humanos y Metodología Jurídica.* Madrid: Centro de Estudios Constitucionales, 1989, p. 225 e segs.

[920] CANOTILHO, José Joaquim Gomes, Constituição Dirigente e Vinculação do Legislador, Contr ibuto para a Compreensão das Normas Constitucionais Programáticas. Coimbra: Coimbra (Editora), 2001, p. 132

[921] CANOTILHO, José Joaquim Gomes. *Estudos sobre Direitos Fundamentais.* Coimbra: Coimbra (Editora), 2004, p. 149

ROBERT ALEXY ([922])

No processo normativo-discursivo de formação do conteúdo do injusto penal – aqui desde o princípio defendida –, deve a comunidade comunicacional legitimada recorrer à ***tópica,*** isto é, deve partir não de argumentos apodíticos – proposições primeiras ou verdadeiras – obtidos mediante longas deduções em cadeia, mas sim de argumentos dialéticos – prováveis, verossímeis – desenvolvidos mediante um tecido de silogismos. RECASENS SICHES falava que a regra jurídica, carecendo de sentido completo, deve ter o alcance das estimações (implícita ou explicitamente nela contidas) interpretado através de critérios achados nas convicções coletivas predominantes ([923]): âncoras repousadas sobre pontos de referência estáveis e ideais, racionalmente estabelecidos. ([924])

A tópica apresenta-se, assim, como procedimento incessante de busca de premissas (i.é., de tópicos) que, por sua elasticidade, constitui repertório sempre provisório. Os tópicos, vistos sob um prisma funcional, configuram possibilidades de orientação e fios condutores do pensamento, propiciadores de conclusões. São, por fim, premissas compartilhadas que gozam de presunção de plausibilidade ou, no mínimo, transferem a carga da argumentação a quem as questionar. ([925]) Pela Tópica, ao se partir de um "***topos***" na argumentação, as proposições de que se parte não são verdade provada ou afirmações arbitrárias, mas antes proposições plausíveis, razoáveis, geralmente aceitas. ([926])

922 ALEXY, Robert. *Colisão de Direitos Fundamentais e Realização de Direitos Fundamentais no Estado de Direito Democrático.* Revista de Direito Administrativo. Rio de Janeiro, 217: 55-66, jul./set.1999, p. 67

923 SICHES, Luis Recasens. *Tratado General de Filosofia del Derecho.* México: Porrua, 1991, p. 6. Trata-se de fenômenos normativos que, como subespécie de fenômenos sociais, correspondem a convicções coletivas da necessidade teleológica de um comportamento intersubjetivo (cf. GUELI, Vincenzo. Pluralità degli Ordinamenti e Condizioni della loro Coesistenza. Milano: Giuffrè, 1949, p. 6), muito embora existentes concepções segundo as quais "não de conta com um consenso real que elimine as discrepâncias, mas sim com uma equivocidade de linguagem capaz de enconbri-las (v. TASSARA, Andres Ollero. *Derechos Humanos y Metodología Jurídica.* Madrid: Centro de Estudios Constitucionales, 1989, p 149)

924 PIGLIARU, Antonio. *Persona Umana e Ordinamento Giuridico.* Milano: Giuffrè, 1953, p. 102

925 ATIENZA, Manuel. *As Razões do Direito. Teorias da Argumentação Jurídica*...São Paulo: Landy, 2003, p. 49

926 ALEXY, Robert. *Teoria da Argumentação Jurídica, A Teoria do Discurso Racional como Teoria da Justificação Jurídica.* São Paulo: Landy, 2001, p. 31

Por isso que a Tópica apresenta-se como um processo aberto de argumentação, empregando o conteúdo normativo e o sistema dogmático apenas como ponto de partida para a solução do problema. Logicamente o consenso dos participantes converte-se em critério determinante para a pré-compreensão. ([927]) Portanto, os tópicos, constituindo pontos de vista diretivos, os *loci communes* de cada ramo do saber, auxiliam uma atividade decisória essencialmente subjetiva. Em suas acepções possíveis, a Tópica pode ser entendida tanto como especial fundamentação das premissas, quanto técnica de busca dessas premissas ou, ainda, como técnica de discussão de problemas. ([928])

Esses paradigmas – como proposições praticamente incontestáveis – desempenham importante função na atividade argumentativa que a eles deve, portanto, ajustar-se – sob pena de a decisão ser reputada como extraordinariamente equivocada. Como escreveu DWORKIN, toda comunidade tem seus paradigmas de Direito: "Os paradigmas fixam as interpretações, mas nenhum paradigma está a salvo de contestação por uma nova interpretação que considere melhor outros paradigmas e deixe aquele de lado, por considerá-lo um equívoco". ([929])

Invoquemos, nesse ponto, a peremptória advertência de HABERMAS: "antes de se poder institucionalizar os pressupostos de comunicação para uma formação discursiva da vontade, os preceitos jurídicos já devem estar disponíveis na forma de direitos individuais fundamentais". ([930]) Exsurge, assim, "a especificidade dos direitos humanos ([931]) como prática de racio-

[927] BÖCKENFÖRDE, Ernst-Wolfgang. *Escritos sobre Derechos Fundamentales*. Baden-Baden: Nomos Verlagsgesellschaft, 1993, p. 20-22

[928] FIGUEROA, Alfonso García. *Princípios y Positivismo Jurídico...*Madrid: Centro de Estudios Políticos e Constitucionales, 1998, p. 113-9

[929] DWORKIN, Ronald. *O Império do Direito*. São Paulo: Martins Fontes, 2003, p. 88-93

[930] *Sobre a Legitimação pelos Direitos Humanos*, in MERLE, Jean-Christophe et all, *Direito e Legitimidade*, p. 71

[931] A doutrina é praticamente uníssona na classificação dos direitos humanos ou direitos fundamentais, identificando-os como os de: i) *primeira geração*: liberdades públicas negativas: direitos civis e políticos, com a consagração do valor liberdade; ii) *segunda geração*: direitos econômicos, sociais e culturais, consagrando o valor igualdade; iii) *terceira geração*: interesses difusos, coletivos e individuais homogêneos (meio ambiente sadio e equilibrado, saudável qualidade de vida, direitos do consumidor etc); *quarta geração*: patrimônio genético das futuras gerações. ROBLES, a seu turno, delimita a distinção entre direitos humanos e direitos fundamentais: "os primeiros não são direitos no sentido jurídico do termo, mas critérios ou princípios morais, enquanto os últimos constituem verdadeiros direitos subjetivos. [...] Nos

nalidade adaptada às exigências do pluralismo jurídico, seja ele nacional, internacional ou supranacional". ([932])

Para nós, constituem os direitos fundamentais verdadeiros "*padrões*", os quais expressam valores e vinculam qualquer atividade hermenêutica, restringindo materialmente a discricionariedade na tarefa de criação e aplicação do Direito. Como observa CANOTILHO ([933]), a idéia dos "standards" é tributária do direito norte-americano, como direito da responsabilidade e dos atos ilícitos, numa relação obrigacional. Os *standards* podem, assim, ser invocados como padrões de comportamento social juridicamente relevantes a fim de que sejam evitados resultados danosos, geradores de responsabilidades às partes.

Segundo FIGUEROA, os padrões são operadores de sistemas jurídicos abertos e, portanto, incompatíveis com o pensamento do sistema positivista, rígido e fechado. Pelos "standards" pode-se atingir uma densificação do sistema de direitos, liberdades e garantias, naquelas situações onde o problema seja a medida ideal de concretização. Indica a doutrina dois moti-

direitos fundamentais, o que é próprio da pessoa está explicitamente formulado, enquanto os direitos humanos, que constituem um ideal moral e não direitos em sentido estrito, só possuem potencialmente a estrutura desses direitos. São, definitivamente, critérios morais formulados como potenciais (e desejados) direitos subjetivos." (cf. ROBLES, Gregório. *Os Direitos Fundamentais e a Ética na Sociedade Atual.* Barueri, SP: Manole, 2005, p. 9)

[932] DELMAS-MARTY, Mireille. *A Imprecisão do Direito, do Código Penal aos Direitos Humanos.* Barueri, SP: Manole, 2005, p. 286. Para HABERMAS, "a teoria política não equacionou consistentemente a tensão entre a soberania do povo e os direitos humanos, entre a liberdade dos antigos e a liberdade dos modernos. O republicanismo , que remonta a Aristóteles e ao humanismo político do Renascimento, diante das liberdades não-políticas dos indivíduos, constantemente concedeu prioriedade à autonomia política dos cidadãos. O liberalismo , que remonta a Locke , denunciou (ao menos desde o século XIX) o perigo das maiorias tirânicas, postulando uma prioridade dos direitos humanos diante da vontade popular. Em um dos casos, os direitos humanos deveriam fazer remontar a sua legitimidade ao resultado da autocompreensão ética e da audoterminação soberana de uma comunidade política; no outro caso, eles deveriam originalmente constituir-se em barreiras legítimas para impedir que a vontade popular soberana de uma comunidade política cometa o excesso de interferir nas intocáveis esferas subjetivas de liberdade." (cf. HABERMAS, Jürgen, Sobre a Legitimação pelos Direitos Humanos, in MERLE, Jean-Christophe et all, Direito e Legitimidade, p. 70)

[933] CANOTILHO, José Joaquim Gomes. *Estudos sobre Direitos Fundamentais.* Coimbra: Coimbra (Editora), 2004, p. 154-8

vos principais que rechaçam a acomodação dos standards no esquema tradicional positivista: sua estrutura aberta e sua discutível juridicidade.([934])

Uma outra crítica que ATIENZA fomula contra a tópica, como teoria da argumentação jurídica, diz respeito a ela se limitar a sugerir um inventário de premissas empregáveis na argumentação, todavia sem fornecer critérios para que estabeleça uma hierarquia entre elas ([935]). Pensamos que essa crítica encerra uma questão prática que, no Direito Penal, parece possível ser decidida racionalmente pela via de uma teoria discursiva consensual sobre os direitos fundamentais como diretrizes portadoras de valor ***verdade*** inquestionável (ou, se se preferir, ***enunciados corretos***). Vejamos.

Se aqui adotamos o procedimento discursivo como formador do sentido consensual do injusto e, por conseguinte, revelador da verdade das proposições, mister fincar as âncoras tópicas desse discurso, desde logo, nos domínios dos direitos fundamentais. Essa acomodação parece possível quando, em ALEXY, lê-se que:

> *"todo discurso tem de ter um ponto de partida. Ele não pode começar do nada. Este ponto de partida está nas convicções normativas efetivamente existentes dos participantes. O procedimento do discurso nada mais é do que um processo de investigação dessas convicções. Aí, toda convicção normativamente relevante é candidata a uma modificação baseada em argumentação racional. Nesta restrição à estruturação racional da argumentação está uma vantagem importante da teoria do discurso".* ([936])

O princípio da dignidade da pessoa humana, nessa destacada posição, serve como diretriz material para a identificação de outros direitos implícitos (de cunho defensivo ou prestacional). Assume, em certo sentido, a feição de "lex generalis" ([937]). Tal princípio supremo não é criado pelo legislador constituinte, o qual apenas o afirma, proclama e garante, assim

[934] FIGUEROA, Alfonso García. *Princípios y Positivismo Jurídico*...Madrid: Centro de Estudios Políticos e Constitucionales, 1998, p. 41

[935] ATIENZA, Manuel. *As Razões do Direito. Teorias da Argumentação Jurídica*...São Paulo: Landy, 2003, p. 55

[936] ALEXY, Robert. *Problemas da Teoria do Discurso*. In Anuário do Mestrado em Direito, n. 5. Recife (PE): Universidade Federal de Pernambuco, 1992, p. 103-4.

[937] SARLET, Ingo Wolfgang. *Dignidade da Pessoa Humana e Direitos Fundamentais na Constituição de 1988*. Porto Alegre: Livraria do Advogado, 2004, p. 103

possibilitando falar-se em Estado de Direito: o poder, como conjunto de regras, não se legitima por si, mas se realiza e justifica pelo respeito aos valores que reclama a dignidade da pessoa humana – seus *dever ser.* ([938])

Na teoria do consenso de HABERMAS, um predicado somente pode ser conferido a um objeto se todos (passíveis de serem incluídos na discussão) também atribuírem o mesmo predicado ao mesmo objeto: a condição de verdade dos enunciados é dada pelo assentimento potencial de todos. ([939]) Na ***ação comunicativa*** os atores coordenam seus planos de ação pela via do entendimento lingüístico, isto é, valem-se das forças ilocutivas dos atos de fala ([940]). Assim, as expressões normativas são passíveis de justificação da mesma maneira que afirmações empíricas: a ***verdade*** das afirmações empíricas corresponde à ***correção*** das expressões normativas. ([941])

Uma norma penal será tanto mais eficaz quanto maior o consenso da coletividade em relação a ela ([942]). Atinge-se, assim, uma *racionalidade comunicativa*, expressa "na força unificadora da fala orientada ao entendimento, a qual assegura aos falantes um mundo da vida intersubjetivamente compartido e, com isso, um horizonte dentro do qual todos podem referir-se a um mundo objetivo que é o mesmo para todos eles". ([943]) Dessa racionalidade derivam as pretensões de validade:

[938] NAVARRETE, José F. Lorca. *Temas de Teoria y Filosofia del Derecho.* Madrid: Pirámide, 1993, p. 338

[939] ATIENZA, Manuel. *As Razões do Direito. Teorias da Argumentação Jurídica*...São Paulo: Landy, 2003, p. 161-3

[940] HABERMAS, Jürgen. *Verdad y Justificación.* Madrid: Trotta, 2002, p. 117. Conforme esclarece PALOMBELLA, "a ação comunicativa representa a chave de acesso ao cerne da proposta habermasiana. É tratada como ação orientada para a compreensão de sentido, para o entendimento entre participantes de um discurso realizado numa situação 'ideal', à qual se tem acesso com iguais oportunidades de expressão, partilhando critérios discursivos comuns, com base na disposição de aceitar a lógica do 'argumento melhor'" (cf. PALOMBELLA, Gianluigi. *Filosofia do Direito.* São Paulo: Martins Fontes: 2005, p. 357) e, portanto, "ela se insere no círculo das ciências que têm a ver com os fundamentos racionais do conhecer, do falar e do agir"(cf. MAIA, Antônio Cavalcanti. *Direitos Humanos e a Teoria do Discurso do Direito e da Democracia.* In MELLO, Celso Albuquerque de; TORRES, Ricardo Lobo (orgs.). *Arquivos de Direitos Humanos.* São Paulo: Renovar, 2000, p. 31).

[941] ALEXY, Robert. *Teoria da Argumentação Jurídica, A Teoria do Discurso Racional como Teoria da Justificação Jurídica.* São Paulo: Landy, 2001, p. 91

[942] MUSACCHIO, Vincenzo. *Norma Penale e Democrazia...* Milano: LED, 2004, p. 88

[943] HABERMAS, Jürgen. *Verdad y Justificación.* Madrid: Trotta, 2002, p. 107

"Uma vez que os sujeitos que agem comunicativamente se dispõem a ligar a coordenação de seus planos de ação a um consentimento apoiado nas tomadas de posição recíprocas em relação a pretensões de validade e no reconhecimento dessas pretensões, somente contam os argumentos que podem ser aceitos em comum pelos partidos participantes." ([944])

Cuida-se, dessarte, de uma teoria comunicacional como "acordo inter-humano, logo, intersubjetivo, sobre o sentido das palavras e sobre o sentido do ser das coisas mediado pelo significado das palavras; e, mais, ainda, é acordo reflexivo sobre o próprio constituir-se do acordo racional sobre o sentido" ([945]). Vê-se, portanto, que em Habermas a fundamentação do moderno direito positivo não merece busca no ideal platônico ou na eticidade kantiana, mas sim no "procedimento democrático calcado num acordo comunicativo entre sujeitos participantes"([946]), vindo o consenso democrático fundado numa racionalidade discursiva, isto é, em universais pragmáticos. ([947])

Defendendo a idéia do Direito como integridade, asseverava DWORKIN que isso exige que "as normas públicas da comunidade sejam criadas e vistas, na medida do possível, de modo a expressar um sistema único e coerente de justiça e eqüidade na correta proporção". ([948]) Nesse ponto, oportuna a lição de BETTIOL, ao frisar que o "O Direito Penal é, antes de mais, tutela de *valores*, na medida em que se esforça por dirigir a atividade humana, de modo a que esta siga sempre aquela ordem moral e social que o homem, como pessoa, deve respeitar"([949]). Disso se segue que uma

[944] HABERMAS, Jürgen. *Direito e Democracia:Entre Facticidade e Validade. Vol. I.* Rio de Janeiro: Tempo Brasileiro, 1997, p. 156

[945] COSTA, Regenaldo da. Ética do Discurso e Verdade em Apel. Belo Horizonte: Del Rey, 2002, p. 7

[946] WOLKMER, Antônio Carlos. *Pressupostos de Legitimação para se Pensar a Justiça e o Pluralismo no Direito,* in MERLE, Jean-Christophe, *Direito e Legitimidade,* p. 418

[947] PUGLIESI, Márcio. *Por uma Teoria do Direito. Aspectos Micro-sistêmicos.* São Paulo: RCS, 2005, p. 251

[948] DWORKIN, Ronald. *O Império do Direito.* São Paulo: Martins Fontes, 2003, p. 264

[949] BETTIOL, Giuseppe. *O Problema Penal.* Campinas,SP: LZN, 2003, 100. Como ressalta AZEVEDO, uma "neutralidade diante dos valores e das circunstâncias em que a lei é elaborada resulta num lavar-de-mãos diante de sua eventual iniqüidade e num dizer-amém à legalidade, seja ela qual for". (cf. AZEVEDO, Plauto Faraco de. *Crítica à Dogmática e Hermenêutica Jurídica.* Porto Alegre: SAFe, 1989, p. 54)

norma será válida ou justa se correspondente a um direito ideal, haja vista que, nas palavras de BOBBIO, "o valor de uma norma jurídica indica a qualidade de tal norma, pela qual esta é conforme o direito ideal (entendida como síntese de todos os valores fundamentais nos quais o direito deve se inspirar)". ([950]) O desafio colocado é, por isso, a construção de uma arte combinatória (entre normas estritamente cogentes e flexíveis) que conduza à formação de medidas de comportamentos, independentemente de perquirir se estas adquiriram ou não a força de validade formal de normas ([951]).

Para RAWLS ([952]) "os direitos humanos são uma classe de direitos que desempenha um papel especial num Direito dos Povos razoável: eles restringem as razões justificadoras da guerra e põem limites à autonomia interna de um regime". Com isso, a guerra passa ser uma "ultima ratio" do poder político que, ao mesmo tempo, tem sua autonomia internamente limitada. Também CANOTILHO enfatiza a função garantística dos direitos e liberdades, cuja constitucionalização subtrai à livre disponibilidade do soberano a titularidade e exercício de direitos fundamentais: "através da subordinação ao direito dos titulares do poder, pretende-se realizar o fim permanente de qualquer lei fundamental – a limitação do poder". ([953])

O moderno Constitucionalismo, como positivação dos direitos fundamentais, representa, segundo FERRAJOLI ([954]), uma segunda revolução na natureza do Direito, o qual somente se legitima por via do princípio

[950] BOBBIO, Norberto. *O Positivismo Jurídico, Lições de Filosofia do Direito*. São Paulo: Ícone, 1995, p. 137. O mesmo autor acrescenta que "os positivistas jurídicos não aceitam as definições filosóficas, porque estas (introduzindo uma qualificação valorativa que distingue o direito em verdadeiro e aparente, segundo satisfaça ou não um certo requisito deontológico) restringem arbitrariamente a área dos fenômenos sociais que empírica e fatualmente são direito".(idem, ibidem, p. 138)

[951] CANOTILHO, José Joaquim Gomes. *Estudos sobre Direitos Fundamentais*. Coimbra: Coimbra (Editora), 2004, p. 154-8

[952] RAWLS, John. *O Direito dos Povos*. São Paulo: Martins Fontes, 2001, p. 103/104

[953] CANOTILHO, José Joaquim Gomes. *Direito Constitucional*. Coimbra: Almedina, 2003, p. 1.440

[954] FERRAJOLI, Luigi. *Derechos e Garantias: La Ley del Más Débil*. Madrid: Trotta, 1999, p. 66. Também para CANOTILHO, "a legitimidade de uma constituição (ou validade material) pressupõe uma conformidade substancial com a idéia de direito, os valores, os interesses de um povo num determinado momento histórico. Conseqüentemente, a constituição não representa uma simples positivação do poder. É também a positivação dos valores jurídicos radicados na consciência jurídica da comunidade." (cf. (CANOTILHO, José Joaquim Gomes, *Direito Constitucional*, 7ª Edição. Coimbra, Portugal: Almedina, 2003, p. 1.438-9)

da estrita legalidade (ou legalidade substancial), contrariamente ao que sucedia com a afirmação da onipotência do legislador – esta a primeira revolução – onde bastava a obediência ao princípio da mera legalidade (ou legalidade formal). São, portanto, os direitos fundamentais que impõem limites materiais à lei.

Para CONRADO HESSE, os direitos fundamentais atuam criando, legitimando e mantendo o consenso, servindo como garantia da liberdade individual e da dignidade humana, bem como limitando o poder estatal. Nesse quadro, o Estado não exsurge como inimigo potencial da liberdade, mas figura como seu defensor e protetor. ([955]). Igualmente DELMAS-MARTY, ao tratar dos "direitos do homem", afirma que progride a idéia de reconhecer-lhes "o papel de 'direito dos direitos', marcando a expressão, ao mesmo tempo, seu lugar novo na teoria e na prática dos sistemas jurídicos e sua vocação nova, não somente de protesto mas também de harmonização dos diversos sistemas". ([956])

É de ser reconhecido que os direitos fundamentais constituem, na sua essência, direitos do homem convertidos em direito positivo e, por isso, insistem em sua institucionalização, a qual, a sua vez, inclui necessariamente a justicialização: "existe não somente um direito do homem à vida, senão também um direito do homem a isto, que exista um Estado que concretize tais direitos"([957]). De fato, "actualmente, a protecção dos direitos humanos pode ser considerada como fundamento das ordens constitucionais que se qualificam a si mesmas como democráticas e o respeito efectivo desses direitos é o principal critério do Estado de Direito." ([958])

Nas modernas Constituições os *direitos humanos* podem ser lidos como *normas permissivas independentes* porque representam a garantia de liberdade do sujeito contra a intervenção de terceiros e, ao mesmo tempo, configu-

[955] HESSE, Conrado *et all. Manual de Derecho Constitucional.* Madrid: Marcial Pons, 1996, p. 89-95. No dizer de PERELMAN, "o respeito pela dignidade humana é considerado hoje um princípio geral de direito comum a todos os provos civilizados" (v. PERELMAN, Chaim. *Ética e Direito.* São Paulo: Martins Fontes, 1999, p. 401)

[956] DELMAS-MARTY, Mireille. *Por um Direito Comum.* São Paulo: Martins Fontes, 2004, p. XI

[957] ALEXY, Robert. *Colisão de Direitos Fundamentais e Realização de Direitos Fundamentais no Estado de Direito Democrático.* Revista de Direito Administrativo. Rio de Janeiro, 217: 55-66, jul./set.1999, p. 67

[958] RIGAUX, François. *A Lei dos Juízes.* Lisboa: Instituto Piaget, 1997, p. 296

ram uma autoproibição de interferência do Estado sobre o indivíduo. ([959]) Ocorrente uma lesão ao conteúdo da dignidade humana ou dos direitos fundamentais – inclusive por ofensa ao princípio da legalidade – cessam os interesses repressivos porque há a exclusão do Direito Penal em todos os seus níveis sistemáticos. ([960])

Na lição de ALEXY, as normas permissivas de direitos jusfundamentais são dotadas de status constitucional, isto é, de máxima hierarquia, motivo por que as normas (proibitivas e prescritivas) de nível inferior que *proíbam* ou *ordenem* algo que aquelas *permitem* serão inconstitucionais. Nessa construção escalonada da ordem jurídica, as normas jusfundamentais permissivas cumprem a relevante função de fixar os "limites do dever-ser". ([961]) Depreende-se de sua teoria que os direitos humanos representam o *standart* moral mínimo para que uma lei não perca seu caráter jurídico pelo vício da injustiça: "os direitos humanos, que são concebidos atualmente como um conjunto de exigências aceitáveis intersubjetivamente e susceptíveis de ser defendidos com argumentos racionais, podem servir como esses critério mínimos". ([962])

Nos três níveis da estrutura do delito, quando se leva em consideração as finalidades do Direito Penal, há que se produzir um equilíbrio ou compensação entre a intervenção penal e a proteção dos direitos fundamentais. ([963]) Como pondera CARLA PINHEIRO, "ao estabelecer como fundamento o respeito à dignidade da pessoa humana – art. 1º, III – determinou a Constituição que toda interpretação e aplicação do direito deverá sempre seguir um modelo que privilegie, principalmente, a proteção desse direito". ([964]) Como normas objetivas, os direitos fundamentais espraiam

[959] FERRAZ JÚNIOR, Tércio Sampaio. *Teoria da Norma Jurídica : Ensaio de Pragmática da Comunicação Normativa*. Rio de Janeiro: Forense, 2000, p. 60

[960] WOLTER, Jürgen. *Derechos Humanos y Protección de Biens Jurídicos en un Sistema Europeo del Derecho Penal*. In SÁNCHEZ, J. M. Silva; SCHÜNEMANN, B.; FIGUEIREDO DIAS, J. de (coords.). *Fundamentos de un Sistema Europeo del Derecho Penal*. Barcelona: Bosch, 1995, p. 37

[961] ALEXY, Robert. *Teoria de los Derechos Fundamentales*. Madrid: Centro de Estudios Políticos y Constitucionales, 2001, p. 224

[962] ARIZA, Santiago Sastre. *Ciencia Jurídica Positiva y Neoconstitucionalismo*. Madrid: McGrawHill, 1999, p. 177

[963] Assim WOLTER, Jürgen, in LUZÓN PEÑA, Diego-Manuel *et all*. *Cuestiones Actuales de la Teoría del Delito*. Madrid: Mc Graw Hill, 1999, p. 10

[964] PINHEIRO, Carla. *Direito Internacional e Direitos Fundamentais*. São Paulo: Atlas, 2001, p. 88

sua eficácia em todos os âmbitos jurídicos, afetando diferentes direções de liberdade e proteção, bem como atuando para diferentes titulares. ([965])

É no pensamento de PUFENDORF que se encontra, pela primeira vez, o conceito de ***dignidade humana*** como centro do complexo fundante do direito natural, já que no amor ao próximo, como semelhante, residiria a verdadeira essência do homem e a natureza do ser humano. ([966]) Ao inadmitir os tormentos, evocava BECCARIA "uma compaixão que Deus imprimiu em nossos corações". ([967])

O que se pode afirmar, com razoável segurança, é que os preceitos antes identificados simplesmente como "jusnaturalistas" findaram, na sua totalidade, encapsulados nos domínios normativos de uma verdadeira ordem política cosmopolita, vale dizer, foram recepcionados e albergados no plexo jurídico positivo. ([968])

Uma definição formal do conceito de direitos fundamentais vem dada por LUIGI FERRAJOLI, para quem "são direitos fundamentais todos aqueles direitos subjetivos que correspondem universalmente a todos os seres humanos enquanto dotados do status de pessoas, de cidadãos ou pessoas com capacidade de agir" ([969]). Note-se que essa preferência de FERRAJOLI, não por acaso, pela expressão "todos seres humanos" em preterição à de "cidadãos" representa importante correção conceitual, haja vista que não remete a titularidade desses direitos inalienáveis unicamente ao "cida-

[965] BÖCKENFÖRDE, Ernst-Wolfgang. *Escritos sobre Derechos Fundamentales*. Baden-Baden: Nomos Verlagsgesellschaft, 1993, p. 124

[966] WELZEL, Hans. *La Dottrina Giusnaturalistica di Samuel Pufendorf*...Torino: Giappichelli, 1993, p. 76-7

[967] BECCARIA, Cesare. *De los Delitos y de las Penas*. Madrid: Alianza, 2002, p. 149

[968] "O direito natural da razão serviu de instrumento para a codificação legislativa. Uniram-se de modo inseparável de tal maneira que a dogmática do século XIX via na legislação a realização ideal do direito natural e, simultaneamente, a do ideal de ordem e autoridade." (cf. LOPES, José Reinaldo Lima. *As Palavras e a Lei: Direito, Ordem e Justiça na História do Pensamento Jurídico Moderno. São Paulo*: Edesp, 2004, p. 263. Isso parece roborar o que escrevera DEL VECCHIO, acerca da lição oferecida pela análise do decurso histórico: "o direito natural nunca plasmou a realidade de um jacto, só gradualmente a foi modificando, lutando com múltiplas aberrações" daí que "a tendência do movimento histórico manifesta-se, em geral, no sentido duma consagração progressiva do direito natural pelo direito positivo". (cf. VECCHIO, Giorgio del. *Lições de Filosofia do Direito*. Tradução de António José Brandão. Coimbra: Armênio Amado, 1979, p. 580-2)

[969] FERRAJOLI, Luigi, *Los Fundamentos de los Derechos Fundamentales*. Madrid: Trotta, 2005, p. 19

dão" (pessoa conectada juridicamente aos confins de determinado Estado) mas sim a qualquer pessoa humana, onde quer que se ache, ainda que não detentora dos plenos direitos à cidadania local (v.g. os imigrantes ilegais). Do contrário, como lucidamente pondera o autor citado: "a categoria de cidadania corre o risco de prestar-se a fundar, antes que uma categoria da democracia baseada na expansão dos direitos, uma idéia regressiva e à larga ilusória da democracia em um só país, ou melhor em nossos ricos países ocidentais, ao preço da não-democracia". ([970])

Prescreve RAWLS como integrantes do que se convencionou chamar "direitos humanos" ([971]) o "direito à vida (aos meios de subsistência e segurança) ; à liberdade (à liberação da escravidão, servidão e ocupação forçada, e a uma medida de liberdade de consciência suficiente para assegurar a liberdade de religião e pensamento); à propriedade (propriedade pessoal) e à igualdade formal como expressa pelas regras da justiça natural (isto é, que casos similares devem ser tratados de maneira similar". ([972])

[970] "La categoría de la ciudadanía corre el riesgo de prestarse a fundar, antes que una categoría de la democracia basada en la expansión de los derechos, una idea regresiva y a la larga ilusoria de la democracia en un solo país, o mejor, en nuestros ricos países occidentales." (tradução livre) . Cf. FERRAJOLI, Luigi, *Los Fundamentos de los Derechos Fundamentales.* Madrid: Trotta, 2005, p. 42

[971] WILLIS – embora reconhecendo que, do ponto de vista histórico, os direitos fundamentais são originariamente direitos humanos – demarca a distinção entre "*direitos humanos*" e "*direitos fundamentais*" nos seguintes termos: estabelecendo um corte epistemológico, para estudar sincronicamente os direitos fundamentais, devemos distingui-los, enquanto manifestações positivas do direito, com aptidão para a produção de efeitos no plano jurídico, o que de um modo geral é chamado de direitos humanos, enquanto pautas ético-políticas, situados em uma dimensão supra-positiva, deonticamente diversa daquela em que se situam as normas jurídicas – especialmente aqueles de direito interno.(cf. GUERRA FILHO, Willis Santiago. *Quadro Teórico Referencial para o Estudo dos Direitos Humanos e dos Direitos Fundamentais em Face do Direito Processual.* In Revista de Ciências Jurídicas e Sociais da Unipar. Vol. 5, núm. 2, jul/dez 2002. Toledo (PR): UNIPAR, 2002, p. 261)

[972] RAWLS, John. *O Direito dos Povos.* São Paulo: Martins Fontes, 2001. p. 85. Não admite FERRAJOLI a clássica confusão entre direitos fundamentais (liberdade) e direitos patrimoniais (propriedade). A contrário dos direitos patrimoniais, os direitos fundamentais são universais, indisponíveis, inalienáveis, invioláveis, intransigíveis, personalíssimos e têm seu título imediatamente na lei, isto é, são normas. Além disso, os direitos fundamentais são verticais, num duplo sentido: as relações mantidas entre seus titulares são do tipo publicista (isto é, do cidadão frente ao Estado) e, se expressos tais direitos em normas constitucionais, traduzem obrigações e proibições em face do Estado, cuja violação conduz à invalidez não só das leis mas também das demais decisões públicas. Contrário senso, a observância dos direitos fundamentais, em razão dessa verticalidade jurídico-normativa, funcionam como

Como corretamente pondera SALGADO, "na interpretação das normas que declaram os direitos fundamentais, na medida em que concebidas como formas de realização da liberdade, há que os considerar como de peso maior, com amplitude de conceito e imediatamente exigíveis" ([973]). Caso contrário legitima-se o arbítrio pela via do poder, pois "se a cidadania através da linguagem não é inserida nos discursos jurídicos é porque ela própria não existe como valor ou conceito codificado. A linguagem, portanto, pelo seu uso mecânico e arbitrário, convencional ou institucional, não cria realidade à qual parece referir-se." ([974])

Conclusivamente, se desconsiderados esses postulados jusfundamentais, a tese aqui defendida poderia pender perigosamente para um crime não apenas como totalidade conceitual, mas sim como expressão de um direito autoritário, qual registrado na história recente do penalismo. Referimo-nos à "Escola de Kiel" ([975]), da Alemanha hitlerista, que criticava, porque liberal e individualista, o normativismo extremado e o método analítico que a dogmática havia desenvolvido nos albores do século passado. Criticando implacavelmente a noção de bem jurídico, pugnava a ideologia penal nazi por um conceito de crime como todo orgânico, um bloco monolítico, cujos componentes não podiam ser cindidos e cuja essência seria a

condição de legitimidade dos poderes públicos. (cf. FERRAJOLI, Luigi, *Los Fundamentos de los Derechos Fundamentales*. Madrid: Trotta, 2005, p. 30-5)

[973] SALGADO, Joaquim Carlos. *Princípios Hermenêuticos dos Direitos Fundamentais*, in MERLE, Jean-Christophe, *Direito e Legitimidade*, p. 210. Como lembra CANOTILHO, Normas constitucionais de exigibilidade imediata, ou de aplicabilidade direta, "pouco sentido têm na constitucionalística norte-americana, pois aí sempre se entendeu que os direitos fundamentais jusnaturalisticamente fundamentados e depois incorporados na Constituição como normas jurídicas proeminentes alicerçavam direitos subjectivos juridicamente accionáveis". (cf. CANOTILHO, José Joaquim Gomes. *Estudos sobre Direitos Fundamentais*. Coimbra: Coimbra (Editora), 2004, p. 145)

[974] FALBO, Ricardo Nery. *Cidadania e Violência no Judiciário Brasileiro: Uma Análise da Liberdade Individual*. Porto Alegre: SAFe, 2002, p. 74. Também para HASSEMER, "não é que os outros estejam mais próximos à realidade que o jurista: antes é que o modo como o jurista produz 'suas' realidades aparece às pessoas como incompreensível, burlesco ou até ameaçador, porque o jurista se ocupa igualmente com os problemas cotidianos – particularmente – do seu modo e por isso – diferentemente dos outros especialistas como o engenheiro ou o apicultor – ele se choca aflitivamente com as outras experiências e produções da realidade, se ele atua de modo extremamente inflexível e 'jurídico'" (HASSEMER, Winfried. *Introdução aos Fundamentos do Direito Penal*. Porto Alegre: SAFe, 2005, p. 141)

[975] DEVESA, José Maria Rodriguez; GOMEZ, Alfonso Serrano. *Derecho Penal Español.Parte General.* Madrid: Dykinson, Madrid, 1994, p. 335

"traição" ou a violação de um "dever de fidelidade ao Estado". Conduzindo o tipo legal a um segundo plano e adotando a intuição como instrumento de conhecimento, era inevitável que se chegasse ao "tipo de autor", onde se desprezava a lei (como conseqüência da rejeição ao normativismo) e se invocava uma ética social identificada com a infeliz expressão "são sentimento do povo". Sepultada juntamente com o nefasto regime que a gerou – não sem antes produzir todas as desgraças de que a História nos dá conta – essa teoria deixou sua marca no conceito de delito: doravante não se podia continuar a pregar fosse o crime uma soma de elementos díspares porque o delito, efetivamente, é um ato vital.

Verdade que esse terreno inexplorado é, ainda, repleto de ciladas ao aplicador. Algumas questões são de dificílima resolução. Por exemplo: guarda sintonia com os direitos fundamentais a intransigente punição daquele ex-Chefe de Estado que, tendo cometido reiteradas violações de direitos humanos décadas atrás, quando no poder, é, agora, uma pessoa idosa, de saúde frágil, incapaz fisicamente de se submeter aos rigores do julgamento e, menos ainda, da imposição da sanção penal?

Um segundo exemplo: como solver o conflito entre a vedação constitucional da pena de prisão perpétua no Brasil e, por outro lado, sua cominação no Estatuto de Roma, pelo ordenamento brasileiro acolhido? Qual das duas disposições é a norma mais benéfica ([976]), no sentido de proteção aos direitos consagrados da pessoa humana? Quer-se a severa punição do autor de crimes contra a humanidade porque assim os direitos humanos acham-se protegidos ou, ao contrário, argumenta-se que também o autor de violação de direitos fundamentais conserva, malgrado as graves infrações cometidas, sua dignidade humana e, por isso, descabido infligir-lhe uma pena não suportada, originariamente, pela nossa Constituição?

[976] Sobre o critério de aplicação da "norma mais benéfica", leia-se: PINHEIRO, Carla. *Direito Internacional e Direitos Fundamentais.* São Paulo: Atlas, 2001, p. 76-7. Ainda, a propósito, interessante a advertência de PERELMAN, para quem "corre-se o risco, se não se impuser esse respeito ao próprio poder, de este, a pretexto de proteger os direitos humanos, tornar-se tirânico e arbitrário. Para evitar esse arbítrio, é, portanto, indispensável limitar os poderes da autoridade incumbida de proteger o respeito pela dignidade das pessoas, o que supõe um Estado de direito e a independência do poder judiciário" (cf. PERELMAN, Chaim. *Ética e Direito.* São Paulo: Martins Fontes, 1999, p. 401)

6. Pode a sociedade seguir suas próprias luzes?

No final da década de 1950, gerou intensa polêmica nos meios sociais e jurídicos ingleses a conferência realizada por Lorde Devlin na Academia Britânica, intitulada "A Implementação da Moral". O cerne da controvérsia residia em saber se, como defendia ele, uma conduta imoral - ali citada a prática do homossexualismo – , desde que capaz de ameaçar a existência da sociedade, poderia ser colocada fora do alcance do Direito, ou seja, se a sociedade deveria "seguir suas próprias luzes". ([977])

Para solucionar a questão posta, RAWLS adverte que, na análise de um lei discriminatória dessa natureza, não se deve pender a uma análise moral ou religiosa e tampouco a uma pretensa visão filosófica sensata, restringindo-se o desenredo em saber se "os estatutos legislativos que proíbem essas relações infringem os direitos civis de cidadãos democráticos iguais. Essa questão pede uma concepção política razoável de justiça especificando esses direitos civis, que são sempre uma questão de elementos constitucionais essenciais". ([978])

Pronunciando-se sobre a concepção conflituosa e pluralista do espírito democrático, a Corte Européia de Direitos Humanos externou o entendimento de que "a democracia não se resume à supremacia constante da opinião de uma *maioria*; ela comanda um equilíbrio que assegura às *minorias* um tratamento justo e que evita qualquer abuso de uma posição dominante". ([979]) Disso não dissona WALDRON, para quem "a métrica básica de

[977] DWORKIN, Ronald. *Levando os Direitos a Sério*. São Paulo: Martins Fontes, 2002, p. 371-380.

[978] RAWLS, John. *O Direito dos Povos*. São Paulo: Martins Fontes, 2001. p. 195. O mesmo autor já escrevera que "no quadro da teoria da justiça como eqüidade, a prioridade do justo implica que os princípios da justiça (política) impõem limites aos modos de vida que são aceitáveis; é por isso que as reivindicações que os cidadãos apresentam como fins que transgridem esses limites não têm peso algum. (cf. RAWLS, John. Justiça e Democracia. São Paulo: Martins Fontes, 2002, p. 294)

[979] DELMAS-MARTY, Meirelle. *Por um Direito Comum*. São Paulo: Martins Fontes, 2004, p. 159, citando o Acórdão Young, James e Webster contra o Reino Unido, CEDH, 13-08-1981, também acórdãos Dudgeon contra o Reino Unido, CEDH, 22-10-1981, e Norris contra a República da Irlanda, CEDH, 26-10-1988. Nessa matéira, conforme RIGAUX, "o problema está longe de estar resolvido. Em maio de 1996, o Supremo Tribunal de Justiça dos Estados Unidos declarou incompatível com a *Due Process Clause* da XIV Emenda, uma emenda acrescentada através de referendo à Constituição do Colorado, que proibia qualquer medida legislativa ou regulamentar que protegesse os indivíduos contra discriminações resultantes da sua orientação sexual." Segundo os votos dissidentes, a emenda pretendia legitimamente a "salvaguarda

qualquer situação na qual os indivíduos tenham visões diversas e contrárias a respeito da ação do corpo que eles compõem deve ser uma métrica de 'eqüidade'". ([980])

Como escreveu HART, "há no atual funcionamento da democracia muitas forças dispostas a estimular a crença de que o princípio do governo democrático significa que a maioria está sempre certa" ([981]). Segundo ele, "ninguém pensaria, ainda quando a moral popular fosse mantida por uma 'esmagadora maioria' ou marcada pelo tríplice estigma da 'intolerância, indignação e repulsa', que a fidelidade aos princípios democráticos requer sejam admitidos e sua imposição sobre a minoria justificada". ([982])

Enfim, nenhuma maioria pode dispor das liberdades e dos demais direitos fundamentais. Este o paradigma do Estado de Direito, com a dimensão substancial da democracia, o qual faz ruir a concepção corrente que identifica a democracia como um sistema de regras tendentes a assegurar a onipotência da maioria. ([983]) Por isso que, adverte KINDHÄUSER, uma "ditadura da maioria" somente pode ser restringida juridicamente, através dos enunciados fundamentais da Constituição, estes sim protegidos contra instabilidades políticas e da opinião pública, possibilitadores da proteção das minorias. ([984])

Encerramos com a indagação de DWORKIN sobre o assunto: "será que poderíamos dizer que uma condenação pública é suficiente, em si e por si mesma, para justificar a transformação de um ato em crime?" ([985]). A resposta vem do próprio jusfilósofo: "nem a comunidade como um todo teria o direito de orientar-se por suas próprias luzes, porque a comunidade não

dos valores morais americanos tradicionais". (cf. RIGAUX, François. *A Lei dos Juízes*. Lisboa: Instituto Piaget, 1997, p. 44). Como salienta PERELMAN, "a ideologia democrática se opõe à idéia de que existem regras objetivamente válidas no tocante à conduta, pois não se decide, com maioria, o que é verdadeiro ou falso". (cf. PERELMAN, Chaim. *Ética e Direito*. São Paulo: Martins Fontes, 1999, p. 335)

980 WALDRON, Jeremy. *A Dignidade da Legislação*. São Paulo: Martins Fontes, 2003, p. 179

981 HART, Herbert L. A. *Direito, Liberdade, Moralidade*. Porto Alegre: SAFe, 1987, p. 97

982 idem, p. 97

983 FERRAJOLI, Luigi, *Los Fundamentos de los Derechos Fundamentales*. Madrid: Trotta, 2005, p. 36

984 KINDHÄUSER, Urs. *In* LUZÓN PEÑA, Diego-Manuel *et all (orgs)*. *Cuestiones Actuales de la Teoría del Delito*. Madrid: Mc Graw Hill, 1999, p. 208

985 DWORKIN, Ronald. *Levando os Direitos a Sério*. São Paulo: Martins Fontes, 2002, p. 371-2

estende esse privilégio aos que agem com base em preconceito, racionalização ou aversão pessoal". ([986])

7. *"Universalis societas gentium"*

> *"Fora do horizonte do direito internacional, de fato, nenhum dos problemas que dizem respeito ao futuro da humanidade pode ser resolvido, e nenhum dos valores do nosso tempo pode ser realizado."*
>
> *LUIGI FERRAJOLI* ([987])

Oferecia DORADO MONTEIRO a seguinte definição de delito: "todo ato que a lei de um Estado ou o arbítrio de um poderoso (como acontece, por exemplo, com os caudilhos militares em tempo de guerra ou em circunstâncias análogas) proíbe e castiga". Arrematava ele que, desde o momento em que o ocupante do poder torna-se o único intérprete válido do direito natural e da racionalidade, a lista de fatos criminosos passa a ser a daqueles atos que esse mais poderoso proíbe executar sob cominação de pena. ([988])

Ao contrário do que se pode supor, a preocupação da dogmática, diante dessa constatação, não é filha da contemporaneidade. No dia 7 de junho de 1885, em discurso perante a Real Academia de Ciências Morais e Políticas Espanhola, GOMEZ DE LA SERNA já falava "da necessidade de remover os obstáculos que ao desenvolvimento do direito punitivo opõe o princípio da soberania territorial e da conveniência de dar caráter extraterritorial às leis penais em harmonia com o Direito das gentes". ([989])

O panorama desse tempo, pelo mesmo autor traçado, é, por si, eloqüente: a lei penal vive encerrada e contida dentro das fronteiras nacionais, tendo cada Estado atribuído a si, com autoridade própria e com assenti-

[986] idem, p. 393

[987] *A Soberania no Mundo Moderno*. São Paulo: Martins Fontes, 2002, p. 51

[988] MONTERO, Pedro Dorado. *Bases para un Nuevo Derecho Penal*. Bueno Aires: Depalma, 1973, p. 20. Essa percepção foi desenvolvida pela doutrina jusnaturalista do século XIX que passou a apontar a não-reciprocidade entre a equação "direito = lei" e "lei = direito", haja vista a possibilidade criadora do capricho do legislador e de contingências de momento (cf. BALLESTEROS, J. *et all*. *Conoscenza e Normatività. Il Normativo tra Decisione e Fondazione*. Milano: Giuffrè, 1995, p. 48)

[989] GOMEZ DE LA SERNA, Alejandro Groizard y. *Discursos Leidos Ante la Real Academia de Ciencias Morales y Politicas*. Madrid: Revista de Legislacion, 1885, p. 8

mento dos demais Estados, o direito exclusivo de definir os delitos que devem ser punidos em seu território. No entanto, o Direito Penal, em sua abstração científica, rechaça uma limitação no espaço, baseado na idéia de justiça que todo homem leva impressa em sua consciência, "modelada ao calor e reflexo dos princípios universais da moral". ([990])

Por essa época já fazia a doutrina a distinção entre os crimes "iuris civilis" (locais) e o delitos "iuris gentium", estes sendo reconhecidos também "nos outros direitos dos povos forasteiros" porque consistiam em uma violação mais grave e manifesta da ordem da natureza. ([991])

Escrevendo no período pós-guerra, MAURACH dizia:

> *"A contradição entre direito e lei, e entre direito nacional e supranacional, adquire, no entanto, uma atualidade trágica quando o Estado que se crê inspirado por uma missão, contrapõe sua lei positiva à idéia do direito e à consciência cultura supranacional, insistindo, por uma parte, na obediência a seus mandatos contrários à moral e pretendendo, por outra, certificar a juridicidade da atuação do executor de seus mandatos atentatórios contra a moral".* ([992])

Entre o século XIX e a primeira metade do século XX, historia FERRAJOLI, assiste-se a dois processos político-institucionais simultâneos e, paradoxamente, conexos: "o estado de direito, internamente, e o estado absoluto, externamente, crescem juntos como os dois lados da mesma moeda. Quanto mais se limita – e, através de seus próprios limites, se autolegitima – a soberania interna, tanto mais se absolutiza e se legitima, em relação aos outros Estados e sobretudo em relação ao mundo 'incivil',

[990] GOMEZ DE LA SERNA, Alejandro Groizard y. *Discursos Leidos Ante la Real Academia de Ciencias Morales y Politicas*. Madrid: Revista de Legislacion, 1885, p. 9

[991] COGLIOLO, Pietro. *Completo Trattato Teórico e Pratico di Diritto Penal Secondo Il Códice Único del Regno d'Italia*. Vol I. Milano: Leonardo Vallardi, 1888, p. 25

[992] MAURACH, Reinhart. *Derecho Penal. Parte General*. Buenos Aires: Astrea, 1994, p. 430: "La contradicción entre derecho y ley, y entre derecho nacional y supranacional, adquiere, empero, una actualidad trágica cuando el Estado que se cree inspirado por una misión, contrapone su ley positiva a ala idea del derecho y a la conciencia cultural supranacional, insistiendo, por una parte, en la obediencia a sus mandatos contrarios a la moral y pretendiendo, por la otra, certificar la juridicidad de la actuación del ejecutor de sus mandatos atentatorios contra la moral." (tradução livre do autor)

a soberania externa". [993] Consolida-se, no plano interno, a idéia de limitação do poder do soberano, com sua inédita sujeição à lei, ao passo que, nas relações externas, afirma-se a independência absoluta, inclusive jurídica, em relação à comunidade de nações.

Esse fenômeno somente tem seu declínio após as duas conflagrações mundiais do início do século passado, ao mesmo tempo do surgimento da Organização das Nações Unidas. É a Carta originária da ONU que marca o nascimento de um novo direito internacional e de um verdadeiro contrato social internacional: "o direito internacional muda estruturalmente, transformando-se de sistema patrício, baseado em tratados bilaterais 'inter pares' (entre partes homogêneas), num verdadeiro 'ordenamento jurídico' supra-estatal: não mais um simples 'pactum associationis' (pacto associativo), mas também 'pactum subiectionis' (pacto de sujeição)". [994]

Há, portanto, incorreção em qualificar os Estados simplesmente como "sujeitos" da ordem jurídica internacional, eis que eles são, simultaneamente, destinatários e autores das regras [995]. O conceito de soberania, no plano internacional, deixa de significar superioriedade para expressar uma igualdade divisível, transferível e até limitável quanto às competências estatais. [996] Numa sociedade dos Estados, em sua horizontalidade, não se verifica um poder centralizado e tampouco a delegação de soberania em favor de um governo ou poder constituinte, ou seja, tem-se um "direito que se dirige a sujeitos iguais entre si, produtores eles mesmos de suas normas, pela vontade ou pelo costume". [997] Também por força desse caráter institucional, o direito internacional carece de regras para aplicação de sanções mediante a força física, pois na comunidade dos Estados inexiste o monopólio da força. [998]

Extrai-se do ideário de RAWLS, a proposta de se estabelecer nova dimensão ao conceito original de "contrato social", estendendo-o e "introduzindo uma segunda posição original, no segundo nível, por assim dizer,

[993] FERRAJOLI, Luigi. *A Soberania no Mundo Moderno*. São Paulo: Martins Fontes, 2002, p. 34-5

[994] FERRAJOLI, Luigi. *A Soberania no Mundo Moderno*. São Paulo: Martins Fontes, 2002, p. 40-1

[995] RIGAUX, François. *A Lei dos Juízes*. Lisboa: Instituto Piaget, 1997, p. 18

[996] SOUZA, Solange Mendes de. *Cooperação Jurídica Penal no Mercosul, Novas Possibilidades*. Rio de Janeiro: Renovar, 2001, p. 24

[997] NASSER, Salem Hikmar. *Jus Cogens, Ainda Esse Desconhecido*, in Revista Direito GV, v.1., n.2, jun-dez/2005. São Paulo: Fundação Getúlio Vargas Escola de Direito de São Paulo, 2005, p. 168

[998] ROSS, Alf. *Direito e Justiça*. Bauru, SP: Edipro: Edipro, 2000, p. 86

no qual os representantes de povos liberais fazem um acordo com outros povos liberais". ([999]) Passa-se, com essa deslocação do mundo dos Estados, no dizer de CANOTILHO, para o mundo das constelações pós-nacionais, surgindo sistematicamente o "pós-estadual" e o "pós-nacional" como a marca dos tempos globais:

> *"Neste contexto, não admira que o 'Estado Constitucional' apareça hoje confrontado com o chamado 'direito constitucional internacional. Fala-se, com efeito, de 'direito constitucional integrado', de 'estados nacionais supranacionais', de 'constitucionalismo pós-nacional', de 'estado constitucional cooperativamente aberto', de 'estados constitucionais abertos'. Por sua vez, as constituições dos Estados 'supranacionalizaram-se' ou 'internacionalizaram-se'. Quer isto dizer que os Estados se integraram em comunidades políticas supranacionais ou em sistemas políticos internacionais globalmente considerados."* ([1000])

Como uma ciência – para ciência verdadeiramente ser – deve apresentar foros de universalidade, figure-se a hipótese de um país cujas riquezas naturais, conjugadas à fragilidade democrática legitimante do poder e a hiposuficiência militar, despertem a avidez econômica de uma potência bélica que, ignorando a ordem jurídica supranacional, promova a invasão do rico território e logre a subjugação da comunidade local e a destituição do poder político. Não se apaga, no entanto, o sentimento de justiça latente no habitante nacional que, acertadamente, entende o caráter expropriatório da intervenção militar e, guiado por aquele sentimento transcendente, tira a vida de um soldado integrante do aparato invasor. Como pode o repertório teórico do Direito Penal dar solução à situação jurídica desse cidadão? Com o mero ajuste de sua conduta de matar ao tipo legal descritor

[999] RAWLS, John. *O Direito dos Povos*. São Paulo: Martins Fontes, 2001, p. 12

[1000] CANOTILHO, José Joaquim Gomes. *Brancosos e Interconstitucionalidade, Itinerários dos Discursos sobre a Historicidade Constitucional*. Coimbra: Almedina, 2006, p. 284. Segundo o mesmo autor, "A internacionalização e a 'marcosulização' no contexto do Brasil, tornam evidente a transformação das ordens jurídicas nacionais em ordens jurídicas parciais, nas quais as constituições são relegadas para um plano mais modcesto de 'leis fundamentais regionais'. Mesmo que as constituições continuem a ser simbolicamente a 'magna carta nacional', a sua 'força normativa' terá parcialmente de ceder perante novos fenótipos político-organizatórios, e adequar-se, no plano político e no plano normativo, aos esquemas regulativos das novas 'associações abertas de estados nacionais abertos'".(idem, ibidem, p.110)

do homicídio? Uma questão assim complexa não se resolve no plano do direito positivo interno, porque a indagação do injusto, nesse caso, conduziria ao nível do direito internacional onde deveria ser aferida a legitimidade da intervenção estrangeira no país sucumbente. Se a resposta for negativa, então há de ser reconhecido que o cidadão não comete crime, pois é direito elementar, em qualquer tempo e todos os lugares, poder o homem defender-se das condutas alheias que configurem perigo contra si.

No plano positivo, seria encontrado, ainda, apoio no art. 51 da Carta da ONU, onde não se restringe o direito à autodefesa individual ou coletiva em caso de ataque armado e as medidas de defesa não estão sujeitas à autorização. ([1001]), além do que o 1º Protocolo Adicional (1977) às Convenções de Genebra (1949), que norteia o comportamento 'durante bello' tem aplicação nos conflitos entre os povos que lutam pela sua libertação do jugo estrangeiro ([1002]). Aqui, portanto, a medida do injusto não comporta seu recorte no ordenamento positivo local (por ilegítimo que se apresenta) mas sim no sistema jurídico supranacional que, expressamente prevendo tal situação, confere ao cidadão (ou ao grupo nacional) o direito de, em autodefesa, contrapor-se à invasão armada de seu território.

Ademais, não seria esperado que os cidadãos submetidos a um regime unicamente pela força o tenham como válido. Como salienta ROSS:

> *"Nos casos em que um regime efetivo existente não recebe aprovação ideológica na consciência jurídica formal dos governados (submetidos), sendo sim obedecido unicamente por temor, estes não o experimentam como um 'ordenamento jurídico', mas sim como um ditado de força ou violência. O governando não é, então, 'autoridade' ou 'poder legítimo', e sim um perpetrador de violência, um tirano, um ditador. Isto se aplica, por exemplo, à população de um país ocupado e à sua atitude ante o regime de força que é sustentado unicamente pelo poderio militar, ou às minorias permanentes (nacionais, religiosas, raciais) hostis à maioria governante."* ([1003])

[1001] ROSS, Alf. *Direito e Justiça*. Bauru, SP: Edipro: Edipro, 2000, p. 160

[1002] ARAÚJO, Luis Ivani de Amorim. *Direito Internacional Penal (Delicta Iuris Gentium)*. Rio de Janeiro: 2000, p. 81

[1003] ROSS, Alf. *Direito e Justiça*. Bauru, SP: Edipro: Edipro, 2000, p. 81

Os direitos do homem, consoante magistério de CANOTILHO ([1004]) ,como direitos objetivamente vigentes numa ordem jurídica concreta, arrancando da própria natureza humana, estendem sua validade sobre todos os povos e em todos os tempos (numa dimensão jusnaturalista-universalista). Esses direitos exibem um caráter de inviolabilidade, intemporalidade e universalidade. Para esse constitucionalista, na atual ordem jurídico-constitucional o elemento caracterizador é a abertura das fontes estatais à normação internacional: "o ordenamento estadual abre-se a fontes de direito supranacionais, alterando-se radicalmente o monopólio estadual de criação do direito". ([1005])

Desse fenômeno também tratou GUIDO SOARES:

> *"Não se pode deixar de concordar com a efetiva existência no mundo jurídico das normas e os princípios do Direito Internacional dos Direitos Humanos, constantes dos dois Pactos da ONU, solenemente declarados em várias ocasiões, em especial naquelas particulares, onde os Estados deram, de modo direto, seu reconhecimento de que os direitos humanos são "inerentes, universais, indivisíveis e interdependentes, e enfim, transnacionais".* ([1006])

RAWLS antevê essa universalidade ao dizer que "o rol dos direitos humanos honrados por regimes liberais e decentes deve ser compreendido como direitos universais no seguinte sentido: eles são intrínsecos ao Direito dos Povos e têm um efeito (moral) sendo ou não sustentados localmente", aduzindo que "sua força política (moral) estende-se a todas as sociedades e eles são obrigatórios para todos os povos e sociedades, inclusive os Estados fora da lei". ([1007])

Como a construção de um ordenamento penal supranacional deve contornar o fato da inexistência de um legislador unitário e plenipotenciário, há que se construir uma essência mínima coincidente entre os ordenamentos estatais pactuantes. Essas raízes substanciais, no dizer de GIORGIO LICCI, representam o único meio capaz de superar as barreiras do direito

[1004] CANOTILHO, José Joaquim Gomes. *Direito Constitucional*, Coimbra: Almedina, 2003, p. 393

[1005] idem, p. 704

[1006] SOARES, Guido Fernando Silva. Curso de Direito Internacional Público, vol. 1. São Paulo: Atlas, 2002, p. 371

[1007] RAWLS, John. *O Direito dos Povos*. São Paulo: Martins Fontes, 2001. p. 105

positivo local e identificam-se com disposições portadoras de um conteúdo se não universal, pelo menos transcultural: os direitos humanos. ([1008])

Para CANOTILHO, nem todos os conflitos de direitos se reconduzem unicamente a pluralismos de discursos, como pretendem as aproximações absolutistas (para as quais a dedução da efetividade dos direitos fundamentais advém de um procedimento metódico de atribuição de significado aos enunciados lingüísticos das leis). Daí entender o mestre lusitano que "as colisões dos discursos reais terão de ser 'supervisionados' a partir de colisões de valores ideais (a vida, a segurança, a integridade física, a liberdade) que integram o 'justo' de uma comunidade 'bem' (ou 'mal') ordenada" ([1009]).

8. Tribunal Penal Internacional: de Direito do momento a momento do Direito

Pelo Decreto nº 4.388, de 25 -09-2002 foi incorporado ao ordenamento jurídico nacional, secundando o Decreto Legislativo nº 112, de 06-06-2002, o "Estatuto de Roma do Tribunal Penal Internacional", inaugurando inédita fase na história do Direito em seus variegados ramos. Firmar tratados internacionais e, depois, integrá-los ao corpo normativo nacional não constitui motivo de qualquer apreensão mesmo ao mais extremado nacionalista ou ao mais fervoroso xenófobo, pois o termo "globalização", incorporado recentemente ao vocabulário hodierno, representa hoje mais que um simples neologismo ou projeção teórica de cientistas sociais, socólogos, antropólogos e juristas: passa a significar uma nova era da humanidade que, retrogradando a Babel, busca a integração da comunidade internacional em todas as searas imagináveis. ([1010])

[1008] LICCI, Giorgio. *Modelli nel Diritto Penale: Filogenesi del Linguaggio Penalistico*. Torino: Giappichelli, 2006, p. 84-5

[1009] CANOTILHO, José Joaquim Gomes. *Estudos sobre Direitos Fundamentais*. Coimbra: Coimbra (Editora), 2004, p. 129

[1010] Ao dissecar o paradoxo de princípios entre uma tradição liberal e outra republicana quanto ao modo de se interpretar a relação entre a soberania do povo e os direitos humanos, HABERMAS apontou para a necessidade da compreensão moderna da democracia em relação à clássica. O que deve vir antes: os direitos subjetivos de liberdade dos cidadãos da sociedade econômica moderna ou os direitos de participação política dos cidadãos democráticos? Responde HABERMAS, ele próprio, a essa inquietude aclarando que a idéia dos direitos humanos, vertida em direitos fundamentais, não pode ser imposta ao legislador soberano a

Certo que a essência dessa busca apresenta, hoje, matizes outros, sendo esclarecedora a observação de NORBERTO BOBBIO:

> *"O universalismo jurídico ressurge hoje não mais como crença num eterno Direito Natural, mas como vontade de constituir um Direito positivo único, que recolha em unidade todos os Direitos positivos existentes, e que seja produto não da natureza, mas da história, e esteja não no início do desenvolvimento social e histórico (como o Direito natural e o estado de natureza), mas no fim. A idéia do Estado mundial único é a idéia-limite do universalismo jurídico contemporâneo; é uma unidade procurada não contra o positivismo jurídico, com um retorno à idéia de um Direito Natural revelado à razão, mas através do desenvolvimento, até o limite extremo, do positivismo jurídico, isto é, até a constituição de um Direito positivo universal."* ([1011])

Malgrado as conhecidas resistências, pretextando-se, em regra, o imperativo maior de preservação da soberania dos Estados, passou-se, em especial no primeiro quartel do século XX, a vingar a idéia de um tribunal que não conhecesse as clássicas limitações geopolíticas como balizadoras do exercício jurisdicional.

De forma geral, a humanidade tem buscando elevar ao superlativo seu caráter gregário, demonstrando que "se duas pessoas concordam entre si e unem as suas forças, terão mais poder conjuntamente e, conseqüentemente, um direito superior sobre a natureza que cada uma delas não possui sozinha e, quanto mais numerosos forem os homens que tenham posto as suas forças em comum, mas direito terão eles todos". ([1012]).

Relativamente à essa questão, formulou HABERMAS aguda análise:

> *"Trata-se de crescente discrepância entre o sistema da sociedade que aspira a uma unidade global, e o direito positivo pelo outro lado, que é estatuído com vigência dentro de limites territoriais da jurisdição. O sistema social abrangente amalgamou-se de fato no sentido de uma sociedade mundial uniforme,*

partir de fora, como se fora uma limitação, nem ser simplesmente instrumentalizada como um requisito funcional necessário a seus fins. Por isso, consideramos os dois princípios como sendo, de certa forma, co-originários, ou seja, um não é possível sem o outro" (cf. HABERMAS, Jürgen. *Era das Transições.* Rio de Janeiro: Tempo Brasileiro, 2003; p. 155).

[1011] BOBBIO, Norberto. *Teoria do Ordenamento Jurídico.* Brasília: UnB, 1999, p. 164-5

[1012] SPINOZA, Benedictus de. *Tratado Político.* São Paulo: Ícone, 1994, p. 35

abarcando todas relações entre as pessoas, sem que esse desenvolvimento tivesse sua correspondência em termos de uma unificação política do mundo. A formação do direito continua sendo, como sempre, atribuída a sistemas políticos locais e controlada por seus processos decisórios. Com isso delineia-se a situação na qual aqueles problemas que só podem ser resolvidos no plano da sociedade mundial, que no mais podem ser problematizados nos sistemas políticos parciais a não ser do ponto de vista local, não mais podem ser encaminhados na forma do direito." ([1013])

Jamais será possível expurgar da memória mundial as páginas rubras da História que documentam as ações de Stálin, Mussolini, Hitler, Jean Claude Duvalier, Fujimori, Stroessener, Somoza, Noriega, Somoza, Suharto, Milosevic, Idi Amin Dada, dentre outros tantos que passaram e que estão por vir.

Talvez por tais motivos, a existência de uma Justiça Universal tenha sido de longa data objeto de busca pelo Homem. Não foi ela implantada com o Tribunal de Roma – e dificilmente será integralmente algum dia ([1014]) –, mas o fato consumado é que o decreto presidencial da última primavera materializa o fastígio de um longo e penoso processo em que os esforços e cessões de países de todos os quadrantes da Terra lograram suplantar as apreensões e incertezas, ainda que estas em parte teimem em subsistir sob vários espectros.

O ineditismo do Tribunal Penal Internacional tem a ver com algumas de suas características singulares que o distinguem, por exemplo, dos famosos Tribunais de Nuremberg, Tóquio e de Ruanda, os quais guardam entre si os traços de verdadeiros tribunais de exceção ou, de forma eufemística, juízos de momento, com sua legitimidade e imparcialidade contestadas por representarem um "direito de ocasião", vez que instituídos exclusiva e posteriormente aos eventos submetidos a julgamento.

[1013] HABERMAS, Jürgen. *Era das Transições*. Rio de Janeira: Tempo Brasileiro, 2003, p. 154

[1014] naturalmente não fazemos, aqui, referência à extraterritorialidade da lei penal brasileira, consistente na possibilidade, admitida, em razão de o criminoso (CP, 7º, II, b), ou as vítimas serem nacionais ou residentes (CP, 7º, § 3º) ou o local do crime possuir regime internacional (CP, 7º, II, c) ou o crime atingir interesses nucleares do Estado (CP,7º, I, a, b,c) ou, por fim, se os fatos envolverem violações graves ao direito internacional, atingindo a consciência universal (CP, 7º, I, d, e II, a). A jurisdição universal seria a admissão desta última hipótese, independentemente se no crime estão envolvidos nacionais ou interesses internos.

A Corte Penal Internacional terá competência para julgar os autores de crimes considerados mais graves no Direito Internacional, sobretudo os crimes de guerra, genocídio, lesa humanidade e de agressão (artigo 5º, do Estatuto). Trata-se de uma instituição de caráter permanente (artigo 1º), com sede em Haia (Holanda) e sua vinculação com o sistema das Nações Unidades regular-se-á mediante acordo a ser aprovado por assembléia dos Estados Parte.

Um traço importante da Corte Penal Internacional, a distingui-la da almejada "Justiça Universal", é que sua jurisdição será complementar às jurisdições penais nacionais, isto é, a atividade da Corte somente será desencadeada nos casos em que as jurisdições locais não queiram ou não possam promover a persecução dos delitos previstos no Estatuto (preâmbulo e artigo 1º).

O alcance desse princípio encontra-se desenvolvido nos artigos 17 a 20 do Estatuto, segundo os quais a Corte declarará inadmissível um caso nas seguintes hipóteses: a) o assunto seja objeto de investigação ou processo no Estado que detém jurisdição sobre ele, exceto se não houver, ali, disposição ou condições para levar os procedimentos adiante; b) o assunto já houver sido objeto de investigação pelo Estado que tenha jurisdição sobre ele e tiver ocorrido a decisão de não desencadear o procedimento judicial (excetuadas as hipóteses do item anterior); c) o agente já tenha sido julgada pela mesma conduta imputada; d) o assunto não seja de gravidade suficiente para justificar a adoção de outras medidas pela Corte.

Também a Corte examinará os casos em que se apure que o Estado haja iniciado o processo mas este tenha por objetivo subtrair a pessoa da competência do Tribunal, ou retardar o procedimento ou, de qualquer modo, quando a justiça local não seja independente, imparcial e operante o bastante para promover o processo e julgamento.

Se é verdadeiro que "o maior ou menor grau de eficácia do sistema judiciário como guardião da cidadania, em razão de sua função institucional, decorre do maior ou menor grau de violência simbólica de suas práticas e discursos jurídicos" ([1015]), pode-se afirmar que o traço diferencial entre os importantes ensaios de jurisdição transcontinental (representados pelos tribunais excepcionais de Nuremberg e Tóquio) e o Tribunal Penal Inter-

[1015] FALBO, Ricardo Nery. *Cidadania e Violência no Judiciário Brasileiro: uma Análise da Liberdade Individual.* Porto Alegre: SAFe, 2002, p. 59

nacional, gerado a partir da Conferência de Plenipotenciários das Nações Unidas celebrada em 17 de julho de 1998 em Roma, assenta-se na constatação de se cuidar de um "momento do Direito" e não um "Direito de momento", aferida sobre as seguintes características principais:

a) complementariedade: entendida como coexistência do Tribunal com as instâncias judiciais, sem suplantá-las; b) perenidade: o Tribunal é instituição global de caráter permanente, destinada ao conhecimento de eventos que, cronologicamente, sucederam sua criação; c) representatividade: o corpo de juízes e promotores é composto por autoridades de vários países, não corporificando uma hegemonia militar, econômica ou política; d) universalidadade: o Tribunal é desprovido de "nacionalidade", pairando acima das fronteiras geográficas e políticas por poder estender-se funcional e organicamente sobre todas as nações que dele se disponham a fazer parte; e) legitimidade, porque obediente aos postulados basilares do devido processo legal, em especial o da anterioridade, que se mostra coincidente com o princípio pátrio do "juiz natural"; f) independência porque a atuação desse órgão judiciário transnacional somente deve encontrar limitações na sua própria emolduração positiva, vez que sua admissão pelos Estados é incondicional; g) imparcialidade: diferentemente dos tribunais de "vencidos sobre vencedores", a composição plural e o caráter de perenidade, aliados à sua nota de respeito ao devido processo penal, conferem ao Tribunal inegável isenção na análise das causas submetidas a julgamento.

Serão objeto de conhecimento pela Corte Mundial aqueles ilícitos de contornos criminais que, por algum motivo, revelem transcendental interesse na sua repressão penal ou, no dizer de ILEN GUERRA SILVERIO, aquelas "infrações das normas e princípios jurídicos internacionais por um sujeito do Direito Internacional, que implica responsabilidade internacional e, por isso, podem ser perseguidos diretamente em virtude do Direito Internacional Público, ainda que a lei nacional não os contemple, em poucas palavras, o Direito Internacional se aplica 'ex proprio vigore' sobre eles". ([1016]) A Corte terá, assim, competência para julgar os seguintes crimes, em conformidade com seu artigo 5º: a) crime de genocídio;

[1016] Transcrição de palestra assistida durante III Encuentro Internacional sobre Ciências Penales, Havana, Cuba, 12/15 de novembro de 1996.

b) crimes contra a humanidade; c) crimes de guerra; ([1017]) d) crime de agressão; e) crimes contra a administração da justiça do Tribunal Penal Internacional.

O Tribunal exercerá sua jurisdição sobre pessoas físicas (art. 1º), maiores de 18 anos (art. 26) por condutas posteriores à entrada em vigor do estatuto (art. 24), sem qualquer distinção fundada em relação a eventual cargo oficial do agente (art. 27). Tais condutas serão puníveis tanto para quem cometê-las por si só, em co-autoria ou por ordem de outrem, quer restem consumadas ou simplesmente no liame da tentativa. Também responderão criminalmente aqueles que, devendo atuar para evitar ou reprimir as mesmas condutas, permaneçam omissos.

A Constituição da República Federativa do Brasil não excluiu, em absoluto, a existência de outros direitos e garantias individuais, não previstos expressamente em seu texto mas constantes de atos e tratados internacionais dos quais o País seja signatário. É a intelecção que decorre do art. 5º, § 2º: "Os direitos e garantias expressos nesta Constituição não excluem outros decorrentes do regime e dos princípios por ela adotados, ou dos tratados internacionais em que a República Federativa do Brasil seja parte". Também, no artigo 7º, do Ato das Disposições Constitucionais Transitórias, ficou assentado que o Brasil propugnaria "pela formação de um tribunal internacional dos direitos humanos".

No entanto, os tratados devem acarretar, sempre, a ampliação dos direitos estabelecidos, seja através de novos direitos que se incorporam ao ordenamento jurídico, seja pelo aperfeiçoamento trazido pelos tratados a direitos anteriormente já existentes. Também reforçam a obrigação do Estado brasileiro em conferir efetividade aos direitos humanos. Influenciam, ainda, a legislação interna, não somente porque as normas jurídicas editadas devem ser consonantes com o conteúdo dos preceitos dos tra-

[1017] Ao longo da História provou-se que a guerra é indissociável da convivência humana dita civilizada e que sempre será um paradoxo para o Direito, pois "é o assassínio e o roubo sonegados ao cadafalso pelo arco de triunfo. É a sociedade ordenando o que ela proíbe e proibindo o que ela ordena, recompensando o que ela castiga e punindo o que ela recompensa, glorificando o que ela desmerece e desonrando o que ela glorica". (cf. CHAVES, Antonio. *Os Súditos Inimigos*. São Paulo: Lex, 1945, p. 7). À parte isso, mister reconhecer a necessidade de censura penal a certos atos cometidos como parte de um plano ou política ou como parte da comissão, entendendo-se por tais as infrações graves ao estabelecido na Convenção de Genebra de 1949 e a seus protocolos adicionais, em especial: matar intencionalmente; submeter a tortura ou a outros tratamentos desumanos (incluídos os experimentos biológicos).

tados, como também porque os próprios tratados muitas vezes, de modo expresso, estabelecem a necessidade de edição de leis que aperfeiçoem e dêem maior concreção aos seus preceitos. Por derradeiro trazem uma nova pauta de valores, que para a sua internalização nos comportamentos das pessoas dependem de ampla divulgação.

Subsistem algumas questões que hão de ser sublimadas para que o Brasil possa, sem derivação da legalidade constitucional e do respeito aos direitos e garantias do cidadão, perfilhar a normativa internacional, em especial as adiante postas.

A vedação de invocação de imunidade de jurisdição pelo acusado parece colidir com o pressuposto de soberania nacional expresso no artigo 1º, I, da Constituição da República Federativa do Brasil. A soberania, figurada na capacidade de irradiação de normatividade, liga-se ao exercício do sufrágio secreto pelos eleitores que, por esse instrumento democrático, conferem ao mandatário a condição de representante da vontade popular, inclusivamente no plano de elaboração legislativa constitucional. Defende-se que a soberania, não podendo ser objeto de pactuação ou delegação pelo legislador, restaria ferida na supressão do denominado foro por prerrogativa de função (que, sabido, não se constitui privilégio da pessoa mas garantia da normalidade pública relativa a determinados cargos).

A cominação da pena de prisão perpétua pelo Estatuto confronta com garantia individual inscrita no artigo 5º, XLVII, "a", CF, que veda em absoluto essa sanção caracterizada como destituída de limite temporal. A inadmissibilidade de inflição de privação de liberdade perpétua afigura-se, além disso, como verdadeira cláusula pétrea ou "super-constitucional", não passível de alteração sequer por emenda constitucional (tampouco por decreto ratificador de tratado internacional), como explicitamente taxado no artigo 60, §4º, IV, da Lei Maior.

É cediço que as teorias acerca da justificação do poder de punir do Estado representam a própria história e essência do Direito Penal, podendo-se afirmar que o Brasil, hoje, perfilhando as modernas concepções penológicas a arredar a mera retribuição ou a pura necessidade de prevenção, enxerga na ressocialização o verdadeiro sentido e valor da pena criminal.

Por isso, segundo a lição de JORGE FIGUEIREDO DIAS,

> *"a medida concreta da pena com que deve ser punido um certo agente por um determinado fato não pode em caso algum ser encontrada em função de*

quaisquer pontos de vista (por mais que eles se revelem socialmente valiosos e desejáveis) que não sejam o da correspondência entre a pena e o fato ou a culpabilidade do agente. Qualquer outra teoria dos fins das penas (entendendo por estes os efeitos socialmente úteis que com elas se pretenda alcançar) torna o fato em mero desejo de aplicação da pena e falha completamente a sua vera essência e natureza: pune-se porque se 'pecou'". ([1018])

Também foi CELSO BASTOS preciso ao enunciar que "a prisão perpétua priva o homem da sua condição humana. Esta exige sempre um sentido de vida. Aquele que estiver encarcerado sem perspectiva de saída, está destituído dessa dimensão espiritual, que é a condição mínima para que o homem viva dignamente". ([1019])

Questionava, igualmente, MICHEL FOUCAULT acerca da utilidade da pena de prisão sem modulação temporal:

> *"Uma pena que não tivesse termo seria contraditória: todas as restrições por ela impostas ao condenado e que, voltando a ser virtuoso, ele nunca poderia aproveitar, não passariam de suplícios; e o esforço feito para reformá-lo seria pena e custo perdidos, pelo lado da sociedade. Se há incorrigíveis, temos que nos resolver a eliminá-los. Mas para todos os outros as penas só podem funcionar se terminam."* ([1020])

Não nos parece razoável que se empreenda a impossível superação exegética entre o dispositivo do Estatuto que comina a pena de prisão perpétua e a norma constitucional que a veda peremptoriamente ([1021]). A negação à pena de prisão perpétua é, no Brasil, a afirmação do caráter humanitário de nosso Direito Penal. O nó hermenêutico instaurado não é tarefa que se possa vencer pela análise da letra de artigos de lei (que

[1018] DIAS, Jorge de Figueiredo. Questões Fundamentais do Direito Penal Revisitadas. São Paulo: RT, 1999, p. 91

[1019] BASTOS, Celso. *Comentários à Constituição do Brasil.* São Paulo: Saraiva, 1988, 6v., p. 241

[1020] FOUCAULT, Michel. *Vigiar e Punir, Nascimento da Prisão.* Petrópolis: Vozes, 2001, p. 89

[1021] "De qualquer forma, a ordem supranacional não implica o esgotamento do conceito de soberania estatal guardada nas Constituições nacionais [...] E muito menos ainda significa uma desvalorização das Constituições, que representam os mais importantes diplomas e instrumentos protetivos dos direitos fundamentais desde o século XVIII." (v. SOUZA, Solange Mendes de. *Cooperação Jurídica Penal no Mercosul, Novas Possibilidades.* Rio de Janeiro: Renovar, 2001, p. 49)

somente servem como continentes do espírito que presidiu a "mens legis" do nosso constituinte que, a seu turno, somente ecoou o clamor pela cessação das penas cruéis, entre as quais, inegavelmente, insere-se a de caráter perpétuo). Como é possível sustentar, a não ser por via de opção ideológica, a negação dos direitos humanos como instrumento de afirmação dos mesmos direitos humanos, embora relativamente a outros titulares considerados? Não se cuida, aqui, de derrogação de normas, mas de afronta a princípios. ([1022])

Enfrenta essa questão, com extrema objetividade, WILLIS SANTIAGO GUERRA FILHO:

> *"A Constituição aparece como estruturada a partir de normas jurídicas que são princípios, de acordo com os quais a atuação política, assim como a interação social devem pautar-se. Princípios, à diferença das demais normas jurídicas, que são mais propriamente denominadas regras, não se reportam a algum fato específico, determinando a conseqüência jurídica decorrente de sua verificação; princípios são a expressão juspositiva de valores, de metas e objetivos a serem perseguidos por aqueles que formam a comunidade política, reunida em torno da Constituição. Daí a idéia de que ela não seria tão-somente um corpo estático de normas, mas contemplaria igualmente uma dimensão processual, que cotidianamente proporcionaria a possibilidade de realização dos objetivos por ela fixados. Tais objetivos, contudo, por serem diversos, podem vir a entrar em conflito, em situações concretas. Dá-se, então, uma colisão de princípios, a ser resolvida pela incidência de uma norma que não se encontra prevista explicitamente em nossa ordem constitucional, mas que dela podemos – e devemos – deduzir com facilidade: aquela que consagra essa*

[1022] Essa limitação substancial do ordenamento jurídico acarreta, ademais, "uma limitação substancial da própria democracia, na medida em que se explicita o que pode ou não ser decidido pela maioria. Desse modo – ainda fazendo uso das palavras de Ferrajoli – os direitos fundamentais apresentam-se como verdadeiros limites impostos à democracia: limites negativos, oriundos dos direitos de liberdade, que nenhuma maioria pode violar; limites positivos, baseados nos direitos sociais, que nenhuma maioria pode deixar de satisfazer. Nenhuma maioria, nem sequer à unanimidade, pode legitimamente decidir a violação de um direito de liberdade, ou não decidir a satisfação de um direito social. Os direitos fundamentais apresentam-se, pois, como fatores de legitimação e deslegitimação das decisões e das não-decisões" (SCHMIDT, Andrei Zenkner. *O Princípio da Legalidade Penal no Estado Democrático de Direito*. Porto Alegre: Livraria do Advogado, 2001, p. 174/175).

verdadeira garantia fundamental, a garantia das garantias e direitos fundamentais, que é o princípio da proporcionalidade." ([1023])

Como adverte ROGÉRIO ZEIDAN, nessa tarefa de valoração e adequação das normas infraconstitucionais deve ser tida como "inconstitucional qualquer norma que contrarie os valores que promanam da Constituição ou que, no plano de aplicação do Direito, não se atinja a vontade e o escopo social da lei: o de preservação da dignidade e o da pacificação com justiça". ([1024]) As agências produtoras do discurso penal humanitário, em especial aquelas responsáveis pelo tear acadêmico, doravante terão subtraídos a seus pés os alicerces principiológicos que implicavam, antes que edificação de teorias novas garantistas, refutação às antigas que viam o Direito Penal como instrumento de vingança comunitária contra o delinqüente.

A previsão de entrega de nacional para submissão a julgamento perante o Tribunal Internacional, sediado noutro Estado, afigura-se como contrária à disposição constitucional, também fincada no artigo 5º que, em seu inciso LI, proíbe a extradição de brasileiros. Verdade que o Estatuto, em seu artigo 102, faz distinção entre os termos "entrega" (*surrender*) e "extradição", disciplinada na Lei 6.815/80 (o que não resolve terminantemente a questão, pois ambos implicam em subtrair o cidadão à incidência do poder jurisdicional de um Estado para envio a julgamento por outro Tribunal d'outro Estado).

RODAS, analisando a proximidade entre os conceitos de extradição asseverou que "muito embora se deseje extremar as duas figuras de extradição e de entrega ou, ainda dizendo, quanto mais se deseja extremar, mais não se separa uma da outra questão. Elas são quase siamesas". ([1025])

Emendamos, aqui, outra metáfora de similar natureza formulada por ZAFFARONI que, ao analisar a necessidade de legitimação da atividade das agências legislativas, reportou-se à tendência de o jurista inclinar-se a um idealismo que lhe permite construções teóricas em desprezo ao realismo (este com a vantagem de valorizar o mundo não articulado na medida

[1023] GUERRA FILHO, Willis Santiago. *Teoria Processual da Constituição.* São Paulo: Celso Bastos, 2000, p. 11

[1024] ZEIDAN, Rogério. *Ius Puniendi, Estado e Direitos Fundamentais.* Porto Alegre: Fabris, 2002, p. 48

[1025] in Entrega de Nacionais ao Tribunal Penal Internacional, extraído do site http://www.dhnet.org.br/direitos/sip/tpi/textos/tpi.grandino.html em 16-04-2003

das necessidades do sujeito que avalia), avultando daí a importância das estruturas lógico-reais do Direito:

> *"Esta teoria apresenta-se como a antítese da versão do neokantismo que só torna racionalmente acessível o mundo atrvés do valor: diante da função criativa assumida pelo valor nessas versões neokantianas, a teoria das estruturas lógico-reais afirma que o Direito, quando se refere a qualquer ente, deve reconhecer que este está inserido numa certa ordem, que o mundo não é um 'caos' e que o conhecimento jurídico, como todo conhecimento , não altera o objeto do conhecimento. [...] Quando o legislador desconhece as estruturas lógico-reais, não deixa, necessariamente, de produzir Direito, mas limita-se a arcar com as conseqüências políticas de seu erro: se o legislador – ou o jurista idealista – pretende definir as vacas 'no sentido jurídico' como uma espécie de cachorro-grande, negro, com dentes enormes e que uiva nas estepes, pode, obviamente, fazê-lo; apenas deverá arcar com as conseqüências quando pretender ordenhar um lobo."* ([1026])

O principal objetivo dos tratados é conferir às pessoas a mais ampla proteção possível, buscando-se incentivar a mais perfeita harmonia e interação entre as suas disposições e as normas editadas internamente, o que deveria estimular uma interpretação ampliativa de todas as normas, sempre em benefício dos destinatários.

Exsurgem, a partir do princípio da prevalência da norma mais favorável ao ser humano, duas importantes regras a serem observadas: a) não se pode suscitar disposições de direito interno para impedir a aplicação de direitos mais benéficos ao ser humano previstos nos tratados ratificados; b) caso exista alguma disposição em lei promulgada internamente que seja mais favorável às pessoas residentes no país, essa norma prevalecerá sobre as disposições que constem de tratados aos quais o país aderiu.

Assim, em matéria de direitos fundamentais os argumentos fundados na hierarquia de normas passam por severo questionamento. Nesse sentido o pensamento de ANTONIO AUGUSTO CANÇADO TRINDADE:

[1026] ZAFFARONI, Eugenio Raúl. *Em Busca das Penas Perdidas*. Rio de Janeiro: Revan, 1996, p. 190

"No presente domínio de proteção, o direito internacional e o direito interno, longe de operarem de modo estanque ou compartimentalizado, se mostram em constante interação, de modo a assegurar a proteção eficaz do ser humano. Como decorre de disposições expressas dos próprios tratados de direitos humanos, e da abertura do direito constitucional contemporâneo aos direitos internacionalmente consagrados, não mais cabe insistir na primazia das normas do direito internacional ou do direito interno, porquanto o primado é sempre da norma ---de origem internacional ou interna--- que melhor proteja os direitos humanos" . ([1027])

O Estatuto, no entanto, apresenta dispositivo vinculador na resolução de eventual antinomia, vez que prevê expressamente a impossibilidade de aceitação condicional das normas estatuídas, sendo, por conseguinte, necessária a derrogação ou ab-rogação do elenco positivo interno, ainda que de hierarquia constitucional, diante de eventual conflito com aquelas.

Assevera MARQUES DA SILVA os direitos humanos, consagrados na Constituição e nos tratados internacionais, representam o limite do sistema de Direito Penal num Estado Democrático de Direito e "qualquer violação por parte do Estado destes direitos atinge de forma direta a dignidade humana, impedindo, assim, a concretização das garantias constitucionais, objetivo do processo penal". ([1028])

9. Um modelo teorético-operativo de intertipicidade penal

Lançando mão de um exemplo extremo poder-se-ia querer reduzir a nada a Teoria dos Elementos Negativos como mecanismo de garantia penal: edita-se uma lei que restabelece o regime de escravidão. Importam-se trabalhadores e aqui são eles submetidos, mediante violência física, à privação de liberdade e ao trabalho forçado. No plano teórico como afirmar o caráter criminoso dessas condutas, já que autorizadas pela novel (hipotética) legislação? Ainda que permitidas pelo ordenamento nacional, tais

[1027] TRINDADE, Antonio Augusto Cançado. In CUNHA, J.S. Fagundes; BALUTA, José Jairo (orgs). *O Processo Penal à Luz do Pacto de São José da Costa Rica.* Curitiba: Juruá, 1997, p. 13

[1028] SILVA, Marco Antonio Marques da. *Acesso à Justiça Penal e Estado Democrático de Direito.* São Paulo: Juarez de Oliveira, 2001, p. 143

ações seriam reputadas ilícitas frente à legislação internacional porque afrontosas à dignidade humana.

Como já assentamos, o injusto penal é texto cujo real sentido não se esgota no seu co-texto, pois é dependente de uma integração contextual, sob a qual "se oculta hipótese de que nenhuma análise lingüística, de qualquer ordem que seja, pode ser feita sem levar em conta ou fazer intervir, em algum momento, elementos exteriores aos dados ou fatos lingüísticos analisados" ([1029]) . Por isso, defendemos, a análise do injusto penal há de restar configurada no microcontexto local e, após, necessariamente, no macrocontexto do sistema normativo universal, aqui adotado este designativo na sua estrita literalidade, isto é, como complexo de normas de índole global com incidência regular sobre o ordenamento positivo nacional. O permissivo a essa elaboração tomamos a VILANOVA, segundo quem "os ordenamentos parcelares integram-se num ordenamento total, cuja expressão formal (relativamente tardia na evolução e correspondendo a alto grau de racionalidade do processo sociológico) é a estrutura do sistema". ([1030])

O tipo penal somente existe se, e somente se, nas suas entranhas pulsa a antijuridicidade. Abominável e quimérica a idéia de um juízo de proibição provisório, formulado quando não exaurido o ciclo hermenêutico e, pois, ainda não atingida a integridade existencial da norma jurídico-penal. Todavia, nem toda a doutrina penal partilha a concepção de que o tipo é tipo de ilícito e, por conseguinte, sem ilícito não há que se falar em tipo. Poucos, como faz FIGUEIREDO DIAS, têm a clarividência para afirmar que "com a categoria do ilícito se quer traduzir o *específico sentido de desvalor jurídico-penal* que atinge um *concreto* comportamento humano numa *concreta* situação, atentas portanto todas as condições *reais* de que ele se reveste ou em que tem lugar. E só a partir daqui ganha o tipo o seu verdadeiro significado". ([1031])

Em harmonia com esse entendimento, MIGUEL REALE JÚNIOR escreveu que "se o tipo representa genericamente uma ação animada de um desvalor, a ação típica não é senão a ação concreta dotada daquele

[1029] KOCH, Ingedore G. Villaça, *Desvendendando os Segredos do* Texto. São Paulo: Cortez, 2005, p. 25

[1030] VILANOVA, Lourival. *As Estruturas Lógicas e o Sistema do Direito Positivo.* São Paulo: Max Limonad, 1997, p. 223

[1031] FIGUEIREDO DIAS, Jorge. *Temas Básicos da Doutrina Penal.* Coimbra: Coimbra (Editora), 2001, p.223

desvalor repelido pelo Direito. Ao se apreender a ação em sua tipicidade, apreende-se seu caráter antijurídico, e, portanto, são uma coisa só os juízos de tipicidade e de antijuridicidade". ([1032])

Semelhante era a percepção de ALDO MORO, para quem o esquema tripartido dos elementos constitutivos do crime deveria ser revisado. Para o mestre italiano, o delito é um todo unitário, um ato humano dotado de um conteúdo ético-jurídico negativo, isto é, "o fato em seu significado humano geral, e, portanto, sempre como categoria de valor e o mesmo em sua característica de contrariedade com o Direito" . ([1033])

Há que se ter em mente que "todas as disposições legais são normas incompletas, se por norma completa entendemos somente aquela que determina exaustivamente o conteúdo de seu pressuposto e de sua conseqüência jurídica" e, em razão disso, "todas as proposições jurídicas, de algum modo, hão de colocar-se em relação com outras destinadas a completá-las". ([1034]) Se assim é, pode-se afirmar, com JUAREZ FREITAS, que todas as frações do sistema guardam conexão entre si e, por tal motivo, "qualquer exegese comete, direta ou indiretamente, uma alicação de princípios, de regras e de valores componentes da totalidade do Direito". ([1035])

Também para KARL LARENZ:

> *"Que o alcance de cada proposição jurídica só pode ser entendido também em conexão com a regulação total a que pertence e, para além disso, freqüentemente, em conexão com outras regulações e com a relação em que estas se encontram entre si, é algo que se manifesta especialmente quando várias proposições jurídicas ou regulações concorrem entre si.[...] Não aplicamos apenas normas jurídicas isoladas, mas, na maioria das vezes, aplicamos uma regulação global, com inclusão das decisões 'negativas' que nela se encontram"* ([1036])

O objetivo magistério de LOURIVAL VILANOVA, também nesse ponto, merece transcrição:

[1032] REALE JÚNIOR, Miguel. *Instituições de Direito Penal*. Rio de Janeiro: Forense, 2002, p. 146

[1033] MORO, Aldo. *La Antijuridicidad Penal*. Buenos Aires: Atalaya, 1949, p. 190

[1034] MOLINA, Antonio García-Pablos de. *Derecho Penal, Introducción*. Madrid: Servicio Publicaciones Facultad Derecho Universidad Computense, 2000, p. 250

[1035] FREITAS, Juarez. *A Interpretação Sistemática do Direito*. São Paulo: Malheiros, 2004, p. 70

[1036] LARENZ, Karl. *Metodologia da Ciência do Direito*. Lisboa: Calouste Gulbenkian, 1983, p. 317-324

> *"O sistema de normas traça o círculo (conjunto) de juridicidade positiva e negativa, em recíproca complementariedade. Os fatos (físicos e sociais) ou se acham fora dele, ou no seu interior. [...] Só assim se compreende que o ato jurídico possa entrar 'como elemento ou suporte fático', e a 'capacidade delitual' insere-se como elemento de suporte fáctico do tipo penal.* ***Na hipótese da norma está a fração de antijuridicidade tipificada".*** (g.n.) ([1037])

Em suma, com adaptação à análise feita por LICCI ([1038]) o que se busca aqui é a individualização de uma "norma penal real", cuja elaboração reclama a recomposição à unidade de todas as disposições normativas que convergem para qualificar juridicamente uma dada situação fática. Os fragmentos singulares da norma estão contidos em uma pluralidade de disposições (de liceidade e de ilicitude), as quais, combinando-se com o tipo legal, originam uma proposição normativa (diversa daquela incriminadora), com base na qual o fato X será punível, desde que não cometido em presença da situação Y. Como se processa o concurso normativo instersetorial e supraestatal é o que pretendemos demonstrar, adiante, ao cindir em níveis a tipificação penal.

Vimos seguindo a hipótese de trabalho pela qual "as normas jurídicas servem como um esquema interpretativo para um conjunto correspondente de atos sociais, o direito em ação, de tal modo que se torna possível compreender essas ações como um todo coerente de significação e motivação e predizê-las dentro de certos limites" ([1039]). Saber o cidadão, antecipadamente, do caráter lícito ou ilícito de um comportamento hipoteticamente projetado, não configura exercício aleatório ou manobra futurística, mas sim traduz um dos postulados da justiça que deve existir num Estado democrático de Direito.

Não se nega que a centralidade do processo de adequação típica resida na intelecção primeira do conteúdo semântico do tipo penal positivado em códigos ou leis locais. Mas a análise gramatical e semântica desse núcleo normativo não exaure, de longe, a completa e correta atividade de adequação que, defendemos, deve processar-se, necessariamente, em quatro

[1037] VILANOVA, Lourival. *Causalidade e Relação no Direito*. São Paulo: RT, 2000, p. 321-2

[1038] LICCI, Giorgio. *Modelli nel Diritto Penale: Filogenesi del Linguaggio Penalistico*. Torino: Giappichelli, 2006, p. 232

[1039] ROSS, Alf. *Direito e Justiça*. Bauru, SP: Edipro: Edipro, 2000, p. 54

níveis analíticos consecutivos, gerando, conseguintemente, quatro níveis distintos de aferição de tipicidade.

9.1. O nível do texto local

A descoberta do caráter injusto criminoso de certo comportamento humano deve arrancar, necessariamente, da análise do dispositivo penal em si. Não há crime sem uma lei pretérita que o descreva. Realiza-se, portanto, mera tarefa de adequação da conduta humana diante do modelo-tipo descrito na lei, como decorrência do princípio da legalidade. Busca-se a correspondência entre o fato histórico (conduta humana como suporte factual) e a expressão verbal da previsão legislativa do ilícito. Assim, negar-se-á a ocorrência típica de um estelionato se, por exemplo, não estiver presente a fraude penal e, sim, unicamente, um inadimplemento contratual. Nesse caso não há que se falar em tipicidade legal, tampouco penal, pois emerge uma atipicidade absoluta.

A falta de encaixe entre o fato da vida real e o tipo legal pode ser total ou parcial. Será total se o legislador não descreveu, em absoluto, tal fato; parcial, quando a descrição existente não é alcançada na integralidade pelo fato da vida real. ([1040])

9.2. O nível do co-texto legal.

Cuida-se, agora, da análise do dispositivo penal em si, em confronto sistemático com outros dispositivos adjacentes, imediatos, que eventualmente impeçam a emolduração típica legal. O Código Penal brasileiro, em seu artigo 146 ([1041]), após descrever a figura do constrangimento ilegal, prevê

[1040] LAS HERAS, Alfonso Arroyo. *Manual de Derecho Penal, El Delito*. Navarra: Aranzadi, 1985, p. 102

[1041] **Constrangimento Ilegal**

Art. 146. Constranger alguém, mediante violência ou grave ameaça, ou depois de lhe haver reduzido, por qualquer outro meio, a capacidade de resistência, a não fazer o que a lei permite, ou a fazer o que ela não manda: Pena – detenção, de 3 (três) meses a 1 (um) ano, ou multa.

[....]

Parágrafo 3º . Não se compreendem na disposição deste artigo:

I – a intervenção médica ou cirúrgica, sem o consentimento do paciente ou de seu representante legal, se justificada por iminente perigo de vida;

II – a coação exercida para impedir suicídio.

que não se compreende na disposição desse artigo a coação exercida para impedir suicídio. Note-se que sequer a tipicidade legal é alcançada, chegando mesmo, no exemplo dado, a verificar-se uma expressa exclusão textual já que a locução negativadora diz que "não se compreende na disposição deste artigo".

9.3. Nível intertextual local

Aqui levam-se em consideração as disposições penais em si, em cotejo com condições negativadoras ínsitas do restante do sistema positivo nacional, em sentido largo: legislação penal, civil, administrativa, constitucional etc. Diversamente do nível precedente, a integração proibitiva aqui é mediata, tem uma amplitude maior e, por fim, impede a sedimentação da tipicidade penal sobre a tipicidade legal que, todavia, já se instaurara.

Poderíamos, nesse ponto, adotar aquilo que, numa doutrina germânica incipiente, é designado como sendo um *espaço jurídico prévio ao tipo de injusto* onde seria possível a *negação "pré-típica" do delito* ([1042]). Sem substanciais divergências quanto aos efeitos jurídicos possíveis, preferimos, todavia, seguir afirmando que se tem, nesse caso, uma correspondência meramente sintática, entre as circunstâncias fáticas do acontecimento histórico e a descrição de conduta do enunciado legal típico. Não se afirma, repita-se, a *tipificidade penal* da conduta, senão, meramente, a *tipicidade legal* do fato. Tratamos, assim, separadamente a questão da ação e do cumprimento do tipo penal.

Demonstrada a existência de uma norma permissiva ou ordenatória em qualquer ramo do ordenamento legal pátrio, afasta-se a antijuridicidade e, por conseqüência, a tipicidade penal: "o mesmo fato penalmente ilícito, em concurso de determinadas condições, pode pela mesma lei, expressamente ou em aplicação de uma norma de caráter geral, ser considerado não

[1042] Leia-se, a propósito WOLTER, Jürgen. *Derechos Humanos y Protección de Biens Jurídicos en un Sistema Europeo del Derecho Penal.* In SÁNCHEZ, J. M. Silva; SCHÜNEMANN, B.; FIGUEIREDO DIAS, J. de (coords.). *Fundamentos de un Sistema Europeo del Derecho Penal.* Barcelona: Bosch, 1995, p. 37. Veja-se, ainda, a crítica de HERZEBERG, Rolf Dietrich a JÜRGEN WOLTER (in LUZÓN PEÑA, Diego-Manuel *et all* (orgs). *Cuestiones Actuales de la Teoría del Delito.* Madrid: Mc Graw Hill, 1999, p. 21 e segs).

antijurídico" ([1043]), resultando desde logo impossível entendê-la, simultaneamente, como antijurídica e punível em atenção ao uma lei penal. ([1044])

Neste caso, de qualquer modo, deve-se declarar a conduta penalmente atípica porque, para derrogação da presunção do estado de não-culpado do agente, a tipicidade penal é a única que conta (e que pode, eventualmente, legitimar qualquer medida processual, sobretudo as cautelares ([1045]), em desfavor do autor da conduta).

Discordamos, assim, de posições que admitem a quimérica figura do "crime em tese", como parece fazer WALTER COELHO, quando afirma que

> *"a partir do momento em que o fato humano enquadra-se no 'tipo' adquire o atributo da 'tipicidade', isto é, passa a ter relevância no mundo jurídico-penal. É o que se denominaria, em linguagem processual, de 'crime em tese', se tomarmos esta expressão em sentido estrito de fato típico, e que, como tal, autorizaria, em princípio, o ajuizamento da ação penal."* ([1046])

Não menos equivocada é a visão de MAURACH, para quem o tipo, consistindo na descrição geral de ações antijurídicas, permitiria *"um juízo preliminar acerca do caráter antijurídico do fato"*, criando-se, por isso, *"um indício, uma presunção"*, sempre refutável, relativamente à antijuridicidade. Todavia, complementava ele, como nem toda ação típica é ilícita, o tipo penal *"pode perder força"* no caso concreto de inexistência de fato punível. A aparição de uma causa de justificação, segundo esse pensar, suprimirira tanto a ilicitude quanto o indício fundado pelo tipo: embora a tipicidade persista, ela perde sua força expressiva, isto é, o tipo asssume uma forma vazia por

[1043] PIROMALLO, Alfredo Jannitti. *Elementi di Diritto Penale, Parte Generale*. Roma: Università di Roma, 1931, p. 81

[1044] MERKEL, Adolf. *Derecho Penal, Parte General*. Buenos Aires-Montevideo: Julio César Faira (editor), 2006, p. 159

[1045] Por isso o acerto da lição de GRECO FILHO, porque "se a vontade da ordem jurídica é a de não punir daí decorrendo inexistir crime, há coação ilegal se alguém for submetido a processo penal estando desde logo revelada aquela vontade, qualquer que seja a sua 'natureza' técnica penal. (cf. GRECO FILHO, Vicente. *Crime: Essência e Técnica*. Boletim do Instituto Manoel Pedro Pimentel. Jul-Ago-set/2002, n. 21, p. 12

[1046] COELHO, Walter. *Teoria Geral do Crime, Vol. I*. Porto Alegre: SAFe, 1998, p. 33

ter perdido seu conteúdo, a saber, o juízo de ilicitude. ([1047]) Menos inteligível é afirmar que "se concorre uma causa de justificação a ação típica será lícita, conforme ao Direito". ([1048])

Difícil entender, menos ainda acatar, um conceito assim de culpa penal presumida, provisória e que perca "força" ou, pior, de uma tipicidade que sobreviva após o exame da antijuridicidade (tornando, por exemplo, impossível a tarefa de contabilizar quantos fatos típicos – mas não antijurídicos – tenha um cirurgião praticado ao longo de sua carreira).

Não se pode admitir o juízo de tipicidade como resultado de operação lógica reversa ou indiferente ao princípio constitucional de presunção da não-culpabilidade (que, não se confundindo ou se reduzindo ao impropriamente dito da inocência), implica na anteposição de verdadeiro juízo negativo de culpa criminal em sentido estrito.

Não podem, portanto, a Autoridade Policial (no instante de indigitação criminal, com imposição ou não de medida restritiva deambulatória, potencial ou efetiva), tampouco o Ministério Público (no momento do exercício de seu poder-dever constitucional de promoção da ação penal pública) e, menos ainda, o Magistrado (não só por ocasião da prolação de seu *decisum*, mas também ao tempo da expedição de qualquer comando cautelar durante o processo de conhecimento ou de execução), afirmar a concreção típica invocando mera adequação do comportamento humano, positivo ou negativo, à construção gramatical da lei. Primeiro, e com primazia às verificações subseqüentes, impõe-se-lhe o dever de examinar se preexiste a antijuridicidade. Negar esse imperativo seria admitir não a configuração do delito em (dois ou três) níveis analíticos, mas sim defender três níveis escalonados e crescentes de atuação humana criminosa.

O juízo de tipicidade não é operação que significa analisar uma concordância ao tipo penal; é exercício hermenêutico que implica em afirmar, antes daquela, uma divergência ao Direito. Embora ninguém desconheça, ou conteste, a cogência das normas constitucionais no instante do exercício hermenêutico, verdade que poucos sabem como assimilar essa vin-

[1047] MAURACH, Reinhart. *Derecho Penal. Parte General.* Buenos Aires: Astrea, 1994, p. 348 , 415 e 424

[1048] CEREZO MIR, Jose. *Curso de Derecho Penal Español. Parte General...*Madrid: Tecnos, 1994, p. 444

culação normativa superior no momento da tipificação penal ([1049]). Como produto, temos imputações em que está presente um défice de injuridicidade ou, mais grave que nessa antijuridicidade precária, acha-se ausente a tipicidade porque subsistente a juridicidade.

Destarte, na perquirição da ocorrência de crime, a verificação deve processar-se no sentido da antijuridicidade rumo à tipicidade. Racionalmente, a indagação acerca da tipicidade de uma conduta humana somente é concebível se, antes, positivou-se a preexistência de um antijurídico (que muitas vezes restará confinado unicamente nesse limite se, por exemplo, a um ilícito administrativo não corresponder um preceito sancionador de natureza penal). Presente o antijurídico, esperado se proceda à indagação da tipicidade ou não da conduta. Ausente a ilicitude, ou o processamento inverso da adequação, ter-se-á a busca da tipicidade como atividade inócua, mero exercício de coincidência lingüística, desprovido de interesse jurídico. Essa a leitura garantista do ordenamento positivo criminal em face do comportamento humano.

Como se pode concluir, a subsunção típica não se exaure no plano legislativo ordinário e, *ipso facto*, não se constitui em conceito a priori. Aperfeiçoa-se a tipicidade somente no plano normativo maior constitucional, onde não se esgota na conformidade a regras mas, também, e sobretudo, na obediência à teia principiológica naquela sede configurada.

9.4. Nível intertextual supranacional

São, nesse relevante momento, aferidas as disposições penais em si, em confronto com condições/elementos negativos contidos no direito das gentes. Já não se sustenta mais a definição de conduta antijurídica proposta por BELING como sendo "aquela que está objetivamente em contradição com a ordem jurídica do correspondente Estado" ([1050]) e, menos ainda, a

[1049] Calha, neste ponto, um exemplo magistral de RIGAUX: "com efeito, para eliminação de um conflito virtual entre, por um lado, a protecção constitucional da vida privada e o parágrafo do Código Penal sobre a difamação e, por outro, a garantia constitucional da liberdade de expressão e dos direitos do argüido em matéria penal, nomeadamente a presunção de inocência, cada uma destas normas não poderá ser interpretada senão em função das outras três." (cf. RIGAUX, François. *A Lei dos Juízes*. Lisboa: Instituto Piaget, 1997, p. 282)

[1050] BELING, Ernst von. *Esquema de Derecho Penal. La Doctrina del Delito-Tipo*. Buenos Aires: El Foro, 2002, p. 43

afirmação do mesmo autor, segundo a qual ao Juiz, ao sentenciar, não é dado fundar a sentença penal senão sobre o conjunto de normas "do atual Direito Penal do Império", e não, ao contrário, em disposições do Direito público estrangeiro ([1051]). Necessário ouvir TÉRCIO SAMPAIO, pois "a força das relações internacionais é hoje de tal ordem que o chamado direito interno não tem outro caminho se não o de se acomodar a esta vocação da sociedade contemporânea para a 'grande aldeia' ". ([1052])

Uma das competências necessárias para o sujeito produzir enunciado é exatamente a *intertextual* "que se refere à relações contratuais ou polêmicas que um texto mantém com outros ou mesmo com uma maneira de textualizar". ([1053]) Circunda o enunciado proibitivo do tipo legal um catálogo substancial de enunciados outros, de caráter negativo, que mantém uma relação polêmica com aquele, ao contrapor à proibição uma autorização ou permissão. Essa visão intertextual constitui o primeiro passo para se alcançar a norma penal plena de sentido.

Considerando que as normas de direito comunitário produzem efeitos diretos (todos os juízes nacionais são juízes do direito comunitário), têm primazia sobre a legislação nacional e, por fim, são regidas pela cooperação leal entre os Estados, parece incontroverso que a normativa comunitária, incidindo sobre o ordenamento dos Estados-membros, possa conduzir à incompatibilidade entre a norma penal nacional e o direito supra-estatal, provocando um efeito de "neutralização" do primeiro. Para que se verifique a neutralização de uma norma penal interna pela comunitária basta "apenas que o juiz nacional constante a incompatibilidade e, conseqüentemente, afaste a aplicação da norma penal nacional". ([1054]) Portanto, não podem mais os Estados ignorar as normas do Direito internacional, pois estas ab-rogam "ipso facto" as normas internas que lhe sejam contrárias e, por conseguinte, impõem-se ao juiz interno. Como desdobramento, os

[1051] Idem, p. 229

[1052] FERRAZ JÚNIOR, Tércio Sampaio. *Introdução ao Estudo do Direito. Técnica, Decisão, Dominação.* São Paulo: Atlas, p. 240

[1053] FIORIN, José Luiz. *As Astúcias da Enunciação, as Categorias de Pessoa, Espaço e Tempo.* São Paulo: Ática, 1999, p. 33

[1054] MACHADO, Maíra Rocha. *Internacionalização do Direito Penal: A Gestão de Problemas Internacionais por Meio do Crime e da Pena.* São Paulo: Edesp, 2004, p. 63

indivíduos, agora como verdadeiros sujeitos do Direito das gentes, podem obter seus direitos, diretamente, de uma norma internacional.([1055])

Na Comunidade Européia já é possível assistir-se à interferência do direito comum sobre o Direito Penal dos Estados contratantes, configurando (por ora somente negativamente) a essência do direito de punir local e, como faz notar DELMAS-MARTY, "sendo o paradoxo que o efeito de neutralização da norma penal nacional pela norma européia pode ser diretamente levado em conta pelos tribunais – descriminalização, portanto, sem nenhuma intervenção do legislador nacional – , enquanto o efeito inverso de incentivo a punir (criminalização) continua porém da vontade dos Estados, pois pressupõe a adoção de um texto novo em direito interno". ([1056])

O primado da norma comunitária sobre a interna pode revelar uma incompatibilidade total (acarretando a irrelevância ou invalidade do dispositivo local) ou uma incompatibilidade parcial (provocando a redução do âmbito aplicativo da norma incriminadora nacional). ([1057])

Não se tem, rigorosamente, um ordenamento local sotoposto a um outro supranacional: tem-se, na verdade, um sistema normativo unitário complexo, onde se conexionam, como elementos, textos ligados pelo hipertexto, conformando um intertexto distendido e incindível, onde é identificável tanto o avanço do nacional sobre o supranacional, quanto o inverso, ambos em interfluência normativa recíproca.

Chega-se, com isso à idéia de ***intertipicidade penal*** como produto da concorrência, convergência, justaposição e conflito de normatividade entre vários ordenamentos positivos, hipertextualmente relacionados entre si, os quais, configurando, intertextualmente, um sistema global, limitado pelo contexto, reproduzem o sentido do discurso positivo do injusto, donde se extrai o tipo penal na sua integralidade existencial normativa.

Por esse caminho, aproxima-se de um Direito Penal com pretensões de universalidade, o Direito Penal dos Povos, a utópica realista decantada por RAWLS, ([1058]) como "concepção política particular de direito e justiça, que se aplica aos princípios e normas do Direito e da prática internacional", no âmbito da *Sociedade dos Povos.*

[1055] DUPUY, René-Jean. *O Direito Internacional.* Coimbra: Almedina, 1993, p. 27

[1056] DELMAS-MARTY, Mireille. *Por um Direito Comum.* São Paulo: Martins Fontes, 2004, p. 49

[1057] PALAZZO, Francesco. *Introduzione ai Princìpi del Diritto Penale.* Torino: Giappichieli, 1999, p. 251-2

[1058] RAWLS, John. *O Direito dos Povos.* São Paulo: Martins Fontes, 2001. p. 3

CONCLUSÕES

1. Defende-se uma estrutura conceitual em que o delito é a antijuridicidade tipificada como produto discursivo do sistema normativo dimensionalmente pleno e intrinsecamente justo.

1.1 Crime é a ação, tipicamente, antijurídica e culpável. O advérbio de modo "tipicamente", confinado entre vírgulas, precedente aos adjetivos "antijurídica" e "culpável" (que, a sua vez, vão conectados ao substantivo "ação", como dele qualificativos necessários) indica que se fala em ação tipicamente antijurídica e, ao mesmo tempo, tipicamente culpável.

1.2. Devem ser agrupados num mesmo nível valorativo, reunidos num conceito de fato típico ampliado, todos os seus elementos positivos e negativos, isto é, aquele complexo de circunstâncias essenciais para o ilícito típico, seja para fundamentá-lo, quer para excluí-lo. O crime é, portanto, analiticamente, definido como fato antijuridicamente típico e culpável.

1.3. O típico deve ser estudado como adjetivador da ilicitude e da culpabilidade e, não, como substantivo em si, completo de sentido ou dotado de propriedade jurídica performativa independente.

1.4. O tipo legal não é a primeira valoração autônoma na teoria do delito; apenas determina a primeira fase da técnica de tratamento de casos.

1.5. Elementos negativos não se conectam exclusivamente ao tipo, mas também à culpabilidade e, até, à punibilidade.

1.6. Os elementos categoriais do delito assentam, em filiação a ROXIN, sobre o substrato político-criminal formado por: i) princípio da legalidade (tipicidade); ii) regulação social mediante ponderação de interesses em situações de conflito (antijuridicidade) e iii) exigências das teorias dos fins da pena (culpabilidade).

1.7. Entre tipicidade e antijuridicidade subjazem relações de pressuposição e de acarretamento: a tipicidade pressupõe a antijuricidade mas não a acarreta; a antijuridicidade é pressuposta da tipicidade mas não por ela acarretada. Errônea a visão doutrinária dominante de ser a tipicidade um acarretador potencial da antijuridicidade, pois, em verdade, é dela apenas o pressuposto.

2. A regular edição do tipo legal não instaura a certeza de punição em relação ao Estado, já que o típico não esgota o injusto. O tipo legal cria, antes e sobretudo, uma expectativa de não-punição em favor do cidadão, eis que inexiste a possibilidade de sanção sem a anterior previsão legal.

3. Não é sustentável uma zona a-deôntica, normativamente neutra, isto é, não alcançada pelos vetores de proibição, permissão ou obrigação, onde as condutas humanas sejam juridicamente indiferentes ou irrelevantes. Por conseguinte, igualmente inexiste um espaço intermediário entre a proibição e a permissão penal, constituído pela antinormatividade welzeniana e zaffaroniana (como contradição à norma, mas não ao ordenamento), já que da norma penal abstrai-se o produto da confluência (convergência/divergência) dos vetores de conduta do universo da ordem imperativa.

3.1. O ato humano historicamente dado que se subsome à uma descrição de conduta típica, mas não se ressente de ilicitude, é, sem dúvida, formalmente típico, mas jamais antinormativo (pois isto expressaria uma contradição à norma). Uma ação humana somente será antinormativa ferindo a norma, pois então viola o Direito, equivale dizer, tal conduta é antijurídica e, por isso mesmo – mas só então – constitui-se em algo penalmente relevante.

3.2. Normas proibitivas, imperativas e permissivas devem ser vistas como unidade, malgrado sua formulação separada. Atuar tipicamente, mas não-antijuridicamente, representa tanto não-proibido como um comportamento que, desde o princípio, está de acordo com a prescrição aparente da norma. Nestes casos estará ausente a proteção jurídica sobre o objeto material, sequer podendo-se falar, rigorosamente, em "bem jurídico", pois este somente se aperfeiçoa, conceitualmente, quando valioso para o Direito.

3.3. Num Estado democrático de Direito, onde não existem mais súditos e sim cidadãos, onde não se fala numa relação sujeito-objeto e, sim, sujeito-sujeito, não pode Estado limitar-se a se dirigir unicamente aos seus juízes e funcionários, através das normas secundárias, antes deve admitir o cidadão como interlocutor, dirigindo-lhe mensagens comunicativas, propiciando uma situação ideal, onde o sentido da conseqüência da norma primária é o produto do consenso dos participantes legitimados ao discurso do injusto, numa interação comunicacional legitimada pelo procedimento próprio.

3.4. A proclamação da tipicidade penal é ato derrogatório da presunção constitucional da não-culpa e importa na concessão das franquias jurídicas ao Estado para imposição da força contra o cidadão, motivo por que os tipos legais devem ser manejados pelo aplicador como catálogo de permissões elípticas reversas, não como rol de vedações absolutas.

3.4.1. Não podem, portanto, a Autoridade Policial (no instante de indigitação criminal, com imposição ou não de medida restritiva deambulatória, potencial ou efetiva), tampouco o Ministério Público (no momento do exercício de seu poder-dever constitucional de promoção da ação penal pública) e, menos ainda, o Magistrado (não só por ocasião da prolação de seu decisum, mas também ao tempo da expedição de qualquer comando cautelar durante o processo de conhecimento ou de execução), afirmar a concreção típica invocando mera adequação do comportamento humano, positivo ou negativo, à construção gramatical da lei. Primeiro, e com primazia às verificações subseqüentes, impõe-se-lhe o dever de examinar se preexiste a antijuridicidade. Negar esse imperativo seria admitir não a configuração do delito em (dois ou três) níveis analíticos, mas sim defender três níveis escalonados e crescentes de atuação humana criminosa.

3.5. Adotamos a distinção entre tipicidade legal e tipicidade penal, mas deixamos de assimilar a noção de tipicidade conglobante, haja vista não ser cabível a distinção entre ordem normativa e ordem jurídica (pois são normas de mesma natureza tanto as que proíbem ou obrigam quanto as que permitem, daí a inconveniência lógica de segregar esses vetores deônticos em sedes classificatórias distintas).

3.6. Tipo legal é equivalente de texto legal, ao passo que tipo penal é expressão da norma penal continente, já, do juízo de antijuridicidade, este formulado após operação complexa que implica em vasculhar todo o ordenamento, através da análise de intertextos legais conexionados por via de hipertextos e sem limitação exclusiva em textos ou co-textos positivos locais, tudo enriquecido discursivamente pelo contexto assimilado desde os destinatários e aplicadores da norma.

3.7. O tipo penal, fato operativo jurídico condicionado, é o recorte lingüístico da proibição criminal, como expressão sintático-pragmática da síntese resultante de uma tese (a norma penal proibitiva) e todas suas antíteses possíveis (normas jurídicas obrigatórias e permissivas em sentido amplo). Nega-se, assim, o tipo como pura descrição sintático-objetiva de conduta humana apartada do juízo da ilicitude, pois no tipo a antijuridicidade é incindível de sua (anti)normatividade inerente.

3.7.1. Enquanto que elementos positivos do tipo penal, por força do caro princípio da legalidade, somente podem sê-los o texto da lei nacional ou, então, o intertexto da supranacional àquela hipertextualmente conexionada, a sua vez, os elementos negativos assumem a caracterização de um repertório de permissividade jurídica mais amplo, pois comporta, além daqueles textos e hipertextos, também o contexto da norma (os paratipos dos costumes e da jurisprudência), em cujo processo aplicativo contam, por fim, os criptotipos no jusnaturalismo alimentados. Nesse processo, possibilita a doutrina, como metatipo, a transição da noção de ordenamento legal para o de sistema jurídico-penal.

4. Não há Direito sem norma e não há norma sem linguagem; logo, Direito é linguagem.

4.1. A norma penal tem seu sentido predeterminado pelo legislador (natureza gramatical da lei), co-determinado pelos aplicadores (plano semântico da norma) e sobredeterminado pela comunidade onde é aplicada (aspecto pragmático dos comandos).

4.2. É adverbial a função da antijuridicidade no enunciado normativo. A luta da teoria dos elementos negativos do tipo penal tem sido pela justaposição do adjunto adverbial de modo "injustamente" a todo verbo nuclear típico. É a palavra "crime" que introduz, elipticamente, o advérbio "injustamente" na oração típica. Portanto, em todo tipo legal subsiste, elipsado, o adjunto adverbial de modo "injustamente".

4.3. A norma penal não se equipara ao texto legislativo continente do tipo legal (que, embora constitua frase gramaticalmente completa, configura proposição jurídica incompleta). As leis penais, como proposição jurídica e como estrutura lingüística, conexionam uma coisa com outra, associando à situação fática (circunscrita de modo geral à 'previsão normativa') uma conseqüência jurídica (também circunscrita de modo geral). Sua força constitutiva fundamentadora de conseqüências jurídicas, recebem-na somente em conexão com outras proposições jurídicas.

4.4. O legislador, ao criar o crime, não produz a norma penal. Produz (parte / fragmento do) texto legal que predetermina o sentido da norma que será, depois, co-determinado pelos aplicadores encarregados da aplicação e sobredeterminado pela comunidade eleita para destinação. Fala-se, portanto, na sintaxe do legislador, na semântica do aplicador e na pragmática dos destinatários.

4.5. A enunciação da norma penal deixa de ser ato singular linguageiro e passa a configurar processo plurissubjetivo de utilização da língua, isto é, o produzir enunciado passa a ser compreendido não como ato único daquele que fala no momento em que fala, mas sim como complexo de atos pelo qual os sujeitos (enunciadores e co-enunciadores) constroem o sentido.

4.6. Defende-se a força normativa tanto dos costumes quanto da jurisprudência, devendo estes figurar não como mero contexto de produção de sentido da norma penal, mas desta verdadeiro intertexto. A doutrina, embora não texto legal, é necessariamente metatexto porque de seus conceitos e elaborações advém, em grande parte, a constituição de sentido no discurso de proibição penal.

4.7. Na aplicação de uma norma penal, descabe uma análise meramente textual (os signos entre si). Impende compreender as mensagens diretivas de condutas, ínsitas das normas penais, em seu caráter situacional emergente, isto é, como produto discursivo em que se destaca o papel dos destinatários – não mais como passivos endereçados, mas como co-enunciantes – considerados nas relações que mantém entre si e com os signos da enunciação (ou, mais precisamente, com os conteúdos de sentido que estes adquirem na dinâmica social).

4.8. No ato de aplicação da lei penal, fala-se em contexto sociocognitivo onde os actantes detêm uma base mínima de conhecimentos (enciclopédicos e jurídicos) compartilhados, somente alcançando-se interpretações equivocadas se errôneas as pressuposições sobre o domínio de certos conhecimentos por parte dos aplicadores da norma. Incorreta injustificação do ato humano somente decorrerá da imprecisa intelecção do co-texto legal no seu contexto normativo. A descontextualização, propiciada pela análise isolada do tipo legal no momento de aplicação da lei criminal, tem sido, em grande medida, o fator primeiro de insucesso da teoria do tipo penal como meio para efetivação da Justiça no Direito Penal.

4.9. Incorreto falar-se em mera "subsunção" da conduta humana à hipótese típica, pois o caso concreto jamais é puro fato, mas sim uma unidade de sentido socialmente relevante, mais ou menos complexa, integrada por elementos culturais difíceis de definir, para cuja descrição nem sempre a previsão legal contém conceitos precisos e, assim, propiciadores de juízos imediatos de subsunção.

4.9.1. Correto é dizer de um sistema hermenêutico de tratamento de casos.

4.10. Numa conceituação estritamente juspositivista, o tipo penal (como norma acabada) é a síntese discursiva continente do sentido atribuível ao tipo legal (que é disposição). Exsurge, assim, a norma criminal (expressa pelo tipo penal) como ato lingüístico de autoridades normativas, deliberações políticas pretéritas.

4.11. A tarefa de inferenciação, para construção de sentido do injusto criminal, deve operar-se em universo referencial ampliado, onde os padrões de proibição-permissão lingüisticamente estabelecidos, como produto discursivo de uma comunidade comunicativa estendida, fazem dilatar o sentido de "crime" (não mais conexionado unicamente a textos positivos locais senão a construções intersubjetivamente válidas assentadas sobre paradigmas distendidos).

4.12. Com o falar em pragmática da norma penal, defendemos a ampliação do círculo de possíveis interactantes do processo comunicacional construtor da ilicitude penal. Persegue-se, portanto, uma verdade procedimental, propiciada pelo consenso habermasiano, num espaço argumentativo aberto, com a inclusão de todos os potenciais afetados e a repartição eqüitativa dos direitos de comunicação.

5. A principal crítica que se deve fazer à concepção da lei (em sentido estrito) como fonte única da norma penal é que a anacrônica louvação à positivação, do Iluminismo herdada, apresenta-se, hoje, como processo nomotético-comunicacional superado, pois nele praticamente inexiste retroação vinculativa do emissor ao receptor, isto é, desprestigia-se o ângulo pragmático do Direito como linguagem, pela ausência de retroação do "receptor" em relação ao "emissor", gerando dessincronia interacional entre ambos. Dentre outras coisas, essa disfunção comunicacional cerra as possibilidades de inter-regulação do conteúdo imperativo da norma legal frente às normas jurisprudenciais e constumeiras.

5.1. A defesa do direito consuetudinário como fonte do direito corresponde, ideologicamente, à nossa filiação a um realismo jurídico avesso a uma sacralização mitológica do princípio da legalidade (e do formalismo conceitual) característica de um positivismo normativista imoderado. O Direito não é aquele coisificado em leis, mas sim uma realidade fática.

Deve contar, como norma, o Direito vivido e aplicado na comunidade. Do ponto de vista lingüístico, não se atém aqui à distinção saussureana entre língua e fala, senão que se privilegia o âmbito pragmático da linguagem, com a importância que modernamente lhe foi, devidamente, conferida.

5.2. Na criação da norma penal é necessário compatibilizar a cooperação discursiva do indivíduo com os seus direitos subjetivos de liberdade. O cidadão deve atuar, simultaneamente, como autor e como destinatário da norma. Nisso a autonomia pública conjuga-se à autonomia privada, cada qual como parte da autonomia comunicativa na compreensão comunicativa da coordenação de ações. Os possíveis afetados por uma pretensão de validez da norma devem deter capacidade e legitimidade para tomar parte na formação de num consenso dominante, num processo aberto de formação do sentido do injusto.

5.3. O tema legitimidade ao direito de resistência evoca casos de dificílima resolução e de evidente atualidade perante a Ciência do Direito e a Ciência Política. Até que ponto uma opressão (de qualquer natureza) não é excludente de um direito fundamental e, em contrapartida, a partir de que instante está o cidadão autorizado a resistir, não substanciam perguntas de fácil resolução. Ainda que, nesse intento, sejam antepostos paradigmas assentados na teoria dos direitos fundamentais, o problema remanesce, em larga medida, não solucionado, porque suscitaria uma segunda questão acerca da possibilidade de a defesa de direitos fundamentais cobrar o sacrifício de outros direitos de mesmo status categorial.

6. A *intertipicidade penal* representa o produto da concorrência, convergência, justaposição e conflito de normatividade entre vários ordenamentos positivos, hipertextualmente relacionados entre si, no mesmo espaço político incidentes, os quais, configurando, intertextualmente, um sistema global, limitado pelo contexto, reproduzem o sentido do discurso positivo do injusto, donde se extrai o tipo penal na sua integralidade existencial normativa.

6.1. Pelo intertipo penal busca-se a expressão de uma "norma penal real", cuja elaboração reclama a recomposição à unidade de todas as disposições normativas que convergem para qualificar juridicamente uma dada situação fática. Os fragmentos singulares da norma estão contidos em uma pluralidade de disposições (de liceidade e de ilicitude), as quais, combinando-se com o tipo legal, originam uma proposição normativa (diversa daquela incriminadora), com base na qual o fato *X* será punível, desde que não cometido em presença da situação *Y*.

6.2. Considerando que as normas de direito comunitário produzem efeitos diretos (todos os juízes nacionais são juízes do direito comunitário), têm primazia sobre a legislação nacional e, por fim, são regidas pela cooperação leal entre os Estados, parece incontroverso que a normativa comunitária, incidindo sobre o ordenamento dos Estados-membros, possa conduzir à incompatibilidade entre a norma penal nacional e o direito supra-estatal, provocando um efeito de "neutralização" do primeiro.

6.3. Não podem mais os Estados ignorar as normas do Direito internacional, pois estas ab-rogam "ipso facto" as normas internas que lhe sejam contrário e, por conseguinte, impõem-se ao juiz interno. Como desdobramento os indivíduos, como verdadeiros sujeitos do Direito das gentes, podem, agora, obter seus direitos diretamente de uma norma internacional.

7. "Crime é o universo dos comportamentos penalmente proibidos (v) obtido pelo universo dos comportamentos humanos formalmente típicos (∑) com subtração dos universos dos comportamentos juridicamente permitidos (p) e/ou obrigatórios (o)" :

7.1. $$\mathbf{Uv \equiv \{\Sigma - [(Up)\ v\ (Uo)]\}}$$

Bibliografia

ABBAGNANO, Nicola. **Dicionário de Filosofia.** Tradução Alfredo Bosi. 2ª edição. São Paulo: Martins Fontes, 1998.

ACERO, João José; BUSTOS, Eduardo; QUESADA, Daniel. **Introduccion a la Filosofia del Lenguaje**. Madrid: Cátedra, 2001.

AGUIRRE, Joaquim; GOPENA, Florêncio Garcia. **Comprensiva de los Códigos Cível, Criminal y Administrativo**. Madrid: I.Boix, 1842.

AIELLO, Luigia Carlucci; PIRRI, Fiora. **Strutture Logica Linguaggi**. Milano: Pearson, 2005.

ALDAY, Rafael Escudero. **Positivismo y Moral Interna del Derecho**. Madrid: Centro de Estudios Políticos y Constitucionales, 2000.

ALEXY, Robert. **Concetto e Validità del Diritto**. Torino: Einaudi, 1997.

____________. **Teoria da Argumentação Jurídica, A Teoria do Discurso Racional como Teoria da Justificação Jurídica**. Tradução de Zilda Hutchinson Schild Silva. São Paulo: Landy, 2001.

____________. **Direitos Fundamentais no Estado Constitucional Democrático:Para a Relação entre Direitos do Homem, Direitos Fundamentais, Democracia e Jurisdição Constitucional**. Revista de Direito Administrativo. Rio de Janeiro, 217: 55-66, jul./set.1999

____________. **Colisão de Direitos Fundamentais e Realização de Direitos Fundamentais no Estado de Direito Democrático.** Revista de Direito Administrativo. Rio de Janeiro, 217: 55-66, jul./set.1999.

____________. **Problemas da Teoria do Discurso.** *In* Anuário do Mestrado em Direito, n. 5. Recife (PE): Universidade Federal de Pernambuco, 1992.

____________. **Teoria de los Derechos Fundamentales.** Madrid: Centro de Estudios Políticos y Constitucionales, 2001.

ALIMENA, Bernardino. **Princípios de Derecho Penal, vol. I.** (traducido y anotado por Eugenio Cuello Calón) . Madrid: Victoriano Suárez, 1915.

ALMEIDA, Maria Inês de (org). **Para que Serve a Escrita?** São Paulo: EDUC, 1997.

ALTAVILLA, Jayme de. **Origem dos Direitos dos Povos.** São Paulo: Melhoramentos, 1964.

ALVES, Alaôr Caffé. **Lógica, Pensamento Formal e Argumentação, Elementos para o Discurso Jurídico.** Bauru, SP: Edipro, 2000.

AMARAL, Cláudio do Prado. **Princípios Penais, da Legalidade à Culpabilidade.** São Paulo: IBCCRIM, 2003.

AMBRUZZI, Lucio. **Nuovo Dizionario Spagnolo-Italiano e Italiano-Spagnolo.** Torino: Paravia, 1963.

ANCORA, Felice. **Fattispecie, Fattispecie Soggetiva, Fattispecie Precettiva, Anomalie.** Torino: Giappichelli, 1999.

ARAÚJO, Clarice von Oertzen. **Semiótica do Direito.** São Paulo: Quartier Latin, 2005.

ARAÚJO, Inês Lacerda. **Introdução à Filosofia da Ciência.** 3ª ed. Curitiba, PR: UFPR, 2003.

ARAÚJO, Luis Ivani de Amorim. **Direito Internacional Penal (Delicta Iuris Gentium).** Rio de Janeiro: 2000.

ARBOUR, Louise et all. **The Prosecutor of a Permanent International Criminal Court.** Freiburg im Breisgau: Iuscrim, 2000.

ARIZA, Santiago Sastre Ariza. **Ciencia Jurídica Positivista y Neoconstitucionalismo.** Madrid: Mc Graw Hill, 1999.

ARTOSI, Alberto. **Il Paradosso di Chisholm:Un'Indagine sulla Lógica del Pensiero Normativo.** Bologna: CLUEB, 2000.

ASCENSÃO, José de Oliveira. **O Direito, Introdução e Teoria Geral, Uma Perspectiva Luso-Brasileira**. Lisboa: Calouste Gulbenkian, 1984.

ASÚA, Luis Jiménez de. **La Ley y el Delito, Principios de Derecho Penal**. Buenos Aires: Sudamerica, 1967.

______________________. **Reflexiones Sobre el Erro de Derecho en Materia Penal.** Buenos Aires: Ateneo, 1942.

ATALIBA, Geraldo. **Hipótese de Incidência Tributária**. São Paulo: Malheiros, 2006.

ATIENZA, Manuel. **Introducción al Derecho**. Barcelona: Barcanova, 1985.

_______________. **As Razões do Direito. Teorias da Argumentação Jurídica. Perelman, Viehweg, Alexy, MacCormick e Outros**. São Paulo: Landy, 2003.

AUSTIN, John Langshaw. **Sentido e Percepção**. Tradução Armando Manuel Mora de Oliveira. São Paulo: Martins Fontes, 1993.

ÁVILA, Humberto. **Teoria dos Princípios, da Definição à Aplicação dos Princípios Jurídicos**. São Paulo: Malheiros, 2005.

AZEVEDO, David Teixeira de. **Atualidades no Direito e Processo Penal**. São Paulo: Método, 2001.

AZEVEDO, Plauto Faraco de. **Crítica à Dogmática e Hermenêutica Jurídica**. Porto Alegre: SAFe, 1989.

BACHELARD, Gaston. **O Novo Espírito Científico**. Tradução de Juvenal Hahne Júnior, 3ª edição. Rio de Janeiro: Tempo Brasileiro, 2000.

BACHOF, Otto. **Normas Constitucionais Inconstitucionais**. Coimbra: Almedina, 1994.

BAGNO, Marcos. **Norma Lingüística**. São Paulo: Loyola, 2001.

BALDAN, Édson Luís. **Fundamentos do Direito Penal Econômico**. Curitiba: Juruá, 2005.

BALESTRA, Carlos Fontán. **Tratado de Derecho Penal, Tomo I, Parte General**. Buenos Aires: Abeledo-Perrot, 1966.

BALLESTEROS, J. *et all*. **Conoscenza e Normatività. Il Normativo tra Decisione e Fondazione**. Milano: Giuffrè, 1995.

BAPTISTA, Fernando Pavan. **O Tractatus e a Teoria Pura do Direito: uma Análise Semiótica Comparativa entre o Círculo e a Escola de Viena.** Rio de Janeiro: Letra Legal: 2004.

BARATTA, Alessandro. **Ricerche su Essere e Dover Essere nell' Esperienza Normativa e nella Scienza del Diritto.** Milano: Giuffrè, 1968.

BARTHES, Roland. **A Aventura Semiológica.** São Paulo: Martins Fontes, 2001.

BASSIOUNI, M. Cherif. **ICC Ratification and National Implementing Legislation.** New York: Eres, 1999.

BASTOS, Celso Ribeiro. **Hermenêutica e Interpretação Constitucional.** 3ª ed. São Paulo: Celso Bastos, 2002.

____________________. **Comentários à Constituição do Brasil.** São Paulo: Saraiva, 1988.

BATISTA, Nilo. **Introdução Crítica ao Direito Penal Brasileiro.** 5ª edição. Rio de Janeiro: Revan, 2001.

______________; ZAFFARONI, Eugénio Raúl; ALAGIA, Alejandro; SLOKAR, Alejandro. **Direito Penal Brasileiro, Primeiro Volume, Teoria Geral do Direito Penal.** 2ª edição. Rio de Janeiro: Revan, 2003.

BATTAGLINI, Giulio. **Principii di Diritto Penale in Rapporto alla Nuova Legislazione, Questioni Preliminari.** Milano: Instituto Editoriale Scientifico, 1929.

BECCARIA, Cesare. **De los Delitos y de las Penas**, tradução de Juan Antonio de las Casas. Madrid: Alianza, 2002.

__________________. **Dos Delitos e das Penas.** Tradução José Cretella Júnior e Agnes Cretella. 2ª edição. São Paulo: RT, 1997.

__________________. **De los Delitos y de las Penas, Facsimilar de la Edición Príncipe en Italiano de 1764.** Tradução Juan Antonio de las Casas. México: Fondo de Cultura Económica, 2000.

BELING, Ernst von. **Esquema de Derecho Penal. La Doctrina del Delito-Tipo.** Buenos Aires: El Foro, 2002.

BENJAMIN, Walter. **Para uma Crítica de la Violencia y Otros Ensayos, Iluminaciones IV.** Madrid: Taurus Humanidades, 1997.

BENTHAN, Jeremy. **Teoria das Penas Legais e Tratado dos Sofismas Políticos.** Leme,SP: Edijur, 2002.

BERNAL, Antonio Martinez. **El Juez y la Ley (Discurso Leido en la Solemne Apertura del Curso Academico de 1950-51).** Murcia: Universidad de Murcia, 1950.

BETTIOL, Giuseppe. **O Problema Penal**. Campinas,SP: LZN, 2003.

_________________. **Scritti Giuridici, Tomo II**. Padova: Cedam, 1966, p. 901

BIANCHINI, Alice. **Pressupostos Materiais Mínimos da Tutela Penal**. São Paulo: RT, 2002.

BIEC, Juan Maria. **Suplemento al Diccionario Razonado de Legislacion y Jurisprudencia**. Madrid: Angel Galleja, 1851.

BILHALVA, Jacqueline Michles. **A Aplicabilidade e a Concretização das Normas Constitucionais.** Porto Alegre: Livraria do Advogado, 2005.

BITENCOURT, Cezar Roberto. **Erro de Tipo e Erro de Proibição, uma Análise Comparativa**. São Paulo: Saraiva, 2000.

___________________________. **Manual de Direito Penal, Parte Geral, Volume I . 6ª edição**. São Paulo: Saraiva, 2000.

BITTAR, Eduardo C.B.; ALMEIDA, Guilherme Assis de. **Curso de Filosofia do Direito**. São Paulo: Atlas, 2002.

BITTENCOURT, Edgard de Moura. **O Juiz.** Campinas, SP: Millenium, 2002.

BOBBIO, Norberto. **O Positivismo Jurídico. Lições de Filosofia do Direito**. Tradução Márcio Pugliesi, Edson Bini e Carlos E. Rodrigues. São Paulo: Ícone, 1995.

_______________. **Teoria da Norma Jurídica**. Tradução Fenando Pavan Baptista e Ariani Bueno Sudatti. Bauru, SP: Edipro, 2001.

_______________. **Teoria do Ordenamento Jurídico**. Tradução Maria Celeste Cordeiro Leite dos Santos. 10ª edição. Brasília: UnB, 1999.

_______________. **A Era dos Direitos**. Rio de Janeiro: Campus, 1992.

BÖCKENFÖRDE, Ernst-Wolfgang. **Escritos sobre Derechos Fundamentales**. Baden-Baden: Nomos Verlagsgesellschaft, 1993.

BONI, Luis A. de (org.). **Lógica e Linguagem na Idade Média**. Porto Alegre, RS: EDIPUCRS, 1995.

BOUCAULT, Carlos Eduardo de Abreu; RODRIGUEZ, José Rodrigo (orgs.). Hermenêutica Plural, **Possibilidades Jusfilosóficas em Contextos Imperfeitos**. São Paulo: Martins Fontes, 2002.

BRONISLAW, Malinowski. **Crime e Costume na Sociedade Selvagem**. Tradução de Maria Clara Corrêa Dias. Brasília: UnB, 2003.

BRODT, Luís Augusto Sanzo. **Da Consciência da Ilicitude no Direito Penal Brasileiro**. Belo Horizonte: Del Rey, 1996.

BRUNO, Aníbal. ***Direito Penal, Parte Geral, Tomo I***. Rio de Janeiro: Forense, 1967.

BULLE, Oscar; RIGUTINI, Giuseppe. **Neues Italienisch-Deutsches und Deutsch-Italienisches Wörterbuch.** Leipzig: Bernhard Tauchnik, 1922.

BULYGIN, Eugenio; Alchourrón, Carlos E. **Introducción a la Metodologia de las Ciencias Jurídicas y Sociales**. Buenos Aires: Astrea, 1987.

BUSTAMANTE, Lino Rodriguez-Arias et all. **Estudios de Filosofia del Derecho y Ciencia Juridica en Memoria y Homenaje al Catedrático Don Luis Legaz y Lacambra**. Madrid: Centro de Estudios Constitucionales, 1985.

BUYSSENS, Eric. **La Comunicación y la Articulación Lingüística**. Buenos Aires: EU-BA, 1978.

BUZZI, Arcângelo R. **Introdução ao Pensar. O Ser, o Conhecimento, a Linguagem**. 30ª edição. Petrópolis, RJ: Vozes, 2003.

CABRERA, Julio. **Margens das Filosofias da Linguagem. Conflitos e Aproximações entre Analíticas, Hermenêuticas, Fenomenologias e Metacríticas da Linguagem**. Brasília: UnB (Editora), 2003.

CACCIARI, Massimo. **Icone della Lege**. Milano: Adelphi, 2002.

CALAMANDREI, Piero. **A Crise da Justiça**. Tradução Hiltomar Martins Oliveira. Belo Horizonte: Líder, 2003.

________________. **Eles, os Juízes, Vistos por um Advogado**. Tradução Eduardo Brandão. São Paulo: Martins Fontes, 2000.

CALDERÓN CEREZO, Ángel; CHOCLÁN MONTALVO, José Antonio. **Derecho Penal, Parte General, Tomo I**. Barcelona: Bosh, 2001.

CALÓN, Eugenio Cuello. **Derecho Penal, Tomo I, Parte General**. Barcelona: Bosch, 1929.

____________________. **Derecho Penal, Tomo I, Parte General**. Barcelona: Bosch, 1935.

CALSAMIGLIA, Albert. **Racionalidad y Eficiencia del Derecho**. México (DF): Fontamara, 1993.

CAMARA JR., J. Mattoso. **Princípios de Lingüística Geral**. Rio de Janeiro: Acadêmica, 1970.

CAMARGO, Antonio Luís Chaves. **Imputação Objetiva e Direito Penal Brasileiro**. São Paulo: Cultural Paulista, 2001.

CANARIS, Claus-Wilhelm. **Pensamento Sistemático e Conceito de Sistema na Ciência do Direito**. Lisboa: Calouste Gulbenkian, 2002.

CANOTILHO, José Joaquim Gomes. **Brancosos e Interconstitucionalidade, Itinerários dos Discursos sobre a Historicidade Constitucional**. Coimbra: Almedina, 2006.

________________________________. **Direito Constitucional**, 7ª Edição. Coimbra, Portugal: Almedina, 2003.

________________________________. **Constituição Dirigente e Vinculação do Legislador**, 2ª edição. Coimbra: Coimbra (Editora), 2001.

________________________________. **Estudos sobre Direitos Fundamentais**. Coimbra: Coimbra (Editora), 2004.

CAPPELLETTI, Mauro. **Juízes Irresponsáveis?** Tradução Carlos Alberto Álvaro de Oliveira. Porto Alegre: SAFE, 1989.

____________________. **Juízes Legisladores?** Porto Alegre: SAFe, 1993 (Reimpressão, 1999).

CARDIM, Carlos Henrique. **Bobbio no Brasil, um Retrato Intelectual**. São Paulo: Imprensa Oficial do Estado, 2001.

CARMIGNANI, Giovanni. **Elementi di Diritto Criminale**. Milano: Carlos Brigola, 1882.

CARNAP, Rudolf. **Introduction to Symbolic Logic and Its Applications**. New York, Dover, s/d.

_____________. SCHLICK, Moritz. **Coletânea de Textos**. Tradução Luiz João Baraúna e Pablo Rubén Mariconda. 2ª edição. São Paulo: Abril Cultura, 1985.

CARNEIRO, Maria Francisca; SEVERO, Fabiana Galera; ÉLER, Karen. **Teoria e Prática da Argumentação Jurídica, Lógica, Retórica.** Curitiba: Juruá, 1999.

CARRARA, Francesco. **Programa do Curso de Direito Criminal, Parte Geral, Volume I.** Tradução Ricardo Rodrigues Gama. Campinas, SP: LZN, 2002.

__________________. **Programa do Curso de Direito Criminal, Parte Geral, Volume II**. Tradução Ricardo Rodrigues Gama. Campinas, SP: LZN, 2002.

CARRIÓ, Genaro R. **Sobre los Límites del Lenguaje Nomativo**. Buenos Aires: Astrea, 2001.

CARVALHO, Paulos de Barros. **Teoria da Norma Tributária.** 4ª edição. São Paulo: Max Limonad, 2002.

____________________________. **Curso de Direito Tributário**. São Paulo: Saraiva, 1999.

__________________________. **Apostila de Filosofia do Direito I , Lógica Jurídica.** São Paulo: PUC, 1999.

CARVALHO, Márcia Dometila Lima de. **Fundamentação Constitucional do Direito Penal**. Porto Alegre: SAFe, 1992, p. 55

CASSIRER, Ernst. **El Problema Del Conocimiento en la Filosofia y en la Ciência Modernas**. México: Fondo de Cultura Econômica, 1956.

CASTRO, Maria Fausta Pereira de (org). **O Método e o Dado no Estudo da Linguagem**. Campinas, SP: UNICAMP, 1996.

CATENACCI, Mauro. **Legalità e Tipicità del Reato nello Statuto della Corte Penale Internazionale**. Milano: Giuffrè, 2003.

CAVALCANTI, Arthur José Faveret. **A Estrutura Lógica do Direito**. 2ª edição. Rio de Janeiro: Renovar, 2003.

CAVALCANTI, Teófilo (org.). **Estudos em Homenagem a Miguel Reale**. São Paulo: USP, 1977.

CEREZO MIR, José. **Problemas Fundamentales del Derecho Penal**. Madrid: Tecnos, 1982.

________________. **Curso de Derecho Penal Español, Introducción, Teoría Jurídica del Delito/1**. Madrid: Tecnos, 1994.

CHAVES, Antonio. **Os Súditos Inimigos**. São Paulo: Lex, 1945.

CHAUÍ, Marilena. **Convite à Filosofia**. São Paulo: Ática, 1998.

CHIERCHIA, Gennaro. **Semântica**. Tradução de Luis Arthur Pagani, Lígia Negri e Rodolfo Ilari. Campinas, SP: Unicamp, 2003.

CHOMSKY, Noam. **Novos Horizontes no Estudo da Linguagem e da Mente**. Tradução Marco Antônio Sant'Anna. São Paulo: UNESP, 2005.

CHOUKR, Fauzi (org). **Tribunal Penal Internacional**. São Paulo: RT, 2000.

CID, Benito de Castro. **Problemas Básicos de Filosofía del Derecho, Desarrollo Sistemático.** Madrid: Universitas, 1994.

COBO DEL ROSAL, Manuel; ANTÓN, Tomás S. Vives. **Derecho Penal. Parte General. Valencia**: Tirant lo Blanch, 1999.

COELHO, Walter. **Teoria Geral do Crime. Volume I.** 2ª edição. Porto Alegre: SAFE, 1998.

COHEN, Lucy Kramer Cohen. **The Legal Conscience, Selected Paper of Felix S. Cohen**. New York: Archon, 1970.

COGLIOLO, Pietro. **Completo Trattato Teorico e Pratico di Diritto Penale Secondo il Codice Unico del Regno D'Italia.** Milano: Leonardo Vallardi, 1888.

CONDE, Francisco Muñoz. **Teoria Geral do Delito**. Tradução de Juarez Tavares e Luiz Regis Prado. Porto Alegre: SAFE, 1988.

________________. **Las Visitas de Edmund Mezger al Campo de Concentración de Dachau em 1944**. Revista Penal. Barcelona, n. 11, p. 81-93, jan/2003.

________________. **Comentário a "La Riforma Penale Nazional-Socialista", de Filippo Grispigni y Edmund Mezger".** Nueva Doctrina Penal. Buenos Aires, n. A, p. 303-315, 2003.

________________. **La Otra Cara de Edmund Mezger: su Participación en el Proyeto de la Ley sobre Gemeinschaftfremde (1940-1944).** Alter. Revista Internacional de Teoría, Filosofia y Sociología del Derecho. Coyoacán, n.1, p. 197-219, jan. 2006.

________________. **Edmundo Mezger e o Direito Penal de seu Tempo, Estudos**

sobre o Direito Penal no Nacional-Socialismo. Rio de Janeiro: Lumen Juris, 2005.

______________________; BITENCOURT, Cezar Roberto. **Teoria Geral do Delito.** São Paulo: Saraiva, 2000.

CONRADO, Paulo César. **Compensação Tributária e Processo**. São Paulo: Max Limonad, 2001.

______________________. **Introdução à Teoria Geral do Processo Civil**. São Paulo: Max Limonad, 2000, p. CONRADO, Paulo César. *Introdução à Teoria Geral do Processo Civil.* São Paulo: Max Limonad, 2000.

CONTE, Amedeo G. **Filosofia del Linguaggio Normativo, vol. III**, Studi 1995-2001. Torino: Giappichelli, 2001.

CONTE, Amedeo G. **Primi Argomenti per una Critica del Normativismo**. Pavia: Università di Pavia, 1968.

CONTRERAS, Joaquin Cuello. **El Derecho Penal Español**. Madrid: Civitas, 1996.

COPETTI, André (org.). **Criminalidade Moderna e Reformas Penais**. Porto Alegre: Livraria do Advogado, 2001.

COPI, Irving Marmer**. Introdução à Lógica.** Tradução Álvaro Cabral. 2ª edição. São Paulo: Mestre Jou, 1978.

_________________. **Symbolic Logic.** 3ª edição. Londres: Macmillan, 1967.

CORTÉS, César Silió y. **La Crisis del Derecho Penal**. Madrid: Fuentes y Capdeville, 1891.

COSTA E SILVA, Antonio José da. **Código Penal dos Estados Unidos do Brasil Commentado**: São Paulo: Nacional, 1930.

COSTA, Newton C.A. **Lógica Indutiva e Probabilidade.** 2ª edição. São Paulo: EDUSP, 1993.

_________________; et all. **Lógica Paraconsistente Aplicada**. São Paulo: Atlas, 1999.

_________________. **Ensaio sobre os Fundamentos da Lógica**. São Paulo: USP, 1980.

COSTA, Regenaldo da. Ética do Discurso e Verdade em Apel. Belo Horizonte: Del Rey, 2002.

COSTA JÚNIOR, Paulo José da. **Comentários ao Código Penal**. 7ª edição. São Paulo: Saraiva, 2002.

____________________. **Direito Penal Objetivo**. 3ª edição. Rio de Janeiro: Forense-Universitária, 2003.

CUEVA, Lorenzo Morillas. **Curso de Derecho Penal Español**. Madrid: Marcial Pons, 1996.

CUNHA, Celso. Cintra, Luís F. Lindley. **Nova Gramática do Português Contemporâneo.** São Paulo: Nova Fronteira, 2001.

CUNHA, J.S. Fagundes; BALUTA, José Jairo. **O Processo Penal à Luz do Pacto de São José da Costa Rica**. Curitiba: Juruá, 1997.

CRETELLA JÚNIOR, José. **Curso de Filosofia do Direito**. São Paulo: Bushatsky, 1967.

D'AGOSTINI, Franca. **Lógica do Niilismo. Dialética, Diferença, Recursividade**. São Leopoldo, RS: Unisinos, 2002.

DALLA-ROSA, Luiz Vergílio. **Uma Teoria do Discurso Constitucional**. São Paulo: Landy, 2002.

D'AMELIO, Mariano (Coord). **Nuovo Digesto Italiano**. Torino: Torinese, 1939.

DAVI, René. **O Direito Inglês**. São Paulo: Martins Fontes, 2000.

DELEUZE, Gilles. **Proust e os Signos**. Tradução Antonio Piquet e Roberto Machado. Rio de Janeiro: Forense Universitária, 2003.

DELMANTO, Celso; et all.**Código Penal Comentado**. 5ª edição. Rio de Janeiro: Renovar, 2000.

DELMAS-MARTY, Mireille. **Por um Direito Comum**. São Paulo: Martins Fontes, 2004.

____________________. **A Imprecisão do Direito, do Código Penal aos Direitos Humanos.** Barueri, SP: Manole, 2005.

DEL POZO, Fernando Campo O.S.A.. **Filosofia Del Derecho Segun San Agustín. Valladolid**: Archivo Agustiniano, 1966.

DERRIDA, Jacques. **Fuerza de Ley, el "Fundamento Místico de la Autoridad".** Madrid: Techos, 2002.

DEVESA, Jose Maria Rodriguez; GOMEZ, Alfonso Serrano**. Derecho Penal Español**. Madrid: Dykinson, 1994.

DINH, Nguyen Quoc; DAILLIER, Patrick; PELLET, Alain. **Direito Internacional Público**.

2a edição. Tradução de Vítor Marques Coelho. Lisboa: Calouste Gulbenkian, 2003.

DINIZ, Maria Helena. **Norma Constitucional e Seus Efeitos.** 6ª edição. São Paulo: Saraiva, 2003.

_________________. Conceito **de Norma Jurídica como Problema de Essência.** 3ª edição. São Paulo: Saraiva, 1999.

DIP, Ricardo. Direito Penal, **Linguagem e Crise**. Campinas, SP: Millenium, 2001.

DONNA, Edgardo Alberto. **Teoria del Delito y de la Pena. Imputación Delictiva**. Buenos Aires: Astrea, 1995.

DORADO, Pedro. **Nuevos Derroteros Penales.** Barcelona: Henrich y Compania, 1905.

DOTTI, René Ariel. **Curso de Direito Penal, Parte Geral**. Rio de Janeiro: Forense, 2001.

DUARTE, Écio Oto Ramos Duarte. **Teoria do Discurso e Correção Normativa do Direito, Aproximação à Metodologia Discursiva do Direito**. São Paulo: Landy, 2003.

DUPUY, René-Jean. **O Direito Internacional**. Coimbra: Almedina, 1993.

DUROSELLE, Jean-Baptiste. **Todo Império Perecerá, Teoria sobre las Relaciones Internacionales**. México: FCE, 1998.

DWORKIN, Ronald M. ¿Es el Derecho un Sistema de Reglas? . México: UNAM, 1977.

_________________. **Levando os Direitos a Sério**. Tradução Nelson Boeira. São Paulo: Martins Fontes, 2002.

_________________. **O Império do Direito**. Tradução Jefferson Luiz Camargo. São Paulo: Martins Fontes, 2003.

ECHAVE, Delia Teresa; URQUIJO, María Eugenia; GUIBOURG, Ricardo A. **Lógica, Proposición y Norma.** Buenos Aires: Astrea, 1995.

ECO, Umberto. **Como se Faz uma Tese**. 9ª edição. São Paulo: Perspectiva, 1992.

____________. **Os Limites da Interpretação**. São Paulo: Perspectiva, 2004.

____________. **Tratado Geral de Semiótica**. São Paulo: Perspectiva, 2005.

____________; Thomas A. Sebeok (orgs.). **O Signo de Três, Dupin, Holmes, Peirce**. São Paulo: Perspectiva, 1983.

ESCRICHE, Joaquim. **Dicionario Razonado de Legislacion y Jurisprudencia. Tomo I.** Madrid: Imprenta del Colegio Nacional de Sordo-Mudos, 1838.

ERNOUT, A; MEILLET, A. **Dictionnaire Étymologique de la Langue Latine, Histoire des Mots.** Paris: Klincksieck, 1959.

ESCOBAR, Carlos Henrique de (coord). **Revista Epistemologia 2. Edição 30/31, julho--dezembro/1972**. Rio de Janeiro: Tempo Brasileiro, 1973.

EWALD, François. **Foucault, a Norma e o Direito**. Tradução de António Fernando Cascais. Lisboa: Vega, 1993.

FALBO, Ricardo Nery. **Cidadania e Violência no Judiciário Brasileiro, uma Análise da Liberdade Individual**. Porto Alegre: SAFE, 2002.

FALCHI, Antonio. **Le Esigenze Metafisiche della Filosofia del Diritto e il Valore dell'a Priori.** Sassari: G.Dessi, 1910.

FALCÓN, Fernando Enedino González. **Teoria do Delito**. Disponível em http://www.universidadabierta.edu.mx, acesso em 01-09-2003.

FARALLI, Carla. **La Filosofia del Diritto Contemporanea**. Roma: Laterza, 2003.

FARIA, Antonio Bento de. **Código Penal Brasileiro Comentado**. Rio de Janeiro: Record, 1958.

______________________. **Código Penal do Brasil**. Rio de Janeiro: Jacintho Ribeiro Bastos, 1929.

FAUSTINO, Sílvia. **Wittgenstein, o Eu e sua Gramática**. São Paulo: Atlas, 1995.

FAYET JÚNIOR, Ney; CORRÊA, Simone Prates Miranda (orgs.) . **A Sociedade, a Violência e o Direito Penal**. Porto Alegre: Livraria do Advogado, 2000.

FERNANDES, Antônio Scarance. **Processo Penal Constitucional**. São Paulo: RT, 1999.

FERRAJOLI, Luigi. **Direito e Razão, Teoria do Garantismo Penal**. Tradução Ana Paula Zomer et all. São Paulo: RT, 2002.

________________. **A Soberania no Mundo Moderno**. São Paulo: Martins Fontes, 2002.

_________________. **Derechos e Garantias: La Ley del Más Débil**. Madrid: Trotta, 1999.

FERRARA, Francesco. **Como Aplicar e Interpretar as Leis**. Belo Horizonte: Lyder, 2005.

FERRAZ JÚNIOR, Tércio Sampaio. **A Ciência do Direito**. 2ª edição. São Paulo: Atlas, 1980.

______________________________. **Teoria da Norma Jurídica, Ensaio de Pragmática da Comunicação Normativa**. Rio de Janeiro: Forense, 2000.

______________________________. **Introdução ao Estudo de Direito**, Técnica, Decisão, Dominação. São Paulo: Atlas, 1994.

FERREIRA, Fernando Galvão de Andréa. **Uma Introdução à Teoria da Argumentação Jurídica de Robert Alexy**. Rio de Janeiro: De Andréa & Morgado, 2003.

FERREIRA, Manuel Cavaleiro de**. Lições de Direito Penal. A Teoria do Crime no Código Penal de 1982.** Lisboa: Verbo, 1985.

FIGUEIREDO DIAS, Jorge de. **Questões Fundamentais do Direito Penal Revisitadas.** São Paulo: RT, 1999.

______________________________. **Temas Básicos da Doutrina Penal, Sobre os Fundamentos da Doutrina Penal Sobre a Doutrina Geral do Crime.** Coimbra: Coimbra (Editora), 2001.

______________________________. **Sobre o Estado Actual da Doutrina do Crime: 2ª Parte: Sobre a Construção do Tipo-de-Culpa e os Restantes Pressupostos da Punibilidade**. Revista Brasileira de Ciências Criminais. São Paulo, ano 1, jan-mar/1993, p. 17-40

FIGUEROA, Alfonso Garcia. **Principios y Positivismo Jurídico**. Madrid: Centro de Estudios Políticos y Constitucionales, 1998.

FIORE, Carlo. **Diritto Penale. Parte Generale Introduzione allo Studio del Diritto Penale. La Legge Penale. Il Reato**. Torino: Utet, 1993.

FIORIN, José Luiz. **As Astúcias da Enunciação, as Categorias de Pessoa, Espaço e Tempo**. São Paulo: Ática, 1999.

______________. (org) **Introdução à Lingüística: I. Objetos Teóricos.** São Paulo: Contexto, 2005.

FLETCHER, George P. **Basic Concepts of Criminal Law**. New York/Oxford: Oxford (Editora), 1998.

FONSECA, Marcio Alves da. **Michel Foucault e o Direito**. São Paulo: Max Limonad, 2002.

FONTANA, Dino F. **História da Filosofia Psicologia e Lógica**. São Paulo: Saraiva, 1969.

FOUCAULT, Michel. **As Palavras e as Coisas**. Tradução Salma Tannus Muchail, 8ª edição. São Paulo: Martins Fontes, 1999.

________________. **Defender la Sociedade.** Tradução Horacio Pons. 2ª edição. México, DF: Fono de Cultura Económica, 2002.

________________. **Vigiar e Punir, Nascimento da Prisão**. Tradução Raquel Ramalhete. 24ª edição. Petrópolis, RJ: Vozes, 2001.

FRAGOSO, Heleno Cláudio. **Lições de Direito Penal, Parte Geral**. Rio de Janeiro: Forense, 1987.

FRANCO, Alberto Silva et all. **Código Penal e sua Interpretação Jurisprudencial**. 5ª edição. São Paulo: RT, 1995.

GAINO FILHO, Itamar. **Positivismo e Retórica, uma Visão de Complementaridade entre o Positivismo Jurídico de Hans Kelsen e a Nova Retórica de Chaim Perelman**. São Paulo: Juarez de Oliveira, 2004.

GARCIA, Basileu. **Instituições de Direito Penal, vol. I, tomo I.** São Paulo: Max Limonad, 1973.

GARCIA, Manuel Calvo. **Teoría del Derecho**. Madrid: Tecnos, 2000.

GARRAUD, R. **Traité Théórique et Pratique du Droti Pénal** Français, Tome I. Paris: Larose et Forcel, 1888.

GOLDSTEIN, Raul. **Diccionario de Derecho Penal**. Madrid: Omeba, 1975.

GOMES, Luiz Flávio. **Erro de Tipo e Erro de Proibição.** 4ª edição. São Paulo: RT, 1999.

GOMEZ, Eusebio. **Tratado de Derecho Penal, Tomo I.** Buenos Aires: Compañía, 1939.

GOMEZ DE LA SERNA, Alejandro Groizard y. **Discursos Leidos Ante la Real Academia de Ciencias Morales y Politicas.** Madrid: Revista de Legislacion, 1885.

GONZAGA, João Bernardino. **O Direito Penal Indígena**. São Paulo: Max Limonad, s/d,

GONZÁLEZ, Carlos Suárez; RAMOS, Enrique Peñaranda; MELIÁ, Manuel Cancio. **Um Novo Sistema do Direito Penal, Considerações sobre a Teloria de Günther Jakobs.** Tradução André Luís Callegaria e Nereu José Giacomolli. Barueri, SP: Manole, 2003.

GOYARD-FABRE, Simone. **Os Fundamentos da Ordem Jurídica.** Tradução Claudia Berliner. São Paulo: Martins Fontes, 2002.

____________________. **Os Princípios Filosóficos do Direito Político Moderno.** Tradução Irene A. Paternot. São Paulo: Martins Fontes, 1999.

GRANA, Nicola. **Logica Paraconsistente, una Introduzione. Napoli**: Loffredo, 1983.

GRANGER, Gilles Gaston. **O Irracional.** Tradução Álvaro Lorencini. São Paulo: UNESP, 2002.

GRECO FILHO, Vicente**. Crime: Essência e Técnica.** Boletim do Instituto Manoel Pedro Pimentel. Jul-Ago-set/2002, n. 21.

GREIMAS, A. J. **Semiótica do Discurso Científico.** Da Modalidade. São Paulo: RT, 1976.

GROSSMANN, Rudolf; SLABÝ, Rudolf. **Wörterbuch der Spanischen und Deutschen Sprache.** Barcelona: Herder, 1964.

GUASTINI, Ricardo. **Das Fontes às Normas**. São Paulo: Quartier Latin, 2005.

____________________. **Il Diritto Come Linguaggio, Lezioni**. Torino: Giapichelli, 2006.

GUELI, Vincenzo. **Pluralitá degli Ordinamenti e Condizioni della Loro Coesistenza.** Milano: 1949.

GUERRA FILHO, Willis Santiago. **Teoria Processual da Constituição**. São Paulo: Celso Bastos: Instituto Brasileiro de Direito Constitucional, 2000.

____________________. **Teoria da Ciência Jurídica.** São Paulo: Saraiva, 2001.

____________________**. Quadro Teórico Referencial para o Estudo dos Direitos Humanos e dos Direitos Fundamentais em Face do Direito Processual**. *In* Revista de Ciências Jurídicas e Sociais da Unipar. Vol. 5, núm. 2, jul/dez 2002. Toledo (PR): UNIPAR, 2002.

____________________. **A Filosofia do Direito Aplicada ao Direito Processual e à Teoria da Constituição.** São Paulo: Atlas, 2001.

____________________. **Teoria Política do Direito**. Uma Introdução Política ao Direito. Brasília: Brasília Jurídica, 2000.

______________. **Introdução ao Direito Processual Constitucional.** Porto Alegre: Síntese, 1999.

GUIBOURG, Ricardo A. **Derecho, Sistema y Realidad**. Buenos Aires: Astrea, 1986.

______________; GHIGLIANI, Alejandro M; GUARINONI, Ricardo V. **Introducción al Conocimiento Científico**. Buenos Aires: EUDEBA, 1985.

HAACK, Susan. **Filosofia das Lógicas**. Tradução Cezar Augusto Mortari e Luiz Henrique de Araújo Dutra. São Paulo: UNESP, 2002.

HAAS, Willian Paul. **The Conception of Law and the Unity of Peirce's Philosophy**. Fribourg (Switzerland): University of Notre Dame, 1964.

HÄBERLE, Peter. **Hermenêutica Constitucional. A Sociedade Aberta dos Intérpretes da Constituição: Contribuição para a Interpretação Pluralista e Procedimental da Constitução.** Tradução Gilmar Ferreira Mendes. Porto Alegre: SAFE, 1997.

HABERMAS, Jürgen. **Técnica e Ciência como Ideologia**. Tradução Artur Morão. Lisboa: Ediçoes 70, 2001.

______________. **Passado como Futuro**. Tradução Flávio Beno Siebeneichler. Rio de Janeiro: Tempo Brasileiro, 1993.

______________. **Era das Transições**. Tradução Flávio Siebeneichler. Rio de Janeiro: Tempo Brasileiro, 2003.

______________. **Consciência Moral e Agir Comunicativo**. Tradução Guido A. de Almeida. 2ª edição. Rio de Janeiro: Tempo Brasileiro, 2003.

______________. **Direito e Democracia, entre Facticidade e Validade, volume I.** Tradução Flávio Beno Siebeneichler. Rio de Janeiro: Tempo Brasileiro, 1997.

______________. **Pensamento Pós-Metafísico, Estudos Filosóficos**. Tradução Flávio Beno Siebeneichler. 2ª edição. Rio de Janeiro: Tempo Brasileiro, 1990.

______________. **Verdad y Justificación**. Madrid: Trotta, 2002.

HACKING, Ian. **Por que a Linguagem Interessa à Filosofia?** Tradução Maria Elisa Marchini Sayeg. São Paulo: UNESP, 1999.

HALLER, Rudolf. **Wittgenstein e a Filosofia Austríaca.** Tradução Norberto de Abreu e Silva Neto. São Paulo: USP, 1990.

HALMOS, Paulo R. **Teoria Ingênua dos Conjuntos**. Tradução Irineu Bicudo. São Paulo: Polígono: USP, 1970.

HARE, R.M. **A Linguagem da Moral.** Tradução Eduardo Pereira e Ferreira. São Paulo: Martins Fontes, 1996.

HART, H. L. A. **Direito, Liberdade, Moralidade.** Tradução Gérson Pereira dos Santos. Porto Alegre: SAFE, 1987.

______________. **O Conceito de Direito**. Lisboa: Calouste Gulbenkian, 1994

HASENJAEGER, G. **Conceptos y Problemas de la Lógica Moderna**. Tradução Manuel Sacristán. Barcelona, Espanha: Labor, 1961.

HASSEMER, Winfried. **Introdução aos Fundamentos do Direito Penal**. Porto Alegre: SAFe, 2005 HASSEMER, Winfried. Introdução aos Fundamentos do Direito Penal. Porto Alegrre: SAFe, 2005.

HEGEL, Georg Wilhelm Friedrich. **O Sistema da Vida Ética.** Tradução Artur Morão. Lisboa: Edições 70, 1991.

HEIDEGGER, Martin. **Sobre o Humanismo**. Tradução de Emmanuel Carneiro Leão. 2ª edição. Rio de Janeiro: Tempo Brasileiro, 1995.

__________________. A Caminho da Linguagem. Bragança Paulista (SP): Universitária São Francisco, 2003.

HENKEL, Heinrich. **Exigibilidad e Inexigibilidad como Principio Jurídico Regulativo**. Buenos Aires-Montevideo: Julio César Faria (Editor), 2005,

HERAS, Alfonso Arroyo de las. **Manual de Derecho Penal, El Delito**. Navarra: Aranzadi, 1985.

HEREDIA, José Maria Rey y. **Elementos de Lógica**. Madrid: Aribau, 1876.

HERVADA, Javier. **Introduccion Critica al Derecho Natural**. Pamplona: Universidad de Navarra (Editora), 1981.

HESSE, Konrad. **A Força Normativa da Constituição**. Tradução de Gilmar Ferreira Mendes. Porto Alegre: SAFE, 1991.

_____________. HESSE, Conrado *et all.* **Manual de Derecho Constitucional**. Madrid: Marcial Pons, 1996.

HESSEN, Johannes. **Teoria do Conhecimento**. 2ª edição.Tradução João Vergílio Gallerani Cuter. São Paulo: Martins Fontes, 2003.

HIRSCH, Hans Joachim. **Derecho Penal. Obras Completas. Tomo IV. La Doctrina de los Elementos Negativos del Tipo Penal. El Error sobre las Causas de Justificación.**Buenos Aires: Rubinzal-Culzoni, 2005, p. 17

HJELMSLEV, Louis. **Ensaios Lingüísticos**. São Paulo: Perspectiva, 1991.

HUME, David. **Tratado da Natureza Humana, uma Tentativa de Introduzir o Método Experimental de Raciocínio nos Assuntos Morais**. Tradução Deborah Danowski. São Paulo: UNESP: Imprensa Oficial do Estado, 2001.

HUNGRIA HOFFBAUER, Nelson. **A Legítima Defesa Putativa**. Rio de Janeiro: Jacintho, 1936.

______________________________. **Comentários ao Código Penal. Vol. I**. Rio de Janeiro: Forense, 1949.

IMPALLOMENI, G.B. **Istituzioni di Diritto Penale**. Torino: Torinese, 1921.

IÑIGUEZ, Lupicinio. **Manual de Análise do Discurso em Ciências Sociais.** Petrópolis, RJ: Vozes, 2004.

JAEGER, Werner. **A Labanza de la Ley, Los Origenes de la Filosofia del Derecho y los Griegos**. Madrid: Instituto de Estudios Polilicos, 1953.

JAKOBS, Günther. **Fundamentos do Direito Penal**. Tradução André Luís Callegari. São Paulo: RT, 2003.

_______________. **Sociedade, Norma e Pessoa**. Tradução Maurício Antonio Ribeiro Lopes. Barueri, SP: Manole, 2003.

_______________. **A Imputação Objetiva no Direito Penal**. Tradução André Luís Callegari. São Paulo: RT, 2000.

_______________. **Uma Teoria da Obrigação Jurídica**. Tradução de Maurício Antonio Ribeiro Lopes. Barueri, SP: Manole, 2003.

_______________. **Ciência do Direito e Ciência do Direito Penal**. Barueri, SP: Manole, 2003.

JAKOBSON, Roman. **Lingüística e Comunicação**. São Paulo: Cultrix, sd.

JESUS, Damásio Evangelista de. **Direito Penal, Parte Geral, Volume I**. 11ª edição. São Paulo: Saraiva, 1986.

JONES, Philip Asterley; CARD, Richard. **Introduction to Criminal Law**. London: Butters Worths, 1976.

KALINOWSKI, Georges. **Introduzione alla Logica Giuridica**. Milano: Giuffrè, 1971.

KANT, Immanuel. **Stato di Diritto e Società Civile**. Roma: Riuniti, 1995.

______________. **Manual dos Cursos de Lógica Geral**. Tradução Fausto Castilho. 2ª edição. Campinas, SP: Unicamp, 2003.

______________. **Lógica**. Tradução Guido Antônio de Almeida. Rio de Janeiro: Tempo Brasileiro, 1992.

______________. **A Metafísica dos Costumes**. Tradução Edson Bini. Bauru, SP: EDIPRO, 2003.

______________. **Crítica da Faculdade do Juízo**. Tradução Valério Rohden e Antonio Marques. 2ª edição. Rio de Janeiro: Forense-Universitária, 1995.

KELSEN, Hans. **Una Teoria Fenomenologica del Diritto**. Roma: Edizione Scientifiche Italiane, 1990.

______________. **A Justiça e o Direito Natural**. Tradução João Baptista Machado. Coimbra: Almedina, 2001.

______________. **Jurisdição Constitucional**. Tradução Sérgio Sérvulo da Cunha. São Paulo: Martins Fontes, 2003.

______________. **Teoria Geral do Direito e do Estado**. Tradução Luís Carlos Borges. 2ª edição. São Paulo: Martins Fontes, 1995.

______________. **Teoria Pura do Direito**. Tradução João Baptista Machado. 6ª edição. São Paulo: Martins Fontes, 1998.

______________. **Teoria Geral das Normas**. Tradução de José Florentino Duarte. Porto Alegre: SAFe, 1986.

______________. **O Estado como Integração: um Confronto de Princípios**. São Paulo: Martins Fontes, 2003.

______________; KLUG, Ulrich. **Normas Juridicas y Analisis Logico**. Madrid: Centro de Estudios Constitucionales, 1988.

KIMBALL, John P. **Teoria Formal da Gramática**. Rio de Janeiro: Zahar, s/d.

KLUG, Ulrich. **Lógica Jurídica**. Bogotá, Colômbia: Temis, 2004.

KNEALE, William; KNEALE, Martha. **O Desenvolvimento da Lógica**. Tradução de M.S. Lourenço. 3ª edição. Lisboa: Fundação Calouste Gulbenkian, 1991.

KOCH, Ingedore G. Villaça. **Desvendando os Segredos do Texto**. São Paulo: Cortez, 2005.

LA PORTA, Romualdo. **La Teoria Finalistica della Condotta**. In Revista La Giustizia Penal, ano LVII, nº VII, 6ª série, 1952.

LA TORRE, Ignacio Gómez Berdugo de, et all. **Lecciones de Derecho Penal, Parte General**. Barcelona: Praxis, 1999.

LARENZ, Karl. **Metodologia da Ciência do Direito**. Tradução de José Lamego. 2ª edição. Lisboa: Fundação Calouste Gulbenkian, 1983.

LEEI, Roy S. **The International Criminal Court. The Making of the Rome Statute Issues, Negotiations, Results**. The Hague: Kluwe, 1999.

LEITE, Flamarion Tavares. **O Conceito de Direito em Kant**. São Paulo: Ícone, 1996.

LEITE, George Salomão (org.). **Dos Princípios Constitucionais, Considerações em Torno das Normas Principiológicas da Constituição**. São Paulo: Malheiros, 2003.

LENK, Hans. **Razão Pragmática: a Filosofia entre a Ciência e a Práxis**. Rio de Janeiro: Tempo Brasileiro, 1990.

LEVI, Alessandro. **Delitto e Pena nel Pensiero dei Greci**. Torino: Frattelli Bocca, 1903.

LICCI, Giorgio. **Modelli nel Diritto Penale**: Filogenesi del Linguaggio Penalistico. Torino: Giappichelli, 2006.

LISZT, Franz Von. **A Teoria Finalista no Direito Penal**. Tradução Rolando Maria da Cruz. Campinas, SP: LZN, 2003.

______________. **Tratado de Direito Penal Alemão, Tomo I**. Tradução José Higino Duarte Pereira. Campinas, SP: Russel, 2003.

______________. **Tratado de Direito Penal Alemão, Tomo II**. Tradução José Higino

Duarte Pereira. Campinas, SP: Russel, 2003.

LOPES, José Reinaldo de Lima. **As Palavras e a Lei: Direito, Ordem e Justiça na História do Pensamento Jurídico Moderno**. São Paulo: Edesp, 2004.

LLOYD, Dennis. **A Idéia de Lei**. São Paulo: Martins Fontes, 2000.

LOSANO, Mario G. **Sistema e Struttura nel Diritto**. Torino: Giappichelli, 1968.

LOZANO, Carlos Blanco. **Derecho Penal, Parte General.** Madrid: La Ley, 2003.

LUCIA, Paolo di. **Nomografia, Linguaggio e Redazione delle Leggi.** Milano: Giuffrè, 1995.

LUHMAN, Niklas. **Sociologia do Direito II**, tradução de Gustavo Bayer. Rio de Janeiro: Tempo Brasileiro, 1985.

LUISI, Luiz. **Os Princípios Constitucionais Penais**. Porto Alegre: SAFE, 1991.

LUMIA, Giuseppe. **Elementos de Teoria e Ideologia do Direito**. São Paulo: Martins Fontes: 2003.

MACHADO, Edgar de Godói da Mata. **Direito e Coerção**. São Paulo: UNIMARCO, 1999.

MACHADO, Maíra Rosa. **Internacionalização do Direito Penal: A Gestão de Problemas Internacional por Meio do Crime e da Pena**. São Paulo: Edesp, 2004

MAIA, Luciano Mariz. **O Brasil Antes e Depois do Pacto de San José**. Boletim Científico da Escola Superior do Ministério Público da União. Brasília, v. 1, n. 4, p. 81-97, jul./set. 2002.

MAIA, Marrielle. **Tribunal Penal Internacional: Aspectos Institucionais, Jurisdição e Princípio da Complementaridade**. Belo Horizonte: Del Rey, 2001.

MAÍLLO, Alfonso Serrano. **Ensayo Sobre el Derecho Penal como Ciencia acerca de su Construcción**. Madrid, Dykinson, 1999.

MALINOWSKI, Bronislaw. **Crime e Costume na Sociedade Selvagem**. Brasília: UnB (Editora), 2003.

MAMAN, Jeannette Antonios. **Fenomenologia Existencial do Direito, Crítica do Pensamento Jurídico Brasileiro**. 2ª edição. São Paulo: Quartier Latin, 2003.

MANCINI, Pasquale Stanislao. **Enciclopeia Giuridica Italiana**. Milano: Società Editrice Libraria, 1900.

MANERO, Juan Ruiz. **Jurisdiccion y Normas. Dos Estudios sobre Función Jurisdiccional y Teoría del Derecho**. Madrid: Centro de Estudios Constitucionales, 1990.

MANGIAMELI, Agata C. Amato. **La Fondazione delle Norme tra Decisionismo e Cognitivismo nel Dibattito Tedesco Contemporaneo**. Milano: Giuffrè, 1991.

MANTOVANI, Luciano Pettoello. **Il Concetto Ontológico del Reato, Struttura Generale, La Colpa**. Milão: Giuffrè, 1954.

MARISCAL, Olga Islas de González. **Análisis Lógico de los Delitos Contra la Vida**. México: Trillas, 1982.

MARQUES, Daniela de Freitas. **Elementos Subjetivos do Injusto**. Belo Horizonte: Del Rey, 2001.

MARQUES, José Frederico. **Tratado de Direito Penal, volume II, Da Infração Penal**. 1ª edição atualizada. Campinas: Millenium, 1997.

MASCAREÑAS, Carlos E. **Nueva Enciclopedia Jurídica**. Barcelona: Francisco Seix, 1954.

MATES, Benson. **Lógica Elementar**. Tradução Leônidas H. B. Hegenberg e Octanny Silveira da Mota. São Paulo: Companhia Editora Nacional, 1968.

MATEU, Juan Carlos Carbonell. **Derecho Penal, Concepto y Principios Constitucionales**. Valencia: Tirant lo Blanch, 1999.

MAURACH, Reinhart. **Derecho Penal, Parte General, Teoría General del Derecho Penal y Estrutura del Hecho Punible**. Buenos Aires: Astrea, 1994.

MAXIMILIANO, Carlos. **Hermenêutica e Aplicação do Direito**. Rio de Janeiro: Freitas Bastos, 1957.

MAZZARESE, Tecla. **Logica Deontica e Linguaggio Giuridico**. Padova: Cedam, 1989.

MELLO, Celso Albuquerque de; TORRES, Ricardo Lobo (orgs.). **Arquivos de Direitos Humanos.** São Paulo: Renovar, 2000.

MENDES, Gilmar Ferreira. **Direitos Fundamentais e Controle de Constitucionalidade, Estudos de Direito Constitucional**. São Paulo: Saraiva, 1994.

MENDES JÚNIOR, João. **Os Indígenas do Brazil, Seus Direitos Individuaes e Políticos**. São Paulo: Hennies Irmãos, 1912.

MENDONÇA, Jacy de Souza. **Introdução ao Estudo do Direito**. São Paulo: Saraiva, 2002.

MERKEL, Adolf. **Derecho Penal, Parte General**. Montevideo-Buenos Aires: Julio César Faira (Editor), 2006.

MERLE, Jean-Christophe; MOREIRA, Luiz (orgs.). **Direito e Legitimidade**. São Paulo: Landy, 2003.

MEZGER, Edmundo. **Tratado de Derecho Penal. Tomo I**, 2ª Edición. Madrid: Revista de Derecho Privado, 1946.

_______________. **Derecho Penal. Livro de Estudio. Tomo I. Parte General**. Buenos Aires: El Foro, s/d.

MICHELON JÚNIOR, Cláudio Fortunato. **Aceitação e Objetividade, Uma Comparação entre as Teses de Hart e do Positivismo Precedente sobre a Linguagem e o Conhecimento do Direito**. São Paulo: RT, 2004.

MILL, John Stuart. **A Liberdade. Utilitarismo**. Tradução Eunice Ostrensky. São Paulo: Martins Fontes, 2000.

_______________. **Utilitarianism and the 1868 Speech on Capital Punishment**. 2ª edição. Indianapolis, USA: Hacket, 2001.

_______________. **A Lógica das Ciências Morais**. Tradução Alexandre Braga Massella. São Paulo: Iluminuras, 1999.

MIRABETE, Julio Fabbrini. **Manual de Direito Penal. Parte Geral. Vol. 1**. São Paulo: Atlas, 2001.

MIR PUIG, Santiago. **Derecho Penal, Parte General**. Barcelona: Reppertor, 2002.

_______________, et all. **Cuestiones Actuales de la Teoría del Delito**. Madrid: Mc Graw Hill, 1999.

MIR PUIG, Santiago. **El Sistema del Derecho Penal en la Europa Actual**. In SILVA SANCHÉZ, J. M.; SCHÜNEMANN, B.; FIGUEIREDO DIAS, J. de (coords). Fundamentos de un Sistema Europeo del Derecho Penal. Barcelona: Bosch, 1995, p. 33

MOHINO, Juan Carlos Bayon. **La Normatividad del Derecho: Deber Juridico y Razones para la Accion**. Madrid: Centro de Estudios Constitucionales, 1991.

MOLINA, Antonio García-Pablos de. **Derecho Penal, Introducción**. Madrid: Servicio Publicaciones Facultad Derecho Universidad Computense, 2000.

MOLINER, María. **Diccionario del Uso del Español**. Madrid: Gredos, 1983.

MONTALVO, J.A. Choclán; CEREZO, A. Calderón. **Derecho Penal. Tomo I. Parte General**. Barcelona: Bosch, 2001.

MONTERO, Pedro Dorado. **Bases para un Nuevo Derecho Penal**. Buenos Aires: Depalma, 1973.

MONTESQUIEU, Charles de Secondat, Baron de. **O Espírito das Leis**. Tradução Pedro Vieira Mota. 3ª edição. São Paulo: Saraiva, 1994.

MONTORO, André Franco. **Estudos de Filosofia do Direito**. São Paulo: RT, 1981.

MORANDIERE, León Julliot. **De la Règle Nulla Poena Sine Lege**. Paris: Recueil Sirey, 1910.

MORENO, Arley. **Wittgenstein, os Labirintos da Linguagem, Ensaio Introdutório**. São Paulo: Moderna, 2000.

______________. **Wittgenstein, Através das Imagens**. Campinas, SP: UNICAMP, 1995.

MORENO, Fernando Sainz; OCHOA, Juan Carlos da Silva (coords.) **La Calidad de Las Leyes**. Vitoria-Gasteiz, ES: Parlamento Vasco, 1989.

MORENTE, Manuel García. **Fundamentos de Filosofia, Lições Preliminares**. Tradução Guilhermo de la Cruz Coronado. São Paulo: Mestre Jou, 1980.

MORO, Aldo. **La Antijuridicidad Penal**. Buenos Aires: Atalaya, 1949.

MORTARI, Cezar Augusto. **Introdução à Lógica**. São Paulo: UNESP:Imprensa Oficial do Estado, 2001.

MORSELLI, Elio. **Il Ruolo dell'Atteggiamento Interiore nella Strutura del Reato**. Padova: Cedam, 1989.

MOTTA, Ivan Martins. **Estrito Cumprimento de Dever Legal e Exercíciso Regular de Direito. Dupla Natureza Jurídica e Repercussões Processuais Penais**. São Paulo: Juarez de Oliveira, 2000.

MOURULLO, Gonzalo Rodríguez. **Aplicación Judicial del Derecho y Lógica de la Argumentación Jurídica**. Madrid: Civitas, 1988.

MÜLLER, Friedrich. **Direito, Linguagem, Violëncia, Elementos de uma Teoria Constitucional I**. Tradução Peter Naumann. Porto Alegre: SAFE, 1995.

MÜLLER, Ana Lúcia; NEGRÃO, Esmeralda Vailati; FOLTRAN, Maria José (orgs). **Semântica Formal**. São Paulo: Contexto, 2003.

MUSACCHIO, Vincenzo. **Norma Penale e Democrazia: Trasformazioni dello Stato e Genesi Normativa Penal**. Milano: LED, 2004.

NASSER, Salem Hikmar. ***Jus Cogens*, Ainda Esse Desconhecido**, *in* Revista Direito GV, v.1., n.2, jun-dez/2005. São Paulo: Fundação Getúlio Vargas Escola de Direito de São Paulo, 2005.

NAVARRETE, Miguel Polaino. **Derecho Penal, Parte General, Tomo II, Teoria Jurídica Del Delito**. Barcelona: Bosh, 2000.

NAVARRETE, José F. Lorca. **Temas de Teoría y Filosofia del Derecho**. Madrid: Pirámide, 1993.

NARDIN, Terry. **Lei, Moralidade e as Relações entre os Estados**. Tradução Elcio Gomes de Cerqueira. Rio de Janeiro: Forense-Universitária, 1987.

NINO, Carlos Santiago. **La Validez del Derecho**. Buenos Aires: Astrea, 1985.

NIVETTE, Joseph. **Princípios de Gramática Gerativa**. São Paulo: Pioneira, 1975.

NORONHA, E. Magalhães. **Direito Penal, Volume I.** 24ª edição. São Paulo: Saraiva, 1986.

NUCCI, Guilherme de Souza. **Código Penal Comentado**. 3ª edição. São Paulo: RT, 2003.

________________________. **Manual de Direito Penal**. São Paulo: RT, 2006.

NUVOLONE, Pietro. **Il Sistema del Diritto Penale**. 2ª Edição. Padova: Cedam, 1982.

OLIVARES, Gonzalo Quintero. **Curso de Derecho Penal. Parte General**. Barcelona: Cedecs, 1996.

OLIVECRONA, Karl. **La Struttura dell' Ordinamento Giuridico.** Bologna: Etas Kompass, 1972.

OLIVEIRA, Edmundo. **Comentários ao Código Penal**. Parte Geral. Rio de Janeiro: Forense, 1998.

OLIVEIRA, José Carlos in SÃO PAULO (ESTADO). Procuradoria Geral do Estado. Grupo de Trabalho de Direitos Humanos. **Direitos Humanos no Cotidiano Jurídico**. São Paulo: Centro de Estudos da Procuradoria Geral do Estado, 2004

ONECA, José Antón. **Derecho Penal**. Madrid: Akal, 1986.

ORDEIG, Enrique Gimbernat. **Estudios de Derecho Penal**. Madrid: Tecnos, 1990.

ORLANDI, Eni Puccinelli. **Análise de Discurso, Princípios e Procedimentos**. Campinas: Pontes, 2005.

PIGLIARU, Antonio. **Persona Umana e Ordinamento Giuridico**. Milano: Giuffrè, 1953.

PALAZZO, Francesco. **Introduzione ai Princìpi del Diritto Penale**. Torino: Giapichelli, 1999.

___________________. **Valores Constitucionais e Direito Penal**. Tradução Gérson Pereira dos Santos. Porto Alegre: SAFE, 1989.

PALOMBELLA, Gianluigi. **Filosofia do Direito**. São Paulo: Martins Fontes: 2005.

PAPALE, G. Vadalá. **Le Leggi nella Dottrina di Platone, di Aristotile, di Cicerone**. Catania: Pansini, 1894.

PASCAL, Georges. **O Pensamento de Kant**. Petrópolis: Vozes, 2003.

PECES-BARBA, Gregorio. **Los Valores Superiores**. Madrid: Tecnos, 1986.

PEDROSO, Antonio Carlos de Campos. **Normas Jurídicas Individualizadas, Teoria e Aplicação**. São Paulo: Saraiva, 1993.

PEIRCE, Charles Sander. **Caso Amore e Logica**. Torino: Taylor, 1956.

___________________. **Semiótica**. Tradução Joé Teixeira Coelho. 2ª edição. São Paulo: Perspectiva, 1995.

PEÑA, Diego-Manuel Luzón. **Curso de Derecho Penal, Parte General I**. Madrid: Universitas, 1996.

PERELMAN, Chaïm. **Lógica Jurídica, Nova Retórica**. Tradução Vergínia K. Pupi. São Paulo: Martins Fontes, 1999.

___________________. Ética e Direito. Tradução Maria Ermantina Galvão. São Paulo: Martins Fontes, 1999.

___________________. **Retóricas**. Tradução Maria Ermantna Galvão G. Pereira. São Paulo: Martins Fontes, 1999.

_______________; OLBRECHTS-TYTECA, Lucie. **Tratado da Argumentação, a Nova Retórica**. Tradução Maria Ermantina Galvão. São Paulo: Martins Fontes, 1996.

PESSINA, Enrico. **Elementi di Diritto Penale**. Napoli: Riccardo Marghieri di Gius, 1882.

PIERANGELI, José Henrique. **O Consentimento do Ofendido na Teoria do Delito**. 3ª edição. São Paulo: RT, 1995.

_______________. **Escritos Jurídico-Penais**. 2ª edição. São Paulo: RT, 1999.

_______________. **Códigos Penais do Brasil**. Evolução Histórica. Bauru, SP: Jalovi, 1980.

PIMENTEL, Manoel Pedro. **Crimes de Mera Conduta**. 2ª edição. São Paulo: RT, 1968.

_______________. **O Crime e a Pena na Atualidade**. São Paulo: RT, 1983.

PINHEIRO, Carla. **Direito Internacional e Direitos Fundamentais**. São Paulo: Atlas, 2001.

PIOVESAN, Flávia. **Proteção Judicial Contra Omissões Legislativas**. Ação Direta de Inconstitucionalidade por Omissão e Mandado de Injunção. São Paulo: RT, 2003.

PIRES, Wagner Ginotti. **Culpa, Direito e Sociedade**. Curitiba: Juruá, 2005.

PIROMALLO, Alfredo Jannitti. **Elementi di Diritto Penale, Parte Generale**. Roma: Università di Roma, 1931.

PRADO, Luiz Regis. **Curso de Direito Penal Brasileiro**. Parte Geral. São Paulo: RT, 1999.

_______________. **Bem Jurídico-Penal e Constituição**. 2ª edição. São Paulo: RT, 1997.

_______________.; CARVALHO, Érika Mendes de. **Teorias da Imputação Objetiva do Resultado. Uma Aproximação Crítica a seus Fundamentos**. São Paulo: RT, 2002.

PUGLIA, Ferdinando. **Manuale Teorico-Pratico di Diritto Penale Secondo il Codice Vigente**. Nápoli: Cavo A. Tocco, 1895.

PUGLIATTI, Salvatore. **Grammatica e Diritto**. Milano: Giuffrè, 1978.

PUGLIESI, Márcio. **Por uma Teoria do Direito**. Aspectos Micro-sistêmicos. São Paulo: RCS, 2005.

QUEIROZ FILHO, Antônio de. **Lições de Direito Penal**. São Paulo: RT, 1966.

QUEIROZ, Paulo de Souza. **Funções do Direito Penal, Legitimação Versus Deslegitimação**. Belo Horizonte: Del Rey, 2001.

__________________________. **Do Caráter Subsidiário do Direito Penal**. Belo Horizonte: Del Rey, 2002.

__________________________. **Direito Penal, Introdução Crítica**. São Paulo: Saravia, 2001.

QUINE, Willard Van Orman. **Palavra y Objeto**. Tradução Manuel Sacristán. Barcelona: Labor, 1959.

_________________________. **O Sentido da Nova Lógica**. São Paulo: Martins, 1944.

RADBRUCH, Gustavo. **Filosofia del Derecho**. Madrid: Editorial Revista de Derecho Privado, 1952.

____________________. **Filosofia do Direito**. Coimbra, Portugal: Armênio Amado, 1979.

RAMÍREZ, Juan J. Bustos; MALAREÉ, Hernán Hormazábal. **Lecciones de Derecho Penal**. Vol. I. Madrid: Trotta, 1997.

RAPHAEL, D.D. **Problemas de Filosofia Política**. Madrid: Alianza, 1989.

RAWLS, John. **O Direito dos Povos**. Tradução Luís Carlos Borges. São Paulo: Martins Fontes, 2001.

_____________. **Justiça e Democracia**. Tradução Irene A. Paternot. São Paulo: Martins Fontes, 2002.

_____________. **Justiça Como Eqüidade, Uma Reformulação**. 1ª edição. São Paulo: Martins Fontes, 2003.

_____________. **Uma Teoria da Justiça**. Tradução Almiro Pisetta e Lenita M. R. Esteves. São Paulo: Martins Fontes, 1997.

RAZ, Joseph. **The Concept of a Legal System, An Introduction to the Theory of Legal System**. Oxford: Clarendon, 1970.

REALE, Miguel. **Filosofia do Direito, vol. I**. São Paulo: Saraiva, 1957.

REALE JÚNIOR, Miguel. **Instituições de Direito Penal, Parte Geral, Volume I** . Rio de Janeiro: Forense, 2002.

_________________. **Teoria do Delito**. 2ª edição. São Paulo: RT, 2000.

REZEK, José Francisco. **Direito Internacional Público, Curso Elementar**. São Paulo: Saraiva, 1994.

RIBEIRO, C. J. de Assis. **História do Direito Penal Brasileiro, vol. I. 1500-1822**. Rio de Janeiro: Zelio Valverde, 1943.

RICKERT, Heinrich. **Teoría de la Definición**. Tradução Luis Villoro. México: UNAM, 1966.

RIGAUX, François. **A Lei dos Juízes**. Lisboa: Instituto Piaget, 1997.

RIPOLLÉS, A. Quintano. **Diccionario de Derecho Comparado Alemán-Español**. Madrid: Revista de Derecho Privado: 1971.

RIVERA Y PASTOR, F. **Lógica de la Libertad, Principios de la Doctrina del Derecho**. Madrid: Francisco Beltrán, 1918.

ROBLES, Gregorio. **O Direito como Texto:Quatro Estudos de Teoria Comunicacional do Direito**. Barueri (SP): Manole, 2005.

_______________. **Os Direitos Fundamentais e a Ética na Sociedade Atual**. Barueri, SP: Manole, 2005.

RODRÍGUEZ, Carlos Eduardo López. **Introdução ao Pensamento e à Obra Jurídica de Karl Larenz**. Porto Alegre: Livraria do Advogado, 1994.

ROHDE, Geraldo Mario. **Simetria**. São Paulo: Hemus, s/d.

ROIG, Rafael de Assis. **Deberes y Obligaciones en la Constitucion**. Madrid: Centro de Estudios Constitucionales, 1991.

ROMAGNOSI, Gian Domenico. **Genesi del Diritto Penale** (edição fac-similar de 1833). Milano: Ipsoa, 2003.

ROSS, Alf. **Hacia Una Ciencia Realista del Derecho, Critica del Dualismo en el Derecho**. Buenos Aires: Abeledo-Perrot, 1961.

________. **Direito e Justiça**. Tradução Edson Bini. Bauru, SP: Edipro, 2000.

ROTHENBURG, Walter Claudius. **Princípios Constitucionais**. Porto Alegre: SAFE, 2003.

ROXIN, Claus. **Política Criminal e Sistema Jurídico-Penal**. Tradução Luís Greco. Rio de Janeiro: Renovar, 2000.

__________. **Funcionalismo e Imputação Objetiva no Direito Penal**. Tradução Luís Greco. Rio de Janeiro: Renovar, 2002.

__________. **Problemas Fundamentais de Direito Penal**. Tradução Ana Paula dos Santos et all. Lisboa: Vega, 1986.

RUSSEL, Bertrand. **Ensayos sobre Logica y Conocimiento**. Madrid: Taurus, 1966.

______________. **História do Pensamento Ocidental**, A Aventura dos Pré-Socráticos a Wittgenstein. Tradução Laura Alves e Aurélio Rebello. Rio de Janeiro: Ediouro, 2002.

SABATE, Edgardo Fernandez. **Filosofia del Derecho**. Buenos Aires: Depalma, 1984.

SACHER, Mariana. **Rasgos Normativos en la Teoria de La Adecuación de Welzel?** . In CEREZO MIR, José; DONNA, Edgardo Alberto; HIRSCH, Hans Joachim (orgs.). *Hans Welzel en el Pensamiento Penal de La Modernidade.Homenaje en el Centenário del Nacimiento de Hans Welzel.* Buenos Aires: Rubinzal-Culzoni, s/d, p. 574

SALES, Gabrielle Becerra. **Teoria da Norma Constitucional**. Barueri, SP: Manole, 2004.

SAMPAIO, José Adércio Leite (Coord.). **Jurisdição Constitucional e Direitos Fundamentais**. Belo Horizonte: Del Rey, 2003.

SANTAELLA, Lucia. **Matrizes da Linguagem e Pensamento, Sonora, Visual, Verbal**. São Paulo: Iluminuras, 2001.

________________. **A Assinatura das Coisas, Peirce e a Literatura**. Rio de Janeiro: Imago, 1992.

________________; NÖTH, Winfried. **Semiótica.** São Paulo: Experimento, 1999.

________________; **O Método Anticartesiano de C. S. Pierce**. São Paulo: Unesp (Editora), 2004.

________________. **Semiótica Aplicada**. São Paulo: Pioneira Thomson Learning, 2005.

SANTILLÁN, José Fernández. **Norberto Bobbio, el Filósofo y la Política**. México: Fondo de Cultura Económica, 1996.

SANTOS, Juarez Cirino dos. **A Moderna Teoria do Fato Punível**. 2ª edição. Rio de Janeiro: Freitas Bastos, 2002.

SÃO PAULO (Estado). Procuradoria Geral do Estado. Grupo de Trabalho de Direitos Humanos. **Direitos Humanos: Construção da Liberdade e da Igualdade**. São Paulo: Centro de Estudos da Procuradoria Geral do Estado, 1998.

SARDEGNA, Giuseppe Noto. **La Realtà come Limite della Norma**. Palermo: Priulla, 1931.

SARLET, Ingo Wolfgang. **Dignidade da Pessoa Humana e Direitos Fundamentais na Constituição de 1988.** Porto Alegre: Livraria do Advogado, 2004.

SARTORI, Giovanni. **La Política, Lógica y Metodo en las Ciencias Sociales**. Tradução Marcos Lara. México: Fondo de Cultura Económica, 1996.

SARTRE, Jean-Paulo. **O Ser e o Nada, Ensaio de Ontologia Fenomelógica**. Tradução Paulo Perdigão. 12ª edição. Petrópolis, RJ: Vozes, 2003.

SAUSURRE, Ferdinand de. **Curso de Lingüística Geral**. São Paulo: Cultrix, s/d.

SCHÉRER, René. **La Fenomenología de las Investigaciones Lógicas de Husserl.** Madrid: Gredos, 1969.

SCHIER, Paulo Ricardo. **Filtragem Constitucional. Construindo uma Nova Dogmática Jurídica.** Porto Alegre: SAFE, 1999.

SCHMIDT, Andrei Zenkner. **O Princípio da Legalidade Penal no Estado Democrático de Direito.** Porto Alegre: Livraria do Advogado, 2001.

SCHOPENHAUER, Arthur. **O Mundo como Vontade e Representação**. Tradução M.F. de Sá Correia. Porto, Portugal: Rés, s/d.

SCHRECKENBERGER, Waldemar. **Semiótica del Discurso Jurídico**. México: UNAM, 1987.

SCHÜNEMANN, Bernd. **El Sistema Moderno Del Derecho Penal**: Cuestiones Fundamentales. Madrid: Tecnos, s/d.

SCHULZ, Walter. **Wittgenstein, la Negación de la Filosofia**. Madrid: G. Toro, 1970.

SEARLE, John R. Mente, **Linguagem e Sociedade, Filosofia no Mundo Real.** Tradução R. Rangel. Rio de Janeiro: Rocco, 2000.

SÉROUSSI, Roland. **Introdução ao Direito Inglês e Norte-Americano**. São Paulo: Landy, 2001.

SICHES, Luis Recasens. **Tratado General de Filosofia del Derecho**. México (DF): Porrua, 1991.

SIDMAN, Murray. **Coerção e suas Implicações**. Tradução Maria Amália Andery e Tereza Maria Sério. Campinas, SP: Livro Pleno, 2001.

SILVA, Luís Virgílio Afonso da. **O Proporcional e o Razoável**. São Paulo: RT/Fasc. Civ., ano 91, v. 798, abr. 2002.

SILVEIRA, Valdemar César da. **Sentenças Criminais**. São Paulo: RT, 1941.

SIQUEIRA, Galdino. **Direito Penal Brazileiro. Volume I . Parte Geral** . 2ª edição. Rio de Janeiro: Jacintho, 1932.

________________. **Tratado de Direito Penal. Parte Geral. Tomo I**. Rio de Janeiro: José Konfino, 1950.

SMITH, Adam. **Teoría de los Sentimientos Morales**. México: Fondo de Cultura Económica, 1941.

SOARES, Guido Fernando Silva. **Curso de Direito Internacional Público, vol. 1**. São Paulo: Atlas, 2002.

SOARES, Oscar de Macedo. **Codigo Penal da Republica dos Estados Unidos do Brasil**. Rio de Janeiro: Ganier, 1914.

SOLER, Raúl Calvo. **Uso de Normas Jurídicas y Toma de decisiones**. Barcelona: Gedisa, 2003.

SOPER, Philip. **Una Teoría del Derecho**. Madrid: Centro de Estudios Constitucionales, 1993.

SOUSA E BRITO, José de. **La Inserción del Sistema de Derecho Penal entre Uma Jurisprudência de Conceptos y uma (Di)solución Funcionalista.** In SÁNCHEZ, J. M. Silva; SCHÜNEMANN, B.; FIGUEIREDO DIAS, J. de (coords.). *Fundamentos de un Sistema Europeo del Derecho Penal*. Barcelona: Bosch, 1995.

SOUZA, Solange Mendes de. **Cooperação Jurídica Penal no Mercosul, Novas Possibilidades**. Rio de Janeiro: Renovar, 2001.

SPINOZA, Benedictus de. **Tratado Político**. Tradução Norberto de Paula Lima. São Paulo: Ícone, 1994.

STRATENWERTH, Günter. **Derecho Penal, Parte General, El Hecho Punible**. Madrid:

Edersa, 1976.

STRECK, Lenio Luiz. **Verdade e Consenso, Constituição, Hermenêutica e Teorias Discursivas**. Rio de Janeiro: Lumen Juri, 2006.

STRENGER, Irineu. **Lógica Jurídica**. São Paulo: LTr, 1999.

STUART MILL, John. **La Libertà, L'Utilitarismo, L'Asservimento delle Done**. Milano: Biblioteca Universal Rizzoli, 2002.

_________________. **A Lógica das Ciências Morais**. São Paulo: Iluminuras, 1999.

TAMAYO Y SALMORAN, Rolando. **El Derecho y La Ciencia del Derecho**. México: Universidade Autónoma de México, 1986.

TARSKI, Alfred. **Introducción a la Lógica y a la Metodología de las Ciencias Deductivas.** Tradução de T.R. Bachiller e J. R. Fuentes. Buenos Aires: Espasa-Calpe Argentina, 1951.

TASSARA, Andres Ollero. **Derechos Humanos y Metodología Jurídica**. Madrid: Centro de Estudios Constitucionales, 1989.

TAVARES, Juarez. **Teoria do Injusto Penal**. Belo Horizonte: Del Rey, 2000.

TEJADA, Francisco Elias de. **Tratado de Filosofía del Derecho, tomo II**. Sevilla: Universidad de Sevilla, 1977.

TERRA, Ricardo. **Kant & o Direito**. Rio de Janeiro: Jorge Zahar, 2004.

TOLEDO, Francisco de Assis. **Princípios Básicos de Direito Penal**. 5ª edição. São Paulo: Saraiva: 1994.

___________________________. **O Erro no Direito Penal.** São Paulo: Saraiva, 1977.

TOMAS DE AQUINO, Santo. **Verdade e Conhecimento**. Tradução Luiz Jean Lauanad e Mario Bruno Sproviero. São Paulo: Martins Fontes, 1999.

TORRES, Alfonso Escobedo. **Entrevista** in Revista "8", Octubre-Diciembre 1991, disponível em http://www.ciu.reduaz.mx, acessado em 01-09-2003

TUCCI, José Rogério Cruz e. **Precedente Judicial como Fonte do Direito.** São Paulo: RT, 2004.

TUCCI, Rogério Lauria. **Teoria do Direito Processual Penal**. São Paulo: RT, 2003.

TUGENDHAT, Ernst; WOLF, Ursula. **Propedêutica Lógico-Semântica**. Tradução de Fernando Augusto da Rocha Rodrigues. Petrópolis, RJ: Vozes, 2005.

TUNC, André. **La Interpretación de las Leyes en los Estados Unidos.** In Cuadernos de Derecho Angloamericano, nº 2, jan/jun/1954. Barcelona: Instituto de Direito Comparado, 1954.

USERA, Raúl Canosa. **Interpretacion Constitucional y Formula Politica.** Madrid: Centro de Estudios Constitucionales, 1988.

VALLEJO, Manuel Jaén. **Los puntos de Partida de la Dogmatica Penal**, in Anuário de Derecho Penal y Ciencias Penales, Tomo 48, fascículo I, janeiro-abril/1995, Madrid, Centro de Publicaciones, 1995.

VARGAS, José Cirilo de. **Do Tipo Penal.** Belo Horizonte: Mandamentos, 2000.

VASCONCELOS, Arnaldo. **Teoria da Norma Jurídica**. Rio de Janeiro: Forense, 1978.

VECCHIO, Giorgio del. **Lições de Filosofia do Direito**. Tradução de António José Brandão. Coimbra: Armênio Amado, 1979.

VELA, Joe Tennyson. **O Juízo de Censura Penal.** O Princípio da Inexigibilidade de Conduta Diversa e Algumas Tendências. Porto Alegre: SAFE, 1993.

VENEZIANI, Paolo. **Motivi e Colpevolezza**. Torino: Giappichelli, 2000.

VIANNA, Túlio Lima. **Da Estrutura Morfossintática dos Tipos Penais**. In Revista Prisma Jurídico, v. 2. São Paulo: UNINOVE, 2003.

VIANNA, Paulo Domingues. **Direito Criminal, Segundo as Preleções Professadas pelo Dr. Lima Drummond na Faculdade Livre de Sciencias Jurídicas e Sociaes do Rio de Janeiro.** Rio de Janeiro: F. Briguiet, 1933, p. 53

VIDIGAL, Luis Roberto et al. **Introdução ao Pensamento Político.** São Paulo: SESC-SENAC, 1955.

VILANOVA, Lourival. **Escritos Jurídicos e Filosóficos, volume 1**. Prefácio de Paulo de Barros Carvalho. São Paulo: Axis Mundi: IBET, 2003.

_________________. **Escritos Jurídicos e Filosóficos, volume 2.** Prefácio de Paulo de Barros Carvalho. São Paulo: Axis Mundi: IBET, 2003.

_________________. **Causalidade e Relação no Direito**. 4ª edição. São Paulo: RT, 2000.

_______________. **As Estruturas Lógicas e o Sistema do Direito Positivo**. São Paulo: Max Limonad, 1997.

VILLANUEVA, Raúl Plascencia. **Teoria del Delito**. México (DF): UNAM, 2000.

VILLEY, Michel. **Filosofia do Direito:Definições e Fins do Direito:Os Meios do Direito**. São Paulo: Martins Fontes, 2003.

VITA, Álvaro de. **A Justiça Igualitária e seus Críticos**. São Paulo: UNESP, 2000.

VON IHERING, Rudolf. **A Luta pelo Direito**. 19ª edição. Rio de Janeiro: Forense, 2000.

WAINTROB, Ilan Drukier in SILVA, Marco Antonio Marques da (coord.). **Processo Penal e Garantias Constitucionais**. São Paulo: Quartier Latin, 2006, p. 364.

WALDRON, Jeremy. **A Dignidade da Legislação**. São Paulo: Martins Fontes, 2003.

WARAT, Luis Alberto. **O Direito e sua Linguagem.** 2ª edição. Porto Alegre: SAFE, 1995.

WELZEL, Hans. **O Novo Sistema Jurídico-Penal. Uma Introdução à Doutrina da Ação Finalista.** Tradução Luiz Regis Prado. São Paulo: RT, 2001.

____________. **Derecho Penal Aleman**. Tradução Juan Bustos Ramírez e Sérgio Yáñez Pérez. 4ª edição. Santiago, Chile: Jurídica de Chile, 1997.

____________. **Diritto Naturale e Giustizia Materiale**. Milano: Giuffrè, 1965.

____________. **La Dottrina Giusnaturalistica di Samuel Pufendorf. Un Contributo alla Storia delle Idee dei Secoli XVII e XVIII**. Torino: Giappichelli, 1993.

WINCH, Peter. **Studies in the Philosophy of Wittgenstein**. London: Routledge & Degan Paul, S/D.

WITTGENSTEIN, Ludwig. **Tractatus Logico-Philosophicus**. Tradução Luiz Henrique Lopes dos Santos. 3ª edição São Paulo: USP, 2001.

____________________. **Investigações Filosóficas**. Bragança Paulista (SP): São Francisco; Petrópolis (RJ): Vozes: 2005.

______________________. **Gramática Filosófica**. São Paulo: Loyola, 2003.

WOLTER, Jürgen. **Derechos Humanos y Protección de Biens Jurídicos en un Sistema Europeo del Derecho Penal**. In SÁNCHEZ, J. M. Silva; SCHÜNEMANN, B.; FIGUEIREDO DIAS, J. de (coords.). **Fundamentos de un Sistema Europeo del Derecho**

Penal. Barcelona: Bosch, 1995, p. 37

WRIGHT, Georg Henrik von. **Norma y Accion, Una Investigación Lógica**. Madrid: Tecnos, 1970.

______________________. **An Essay in Deontic Logic and the General Theory of Action**. Amsterdan: North-Holland, 1972.

ZAFFARONI, Eugenio Raúl. **Em Busca das Penas Perdidas**. A Perda da Legitimidade do Sistema Penal. Rio de Janeiro: Revan, 1996.

______________________. **Dimension Política de un Poder Judicial Democrático**. São Paulo. Revista Brasileira de Ciências Criminais, ano 1, n. 4, out-dez/1993, p. 20

______________________. **La Globalizacíon y las Actuales Orientaciones de la Política Criminal.** In COPETTI, André (org.). Criminalidade Moderna e Reformas Penais. Porto Alegre: Livraria do Advogado, 2001.

______________________; PIERANGELI, José Henrique. 5ª edição. **Da Tentativa, Doutrina e Jurisprudência**. São Paulo: RT, 1998.

______________________; ______________________; **Manual de Direito Penal Brasileiro, Parte Geral**. 2ª edição. São Paulo: RT, 1999.

ZANETTI, Gianfrancesco. **Introduzione al Pensiero Normativo.** Reggio: Diabasis, 2004.

ZAPATERO, Luis Arroyo et all (Coord). **Crítica y Justificación del Derecho Penal en el Cambio de Siglo, El Análisis Crítico de la Escuela de Frankfurt**. Cuenca (ES): Ediciones de la Universidad de Castilla-La Mancha, 2003.

ZEIDAN, Rogério. **Ius Puniendi, Estado e Direitos Fundamentais. Aspectos de Legitimidade e Limites da Potestade Punitiva.** Porto Alegre: SAFE, 2002.

Sumário